复旦附中『双新』语文课

中华古诗文阅读

第一卷

主编/吴坚 黄荣华

副主编/王希明 张翔

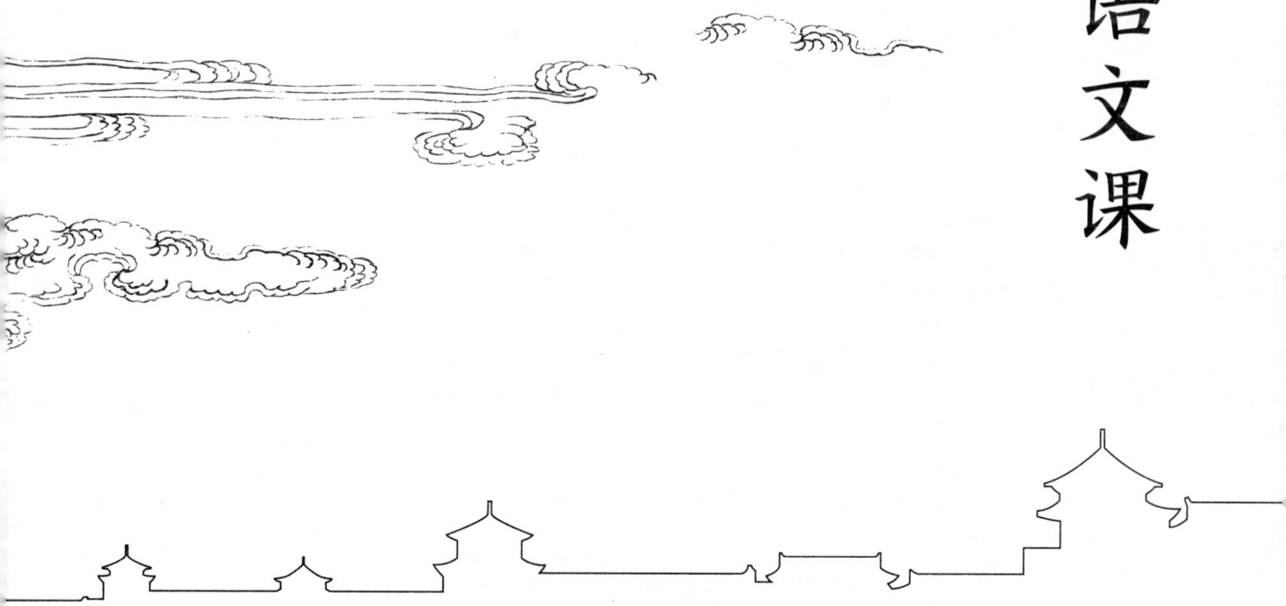

广西师范大学出版社

·桂林·

图书在版编目(CIP)数据

复旦附中"双新"语文课. 中华古诗文阅读. 第一卷／吴坚，黄荣华主编；王希明，张翔副主编. —桂林：广西师范大学出版社，2023.1(2024.10 重印)

ISBN 978-7-5598-5559-6

Ⅰ. ①复… Ⅱ. ①吴… ②黄… ③王… ④张… Ⅲ. ①古典诗歌-中国-阅读教学-高中-教学参考资料 ②文言文-阅读教学-高中-教学参考资料 Ⅳ. ①G634.303

中国版本图书馆 CIP 数据核字(2022)第 200443 号

复旦附中"双新"语文课·中华古诗文阅读·第一卷
FUDANFUZHONG "SHUANGXIN" YUWENKE · ZHONGHUA GUSHIWEN YUEDU · DIYIJUAN

出 品 人：刘广汉
责任编辑：刘美文　伍忠莲
装帧设计：李婷婷

广西师范大学出版社出版发行
(广西桂林市五里店路 9 号　　邮政编码：541004
网址：http://www.bbtpress.com)
出版人：黄轩庄
全国新华书店经销
销售热线：021-65200318　021-31260822-898
运河(唐山)印务有限公司印刷
(唐山市芦台经济开发区农业总公司三社区　邮政编码：063000)
开本：787 mm×1 092 mm　1/16
印张：26.5　　字数：458 千
2023 年 1 月第 1 版　　2024 年 10 月第 3 次印刷
定价：68.00 元

修订版前言

“中华古诗文阅读”系列图书于2015—2016年由上海教育出版社出版。

2017年年初，该系列图书一度成为各大媒体争相报道的热点，成为热门图书。五年过去了，该系列图书依然有较强的市场竞争力。

但在使用的过程中，编者、读者均发现了一些问题，尤其是读者提出了一些非常中肯的意见与建议。

因此，我们依据中学语文教育发展的要求，参照读者的意见与建议，对该系列图书做了较大幅度的修订，并更名为《复旦附中“双新”语文课：中华古诗文阅读》。

（1）调整了篇幅。

将原来的6卷200余万字，缩减为3卷100余万字，图书内容更为精练。

（2）加强了课内外联读。

原来的版本有关高中课内古诗文阅读指导的内容只占图书的十分之一，修订后该部分内容大约占图书的二分之一；并且，修订后每册设上、下编，上编为课内古诗文阅读，下编为课外古诗文阅读，上编与下编在关要处加强勾连与贯通。这样，在整体上大大提升了图书的使用价值。

课内古诗文阅读，由统编高中《语文》教科书中的古诗文构成，第一卷对应必修上册教科书中的古诗文，第二卷对应必修下册教科书中的古诗文，第三卷对应选择性必修上中下三册教科书中的古诗文。

课外古诗文阅读，第一卷由《诗经》选读、《楚辞》选读、《论语》选读、《荀子》选读、汉乐府选读、唐诗选读六单元构成，第二卷由《孟子》选读、《左传》选读、《史记》选读、《韩非子》选读、宋词选读、《文心雕龙》选读六单元构成，第三卷由《老子》选读、《庄子》选读、《墨子》选读、《大学》《中庸》选读四单元构成。

（3）更加注重贯通学习的指导。

强化“以中华传统文化的存在方式学习中华传统文化”的学习理念（详见代后记），

引导并帮助学生构筑21世纪“中国人”存在的文化逻辑；屏弃近代以来形成的“以西方思想审视中华传统文化”的书写方式，在东西方文化对照中彰显中华传统文化优秀基因的当代意义；图书以对中华传统文化的认知、理解、欣赏为经，以对中华传统文化的探讨为纬，可质疑者质疑之，不可质疑者不强疑，更不为异而求异、为新而出新。

因此，在图书编写时，整体上以诗史、文史、文化史为线索，以单元主题贯通为阐释方式，展示诗思文脉，构筑文化逻辑。

为了方便学生学习，课内古诗文阅读以单篇为单元组，课外古诗文阅读则以多篇（段）为单元组。两者都遵循适切性学习原则，筑阶而上，步步提升。

每一个单元组均设四个学习阶梯：

（1）知识朋友圈——呈现与本篇（段）相关的文学、文化常识和言语知识等。

（2）诗心（文心）点点通——展示诗思文脉、诗艺文心，贯通与之相关的文史脉络，知其然亦知其所以然。

（3）思想会客厅——以经典内在文化核心为基点，沟通古今中外，形成与之相关的文化史、思想史认知，构筑文化逻辑。

（4）练习步步高——每单元组设置若干习题，题型依次为知识识记、诗心（文心）体悟、思想碰撞（有接受，有商榷，有新见）。

我们期待修订后的“中华古诗文阅读”系列图书，在唤醒学生作为中国人的语言意识、思维意识、审美意识，落实“双新”语文课程标准制定的“文化传承与理解”学科核心素养等方面，都能发挥重要的作用；也期待读者进一步提出宝贵的意见！

在图书修订过程中，副主编王希明老师、张翔老师付出很多，在这里向他们表达感谢！也感谢广西师范大学出版社的大力支持！

黄荣华

2022年7月12日于上海

前　言

“中华古诗文阅读”系列图书的编写是继《中国人》编写之后，复旦大学附属中学（以下简称“复旦附中”）语文课程校本化进程中的重要步伐。

2006年始，复旦附中语文教研组进行语文课程校本化攻关，从教材建设、课堂建设、教师队伍建设和评价体系建设等几个方面展开。

在教材建设方面，语文教研组计划完成《中国人》、“中华古诗文阅读”、“中华根文化·中学生读本”等教材的编写。《中国人》、“中华根文化·中学生读本”（15种）于2010—2012年完成，并于2011—2012年先后由复旦大学出版社出版。

“中华古诗文阅读”系列图书是在复旦附中十余年古诗文课堂教学探索的基础上完成的。2002年始，复旦附中人文实验班将《论语》《孟子》《古文观止》《诗经》等引入课堂，此后逐步在全校推广。至2008年，语文教研组已形成较为完善的“中华古诗文阅读”教学计划并落实到课堂，引导学生在三年学习过程中，分阶段阅读《论语》大部分篇目、《古文观止》四十余篇、历代诗歌一百五十余首，选读《诗经》《楚辞》《老子》《庄子》《孟子》《荀子》《韩非子》《墨子》《左传》《战国策》等先秦经典。2013年，完成“中华古诗文阅读”（6卷）的编写，并投入使用。

2014年9月，以《中国人》、“中华古诗文阅读”、“中华根文化·中学生读本”为主体的“阅读‘中国人’书写‘中国人’”教学成果，荣获首届基础教育国家级教学成果一等奖。

现在呈现给大家的“中华古诗文阅读”系列图书，是在此次获奖成果的基础上，根据教学需要进一步修订而成。每卷10个单元：《论语》《古文观止》4个单元（第六卷为钟嵘的《诗品》、文言文“通假字”、文言文“古今异义”、文言文“特殊句式”4个单元）；《文心雕龙》1个单元；先秦经典2个单元；古诗词鉴赏1个单元；谈诗论文1个单元；沪版高中《语文》古诗文“思考与表达”1个单元。

在《中国人》的《前言》中我曾说：“现在多数同学高中毕业了，对中国人的认识还是相当模糊的，甚至是非常片面的。这对基础教育而言，不能说是成功的。我们认为，通过十二年的中小学教育，正常的情况，一个高中毕业生对在本民族发展进程中产生过重大影响的民族文化人物，起码要有一个比较全面的、比较正面的认识，而不是相反。”我们期待《中国人》“能引导同学在‘识自’方面有所感悟，有所领悟，有所觉悟，为他们以后自觉地以一个中国人的身份参与全球化的进程打下良好的基础；我们期待，《中国人》的学习，对学生文化表现力的培育有深远的影响，对他们语文能力的成长也有良好的助推作用”。

在此我要说：“中华古诗文阅读”系列图书是在“识自”方面更深一层的学习。如果说《中国人》是从“人的发现”角度启示学生做一个觉醒的中国人，那么“中华古诗文阅读”系列图书则是从“文化的发现”角度启示学生更深更广地认识作为中国人的文化所自，唤醒沉睡在自己心中的《论语》之“仁”，担起自己生命中应当承担的《孟子》之“义”，激发潜隐在自己头脑中的《老子》之“智”，了然可以自我享受的《庄子》之“达”，力行世间最难践行的《墨子》之“爱”……

有人说，中国文化的最伟大处是她伟大的诗性，如我们的先人发明了火药，但火药用于庆典，用于热闹，用于生活，而不是用于屠杀；我们的先人发明了指南针，但指南针用于风水，用于精神的彼岸，用于灵魂的安顿，而不是用于扩张与掠夺。

我想说，中国文化的最伟大处是她无处不在的诗性，并且这种诗性特征的内核在先秦就已凝结。《易》的“变化”、《礼》的“恒在”、《诗》的“无邪”、《楚辞》的“绚烂”、孔子的“中庸”、孟子的“性善”、荀子的“君子”、老子的“有无”、庄子的“齐物”、墨子的“兼爱”……不仅引领着中国人从远古走向现代、走向未来，而且将成为世界现代文化建设的重要力量。

列夫·托尔斯泰曾在 1884 年 3 月 29 日的日记中写道：“如果没有孔子和老子，《福音书》是不完整的，而没有《福音书》，于孔子则无损。”

诺贝尔文学奖获得者黑塞在 1925 年给好友茨威格的信中说：“中国人的文化理想与我们现代西方的文化理想是如此相反，以至于我们应该为地球另一面拥有如此坚定和值得崇敬的一种对极而感到高兴。企望整个世界欧洲化或中国化都是愚蠢的，我们应该尊重这种陌生的精神，否则，人们就什么也学不到，也不能互相接受；我们应该期待远东至少成为我们的老师，就像长期以来我们对西亚所做的一样（只要想想歌德）。”

1987 年 11 月，时任中国国家主席的李先念访问法国时，法国前总理、时任法国总统的希拉克在欢迎辞中说："启蒙思想家在中国看到了一个理性、和谐的世界，这个世界听命于自然法则且又体现了宇宙之大秩序。他们从这种对世界的看法中汲取了很多思想，通过启蒙运动的宣传，这些思想导致了法国大革命。"

英国著名科学史专家李约瑟在他的《中国科学技术史》一书的《序言》中说："今天保留下来的各个时代的中国文化、中国传统、中国社会的精神气质和中国人的人事事务，在许多方面，将对日后指引人类世界作出十分重要的贡献。"

被誉为"近世以来最伟大的历史学家"的阿诺德·汤因比说："如果让我选择，我愿意生活在中国的宋朝。"

这里我不厌其烦地引用，不是想用列夫·托尔斯泰、黑塞、希拉克、李约瑟和阿诺德·汤因比等人的话来证明中国文化的伟大（中国文化的伟大是无须证明的），只是想从另一个角度提醒所有的有意无意忽视、有意无意轻视，甚至有意无意鄙视自己所拥有的伟大文化的"糊涂家"或"清醒者"，你应当"清醒"，或者你应当"更清醒"。

我们生活在一个伟大的时代，这个伟大的时代需要伟大的情怀去拥抱，需要伟大的智慧去创造，需要伟大的心力去享受。

也许，你正前行在这样一条伟大的道路上。我们只想提醒你，如果你以前并没有真正认识自己拥有的文化有多么伟大，并没有真正认识自己可以在自己所拥有的伟大文化中获得前行的伟大力量，那么，从现在开始就努力去改变吧。

我们无意夸大中华传统文化的现代意义，但我们决不能再无视中华传统文化的现代意义。回望历史，展望未来，我们感恩着，我们梦想着，我们前行着。我们想起了梁启超的那句满贮深情的话："吾感谢吾先民之饷遗我者至厚，吾觉有极灿烂庄严之将来横于吾前！"

感谢复旦附中语文教研组全体教师的付出，感谢朱家角中学王友、吴淞中学赵晖、洋泾中学董鹏、浦东复旦附中分校王欣悦等教师的友情援助，他们的努力使"中华古诗文阅读"系列图书的编写得以顺利进行。

中华传统文化博大精深，中华古诗文浩如烟海，限于我们的学力与见识，"中华古诗文阅读"系列图书肯定还存在许多问题，期待读者的批评指正。

黄荣华

2015 年 2 月 28 日

（本文为 2015 年版的《前言》，收入本书时有改动）

目录

上编：课内古诗文（必修上册）

上编：课内古诗文（必修上册）

第一单元

诗史

单元概说

中国是诗歌的国度，因为诗歌一开始就是中国人的生活。“断竹，续竹；飞土，逐肉。”（《弹歌》）折断竹子，将它接续起来制成猎具，射出弹丸，追逐动物做肉食。这远古的诗篇吟唱了原始的狩猎生活，从时间的最深处传达了远祖自给自足的喜悦。涂山女等待大禹，在久久地伫立之后喟叹一声：“候人兮猗。”这是多么美丽而典雅的爱情之声啊！

周朝不仅奠定君子的礼仪规范，而且留下传唱千古的《诗经》，305 篇诗歌贯穿西周初期到春秋中叶，有喜悦，有悲伤，有欣慰，有感动，有歌颂，也有激愤，在大多一句为四个字的组合里收藏了五百余年的真情。《诗经》者，诗歌的经典也，诚如是哉！

如果说《诗经》是庄重典雅的，汉代诗歌则显得质朴而直接。汉乐府真是“饥者歌其食，劳者歌其事”（《春秋公羊传·宣公十五年》何休解诂），干活儿的说自己的活儿，饿了的就喊自己饿。《古诗十九首》虽然多了一点婉约，但也大都如此，爱了就说想念，离家就说思乡，老了就感叹生命的短暂。

三国是五言诗创作的重要时期。“三曹”不仅把五言流调提升到庙堂之上，而且在内容上为之注入一股慷慨激昂之气。“七子”出身虽有不同，但流离乱世，悲歌慷慨之气均勃然于笔端。“建安风骨”就是“三曹”“七子”的共同点，也是中国诗歌的铮铮铁骨。

六朝诗歌是靡丽的，少有诗人不骂六朝诗歌，但也少有诗人不从六朝诗歌中汲取养分。六朝诗歌给中国诗歌增添了颜色，山水的青绿，宫廷的胭脂粉红，甚至边塞的苍茫土黄。六朝诗歌让人们明白，诗歌可以如画。这画可能过于纤弱、过于细碎，但六朝的诗歌一定是美的。

唐诗常被称作中国诗歌的顶峰。唐诗是“全息”的，它是之前一切中国诗歌的接受史，也是之后一切中国诗歌的生发史；它从来没有一个固定的主题，《全唐诗》里二千八百七十三位诗人挥洒出四万九千四百又三种写诗的方法，不同的文字组合承载着千万种不同的情感与思考。读唐诗，就是登临最高峰，一览众山小，陶醉在它阔大的气象之中。唐诗是永远年轻的，一代代诗人顶礼膜拜，一代代中国人交口传唱。它在我们的血脉中种下了热爱中国、热爱中文的种子。

除了“尊唐”，诗人也“宗宋”。唐诗好还是宋诗佳，这是不少诗人争论的话题，但毋庸置疑的是，宋代诗人在唐诗之后走出了一条自己的新路。这条路叫作“理趣”。不管是理学家，还是文学家，宋代诗歌喜欢吟咏自己在生活中悟出的人生哲理，不同于唐诗，宋诗给人一种隽永的感觉。

提到元代，我们自然想起元曲。从广义上说，元曲也是韵文；从狭义上说，元代也不是没有诗歌。除“元诗四大家”之外，前有刘因、赵孟頫，后有萨都剌，诗歌的种子并没有在铁骑下灭绝。明代先有台阁体，后有“前七子”“后七子”，写诗不仅是杰出者的事业，而且是普通人的生活。

清代诗歌更是异彩纷呈、流派众多，不论是清初，还是乾嘉，或是晚清，写诗似乎是每一个士人必备的修养，也是互相交流情感必不可少的工具，诗歌就这样融入了日常。

“诗之为道，未有一日不相续相禅而或息者也。”（叶燮《原诗》）在中国的大地上，诗歌一直延续着它的传说，就一时代诗歌的对比而言，可能有盛有衰，但纵览古今，不能不说生活继续，诗歌就永在。

茉莒

一、知识朋友圈

1.《诗经》从何而来？

世界四大文明古国中，中华文明是其中唯一绵延至今的。古文明的记载大多以诗歌开始，中国是诗歌的国度，但《诗经》之前的诗歌大多为后人的追记。

语言古朴的《弹歌》：“断竹，续竹；飞土，逐肉。”刘勰认为其产生于黄帝时代，是“二言之始”。但这首诗见于东汉赵晔所撰的《吴越春秋·越歌》，时代很晚，是否是黄帝时的诗歌，也未必能确定。被称为“南音之始”的《涂山女歌》载于《吕氏春秋·音初》：“禹行功见涂山之女。禹未之遇而巡省南土。涂山氏之女乃令其妾候禹于涂山之阳。女乃作歌，歌曰：‘候人兮猗’实始作为南音。周公及召公取风焉，以为《周南》《召南》。”

“候人兮猗”颇有意味，但《吕氏春秋》成书依然较晚。相比较而言，《诗经》成书不但早，而且专门收录诗歌，是当之无愧的中国第一部诗歌总集。

《诗经》收录了从西周初期到春秋中叶的 305 篇诗歌，取其整数，常被称作《诗三百》，也有直接称作《诗》的。周朝是中国历史上极为重要的时期，《论语》说“周监于二代”，它上承夏、商两代，发展出辉煌灿烂的礼乐文化。诗歌是礼乐文化重要的组成部分，得到了周朝的重视。周朝派出专职乐师到各地采集诗歌，命公卿列士进献诗歌，设立了专门掌管音乐的太师，整理制作乐歌，供各个场合施行礼仪时使用。

所以说，《诗经》的诗歌有古老的传统，应当是从原始诗歌演化而来，但远古的歌谣大多不可确考，只能根据后来的记载推想。总体是由简而繁，形式上从二言到《诗经》中的四言为主，从一两句到较长的篇章；内容上《诗经》主要来自民间，是周朝通过采诗、献诗制度陆续收集民间歌谣整理而成，因此《诗经》整体上全面地反映了当时人们的社会生活和精神生活。

2.《芣苢》收录在《诗经》的哪个部分？

《芣苢》收录在《诗经》的《周南》中。所谓“周南”，一般认为是地区的名称。周朝本在岐山之南，周人认为周文王的德行教化从岐山之南一直向南，影响了南方江汉流域的人们。所以在采集诗歌时，就把这个地区的诗歌汇集起来，称之为《周南》。

《周南》是《诗经》“国风”之一。“国风”是从诸侯国各地方收集来的诗歌，包括《周南》《召南》《邶风》《鄘风》《卫风》《王风》《郑风》《齐风》《魏风》《唐风》《秦风》《陈风》《桧风》《曹风》《豳风》，称为“十五国风”，有 160 篇诗歌。

除“国风”之外，《诗经》还包括“雅”和“颂”。“雅”分为《小雅》和《大雅》，是周朝京畿之地的诗歌，多为朝廷官吏所作，有 105 篇，其中《小雅》74 篇，《大雅》31 篇。“颂”分为《周颂》《鲁颂》《商颂》，是庙堂祭祀之歌。《周颂》31 篇，是“颂”的主体，周人用来祭祀祖先、歌颂祖先的功德。《鲁颂》4 篇，是春秋时期鲁国用来祭祀祖先的乐歌，鲁国是周公长子伯禽的封地，周公在周成王未成年时摄行国政，所以得以享用天子祭祀之礼。《商颂》5 篇，是宋国用来祭祀祖先的乐歌。周灭商之后，封殷商后裔微子启于宋，继承对殷商先王的祭祀，表示不绝商祀的宽仁之意。

也就是说，《芣苢》收在《诗经》的“国风”部分，是“十五国风”中《周南》

的一篇，这也表明它是产生于岐山之南直至江汉流域的地方民歌。

3.《芣苢》采用了哪些表现手法？《诗经》的主要表现手法有哪些？

《芣苢》全篇采用了“赋”的表现手法。《毛诗序》说：“故《诗》有六义焉：一曰风，二曰赋，三曰比，四曰兴，五曰雅，六曰颂。”“风、雅、颂、赋、比、兴”，称为“六义”，其中“风、雅、颂”指的是《诗经》的内容，“赋、比、兴”指的是《诗经》的表现手法。

“赋”，是直接描写，铺叙事物。即朱熹所说：“赋者，敷陈其事而直言之者也。”(《诗集传》)《芣苢》直接叙写妇女在田野中采摘车前草的场景，用不同的动作多角度营造出愉悦的劳动氛围，在这样直接的描写中充满了满载而归的欢欣之情。

除“赋”之外，《诗经》的主要表现手法还有“比”和“兴”。

“比”，是比喻。即朱熹所说：“比者，以彼物比此物也。”(《诗集传》)《诗经》中有不少诗全篇用“比”，例如人们熟知的《硕鼠》，就把贪婪成性、不顾百姓死活的君主、官员比作肥大的老鼠，突出了剥削者的贪婪形象，委婉而深刻地表达了人们对于剥削者的憎恶之情。

“兴”，是起兴。即朱熹所说：“兴者，先言他物以引起所咏之辞也。”(《诗集传》）诗人在表达自己的心意之前，先从身边的景物说起，起渲染气氛、营造意境的作用。

《诗经》是中华文明中第一部用汉字书写记录的诗集，作为《诗经》的基本表现手法，“赋、比、兴”在推动中国诗歌的发展上起重要的作用，从古到今，得到了许多诗人、文艺理论家的重视，南朝梁代钟嵘在《〈诗品〉序》中说：“故《诗》有三义焉：一曰兴，二曰比，三曰赋。文已尽而意有余，兴也；因物喻志，比也；直书其事，寓言写物，赋也。宏斯三义，酌而用之，干之以风力，润之以丹彩，使味之者无极，闻之者动心，是诗之至也。”钟嵘认为“赋、比、兴”三者要配合使用才能达到极致的境界。毛泽东在致陈毅的信中说道：“又诗要用形象思维，不能如散文那样直说，所以比、兴两法是不能不用的。赋也可以用。”从诗歌的形象思维特点出发，强调“比”“兴”手法的重要性，但也肯定了“赋”的作用，这一点值得我们思考。因为人们一般认为“赋”是直接铺排，似乎缺乏诗歌的味道，全篇用“赋”的《芣苢》却深具诗味。

4. 语言积累。

（1）诗。什么是诗？《尚书》说：“诗言志，歌永言。”诗是内心情志的流露。

《说文解字》云：“诗，志也。从言，寺声。”刘勰《文心雕龙》又说：“诗者，持也，持人情性；三百之蔽，义归‘无邪’，持之为训，有符焉尔。”诗歌能持守人的情性，这是从功用的角度来解释。不管是“诗言志”还是“持人情性”，反映的都是儒家正统的诗学理论：人通过诗歌来抒发情感、陶冶情性。与其说这是对诗歌的定义，不如说这是对诗歌的期待。

（2）薄言。“薄”“言”，均为语气助词。语气助词的使用在《诗经》中很普遍，有的用在句首、句中，有的用在句尾。一方面起模拟语气、加深语意的作用，另一方面凑足音节，使诗歌韵律达到整齐和谐的效果。《芣苢》中“薄”“言”两字连用，就使得音律谐调而有咏叹之味。

（3）袺（jié）。“袺”指手提衣襟盛放东西。《毛传》云：“执衽谓之袺。”“衽”是衣裳的边，“执衽”指用手抓着衣裳的边。古人衣长，劳动时抓住衣裳的边来盛放物品较为便利，直到现在，农人穿围裙劳动还常采用这样的盛放方式。

（4）襭（xié）。“襭”是把衣襟掖入腰带。《毛传》云：“扱衽谓之襭。”“扱”是“插”的假借字，“扱衽”是把衣襟掖入腰带，这样可以形成一个兜来装东西。《诗经》用丰富的动词来表示多样的动作，“袺”和“襭”都是用一个字表达一个动作。

二、诗心点点通

《芣苢》的诗味在哪里？

重章叠句，是《诗经》的重要艺术特色。重章叠句，是指全篇诗歌各章的结构和文字基本相同，只在某些地方更改几个字，甚至只更改一个字的章法。《芣苢》是采用这一章法的典型诗篇。全诗三章 12 句，每章有 2 个字不同，共 6 个字不同，依次为：“采、有、掇、捋、袺、襭”。“采”指来采。“有”指采到了。“掇”是拾取。“捋”指用手撸取。“袺”指把采到的车前草用衣襟兜起来。“襭”是把衣襟掖在腰带上兜车前草，这样就可以解放双手再去采摘。全诗采用重章叠句的章法，通过 6 个动词的运用，突出了采摘芣苢这一劳动从开始到满载的完整过程，达到了回环复沓、一唱三叹的艺术效果。宋代林岊《毛诗讲义》说：“观此采采之辞，言之不足而永歌焉，乐有子之情可知矣。古人为诗之妙，因一物起一意，而终篇无杂辞，则《芣苢》是也。”林岊认为，《芣苢》的诗味来自其章法，因为用了重章叠句，诗歌主题明确，没有芜杂的词语，产生了令人回味的效果。清初经学家姚际恒在《诗经通论》中也赞叹说："(《芣苢》) 以韵分三章，章四句；然每二句只换一字，实六章，章二句也。章法极为奇变。"他从文字变换的角度，认为《芣苢》应分为六章，并认为重章叠句的章法极为精妙。

运用重章叠句就有诗味吗？清代中叶的著名诗人袁枚否定此说。在《随园诗话》中，他写道："须知《三百篇》如'采采芣苢''薄言采之'之类，均非后人所当效法。"举例说："章艧斋戏仿云：'点点蜡烛，薄言点之。点点蜡烛，薄言剪之。'……闻者绝倒。"这样的调侃，实际上指出了《芣苢》诗味的另一个来源。戏仿的点蜡烛、剪蜡烛等，实际上是诗人的生造之说，生活中并不多见；而采摘芣苢的动作是自然而然的生活过程，反映了古人与自然的亲密关系。所以清末《诗经》研究的大家方玉润在《诗经原始》中说："读者试平心静气，涵泳此诗，恍听田家妇女，三三五五，于平原绣野、风和日丽中，群歌互答，余音袅袅，若远若近，忽断忽续，不知其情之何以移，而神之何以旷。则此诗可不必细绎而自得其妙焉。"还认为"今世南方妇女登山采茶，结伴讴歌"就如同古人歌《芣苢》一样。

所以说，《芣苢》的诗味来自自然。一是古人在自然中歌咏自己的劳动，二是用回环的方式自然地吟唱。这也许就是孔子所说的"《诗》三百，一言以蔽之，曰：'思无邪'"。

三、思想会客厅

《芣苢》到底想表达什么？

西汉著名经学家、思想家董仲舒说："《诗》无达诂。"对《诗经》诗意的解释并非一成不变，而因时代和人而异。《芣苢》的诗意主要有三种解释。一是《毛诗序》所说："《芣苢》，后妃之美也。和平则妇人乐有子矣。"认为《芣苢》是天下太平，妇女乐于生子，所以出门采摘芣苢，边采摘边吟唱以表达自己的欢欣之情。二是朱熹《诗集传》所说："化行俗美，家室和平，妇人无事，相与采此芣苢，而赋其事以相乐也。"和《毛诗序》的说法接近，也认为是教化推行，天下太平，妇女一起采摘芣苢而歌咏这个过程来互相娱乐。

这两种说法的区别在于妇女为什么要采摘芣苢。《毛传》说："芣苢，马舄。马舄，车前也，宜怀任焉。""怀任"即"怀妊"，是怀胎生子的意思。"毛诗"是解说《诗经》的一个流派，相传是战国末西汉初的毛亨、毛苌所创。毛亨向荀子学习《诗经》，又教授给自己的侄子毛苌，之后写定的本子称作《毛诗》，其中对诗意的解说、注释又称作《毛诗故训传》，简称为《毛传》。现在一般认为解释作诗之意的《毛诗序》晚于《毛传》。所以《毛诗序》对《芣苢》诗意的看法实际上是采用了《毛传》对芣苢这一植物作用的解释。因为《毛传》认为芣苢是车前草，而车前草利于怀胎生子，所以妇女采摘车前草是乐于怀胎生子，而之所以乐于怀胎生子是因为天下太平，这首诗就是表达太平盛世之下百姓乐于生子的歌谣。

然而，三国时期吴国的陆玑在《毛诗草木鸟兽虫鱼疏》中说：“马舄，一名车前，一名当道。喜在牛迹中生，故曰车前、当道也，今药中车前子是也。幽州人谓之牛舌草，可鬻作茹，大滑，其子治妇人难产。”提出车前草有两个作用，一是叶子可以食用，二是籽可以治难产。这样的话，就和《毛传》有了冲突。毕竟车前草的籽可以治难产和有利于怀胎生子并不是一回事。细细品读全诗，就可以知道，其中有一个“捋”的动作，《毛传》解释为“取也”，朱熹解释为“取其子也”，从这里可以看出，朱熹采信了陆玑的注疏，但又不能确定，所以说：“采之未详何用。或曰：‘其子治产难。’”朱熹的怀疑之词现在基本成为通行的解释，不少注释《诗经》的书将它理解为把车前草的籽“捋”下来，其实车前草的籽很小，如果说“捋”下来到可以用衣衽去兜的程度，恐怕比较难，也没必要。

朱熹没有采信《毛传》关于车前草功效的看法，但没有明确反对，而是淡化采摘芣苢的特殊性，把这一劳动等同于一次普通的田间劳动，从享受劳动之乐的角度来解释诗意。之后，姚际恒就明确反对《毛传》的说法：“按，车前，通利之药，谓治产难或有之，非能宜子也。故毛谓之‘宜怀任’，《大序》因谓之‘乐有子’，尤谬矣。车前岂宜男草乎！”(《诗经通论》) 认为车前草不能有利于怀胎，《毛传》和《毛诗序》的说法荒谬。方玉润在这个基础上提出第三种解释：“盖此诗即当时《竹枝词》也，诗人自咏其国风俗如此，或作此以畀妇女辈俾自歌之，互相娱乐，亦未可知。”(《诗经原始》) 他认为这是诗人歌咏地方风俗的作品，诗人看到妇女在田间采摘芣苢，不由心有触动，直白流淌出一幅田间风俗画卷，这样平和安乐的生活，就是对盛世太平景象的歌咏。

这三种解释，其实有共同之处，即都认为是歌咏太平盛世的安乐生活。这一看法可以得到诗歌中妇女自在采撷的内在证明，还可以由周南是周文王教化之下的地区来支撑。但针对车前草功效的争论，朱熹和方玉润不免有以今律古之嫌。陆玑是三国时期吴国人，离《毛传》作者的年代较远；姚际恒是清代顺治、康熙年间人，离《毛传》作者的年代就更远了。对于车前草功效的认识，从时代距离来看，除非找到证据，否则，三者之间应当采用《毛传》的说法。

如果采用《毛传》的说法，《芣苢》表达的还是乐于求子之意，这也和《周南》侧重表达夫妇人伦的主旨相吻合，特别是《周南·螽斯》一诗，就表达了对多子多孙的渴望。其实，多子可以看作周文王的一个特征，《大雅·文王》道"文王孙子，本支百世"，歌颂周文王子孙昌盛，百代不衰。《大雅·思齐》道"大姒嗣徽音，则百斯男"，大姒，即太姒，周文王的妻子，周武王的母亲，《诗经》赞颂她能够多生男儿，兴盛家门。周南是深受周文王教化之地，对多子的渴望恐怕也可以作为周文王的遗产。由此，也就可以理解为什么有学者认为《芣苢》是一首求子祭神之歌了。

四、练习步步高

（一）知识识记

填空。

（1）《芣苢》被收录在《诗经》的"国风"部分，是"十五国风"中________的一篇。这表明它是产生于岐山之南直至江汉流域的________。《诗经》是中华文明中第一部用汉字书写记录的诗集，包括《周南》《召南》《邶风》《鄘风》《卫风》《王风》《郑风》《齐风》《魏风》《唐风》《秦风》《陈风》《桧风》《曹风》《豳风》，称为"十五国风"，有________篇诗歌。"雅"分为《小雅》和________，是周朝京畿之地的诗歌，多为朝廷官吏所作。"颂"分为《周颂》________《商颂》，是庙堂祭祀之歌。

（2）一般认为，《芣苢》全篇采用了"赋"的表现手法。"风、雅、颂、赋、比、兴"，称为"________"，其中"风、雅、颂"指的是《诗经》的内容，"赋、比、兴"指的是《诗经》的表现手法。"赋"，是直接描写，铺叙事物。即朱熹所说："赋者，________________。""比"，是比喻，即朱熹所说"比者，________________。""兴"，是起兴，即朱熹所说"兴者，________________。"

（二）诗心体悟

请你背诵《芣苢》，写出对《芣苢》诗味的感受。

（三）思想碰撞

阅读下面的诗歌，回答问题。

插秧歌

杨万里

田夫抛秧田妇接，小儿拔秧大儿插。
笠是兜鍪蓑是甲，雨从头上湿到胛。
唤渠朝餐歇半霎，低头折腰只不答。
秧根未牢莳未匝，照管鹅儿与雏鸭。

（1）出版社要出版诗集，你认为《芣苢》和《插秧歌》都能被选入的是（　　）

A.《唐宋诗醇》

B.《咏怀精粹》

C.《田园之歌》

D.《名人诗作》

（2）下列说法不恰当的一项是（　　）

A.《插秧歌》用白描手法，写出了农家劳动的情景。

B.《插秧歌》语言生动形象，幽默诙谐。

C.《芣苢》和《插秧歌》写了不同时代的劳动者，突出了他们的欢欣鼓舞之情。

D.《芣苢》和《插秧歌》有不同的艺术魅力，也有不同的思想主旨。

（3）孔子云：“温柔敦厚，诗教也。”要求诗歌含蓄地表情达意，委婉地讽谏劝喻，表现出温婉平和、含蓄敦厚的诗学风格。请你用“诗教”观分析《芣苢》和

《插秧歌》的异同。

短歌行

一、知识朋友圈

1.《短歌行》是一个旧题？

是的，《短歌行》是汉乐府旧题。曹操沿用这一旧题创作了新诗。这种古代诗歌创作现象我们称作“拟乐府”。

乐府，本不是一个诗体的名称。《汉书·艺文志》说，汉武帝“立乐府而采歌谣，于是有代赵之讴，秦楚之风，皆感于哀乐，缘事而发，亦可以观风俗，知薄厚云”。乐府是汉代掌管音乐的政府部门，采集、整理民间歌谣是其职能之一。后来，人们把乐府官署所采集、创作的乐歌称为“乐府”，乐府就成为一种诗体名称了。

与《诗经》不同，汉乐府体式多样，有四言、五言、七言、杂言等，内容上也多为叙事的诗歌。从来源上说，和《诗经》相似，汉乐府大部分采自民间。采集这些民间歌谣，除了用于礼仪场合，也可以观察社会风俗、了解民意，所以说，汉乐府继承了《诗经》的传统并且发扬光大。

歌为吟唱，行为乐曲，合为歌行。诗题中带“歌”“行”的基本标示其来自汉乐府。《短歌行》是汉乐府中相和歌辞的平调曲。宋代郭茂倩《乐府诗集》引王僧虔《大明三年宴乐技录》说，平调有七曲，一为《长歌行》，二为《短歌行》。这两个因何得名，有不同看法。西晋崔豹《古今注》中说：“长歌、短歌，言人寿命长短，各有定分，不可妄求。”郭茂倩则说：“按古诗云‘长歌正激烈’，魏文帝《燕歌行》云‘短歌微吟不能长’，晋傅玄《艳歌行》云‘咄来长歌续短歌’，然则歌声有长短，非言寿命也。”一种认为歌词有长短，一种认为和吟咏的内容有关。从这篇《短歌行》来看，四言一句，歌分八解，算是比较长的诗了。而现存的《长歌行》和《短歌行》确实大部分抒发了人生短暂的感慨。所以，《短歌行》的“短”并不是诗歌篇幅短，而是和抒发人生苦短的感慨有关。

2. 作为诗人的曹操。

曹操不仅是一位杰出的政治家、军事家，而且是一位开一代风气的诗人。即便戎马倥偬，曹操“登高必赋，及造新诗，被之管弦，皆成乐章”(《三国志·武帝纪》裴注引《魏书》)，他流传至今的二十多首诗歌，全部是乐府诗。这些乐府诗大部分有一个共同的特点，就是反映现实，直写汉末丧乱的景象，抒发悲凉的感慨。“曹公古直，甚有悲凉之句”(《诗品》)，南朝梁代钟嵘虽然对曹操诗歌整体评价不高，但对曹操诗歌古直悲凉风格的认识是准确的。

建安诗歌是中国诗歌史上的一个重要节点，曹操的诗歌可以说奠定了建安文学的底色。宋代敖陶孙称赞说：“魏武帝如幽燕老将，气韵沉雄。”(魏庆之《诗人玉屑》)如果用两个字来概括建安文学，那一定是“风骨”。刘勰在《文心雕龙·明诗》中称建安诗歌“慷慨以任气，磊落以使才；造怀指事，不求纤密之巧；驱辞逐貌，唯取昭晰之能”。慷慨磊落、清晰明确，这就是曹操乐府诗的突出风格。

曹操以“相王之尊，雅爱诗章”(刘勰《文心雕龙》)，反映时事，描写汉末政治斗争、军阀混战、民不聊生的实景，直白表达情感、讴歌理想，为中国古代诗歌注入了一股雄浑阳刚之气，无怪乎清代方东树称他为“千古诗人第一之祖”(《昭昧詹言》)。

3. 语言积累。

歌。“诗”与“歌”就像一对孪生兄弟。“诗”传统上偏重内容和功用，“歌”偏重音律形式。《尚书》说：“诗言志，歌永言。”《礼记》也说：“诗，言其志也；歌，咏其声也。”“歌”是拖长声音，有节奏地吟唱。

二、诗心点点通

曹操因何而悲?

“诗缘情而绮靡”(陆机《文赋》)，读诗总要品味它表达的情感。唐代吴兢的《乐府古题要解》云：“魏武帝‘对酒当歌，人生几何’，晋陆士衡‘置酒高堂，悲歌临觞'，皆言当及时行乐。"到了清代，沈德潜《古诗源》也说："《短歌行》，言当及时为乐也。"他们都认为曹操此诗表达的是对人生苦短的悲叹，并因之而发出要及时行乐的感慨。

这样的说法过于偏重本诗的开头，未能反映全诗的情感脉络。"对酒当歌，人生几何！譬如朝露，去日苦多。"把人生比作早晨的露水，凸显了生命的短暂。这里的情感，甚至这个比喻都不是曹操的独创。汉乐府有一首《薤露》："薤上露，何易晞。露晞明朝更复落，人死一去何时归。"这种悲凉是汉乐府里常见的哀伤。"慨当以慷，忧思难忘。何以解忧？唯有杜康。"以美酒冲淡悲伤，这还是汉人情感的延续："生年不满百，常怀千岁忧。昼短苦夜长，何不秉烛游？为乐当及时，何能待来兹。愚者爱惜费，但为后世嗤。仙人王子乔，难可与等期。"可是，饮酒作乐并非曹操的解决方法，曹操的悲伤也超脱于人生苦短之上。

"青青子衿，悠悠我心。但为君故，沉吟至今。"从这里开始，诗歌的情感别开生面，从人生苦短的悲伤中分离出来，表达的是对人才的渴慕。"青青子衿，悠悠我心"，这算不上曹操的原创，是直接引用了《诗经》里面的句子，原句是女子对男子的思念，曹操借来表达自己思慕贤才而不得的苦闷。之后的几句围绕这样的情感反复叙说。最后一解化用典故。"山不厌高，海不厌深"化用《管子・形势解》："海不辞水，故能成其大；山不辞土，故能成其高；明主不厌人，故能成其众。""周公吐哺，天下归心"化用《韩诗外传》所记载的周公的故事："一饭三吐哺，犹恐失天下之士。"这个典故一般人不可以用，周公不是天子，却代天子执政，曹操用他自比，也表明自己没有改朝换代之心，其实是向天下贤士表明自己的心迹。

清代何焯《义门读书记・文选》说："《短歌行》犹是汉音。观后半，则发端乃传所谓'古之王者知寿命之不长，故并建圣哲'盖此诗之旨也。"这首诗是想表达因为人生苦短而意图建功立业吗？粗略看来，似乎如此。但曹操本意在于建立所谓功业吗？诗中并未表达。在《求贤令》中，曹操说："自古受命及中兴之君，曷尝不得贤人君子与之共治天下者乎！及其得贤也，曾不出闾巷，岂幸相遇哉？上之人不求之耳。今天下尚未定，此特求贤之急时也。"求共治天下，求天下安定，就一定指向个人的功业吗？与其说这首诗写的是建功立业的豪情，不如说这首诗表达的是求取贤才以安定天下的苦心。

从人生几何的悲苦到渴求人才的承诺，曹操的这一首诗就从乐府的歌哭走到建安的磊磊风骨。

三、思想会客厅

诗从哪里来？

大抵创作，“自作语最难”（黄庭坚《答洪驹父书》）。但如果一味因袭，又何为创作？《短歌行》全诗两次采用《诗经》的原句。“青青子衿，悠悠我心”，采用《诗经·郑风·子衿》的原句；“呦呦鹿鸣，食野之苹。我有嘉宾，鼓瑟吹笙”，采用《诗经·小雅·鹿鸣》的原句。“譬如朝露，去日苦多”的比喻出自汉乐府；“山不厌高，海不厌深”的典故出自《管子·形势解》；“周公吐哺，天下归心”的典故出自《韩诗外传》。不长的篇幅中有这么多的引用，怎能不成为经典？

其实，诗的创新虽在字句，但其根本在内心。《短歌行》之所以成为千古名篇，是因为曹操在诗中抒发了自己独特的情感，这个情感虽承继传统而来，但没有被束缚，而是更进一层，直抒诗人真实的心灵。

中国是诗歌的国度，诗歌的发展史某种程度上是心灵的成长史。如果你不希望心灵贫乏，就多用诗歌去激发。

四、练习步步高

（一）知识识记

1. 填空。

（1）曹操，字________。三国时期魏国著名的政治家、军事家、文学家。他“外定武功，内兴文学”，是建安文学的开创者。其诗直承汉乐府反映现实的传统，一方面反映了社会的动乱和民生的疾苦，一方面表现自己一统天下的理想和壮志，具有“________”的独特风格，这种风格被称为“________”。

（2）《短歌行》中运用借代手法写解除忧愁唯有美酒的诗句是“____”。

（3）《短歌行》中化用《诗经·郑风·子衿》中的诗句：“________________________。”这几句点明了诗人“愁”的一个原因，即对人才的渴求。

（4）《短歌行》中运用“比”“兴”手法，将贤才喻为明月，表达诗人渴望贤才来归的心意的诗句是“________________________________”。

（5）《短歌行》中以乌鹊南飞、无枝可依比喻在三国鼎立的局面下，有些人才犹豫不决，不知何去何从。作者以设问的方式，为贤才指明方向的诗句是“________________________________”。

（6）曹操在《短歌行》中运用典故，以周公自比，表明自己也如周公那样热切渴望贤才，使天下的人才都心悦归服的诗句是“________________________________”。

2. 下列加点的字注音正确的一项是（　　）

A. 譬如（pì）　慷慨（kǎi）　青衿（jīn）
B. 笙箫（shēng）　阡陌（mò）　契合（qiè）
C. 周匝（zā）　哺育（pǔ）　鼓瑟（sè）
D. 沉吟（yín）　拾掇（duō）　呦呦（āo）

（二）诗心体悟

1.“青青子衿，悠悠我心”直接引用自《诗经·郑风·子衿》，“呦呦鹿鸣，食野之苹。我有嘉宾，鼓瑟吹笙”直接引用自《诗经·小雅·鹿鸣》。请问有什么作用？

____

____

____

____

2. 清代吴淇《六朝选诗定论》评价《短歌行》：“盖一厢口中饮酒，一厢耳中听歌，一厢心中凭空作想，想出这曲曲折折，絮絮叨叨，若连贯，若不连贯，纯是一片怜才意思。”你同意吴淇的“怜才”说吗？请你谈谈对这首诗的理解。

____

____

____

____

（三）思想碰撞

阅读下面的诗歌，回答问题。

蒿里行

曹　操

关东有义士，兴兵讨群凶①。
初期会盟津，乃心在咸阳。
军合力不齐，踌躇而雁行。
势利使人争，嗣还自相戕。
淮南弟称号②，刻玺于北方③。
铠甲生虮虱，万姓以死亡。
白骨露于野，千里无鸡鸣。
生民百遗一，念之断人肠。

注释　①讨群凶：指讨伐董卓及其党羽。　②淮南弟称号：指袁绍的异母弟袁术在淮南寿春自立为帝。　③刻玺于北方：指袁绍图谋废除汉献帝，改立幽州牧刘虞为帝，并刻制皇帝印玺。

1. 下列对这首诗的分析鉴赏，不正确的一项是（　　）

A. “蒿里行”为汉乐府旧题，属《相和歌辞・相和曲》，本为当时人们送葬所唱的挽歌，曹操以写时事。

B. “初期”句用典，相传周武王伐纣时曾在孟津大会八百诸侯，此处借指关东诸将起兵讨伐董卓，在孟津会师。

C. 诗人称诸将为“义士”，带兵讨伐“群凶”，指出“乃心在咸阳”，意在匡扶汉室，抒发诗人对诸将的钦佩之情。

D. “势利”一句到“刻玺”一句写关东诸将各为自己的利益而争，发展到自相残杀的程度，点明他们各自的野心，可谓层层剥笋，步步深入。

2. 在《短歌行》中，曹操抒发了渴望求取贤才以安定天下的苦心。诗人的这一情感与《蒿里行》的哪些诗句存在关联？请你简要分析。

归园田居

一、知识朋友圈

1. 一生潦倒的陶渊明。

陶渊明，名潜，字元亮，浔阳柴桑（今江西九江）人。东晋名将陶侃之后，但陶渊明出生时家道已经衰落。青年时期，陶渊明也曾有“大济于苍生”（《感士不遇赋》）的雄心壮志，出仕之后多不遇而三次辞官，四十一岁时，经亲友劝说，出任彭泽令。不久因妹妹死于武昌，又逢郡里督邮来县巡视，县吏告诉他应束带见之，陶渊明说：“吾不能为五斗米折腰，拳拳事乡里小人邪！”（《晋书·陶潜传》）便解绶辞官，归隐田园。

归隐之后，他写了很多歌咏田园生活的诗歌，是中国第一位田园诗人。他的诗歌情感真挚动人，风格平淡自然，诗味醇厚隽永。苏轼评价：“其诗质而实绮，癯而实腴。”（《追和陶渊明诗引》）陶渊明的诗歌为中国古代诗歌开辟了一个新的境界，他被称为“古今隐逸诗人之宗”（钟嵘《诗品》）。

2. 语言积累。

田。“田”的甲骨文写作。《说文解字》云：“田，陈也。树谷曰田。象四口；十，阡陌之制也。”自造字以来，田就是阡陌交错的农耕之地，是长出作物供人饮食的希望之地。

二、诗心点点通

1. 为什么归园？

如果从人物履历看，陶渊明的归隐应该是出于无奈。东晋安帝义熙元年，迫于生存的压力，陶渊明到江西彭泽做县令，但因为受不了要按照礼仪去见上级巡查的官员，就挂印回家了。如果没有这些诗歌，我们不会知道他的心迹，只以为这是一个狷者的傲岸之举。

提起中国文人的追求，“三不朽”是核心，似乎为了这个目标，可以付出任何代价。等而下之，恐怕就是“天下熙熙，皆为利来；天下攘攘，皆为利往”了。陶渊明的《归园田居》为组诗，共五首，高中《语文》必修上册选的是第一首，诗首四联点明了诗人为什么要归园。

“少无适俗韵，性本爱丘山。”陶渊明把自己的爱好和世俗对立起来。“俗”是什么呢？诗人没有说，但我们可以通过诗人的爱好去推断。诗人说自己本性喜爱山林。山林是宁静的、淳朴的，是自然而然享受生命变化的地方。那么世俗就是喧嚣，是尔虞我诈，是不懂装懂、满口谎言，是唯利是图、蝇营狗苟。诗人是一个真诚率直的人，怎能忍受眼前的无尽污秽。恶劣世俗和真诚本性的冲突是诗人毅然辞官归园的首要原因。他要捍卫自己的本性，那是他真正的田园。

“误落尘网中，一去三十年。”这句诗背后是无奈的独白。不管是三十年还是十三年，对于一个人而言，都是漫长的时间，诗人不是没有努力去适应这个社会。作为世代官宦人家的子弟，步入仕途乃是家族的期待；作为一个熟读经书的士子，承担社会责任是自我的期许；作为一家之主，做官更是供养家庭、维持生活的必然需求。以为自己可以适应，回头想来，却是误入了歧途。这是痛定思痛的确认。

“羁鸟恋旧林，池鱼思故渊。”鸟儿不能改变对山林的眷恋，鱼儿不能改变对河湖的思念，因为山林是鸟儿的家园，河湖是鱼儿的乐园。人一定要确认人生的痛苦然后再去热爱它吗？陶渊明不这样觉得，他觉得人生还有另外一种活法，就是回归田园。“开荒南野际，守拙归园田。”“拙”是什么？《说文解字》云：“拙，不巧也。”那么，“巧”是什么？《说文解字》云：“巧，技也。”能动脑筋、找门路、利用工具等，就是“巧”。陶渊明知道自己回归田园是“不巧也”，但他珍惜这样淳朴善良的本性。

那么，陶渊明为什么归园？是因为对这个社会的失望，对世俗的抗拒，对自我真诚善良的本性的珍视。

2. 田居何乐之有？

田居是快乐的吗？显然不是。面朝黄土背朝天的生活是枯燥的，《归园田居》（其三）说：“种豆南山下，草盛豆苗稀。晨兴理荒秽，带月荷锄归。道狭草木长，夕露沾我衣。”起早贪黑把力气花在农田里能得到什么回报呢？与田居相对应的是艰难。

“方宅十余亩，草屋八九间。”田居哪有高堂华屋？只有八九间草房。“榆柳荫后檐，桃李罗堂前。”屋后是榆树、柳树，堂前是桃树、李树。高堂华屋和这样的乡间居所，你会选择哪个？选择前者就要堕入尘网。似乎只有在简陋的乡间居所才能舒心地呼吸。

“暧暧远人村，依依墟里烟。”这两句所描写的景致，就像画家信笔勾画的水墨。迷蒙隐约的村庄，轻柔缓慢向上飘升的炊烟，是一派平静安详的气象。“狗吠深巷中，鸡鸣桑树颠。”其实，汉乐府里有人写过“鸡鸣高树巅，狗吠深宫中”（《鸡鸣》），但陶渊明改了两个字使诗句有了农家温暖而宁静的味道。

田居的快乐是什么呢？诗人只是淡淡地描绘了生活的场所与环境，却让人感受到生活的宁静祥和。

最后两联，诗人写的是自己的主观感受。“户庭无尘杂，虚室有余闲。”除了自然而然的生活环境，田居的好处，与做官对比，是再无世俗的繁杂琐事。“虚室”者，“静室”也，终于可以在虚静的居所里过悠闲的生活了。

“久在樊笼里，复得返自然。”这是诗人的感叹。如果没有世俗樊笼的体验，怎能深刻认识到自然的可贵？自然，是指自然的乡村环境，更是指顺应本性、自然而然的生活。

三、思想会客厅

永恒的吟唱：自然之歌。

陈寅恪先生尊陶渊明为“吾国中古时代之大思想家”（《陶渊明之思想与清谈之关系》），认为陶渊明不同于魏晋以嵇康、阮籍等为代表的“自然”一派，既不积极抵制名教，也不行为任诞、不求神仙，而是追求“委运任化”，即“求融合精神于运化之中”，也就是“新自然说”。

袁行霈先生接续陈寅恪先生的观点并加以衍生，认为“旧自然说”因为将自然当作“对抗名教的武器”所以应改为“佯自然说”，而陶渊明的“新自然说”才是“真自然说”。陶渊明的“自然”有多重含义。首先，它是一种“自在的状态”，“依照自己的本性生活，保持自己本来的状态”。其次，“自然”含有“自由”的意味，陶渊明的“返自然”就是获得“自由”，以返回山林、田园为前提。再次，陶渊明以“自然”为美。最后，“陶渊明以‘自然’化解人生的苦恼，以‘自然’作为医治人生各种弊病的良药”。

袁行霈先生说：“陶渊明的思想可以这样概括：通过泯去后天的经过世俗熏染的‘伪我’，以求返归一个‘真我’。陶渊明看到了社会的腐朽，但没有力量去改变它，只好追求自身道德的完善。他看到了社会的危机，但找不到正确的途径去挽救它，只好求救于人性的复归。这在他自己也许能部分地达到，特别是在他所创造的诗境里，但作为医治社会的药方却是无效的。”[1]

叶嘉莹先生说：“在古今诗人之中，能够直接面对人生的悲哀苦难，而且真正找到了一个解决办法的，只有陶渊明。当然，他也不得不为自己所选择的这条道路付出了劳苦饥寒的代价。”[2]

是的，陶渊明的诗歌虽然在当时没有获得很高的认可，但随着时代的发展，历久弥新，这是因为他的诗歌吟唱了一种新的人生哲学，让我们回归内心，去体味一个人的真实需求。

四、练习步步高

（一）知识识记

填空。

（1）《归园田居》是东晋时期文学家陶渊明的组诗作品，共五首。陶渊明，字元亮，私谥________，浔阳柴桑（今江西九江）人，系陶侃曾孙，曾任江州祭酒、镇军参军、________令等，后去职归隐，绝意仕途。其长于诗文辞赋。

（2）在《归园田居》（其一）中，“____”运用对仗和比喻表达了诗人身在宦海却心系田园的心情。

（3）陶渊明《归园田居》（其一）表现诗人归隐田园后宁静、闲适的生活状态的句子是“____”。

（4）在《归园田居》（其一）中，“____”阐明了诗人厌恶官场生活，一心想要回归自然的原因。

（5）在《归园田居》（其一）中，表现诗人摆脱官场生活、回归大自然后喜悦心情的句子是“____”。

（6）《归园田居》（其一）中，表现炊烟轻柔缓慢向上飘升，山村一派平静、安详景象的句子是“____”。

---

[1] 袁行霈：《中国文学史》（第二卷），北京：高等教育出版社，1999 年，第 74 页。

[2] 叶嘉莹：《汉魏六朝诗讲录》，石家庄：河北教育出版社，1997 年，第 495—496 页。

（二）诗心体悟

请你概括说明陶渊明笔下的田园生活有哪些特点，并体会诗人的情感。

（三）思想碰撞

阅读下面的诗歌，回答问题。

归园田居（其三）

陶渊明

种豆南山下，草盛豆苗稀。
晨兴理荒秽，带月荷锄归。
道狭草木长，夕露沾我衣。
衣沾不足惜，但使愿无违。

1. 本诗颔联常为后世评论家称道，请你加以赏析。

2. 本诗云：“衣沾不足惜，但使愿无违。”《归园田居》（其一）中哪些诗句能说明诗人一直以来的“愿”是什么？这表现了诗人怎样的人生追求？

梦游天姥吟留别

一、知识朋友圈

1.“诗仙”的生平。

李白，字太白，号青莲居士，有“诗仙”的美誉，与杜甫并称为“李杜”。出生于碎叶，当时属于唐安西都护府管辖，五岁时，随家人迁居至绵州（今四川江油）。其从小爱读“奇书”，所谓“五岁诵六甲，十岁观百家”（《上安州裴长史书》）是也；爱写作，狂得连前辈都看不上，所谓“十五观奇书，作赋凌相如”[《赠张相镐二首》（其二）] 是也；爱剑术，竟然行侠杀人，所谓“托身白刃里，杀人红尘中”（《赠从兄襄阳少府皓》）是也；小小年纪就求仙问道，二十来岁就高唱“倘逢骑羊子，携手凌白日”（《登峨眉山》）。二十五岁结束了在四川的生活，求仕游历，中间有时隐居，有时干谒，在唐玄宗天宝元年（742 年），由贵人推荐，得诏进京。但现实并非如他所想，三年后又被赐金放还。安史之乱爆发，唐玄宗的第十六子永王李璘途经李白隐居的庐山，三请诗人出山。李白不辞老病，毅然应召随军。他的这番举动既在历史上为自己书写下爱国的美名，也被卷入宫廷斗争，之后好在有几位大臣出来说情，诗人才被从轻判刑流放夜郎。两年后，于安徽当涂病逝。从他的出生，到他的辞世，都有着各种各样的说法。千年以来他留给人们的印象，除了飘逸，就是神秘。他的一生，一面是高亢、浪漫、激情万丈，另一面却是失意、徘徊与百转千回的惆怅。他的诗歌具有独特的瑰玮绚烂的色彩，达到了盛唐诗歌艺术的巅峰。其存世诗文达千余篇，有《李太白集》三十卷。

2.“谢公”是谁?

谢灵运，东晋名将谢玄之孙，袭封康乐公。小名客儿，世称谢客，又称谢康乐。少颖悟非常，十五岁时，被赞“文章之美，江左莫逮”（《宋书・谢灵运传》）。谢灵运因名公子孙，才能出众，自负应当参与时政机要。不过，刘宋建立后，他被降为康乐侯，改食邑为五百户，起为散骑常侍，转太子左卫率。宋文帝对他“唯以文义见接，每侍上宴，谈赏而已”（《宋书・谢灵运传》），但谢灵运并没有警觉收敛，多有出格之举。元嘉十年（433 年）被问罪徙广州，最终以叛逆罪名被杀，终年四十九岁。

谢灵运好游山水，创制了一种“上山则去前齿，下山去其后齿”(《宋书·谢灵运传》)的木屐，后人称作“谢公屐”。谢灵运不仅热爱游览，而且是中国历史上第一个创作大量山水诗的诗人。谢灵运是中国文学史上山水诗派的开创者，李白、杜甫、王维、孟浩然、韦应物、柳宗元等文学大家，都曾取法于谢灵运。其诗充满对自然山水的热爱之情，清新自然，意境新奇高妙，一改东晋以来玄言诗的晦涩之风，影响深远。

3.《梦游天姥吟留别》的写作背景。

此诗一说写于天宝四载（745 年），一说写于天宝五载（746 年），为李白出翰林之后所作。

李白是比较自负的，心中有经世济民的抱负，但不屑于经由科举走上仕途，期待得到皇帝的征诏与宠任。所以他出四川后，到处漫游，结交各地名流，以此广造声誉。在多年的努力之后，他终于在唐玄宗天宝元年，得到推荐，来到长安。但李白的自我期许和皇帝对他的定位完全不同。李白对这次长安之行抱有很大的期望，希望能够参与国家大事，成为举足轻重的人物。唐玄宗却将他看作文学弄臣，用来装点盛世。李白性格放达高傲，因此得罪了不少人，最终被唐玄宗赐金放还，他布衣卿相的美梦就此破灭。

唐玄宗天宝三载（744 年），李白被放出京，返回东鲁（今山东），之后又告别家园，漫游河山。一般认为，这首诗是他向东鲁朋友告别时所作，所以也题作《梦游天姥山别东鲁诸公》。

4. 语言积累。

吟。“吟”是诗歌的传统朗读方法。《说文解字》云：“吟，呻也。”即用低缓延长的声调诵唱。这种朗读方法曾经濒临失传，近来颇有传承，体现了其顽强的生命力。

二、诗心点点通

1. 李白造了一个怎样的梦？

也许是李白的梦境太美，吸引很多人寻访天姥山，看到之后大多却失望而归。清代文学家方苞说天姥山是“一小丘耳，无可观者”(《方望溪集》)。但李白在诗的开头就营造了天姥山的神奇色彩。“海客谈瀛洲，烟涛微茫信难求；越人语天姥，云霞明灭或可睹。"瀛洲是海上仙境，虚无缥缈，不可寻求；而天姥山在云霞之间时隐时现，是仙境亦是实景。以瀛洲的难求衬托出天姥山的胜景，激发了读者的向往之情。

诗中把天姥山与五岳、赤城、天台山对比，突出天姥山的巍峨高耸，这是越人在夸耀，由此引发了诗人的梦。这个梦近取之于越人，远取之于古人。谢灵运写过"暝投剡中宿，明登天姥岑"(《登临海峤初发强中作与从弟惠连见羊何共和之》)，李白是沿着前辈的足迹来到天姥山的。

前面是进入梦境的交代，真正的梦之画卷后面才展现在读者面前。这个梦，你只看，是远远不够的。你可以看到奇美的景色，但你要去听，才能感受到这梦的震撼人心，空中传来天鸡的鸣叫，岩间迸发出泉水的激越之声。而在短暂柔美的视觉铺垫之后，是视觉和听觉的轰鸣，闪电霹雳，天门洞开。这首诗是古体，但这一段运用了各种诗歌的体式，有律诗的对仗，有古体的流丽，有楚辞体的喟叹，有四言的短促与力量，异彩纷呈。

从传闻开始，由山景到仙境，这是多么开阔美艳的神仙世界啊！"青冥浩荡不见底，日月照耀金银台。霓为衣兮风为马，云之君兮纷纷而来下。"人的卑微与恐惧烟消云散。"云之君"披彩虹为衣，驱长风为马，虎鼓瑟，鸾驾车，多么神奇而豪华。"仙之人兮列如麻"，群仙列队迎接诗人的到来，是怎样的盛大与热烈！

但不管多么盛大、多么神奇，梦终究会醒。梦中的美好不仅不能带入现实，而且更加凸显了现实的凄凉。

李白的这个梦是光怪陆离的梦，是极视听之感受、极诗体之多元、极想象之奇幻而必然消失的梦。

2. 李白为什么要造这个梦？

有人说，李白的这个梦其实是他长安经历的投影。这么说并非没有道理，因为诗中说"世间行乐亦如此，古来万事东流水"，人生的欢乐就如同此梦。李白写这个梦并非怀念它，而是获得了生命的觉醒。

无论是求仙问道，还是富贵功名，都不过是过眼云烟。"且放白鹿青崖间，须行即骑访名山。安能摧眉折腰事权贵，使我不得开心颜？"重要的其实不是"名山"，而是适意，是随心所欲率性而行。

李白的这个梦是自我的觉醒之梦，是一个人对自由的渴望与呼唤。这种呼唤里有陶渊明的影子，当李白写下“折腰”之时，脑海中未尝不会出现陶渊明的名言。相比于陶渊明，李白无疑是幸运的。较之晋末，开元天宝年间是怎样的盛世？较之彭泽令，待诏翰林又是怎样的荣宠？较之列名于中品，“谪仙”之名又是何等荣耀？可以说，李白放弃了这样的“梦”，只为了自己能够“开心颜”。

这是一个自由的灵魂在歌唱。

三、思想会客厅

诗之为梦：一种自我疗愈。

诗是什么？有各种各样的答案。在李白这里，有一种答案是自我疗愈。

其实，在现实生活中，李白并不是一个不屑于仕进的高士。《与韩荆州书》是他写的著名的干谒文章，文中充满了自夸与逢迎。

“白闻天下谈士相聚而言曰：‘生不用封万户侯，但愿一识韩荆州。’何令人之景慕，一至于此耶！岂不以有周公之风，躬吐握之事，使海内豪俊，奔走而归之，一登龙门，则声誉十倍。所以龙盘凤逸之士，皆欲收名定价于君侯。愿君侯不以富贵而骄之，寒贱而忽之。则三千宾中有毛遂，使白得颖脱而出，即其人焉。

白陇西布衣，流落楚汉。十五好剑术，遍干诸侯；三十成文章，历抵卿相。虽长不满七尺，而心雄万夫。王公大人，许与气义。此畴曩心迹，安敢不尽于君侯哉！

君侯制作侔神明，德行动天地，笔参造化，学究天人。幸愿开张心颜，不以长揖见拒。必若接之以高宴，纵之以清谈，请日试万言，倚马可待。今天下以君侯为文章之司命，人物之权衡，一经品题，便作佳士；而君侯何惜阶前盈尺之地，不使白扬眉吐气，激昂青云耶！

昔王子师为豫州，未下车即辟荀慈明，既下车又辟孔文举。山涛作冀州，甄拔三十余人，或为侍中、尚书，先代所美。而君侯亦一荐严协律，入为秘书郎；中间崔宗之、房习祖、黎昕、许莹之徒，或以才名见知，或以清白见赏。白每观其衔恩抚躬，忠义奋发，以此感激，知君侯推赤心于诸贤腹中，所以不归他人，而愿委身国士。倘急难有用，敢效微躯。

且人非尧舜，谁能尽善？白谟猷筹画，安能自矜。至于制作，积成卷轴，则欲尘秽视听。恐雕虫小技，不合大人。若赐观刍荛，请给纸墨，兼之书人。然后退扫闲轩，缮写呈上。庶青萍、结绿，长价于薛、卞之门。幸推下流，大开奖饰，惟君侯图之。”[1]

“遍干诸侯”“历抵卿相”，可能有夸张，但渴望得到王公大臣的青睐是事实。有人以李白的这种分裂攻击他人格卑污不高贵，其实是忽视了理想和现实的分际。诗歌高吟理想，吹散了现实的污秽，抚慰了诗人被现实深深伤害的内心，更以理想的号角鼓励诗人成为一个真正超脱尘世的人。

很难想象，离开了诗歌的李白会是一个怎样的人。但我们可以知道，李白的梦真实地疗愈了一代代被现实伤害的人，支撑并唤醒了无数个渴望自由的人。

四、练习步步高

（一）知识识记

填空。

（1）李白，字太白，号________。有“诗仙”的美誉，与杜甫并称“李杜”。他的诗风格雄奇豪放，想象丰富，语言流转自然，音律和谐多变，具有其特有的瑰玮绚烂的色彩，达到盛唐诗歌艺术的巅峰。《梦游天姥吟留别》是他的代表作之一，这是一首纪梦诗，也是一首________。

（2）《梦游天姥吟留别》通过对比，突出天姥山巍峨、挺拔的诗句是：“____。”

（3）《梦游天姥吟留别》中，“________________________”两句从视觉和听觉两个方面，描写了诗人梦中登上半山腰时的所见所闻，充满了奇幻色彩。

（4）《梦游天姥吟留别》中，“________________________”描写了天姥山上的天气和环境，渲染了凝重的氛围，为下文仙人的出场做了铺垫。

（5）《梦游天姥吟留别》中由梦境转入现实的过渡句是“____”。

（6）《梦游天姥吟留别》中最能表现作者性情的句子是“____”。

[1] 上海辞书出版社文学鉴赏辞典编纂中心：《文学经典鉴赏 · 古文名篇》，上海：上海辞书出版社，2018 年，第 154 页。

（二）诗心体悟

1. 请你用最美的语言描绘“列缺霹雳”至“仙之人兮列如麻”这一梦中仙境部分。

2. 李白用了很多笔墨来描写梦境，这对表现主题有什么作用？

（三）思想碰撞

阅读下面的诗歌，回答问题。

古风（其十九）

李　白

西上莲花山，迢迢见明星。
素手把芙蓉，虚步蹑太清。
霓裳曳广带，飘拂升天行。
邀我至云台，高揖卫叔卿①。
恍恍与之去，驾鸿凌紫冥。
俯视洛阳川，茫茫走胡兵。
流血涂野草，豺狼尽冠缨。

注释　①卫叔卿：传说中的仙人。据《神仙传》记载，卫叔卿服云母石而成仙，曾乘云车、驾白鹿去见汉武帝。

1. 下列对这首诗的理解和赏析，不正确的是（　　）

A. 这首古诗以游仙体形式反映了作者身在山林而心系国家和社会现实的矛盾思想。

B. 全诗前十句为第一部分，写游仙；后四句为第二部分，写现实。

C. 开首两句交代游仙之地山高险峻，莲花峰上明星闪烁，高耸云端。

D. 结尾两联的悲惨景象是当时安史之乱的现实写照，表达了诗人忧国爱民的情怀。

2. 这首诗与《梦游天姥吟留别》相比，诗的主旨的最大不同是什么？请你比较分析。

登高

一、知识朋友圈

1. 格律诗的格式。

格律诗成熟于唐初，所以又被唐人称为近体诗，与古体诗相对。近体诗有严格的格律要求。第一，句数固定。近体诗包括律诗和绝句，律诗每首八句，绝句每首四句。也有所谓排律，句数可超过八句，但除首尾联之外均要求对仗。第二，字数固定，一般每句是五言或七言。第三，近体诗用韵严格，一般只用平声韵。只在偶数句押韵，除了第一句可押可不押，其余的奇数句都不押韵。第四，近体诗讲究对仗。一般颔联、颈联必须对仗，一联之间，上下句语法结构相同、对应词性相同。第五，平仄要符合黏对规则。严格讲究句内平仄相间交错，联内相对，联间相黏的规则。

相比较而言，古体诗没有这么多限制，较为自由。字数、句数不限，可以是四、五、六、七言，也可以是杂言。用韵要求不严格，可以用平声韵，也可以用仄声韵；允许换韵，每首可用一个韵，也可以用两个或两个以上的韵；可以在偶数句押韵，也可以在奇数句、偶数句都押韵；还可以把邻近韵部的韵混在一起通用，称为通韵。不讲究对仗，可以用，也可以不用，即便对仗，一般也并非“严对”，而是随意而古拙的。不讲平仄黏对的规则，甚至出现三平调、三仄尾等律诗无法接受的所谓声律之病。

2.“诗圣”的艰难一生。

杜甫，字子美，河南巩县（今河南巩义）人，尝自称少陵野老，又被称杜拾遗、杜工部、杜少陵、杜草堂等。与李白并称“李杜”，为了与后世另外两位诗人李商隐和杜牧，即“小李杜”区别，杜甫与李白又并称“大李杜”。

青年杜甫的生活是“青春”的。他的祖父是唐初著名诗人杜审言，父亲曾任兖州司马、奉天令等官，杜甫自小好学而早熟，“七龄思即壮，开口咏凤凰”（《壮游》），“李邕求识面，王翰愿卜邻”（《奉赠韦左丞丈二十二韵》）。青年时期，出游郇瑕，漫游吴越、齐赵，与前辈李白一同寻仙访道，谈诗论文。

可惜这样的快乐随着青春而逝去，壮年的杜甫失去了父亲，参加进士考试也以失败告终。从此开始了长安求官的十年，“骑驴十三载，旅食京华春。朝扣富儿门，暮随肥马尘。残杯与冷炙，到处潜悲辛”（《奉赠韦左丞丈二十二韵》）。

直到天宝十四载（755 年），终于得授河西尉，但杜甫“不作河西尉，凄凉为折腰”（《官定后戏赠》），又改任右卫率府胄曹参军，职责是看守兵甲器仗、管理门禁锁钥。即便这一小官，杜甫也没能真正当上，因为“安史之乱”爆发了。

这时杜甫本因得官返家探亲，但听说唐肃宗即位，就只身北上，投奔行在，可惜途中被叛军俘虏，押送长安。杜甫冒险逃出，投奔唐肃宗，“麻鞋见天子，衣袖露两肘”[《述怀一首》（此已下自贼中窜归凤翔作）]，被唐肃宗授为左拾遗。时间不长，又因为触怒唐肃宗被贬为华州司功参军。此时天下战乱，朝廷无能，华州大旱，百姓饥荒。杜甫在饥寒交迫中逃难入蜀，到成都投奔好友严武。在成都，杜甫过了几年安定的生活，五年后，严武病逝，杜甫失去依靠，只能离开成都乘船一路南下，在夔州居留近两年后，出三峡，漂泊于湖南的江水之上，于大历五年（770 年）冬，病死于湘江船中，时年五十九岁。

“国家不幸诗家幸，赋到沧桑句便工。”（赵翼《题遗山诗》）似乎是艰辛的人生成就了杜甫的诗歌，但果真如此吗？古往今来，人生的艰辛、国家的颠沛，是成就的人才多还是毁灭的人才多？要是在黑暗中才能看到火炬的光亮，不是要感激黑暗，而是要呼唤发现。

唐代有多少进士？“诗圣”只有一个！这许多进士留下了多少诗篇？落第的杜甫留下了一千四百多首（一说一千五百多首）。

浮名消散，“诗圣”千古！

二、诗心点点通

杜甫的悲是否打动了你？

《登高》写于夔州，这时的杜甫已经没有什么可以依靠，也没有前路可走，登上高处，看到的景色只有悲凉。“风急天高猿啸哀”，这一句写诗人全面的感受。“风急”是写听觉，也是写触觉；“天高”写视觉；“猿啸哀”是听觉引发的感受。读诗要有想象，你才能与诗人共鸣。上一句没有色彩，下一句色彩甚是鲜明，“渚清沙白鸟飞回”，在水清沙白的背景上，鸟迎风飞翔、回旋。你说，诗人看到这样的景色，是应该悲还是应该乐？

“无边落木萧萧下，不尽长江滚滚来。”这一联自带音响，你要发出声音去读才能感受。你看，“无边”“不尽”把想象拉到了顶格。而“萧萧”一读出口，就能感受到树叶掉落的萧瑟之音；“滚滚”一读出口，长江的无边浩荡也奔流而出。深沉，阔大，磅礴！前人誉为“古今独步”，良有以也。

罗大经在《鹤林玉露》中说：“杜陵诗云：‘万里悲秋常作客，百年多病独登台。’盖万里，地之远也。秋，时之惨凄也。作客，羁旅也。常作客，久旅也。百年，齿暮也。多病，衰疾也。台，高迥处也。独登台，无亲朋也。十四字之间含有八意，而对偶又精确。”十四个字中含有八层意思，还那么工整地对偶，这是怎么写出来的呢？读杜甫的诗不可以轻易滑过，因为滑过就是错过，一定是“万里”“悲秋”“常”“作客”，“百年”“多病”“独”“登台”，这才能品出八层意思来啊！

“艰难苦恨繁霜鬓，潦倒新停浊酒杯。”这是诗人写自己因为人生的艰难、痛苦和遗憾愁白了头发，写自己可悲到借酒浇愁都不能够。读诗要回味，这一句有人认为诗意弱了，因为杜甫没有往前推进。其实，杜甫是要你咽下这口苦酒，品味他的悲哀。

诗如果不动人，不要去责怪诗，要责怪你自己。因为你不会想象，不会朗读，不会一个字一个字地品，不会体谅诗人的苦心。

三、思想会客厅

风格从哪里来？

风格是玄妙的，因为它系于个人，是对诗人作品的整体性把握。我们常说杜甫的风格是沉郁顿挫。沉郁指向的是情感的广度与深度。杜甫的情感是广大的，他不仅仅哀叹自己人生的艰难，他的笔尖凝聚着对百姓、对国家的关爱与忠诚，这广大的情感又是深沉而至死不渝的，这才有了沉郁。顿挫指向的是表达的曲折，音调的讲究。杜甫的诗很少直露地呼喊，总是深邃跌宕地层层揭出。这样的诗才能“十四字之间含有八意”，每一层都是一次顿挫。

李白的风格是豪放飘逸。豪放是不受拘束，可以是格律的自由，也可以是情感不受世俗的约束；飘逸是洒脱自然，超凡脱俗。“天生我材必有用，千金散尽还复来”(《将进酒》)，这是豪放；“长风万里送秋雁，对此可以酣高楼”(《宣州谢朓楼饯别校书叔云》)，这是飘逸。“别君去兮何时还？且放白鹿青崖间，须行即骑访名山。安能摧眉折腰事权贵，使我不得开心颜”，这是豪放飘逸！

风格是诗人的标志，是诗人人格的外显。

四、练习步步高

（一）知识识记

填空。

（1）近体诗，起源于南北朝，成熟于________，包括________和绝句。律诗要求诗句字数整齐划一，有五言、七言之分，简称五律、七律。通常的律诗为________句四联：首联、________、颈联、尾联。每联两句，上句称________，下句称对句。律诗的颔联、颈联的上下句必须________。律诗要求通押一韵，限________声韵；第二、四、六、八句押韵，首句可押可不押。律诗每句中用字平仄相间，上下句中的平仄相对。每句的平仄都有严格规定，特别是第二、四、六字的平仄不能随意变更。绝句，又称________、断句、绝诗。每首四句，通常有五言、七言两种，简称五绝、七绝。

（2）杜甫在《登高》开篇写登高的见闻，以“________________”两句描绘出一幅精美的图画，视觉、听觉融为一体，风、天等六种意象自然成对。

（3）《登高》中的“________________”极写作者的羁旅之愁、病痛之苦以及孤独之感。

（4）杜甫一生漂泊，老年病苦孤愁，他的《登高》诗中有“________________”两句对其生活状况做了生动概括。

（5）今人常用杜甫《登高》中的“________________”两句来表达旧事物终将衰落，历史长河仍将向前之意。

（二）诗心体悟

你觉得《登高》这首诗的诗眼是哪个字？请结合全诗简要分析。

____

____

____

____

（三）思想碰撞

阅读下面的诗歌，回答问题。

九日齐山登高

杜　牧

江涵秋影雁初飞，与客携壶上翠微。
尘世难逢开口笑，菊花须插满头归。
但将酩酊酬佳节，不用登临恨落晖。
古往今来只如此，牛山何必独沾衣。

1. 下列对这首诗的赏析与理解，不恰当的一项是（　　）

A. 首联诗人用“涵”来形容江水仿佛把秋影包容在自己的怀抱里，写出江水之清，用“翠微”代指碧绿的江水，流露出对眼前景物的愉悦感受。

B. 颔联夹叙夹议，“难逢”“须插”的言外之意是应把握当前，及时行乐，不要无益地痛惜流光，表现了一种通达的生活态度。

C. 颈联将大醉无忧与怨恨忧愁相对比，表现了诗人只想用酩酊大醉来酬答这良辰佳节，表达了及时行乐之意。

D. 尾联用典，诗人由眼前登临的齐山，联想到齐景公牛山泣涕之事，他虽与齐景公有同感，却宽慰自己不必伤感流泪。

2. 杜甫的《登高》与这首诗都反映了古人重阳节登高的风俗，但诗人的心境不完全相同，请你结合诗句简析。

琵琶行（并序）

一、知识朋友圈

1. 白居易的蜕变。

白居易，字乐天，号香山居士，又号醉吟先生，河南新郑人，出身于世代业儒的官宦家庭。他的一生可以明显地分为前后两个时期。前期意气风发，追求兼济天下。白居易少年时读书刻苦，唐德宗贞元十六年（800 年）中进士，贞元十八年（802 年）举吏部组织的书判拔萃科，贞元十九年（803 年）春，授秘书省校书郎。唐宪宗元和元年（806 年），登才识兼茂明于体用科第四等，授盩厔县（今西安周至县）县尉。元和二年（807 年）十一月授翰林学士，次年任左拾遗。元和四年（809 年），与元稹、李绅等人倡导“文章合为时而著，歌诗合为事而作”（《与元九书》）的新乐府运动。白居易正直不阿，不畏权贵，敢于直言上书论事。唐宪宗曾抱怨说：“白居易小子，是朕拔擢致名位，而无礼于朕，朕实难奈。”（《旧唐书·白居易传》）

元和十年（815 年），宰相武元衡被当街刺杀，白居易上表主张严缉凶手，得罪权贵，以越职言事的罪名被贬为江州司马，从此，白居易对现实灰心，从前期的兼济天下转为后期的独善其身。

奇怪的是，白居易抱持这种人生态度后可以说是青云直上。元和十三年（818 年），任忠州刺史，元和十五年（820 年）还京，迁中书舍人。唐穆宗长庆二年（822 年）为避朝中倾轧，自请外放，历任杭州刺史、苏州刺史。唐文宗大和元年（827 年）还朝，任秘书监，转刑部侍郎，封晋阳县男，历任太子宾客、河南尹、太子少傅等职。唐武宗会昌二年（842 年）以刑部尚书致仕，会昌六年（846 年）去世，赠尚书右仆射，谥号文。可谓备极荣宠。

2.《琵琶行》因何而作？

安史一乱，盛唐不再。地方藩镇割据，中央政令不行。元和十年（815 年）主张强势对抗藩镇的武元衡二度拜相，六月，藩镇势力派刺客在长安街头刺杀了宰相武元衡，刺伤了支持削藩的御史中丞裴度。太子左赞善大夫白居易“首上疏，请亟捕贼，刷朝廷耻，以必得为期”(《新唐书 · 白居易传》)，两天之内，满城皆知。但白居易平素刚直，有不少反对、厌恶他的人就诬陷他：“丞、郎、给、舍、谏官、御史，尚未论请，而赞善大夫何反忧国之甚也。”（洪迈《容斋随笔 · 白居易出位》）最终以越职言事的罪名将白居易贬为江州司马。这件事对白居易的打击很大，在被贬官的第二年，白居易写下了这篇《琵琶行》(并序)。

3. 语言积累。

行。“行”是古诗体裁。汉魏以来的乐府诗，题名为“歌”和“行”的颇多，两者虽名称不同，其实并无严格区别，遂常并称，有“歌行”一体。“歌行”体音节、格律一般比较自由，形式采用五言、七言、杂言的古体，富于变化。宋代王灼《碧鸡漫志》卷一：“古诗或名曰乐府，谓诗之可歌也。故乐府中有歌有谣，有吟有引，有行有曲。”宋代施德操《北窗炙輠录》卷上：“凡歌始发声，谓之引……既引矣，其声稍放焉，故谓之行。行者，其声行也。”

二、诗心点点通

1. 琵琶女是谁？

这似乎是一个奇怪的问题，因为《琵琶行》的序中有明确的交代。元和十一年（816 年）的秋天，白居易在湓浦口听到有人在舟中弹琵琶，询问后知道，这个弹琵琶的女子原是长安的歌女，年老色衰后，嫁给商人为妻。诗中写琵琶女“自言本是京城女，家在虾蟆陵下住。十三学得琵琶成，名属教坊第一部”，“弟走从军阿姨死，暮去朝来颜色故。门前冷落鞍马稀，老大嫁作商人妇”。然而，南宋洪迈说：“白乐天《琵琶行》一篇，读者但羡其风致，敬其词章，至形于乐府，咏歌之不足，遂以谓真为长安故倡所作。予窃疑之。唐世法网虽于此为宽，然乐天尝居禁密，且谪官未久，必不肯乘夜入独处妇人船中，相从饮酒，至于极弹丝之乐，中夕方去，岂不虞商人者它日议其后乎？乐天之意，直欲摅写天涯沦落之恨尔。”[1]

洪迈怀疑琵琶女是否真的存在，初读起来似乎有理，但陈寅恪先生已然辨明：“容斋之论，有两点可商。一为文字叙述问题，一为唐代风俗问题。洪氏谓‘乐天夜登其舟与饮，了无顾忌’及‘乘夜入独处妇人船中，相从饮酒，至于极丝弹之乐，中夕方去’。然诗云：移船相近邀相见，添酒回灯重开宴。千呼万唤始出来，犹抱琵琶半遮面。则‘移船相近邀相见’之‘船’，乃‘主人下马客在船’之‘船’，非‘去来江口守空船’之‘船’。盖江州司马移其客之船，以就浮梁茶商外妇之船，而邀此长安故倡从其所乘之船出来，进入江州司马所送客之船中，故能添酒重宴。否则江口茶商外妇之空船中，恐无如此预设之盛筵也。且乐天诗中亦未言及其何时从商妇船中出去，洪氏何故臆加‘中夕方去’之语？盖其意以为乐天贤者，既夜入商妇船中，若不中夕出去，岂非此夕迳留止于其中耶？读此诗而作此解，未免可惊可笑。此文字叙述问题也。夫此诗所叙情事，既不如洪氏之诠解，则洪氏抵触法禁之疑问可以消释，即本无其事之假设，亦为赘剩矣。然容斋所论礼法问题，实涉及吾国社会风俗古今不同之大限，故不能不置一言。考吾国社会风习，如关于男女礼法等问题，唐宋两代实有不同。此可取今日日本为例，盖日本往日虽曾效则中国无所不至，如其近世之于德国及最近及于美国者然。但其所受影响最深者，多为华夏唐代之文化。故其社会风俗，与中国今日社会风气经受宋以后文化之影响者，自有差别。斯事显浅易见，不待详论也。惟其关于乐天此诗者有二事可以注意：一即此茶商之娶此长安故倡，特不过一寻常之外妇。其关系本在可离可合之间，以今日通行语言之，直‘同居’而已。元微之于《莺莺传》极夸其自身始乱终弃之事，而不以为惭疚。其友朋亦视其为当然，而不非议。此即唐代当时士大夫风

[1] 洪迈：《容斋随笔》，穆公校点，上海：上海古籍出版社，2015 年，第 508 页。

习，极轻贱社会阶级低下之女子。视其去留离合，所关至小之证。是知乐天之于此故倡，茶商之于此外妇，皆当日社会舆论所视为无足重轻，不必顾忌者也。……二即唐代自高宗武则天以后，由文词科举进身之新兴阶级，大抵放荡而不拘守礼法，与山东旧日士族甚异。……乐天亦此新兴阶级之一人，其所为如此，固不足怪也。”[1]

陈寅恪先生分析的两个问题，一个极细微，一个极阔大，充分体现了其作为杰出史学家读诗的眼光，解决了洪迈立论的根据，琵琶女本无其人的假设也就不成立了。

但我们从诗歌来说，除了这一位琵琶女，诗中还有一位“琵琶女”，那就是白居易。诗人写琵琶女其实就是写自己，琵琶女在京城成名，他也在京城成名；琵琶女演奏技艺高超，他的文章得到很多人的认可；琵琶女年老色衰而为商人妇，他因言获罪被贬江州。即便琵琶女真实存在，江州司马要写的恐怕还是自己的悲哀。

2. 抒情、叙事与描写。

有学者认为，与西方诗歌相比，中国诗歌的传统在于抒情。比较看来，似乎有道理。《荷马史诗》以叙事为主，主要写了人物的经历、行为和事情发生、发展的过程；《诗经》里的诗歌，大部分表达了人内心细腻而婉转的主观感受；《楚辞》更是屈原的内心独白，情感的强烈与浓厚无疑是最大的特色。

但如此并不能把叙事从中国诗歌的传统里剔除，除了《诗经》里的一部分，汉乐府里还有很多叙事诗，经常通过一个场景甚至极具戏剧化的场景来表情达意。叙事里有场景、有人物，基本上离不开描写，而有趣的是，中国诗的抒情其实也离不开描写。中国人含蓄内敛，似乎不到万不得已不会直抒胸臆，总是喜欢托物言志、借景抒情。既然是托物、借景，就免不了要去刻画景物。

叙事、抒情和描写就共同出现在《琵琶行》(并序)中。严格来讲，《琵琶行》(并序)是一首叙事诗，写的是白居易在浔阳江头送客，偶遇琵琶女，欣赏琵琶女演奏，听她叙述自己的身世、遭遇，引发了自己的感慨，最终又以一次演奏引发共鸣的故事。但这首叙事诗最为古今读者称道的是其中的音乐描写：“轻拢慢捻抹复挑，初为《霓裳》后《六幺》。大弦嘈嘈如急雨，小弦切切如私语。嘈嘈切

[1] 陈寅恪：《元白诗笺证稿》，上海：上海古籍出版社，1978 年，第 51—52 页。

切错杂弹，大珠小珠落玉盘。间关莺语花底滑，幽咽泉流冰下难。冰泉冷涩弦凝绝，凝绝不通声暂歇。别有幽愁暗恨生，此时无声胜有声。银瓶乍破水浆迸，铁骑突出刀枪鸣。曲终收拨当心画，四弦一声如裂帛。东船西舫悄无言，唯见江心秋月白。”

连用四个动词，“拢、捻、抹、挑”。再用两个曲名，《霓裳羽衣曲》和《六幺令》。之后是正面的乐声描写，用了一串贴切的比喻。“大弦嘈嘈”宏大如暴风骤雨，“小弦切切”幽咽如低声私语。交错弹奏嘈嘈声切切声，就像“大珠小珠”掉落玉盘。一会儿像花下流畅的鸟鸣声，一会儿像冰下流动受阻而艰涩低沉的水流声。节奏越来越沉、越来越慢以至于中断，好像泉水渐渐结冰以至于凝结了一样。在无声中，突然乐声大作，好像银瓶被撞破，水浆四处迸溅，又好像披挂铁甲的骑兵突然冲出，刀枪齐鸣。一曲终了，在琴弦中心划拨，四弦一声干脆得好像一下撕裂了布帛。这音乐让人沉醉，东船西舫上的人都静静聆听，只见江心之中倒映着秋月洁白的影子。

金人王若虚在《滹南诗话》中指出：“乐天之诗，情致曲尽，入人肝脾。”这个评价，描写的诗句要占多少功劳？抒情的诗句在《琵琶行》（并序）里很少，但对于把握作者的情感举足轻重。“同是天涯沦落人，相逢何必曾相识！”这一句抒发的是什么情感呢？是乐，还是悲？是庆幸，还是同情？是欣慰，还是悲怜？《礼记·礼运》说：“何谓人情？喜、怒、哀、惧、爱、恶、欲，七者弗学而能。”

三、思想会歌厅

诗人何为？

唐宣宗在白居易死后写了一首诗。

吊白居易

李　忱

缀玉联珠六十年，谁教冥路作诗仙。
浮云不系名居易，造化无为字乐天。
童子解吟长恨曲，胡儿能唱琵琶篇。
文章已满行人耳，一度思卿一怆然。

《长恨歌》《琵琶行》在当时很受欢迎，下到儿童、旁及胡人都能吟唱。这话可能有夸张的成分。但即便不是人人能诵，大家喜欢白居易、喜欢他的诗确是真实的，上到帝王、下到歌女，虽地位悬殊，在这一点上却看法一致。

其实，《琵琶行》(并序)是诗人心情苦闷时自救的产物。写诗讲究诗兴。很多时候，诗人的情感被激发了，就要把它写下来，非此不能释放内心的情志。诗歌是诗人最鲜活的人生感悟的抒发。我们不能和诗人产生共鸣，或许是因为我们缺少诗人那样的人生阅历。

很多时候，我们只是背诵了一首诗。但在经受了强烈的情感体验的时候，你会发现，原来有那么一个人在几百年甚至几千年前也感受过你的感受，你可以去体味，也可以用它来化解自己的人生痛苦。

《琵琶行》(并序)写得很动人，诗人已经做了自己的选择，而我们还在征途上。

四、练习步步高

(一)知识识记

白居易，字乐天，号______，河南新郑人；主张“________________________”，是______的倡导者。其诗语言通俗，与______并称“元白”，与______并称“刘白”，代表作有《长恨歌》《______》《琵琶行》等，有《白氏长庆集》传世。他被后人称为“______”“诗魔”。

(二)诗心体悟

诗人认为自己和琵琶女“同是天涯沦落人”，你觉得他们在哪些方面“同”？

____

____

____

____

（三）思想碰撞

阅读下面的诗歌，回答问题。

咏怀（其四）

白居易

自从委顺任浮沉，渐觉年多功用深。
面上减除忧喜色，胸中消尽是非心。
妻儿不问唯耽酒，冠盖皆慵只抱琴。
长笑灵均不知命，江蓠丛畔苦悲吟。

1. 下列对这首诗的赏析，不正确的一项是（　　）

A. 首联交代诗人仕途失意后的处境，表达他顺其自然的处世态度。

B. 颔联紧承上文，表明诗人修养加深带来的从外到内的改变。

C. 妻儿理解诗人的选择，他只管喝酒，体现了闲适的生活状态。

D. 本诗语言质朴无华，平白如话，虽运用典故，却浅显易懂。

2. 请你结合全诗评析尾联的情感。

（张翔　编写）

第二单元

词史

单元概说

要了解词，我们可以从词的别称出发。词又称“诗余”，说明词是由诗分化而来。当然从“诗余”这一别称也能看出，早先的词只是“诗之余事”，并没有诗的品位或地位。后来，词从附庸成为补充，最终拥有了自己的独立性。在北宋时，词也称“长短句”。“长短句”，顾名思义，就是句子的字数不等。唐代把七言称为“长句”，五言称为“短句”。词与唐代成熟并盛行的格律诗分为五言和七言不同，每句字数长短不等。词还被称为“曲子词”。这个全称揭示了词的起源和特点，词是配合音乐演奏的。这种音乐是燕乐，即宴乐，适合在宴会等一般生活场合中演奏。根据每一首曲子的乐调，词的句子有长有短。因为词在宴会上歌唱，因而其内容具有流行性和通俗性。

词形成于唐代，据说最早的词是署名为李白的《菩萨蛮》《忆秦娥》。“平林漠漠烟如织，寒山一带伤心碧。”“音尘绝，西风残照，汉家陵阙。”意境开阔苍凉，颇有唐诗气象。另外张志和的《渔歌子》、白居易的《忆江南》是中唐时期著名的词作。晚唐时期的温庭筠和韦庄，是花间词的代表词人，他们以细腻婉转的笔法描绘女性美好的形貌与孤独的内心，情感真挚动人。

五代时期的词人以李煜成就最高。王国维的《人间词话》中有此评价：“词至李后主而眼界始大，感慨遂深，遂变伶工之词而为士大夫之词。”李煜的“自是人生长恨水长东”(《乌夜啼》，又名《相见欢》)、“流水落花春去也，天上人间”(《浪淘沙》)、“问君能有几多愁，恰似一江春水向东流”(《虞美人》) 等，既诉说了个体生命的遭际，也表达了人生普遍性的痛苦，这些作品突破了个人身世之感而能引发读者的共鸣。

王国维在《宋元戏曲史》的《序》中有一段经典的论述：“凡一代有一代之文学：楚之骚、汉之赋、六代之骈语、唐之诗、宋之词、元之曲，皆所谓一代之文学，而后世莫能继焉者也。”如果把一种文学体裁与一个朝代相联系，那么词必然与宋代密切相关。

词至北宋蔚为大观，北宋词坛首推柳永和苏轼。柳永长期生活于市井民间，是专力写词的作家。他大力创作慢词，慢词比小令篇幅要长得多，便于铺叙和抒情。柳永的词有些类似今天的流行歌曲，甚至到了“凡有井水饮处，即能歌柳词”(叶梦得《避暑录话》) 的程度，《雨霖铃》《望海潮》都是柳永的名作。此外，晏殊、张先、欧阳修、晏幾道、秦观、黄庭坚、贺铸、周邦彦等都写出过婉约词的名篇。苏轼在中国词史上具有特殊的意义，在讲究“大诗小词”的潮流中，他打破诗与词的分界，实践“以诗入词”的理念。苏轼的词不再只是歌女酒宴上唱的代言之作，而是像诗那样为自己代言，具有了士大夫的气象。《江城子·密州出猎》《念奴娇·赤壁怀古》是其豪放词的代表作。

南宋最著名的词人是李清照和辛弃疾。李清照经历了北宋覆亡的时代巨变，她的词早期多写少女的贵族生活，如《如梦令》《一剪梅》等；南渡之后，她的晚年生活孤独凄凉，词作如《声声慢》等沉痛哀婉。李清照在《词论》中提出“词别是一家”的理论，表达了词要文质兼具的艺术追求。辛弃疾以抗金英雄自命，空有韬略却报国无门，将满腔悲愤抒发于词作中。辛弃疾的词表现了炽热的情感与孤绝的心灵，《水龙吟·登建康赏心亭》《永遇乐·京口北固亭怀古》等词写得壮怀激烈，大气磅礴。此外，南宋著名的词人还有范成大、杨万里、陆游、姜夔等。

大体而言，婉约词内容侧重儿女风情，结构缜密，音律谐婉，语言圆润，清新绮丽，具有一种柔婉之美，代表人物有柳永、李清照等。豪放词内容广博，视野开阔，气象恢宏雄放，喜用诗文的手法、句法和字法，语词宏博，用事较多，不拘于音律，代表人物有苏轼、辛弃疾等。

到了清代，纳兰性德的词独成一家。王国维的《人间词话》有此评价：“北宋以来，一人而已。”他的词作至情至性，感人肺腑。

毛泽东戎马一生，留下了许多旧体诗词。他的词充满了伟人的豪情与诗人的激情。《沁园春·长沙》《沁园春·雪》《忆秦娥·娄山关》《清平乐·六盘山》等作品，气象阔大，意境豪迈，展现了波澜壮阔的新民主主义革命历史，以传统古典诗词的形式抒写革命生活，在传统古典诗词与现代新诗之间架起一座沟通的桥梁。

念奴娇·赤壁怀古

一、知识朋友圈

1. 词牌、词题有什么作用？

词可以和乐而歌，因此词必有词牌，词牌规定了词的曲调。所谓“词有定调，调有定式，式有定句，句有定字，字有定声”。一般情况下是词牌在先，词人根据词牌来填写内容，所以作词又称“填词”。唐、五代到北宋初期，大多数词只有词牌。随着苏轼“以诗入词”，词的题材范围被扩大，因此有必要通过增加词题告知读者这首词的主要内容。自此，词除了有词牌，有时候会加上词题。如果词题比较长，那就成为词序。词题、词序与词的内容关系密切，是我们理解词的重要抓手。

那么，词牌与词的内容有关系吗？其实，早先还是有一定关系的。哀伤凄婉的旋律往往与离愁别绪的主题相配，柳永《雨霖铃》（寒蝉凄切）的词牌，相传是唐玄宗到蜀地，入斜谷，听到霖雨不绝，配以銮铃之声，为悼念杨贵妃，请乐师创作了《雨霖铃》这首曲子，以“寄恨”也。柳永的“多情自古伤离别”，即是用了《雨霖铃》的典故。不过，随着词的独立性不断增强，后来的词牌只有体裁格式上的规定作用，渐渐与词的内容无关了。

2.《念奴娇》这一词牌有何特点？

念奴为唐代开元、天宝年间的歌女名，音调高亢，遂为曲调名。双调，共一百字，也称《百字令》，又称《大江东去》《酹江月》等。多用仄韵，亦有用平韵者。原来主要写儿女情长，后来苏轼大胆开拓创新，填写的《念奴娇·赤壁怀古》一词最为著名，而苏轼这首词的内容与词牌的含义已经完全脱离关系。《念奴娇·赤壁怀古》押仄韵（入声字），韵脚字是“物、壁、雪、杰、发、灭、发、月”。

3. 苏轼是在怎样的背景下作了这首词？

苏轼从“乌台诗案”中死里逃生，被贬谪到黄州。元丰三年（1080 年），苏轼担任“检校尚书水部员外郎、充黄州团练副使、本州安置”。他名义上是水部的副长官，但“检校”只是荣誉称号，“团练副使”是地方军事助理官没有实权，“本州安置”则意味着苏轼不能擅自离开黄州。毫无疑问，这次贬谪是苏轼政治生涯中遭遇的重大打击，特别是苏轼到黄州时已经四十五岁，而坚决支持王安石“新法”的宋神宗三十三岁，当时的苏轼深感自己已无东山再起的可能。

苏轼在黄州时留下了许多诗文，其中最有名的当属“赤壁三咏”，即《前赤壁赋》《后赤壁赋》《念奴娇·赤壁怀古》。黄州的赤壁并非三国时期的古战场，却因此成为千古名胜，被后世称为“文赤壁”。

南宋傅藻《东坡纪年录》将《前赤壁赋》《后赤壁赋》《念奴娇·赤壁怀古》一起系于宋神宗元丰五年（1082 年），没有提供任何根据。有学者根据词中“故垒西边，人道是，三国周郎赤壁”推断，《念奴娇·赤壁怀古》“最可能的创作时间是元丰三年（1080 年），即苏轼到黄州的第一年”，“苏轼第一次来到此地”。[1] 以这首词为起点，我们继续阅读《前赤壁赋》《后赤壁赋》，会更深入地理解苏轼在黄州时思想觉醒和彻悟的过程。

4. 语言积累。

（1）浪淘尽。“淘”，淘洗，淘汰。“浪淘尽”即大浪淘沙。词人从眼前磅礴壮阔的江水联想到奔流不息的历史长河，将浩瀚的自然时空与悠远的历史时空相对接，继而引出了对“千古风流人物”周瑜的追慕和感怀。一个“淘”字，将“虚”与“实”、“古”与“今”自然相连，不着痕迹。

（2）羽扇纶巾。“羽扇”是鸟羽制的扇子。“纶巾”是配有青丝带的头巾。在我们的印象中，这似乎是诸葛亮的装束，这里用来描绘周瑜指挥作战时不穿戎装，体现其儒将的气度，表现其“雄姿英发”的形象。事实上，周瑜作为东吴将领，肯定要披坚执锐，冲锋陷阵。词中周瑜的形象是苏轼自身理想的寄托。

（3）樯橹。“樯”是挂帆的桅杆，“橹”是摇船的桨，用来代指曹操的战船。这首词的另一个版本此二字作“强虏”，读音相同，意义却有差异。“强虏”带有鲜明的抑曹倾向，这与《前赤壁赋》中称曹操“固一世之雄也”相矛盾。“樯橹灰飞烟灭”一句，充分体现了周瑜火攻破敌时的运筹帷幄，谈笑自若。

（4）酹。“酹”指以洒酒表示祭奠。“一尊还酹江月”，从表面上看，是苏轼在赤壁以酒洒江面祭奠江上之月。其实，苏轼要缅怀的是周瑜那样的“豪杰”与三国那样的历史，寄托了自己的无限感慨。苏轼的这首词太过经典，于是《念奴娇》这一词牌从此以后又被称为《酹江月》。

二、诗心点点通

《念奴娇·赤壁怀古》何以成为豪放词的代表作？

《历代诗余》所引宋代俞文豹《吹剑续录》中有这样一个故事：“东坡在玉堂日，有幕士善歌。因问：‘我词何如柳七？’对曰：‘柳中郎词，只合十七八女郎执红牙板，歌“杨柳岸晓风残月”；学士词，须关西大汉，铜琵琶，铁绰板，唱“大

---

[1] 王水照，朱刚：《苏轼诗词文选评》，上海：上海古籍出版社，2011 年，第 109 页。

江东去”。’东坡为之绝倒。”这个故事生动地说明了豪放、婉约两种词风的区别。对于婉约词和豪放词的定义，张綖在《诗余图谱》中说：“词体大略有二，一体婉约，一体豪放。婉约者欲其词调蕴藉，豪放者欲其气象恢宏，然亦存乎其人。如秦少游之作，多是婉约；苏子瞻之作，多是豪放。”

在苏轼之前，词的主题大多是爱情、离情等。苏轼“以诗入词”，使词像诗一样开始关注宏大的主题。《念奴娇·赤壁怀古》作为豪放词的代表作，开篇“大江东去”，让人想到孔子的“逝者如斯夫”(《论语·子罕》)，感慨历史长河奔流不息，将苏轼超越时空的自我对话置于无限广阔的背景中。仰视是“乱石穿空”的峭拔高峻，俯瞰是“惊涛拍岸，卷起千堆雪”的汹涌澎湃。“穿”“拍”“卷”等动词充满激情与力量，既是实写苏轼眼前所见的赤壁的壮观景象，也是虚写当年赤壁鏖战时的刀光剑影、鼓角争鸣。

更可贵的是，在词的下阕中，苏轼没有因古今对照下认识到“人生如梦”而自哀自怜、沉痛感伤，而是在自笑多情中让我们感受不凡的英雄气概。这也与婉约词常写爱情、离情的主题大为不同，具有一种达观释然的超越精神。

三、思想会客厅

如何理解苏轼怀古中的寄托？

这首词的标题是《赤壁怀古》。所谓“怀古伤今”“借古喻今”，往往要借他人之酒浇胸中块垒。因此，苏轼并不在意此处并非真正的赤壁古战场，而是赤鼻矶，用了一句“人道是”一带而过，解决了考据的问题。

苏轼从“江山如画”联想到“一时多少豪杰”，以上阕的壮阔画卷引出周瑜这个中心人物。苏轼以“周郎”称呼周瑜，周瑜二十四岁担任江东建威中郎将，“吴中皆呼为周郎”。但赤壁之战时的周瑜已经三十四岁，和小乔结婚已经十年，“小乔初嫁了”一句夸张地表现了周瑜作为少年英才的风流潇洒。同样，“羽扇纶巾”表现了周瑜作为一代儒将的形象。“谈笑间，樯橹灰飞烟灭”直接表现周瑜的运筹帷幄、谋略过人。可见，《念奴娇·赤壁怀古》中苏轼是以自己的理想形象和个性气质塑造了周瑜的形象。

那么，苏轼为什么要如此塑造周瑜的形象呢？赤壁之战中，三十四岁的周瑜、三十七岁的鲁肃、二十七岁的孙权、二十八岁的诸葛亮共同打败了五十四岁的曹操，堪称一时豪杰。[1]然而被贬黄州的苏轼已经四十五岁了，年近半百，“早生华发”，对自己被朝廷重新起用不抱多大希望。《蓼园词选》曰：“题是怀古，意是谓自己消磨壮心殆尽也。……题是赤壁，心实为己而发。”[2]苏轼通过对周瑜这样风流人物的钦慕与追怀，寄托了自己的无奈与惆怅。我们可以从中看出，即使仕途受挫身处困境，苏轼仍然有着勃发的志气和英雄的理想。

更为重要的是，即使如周郎这样“雄姿英发”的风流人物，最后也要经历大浪淘沙的命运，更何况依然碌碌无为的自己呢？面对永恒的江月与常在的自然，人生确实如梦一般缥缈而短暂，一切的无可奈何都只能付诸一樽了。

四、练习步步高

（一）知识识记

1. 填空。

（1）词，又称诗余、________、________、乐府等。词的特点：调有定格，________，字有定声。根据字数不同，词可分为________（91字以上）、中调（59—90字）和小令（58字以内）。词有单调和________之分，________分两大段，单调只有一段。词的一段称________或一片。

（2）苏轼，字________，号________，宋代著名的文学家、书画家，“唐宋八大家”之一，与其父苏洵、弟苏辙合称“________”，开创了________（流派）。“赤壁三咏”是指《________》《________》《念奴娇·赤壁怀古》。

（3）大江东去，________________，千古风流人物。（《念奴娇·赤壁怀古》）

（4）________________，人道是，________________。（《念奴娇·赤壁怀古》）

（5）谈笑间，________________________。（《念奴娇·赤壁怀古》）

（6）人生如梦，________________________。（《念奴娇·赤壁怀古》）

2. 解释下列加点的字词。

（1）故垒西边（　　　　　　　）

（2）卷起千堆雪（　　　　　　　）

[1] 王水照，朱刚：《苏轼诗词文选评》，上海：上海古籍出版社，2011年，第109—110页。

[2] 徐中玉：《中国古典文学精品普及读本　唐宋词》，广州：广东人民出版社，2019年，第239页。

（3）雄姿英发（　　　　　　　　）

（4）早生华发（　　　　　　　　）

（二）诗心体悟

请你分析《念奴娇 · 赤壁怀古》虚实结合手法的表达效果。

（三）思想碰撞

从唐诗到宋词有一个很特别的现象。有学者统计了《全宋词》和《全唐诗》中含有“梦”字的作品，发现宋词中“梦”字出现的比例要比唐诗高很多。（只统计标题注明“纪梦”的词作，存目词及残句不统计，含梦的地名、人名亦除外，一篇作品中“梦”字出现多次也只记录一次）[1]

词　人	晏幾道	李清照	陆　游	苏　轼	秦　观	王安石	欧阳修	张元幹	陈　亮
词作总数	254	47	143	346	145	29	240	186	75
出现“梦”字的作品数	63	11	37	53	36	7	41	40	12
比例约数	25%	23%	26%	15%	25%	24%	17%	22%	16%

诗　人	李　白	王　维	孟浩然	王昌龄	高　適	张　继
诗作总数	1007	383	267	183	238	47
出现“梦”字的作品数	68	7	11	14	7	1
比例约数	6.8%	1.8%	4.1%	7.7%	2.9%	2.1%

请你结合《念奴娇 · 赤壁怀古》和下面三首词作中的“梦”，试探究宋代文人多“纪梦”的原因。

[1] 龙慧萍，郑长天：《宋词中的“梦”与宋代文人心态》，见《中国韵文学刊》，2001 年第 2 期，第 32—38 页。

诉衷情

陆　游

当年万里觅封侯，匹马戍梁州。关河梦断何处，尘暗旧貂裘。　胡未灭，鬓先秋，泪空流。此身谁料，心在天山，身老沧州。

破阵子

辛弃疾

醉里挑灯看剑，梦回吹角连营。八百里分麾下炙，五十弦翻塞外声，沙场秋点兵。　马作的卢飞快，弓如霹雳弦惊。了却君王天下事，赢得生前身后名。可怜白发生！

喜迁莺

晏　殊

花不尽，柳无穷，应与我情同。觥船一棹百分空，何处不相逢。　朱弦悄，知音少，天若有情应老。劝君看取利名场，今古梦茫茫。

永遇乐·京口北固亭怀古

一、知识朋友圈

1.《永遇乐》这一词牌有何特点？

乐，读作 lè。《永遇乐》，词牌名，又名《消息》。双调，一百零四字，押仄韵，韵脚字分别是处、去、住、虎、顾、路、鼓、否。

2. 辛弃疾何以成为豪放派的代表人物？

辛弃疾有六百多首词传世，位居宋代词人之首。郭沫若曾为辛弃疾纪念祠写过一副对联：“铁板铜琶，继东坡，高唱大江东去；美芹悲黍，冀南宋，莫随鸿雁南飞。”这副对联高度评价了稼轩词的艺术成就和思想内容。

上联说的是辛弃疾的词继承了苏轼豪放词的风格。苏轼的《念奴娇 · 赤壁怀古》开篇豪放，结于旷达，而辛弃疾在东坡词开拓题材的基础上，充满激荡的情感和英雄的悲愤，极具冲击力。刘辰翁在《辛稼轩词序》中说：“词至东坡，倾荡磊落，如诗如文，如天地奇观，岂与群儿雌声学语较工拙；然犹未至用经用史，牵《雅》《颂》入《郑》《卫》也。自辛稼轩前，用一语如此者必且掩口。及稼轩横竖烂漫，乃如禅宗棒喝，头头皆是；又如悲笳万鼓，平生不平事，并尽卮酒，但觉宾主酣畅，谈不暇顾。词至此亦足矣。”[1] 苏轼“以诗入词”，辛弃疾更是以极大的自由度和自主性突破之前的程式。词到了辛弃疾，可以说，真正走向了成熟。

下联揭示了辛弃疾豪放词中寄托的爱国情感。他出生在金人统治下的山东济南，但内心一直以大宋为信仰，有着强烈的民族自尊心，渴望驰骋沙场，建功立业。辛弃疾二十二岁左右，拉起两千人的队伍，加入以耿京为首的起义军。他受耿京委派联络南宋抗金，结果回来的时候发现耿京被叛将张安国杀害。辛弃疾立刻带领五十骑兵冲进敌营，活捉张安国，连夜送到南宋朝廷，将其斩首示众。在投奔南宋朝廷之后，辛弃疾的超凡才智无处施展，他却始终不改抗金的志向，将被压抑的悲愤情绪转化为一首首激昂高亢的词作。

3. 辛弃疾是在怎样的背景下写作这首词？

南归以后，辛弃疾满腔才华无处施展。他向朝廷献上《美芹十论》，表达抗金北伐的主张，但未被朝廷采用。辛弃疾一生辗转官场，直到 1175 年，才被提升为江西提点刑狱。后来因为平乱有功，官位有所升迁。在担任湖南转运使的时候，辛弃疾招兵买马，创建“飞虎军”，等待抗金北伐的机会，却被人认为是“聚敛”而被罢官。1181—1191 年，正值壮年的辛弃疾基本上赋闲在家。直到 1192 年，辛弃疾出任福建提点刑狱，迁福州兼福建安抚使，但两年后被弹劾，又被迫闲居八年。

《永遇乐 · 京口北固亭怀古》写于 1205 年，韩侂胄打算以伐金作为自己的政治资本，提拔主战派辛弃疾任浙东安抚使、镇江知府，镇守军事要地，但韩侂胄其实

---

[1] 辛弃疾，邓广铭：《稼轩词编年笺注》，上海：上海古籍出版社，2018 年，第 658 页。

是将辛弃疾作为自己的招牌。辛弃疾一方面积极做战斗准备，另一方面又保持审慎和清醒，对韩侂胄无所准备却欲贸然北伐感到非常忧虑，因此，他的《永遇乐·京口北固亭怀古》充满了这种丰富而复杂的思想情感。

4. 语言积累。

（1）风流。从字面意思看，“风流”指舞榭歌台上的歌舞风雅潇洒。“舞榭歌台”是承平气象的象征。孙权处在群雄逐鹿、天下分裂的时代，而吴国能出现承平气象，皆是由于他文韬武略能捍卫自己的国家不受外敌侵犯。因此，“风流”又指孙权的雄才大略及其功业，这里引申为孙权的流风遗韵。然而，孙权的流风遗韵到辛弃疾时将近千年，早已荡然无存。词人由眼前的景象发出感叹，表明他既崇拜孙权，渴望像他那样保家卫国，又深深为当前的时局担忧，其忠义之心拳拳可见，耿如日月。

（2）寻常巷陌。“寻”“常”都是计量单位。一寻为八尺，一常为两寻，等于十六尺。杜甫诗云：“酒债寻常行处有，人生七十古来稀。”此处“寻常”为平常的意思，又因其是计量单位，和“七十”的数字相对仗。杜甫诗的对仗可谓绝妙。“巷陌”是街巷的通称，这里表示狭窄的街道。

（3）封狼居胥。“封”是登山祭天。前 119 年，霍去病远征匈奴，歼敌七万余，到狼居胥山上祭天，宣告胜利。这里用来表达南朝宋文帝刘义隆北伐的野心之大，与他最终惨败而回形成对比。

（4）烽火扬州路。“烽火”，古人在边境建造烽火台，一旦有紧急军情，便白天点狼烟、晚上点烽火来传达讯息。这里代指抗金的战争。“路”是宋代的行政区域。“烽火扬州路”指扬州一带弥漫着抗金的战火。“四十三年”指 1162—1205 年。辛弃疾从回归南宋朝廷到写作《永遇乐·京口北固亭怀古》的经历，令辛弃疾感慨万千。

（5）可堪。“可堪”的表面意思是可以承受，其实是“不堪”“岂堪”“难（哪）堪”的意思，强调难以承受。诗词中还有类似的用法，“忍”用作“不忍”，不能忍受；“敢”用作“不敢”，如“敢问”，表示谦辞。

（6）神鸦社鼓。“神鸦”，指在庙里吃祭品的乌鸦。“社鼓”，是社日祭祀土地神的鼓声。“神鸦社鼓”是古代迎神赛会的风俗，即百姓祈祷神灵保佑而歌舞作乐的祭祀活动。对百姓而言，当年北魏太武帝拓跋焘入侵南朝宋的历史教训是无须关心的，他们只关心可以找到祭祀祈福的场所，而不知道佛狸祠过去曾是拓跋焘的行宫。

二、诗心点点通

如何评价《永遇乐·京口北固亭怀古》中的用典？

辛弃疾博学多才，作词喜用典故来表达自己丰富而强烈的情感，意蕴深沉。《永遇乐·京口北固亭怀古》被后人评为“稼轩词中第一”（杨慎《词品》），其中多处运用了典故。

根据岳飞之孙岳珂的记载，辛弃疾在酒宴上召集朋友，吟诵自己的《永遇乐·京口北固亭怀古》，询问大家的意见。岳珂说这首词“微觉用事（即用典）多耳”。辛弃疾大喜，认为岳珂说中了自己词作的痼疾，于是反复修改，“日数十易，累月犹未竟”（岳珂《桯史·稼轩论词》）。从中，我们可以看出辛弃疾的谦逊与认真，尤其是对艺术创作的精益求精，而这首词最终难以修改，更是说明了其用典非但不显得累赘，而且还成为稼轩词重要的艺术特色。

怀古词咏叹历史，必然用典。京口即现在的镇江，是三国时期东吴的重镇，孙权曾以京口为根据地。京口也是南朝宋武帝刘裕生长的地方。辛弃疾的用典正是从京口的历史遗迹出发的。

辛弃疾《南乡子·登京口北固亭有怀》中有“生子当如孙仲谋”之语。孙权在京口立下了英雄功业，但其流风遗迹如今难觅；刘裕出身低微，最终取代了东晋，北伐收复中原大片土地。“想当年，金戈铁马，气吞万里如虎”表达了对古代英雄人物开创基业的热情赞美，而在对过往人物的追怀中，又充满了对当下南宋朝廷北伐无望的悲愤和痛心。

词的下阕又用了南朝宋刘裕之子刘义隆、北魏太武帝拓跋焘和廉颇的典故，寄托了其深沉的历史感慨。“元嘉草草”三句写刘义隆多次北伐失败的历史教训。元嘉二十七年（450 年），刘义隆听彭城太守王玄谟陈述北伐之策，非常激动，“有封狼居胥”的意愿。“封狼居胥”指当年霍去病大破匈奴军，封狼居胥山而还。刘义隆也对北伐抱有必胜的决心，然而好大喜功的刘义隆轻率出征，最终不但惨败而归，而且招致北魏拓跋焘乘势南侵，一路杀到扬州，饮马长江，刘义隆吓得只能“仓皇北顾”。“赢得”一词讽刺刘义隆最终“落得”悲惨下场。这里的用典意在告诫韩侂胄不要草草北伐，而要慎重对待。

继而，辛弃疾回顾了自己南归以来四十三年的经历。1162 年，二十二岁的辛弃疾生擒叛将率众南归，多么威武！多么令人振奋！如今六十五岁的辛弃疾历经沧桑，眼看收复中原依然遥遥无期，内心不禁感慨万千。当年北魏太武帝拓跋焘南侵时，曾在瓜步山上建立行宫，因为拓跋焘小名“佛狸”，后来民间就把这座行宫称为“佛狸祠”。到了南宋，百姓早已忘记了拓跋焘南侵的历史，他们只想祭祀神灵求得保佑，根本没有把北魏入侵南朝宋和金人入侵南宋联系起来，更不会把佛狸祠作为政权受辱的见证地来吸取历史教训。从南宋朝廷到百姓，举国上下都苟且偷安，无心北伐，这些都令辛弃疾不堪回首。

面对残破的山河与动荡的时局，辛弃疾不抛弃，不放弃。“凭谁问”三句，辛弃疾以廉颇自比。廉颇“以勇气闻于诸侯”(《史记·廉颇蔺相如列传》)，是赵国对抗秦国的关键力量。六十五岁的辛弃疾希望自己能成为廉颇这样的能担当重任的将领；同时，运用“尚能饭否”的典故，赵王听信小人郭开的谗言，最终没有任用廉颇，这与辛弃疾四十三年来被南宋朝廷投闲置散何其相似，联系辛弃疾创作这首词后不久便被韩侂胄弃用，我们更能理解辛弃疾对自身遭际和命运的深刻认知与深广忧愤。

《永遇乐·京口北固亭怀古》中的用典，围绕京口这一特定的历史场景，贯通古今，纵横南北，引发我们感受和理解词人的深沉情感和词作的深切意蕴。词在辛弃疾笔下，从轻巧流丽的吟唱转为沉郁悲壮的史诗。

三、思想会客厅

如何理解《永遇乐·京口北固亭怀古》中辛弃疾的百感交集？

提起南宋爱国词人，如岳飞、辛弃疾、陆游等，我们总喜欢用一些标签式的评价，如“一生抗金”“报国无门”“壮志难酬”等。这对于分析这类主题的词作，大体是不错的，但也容易陷入对人物和作品概念化的理解中。

辛弃疾在南宋朝廷的不得志，当然与南宋朝廷不思进取、苟且偷安的对外政策有关，同时也有其出身和个性的特殊原因。在南宋朝廷看来，辛弃疾出生在当时被金人统治的山东，虽然他一心以宋朝为正统，但毕竟是出身异邦而前来归顺的人(这些人被称为“归正人”)，南宋朝廷难免对他有所防范。此外，辛弃疾有着山东大汉的果敢和豪爽，有人感慨“斯人北来，喑呜鸷悍，欲何为者”(刘辰翁《辛稼轩词序》)，辛弃疾凶猛强悍的性格又会受到南宋朝廷的猜忌，甚至被当作异类而受到歧视。辛弃疾早年组织抗金的传奇事迹，使他拥有很高的人生起点，并对抗金复国始终充满热情和期许，而出众的文韬武略又使他总是自信刚强，吊诡的是，辛弃疾越是出类拔萃越显得格格不入，从而越发受到压制和防备。因此，辛弃疾似乎注定要成为悲情英雄。

由此，再来阅读《永遇乐·京口北固亭怀古》，我们就更能理解词中所体现的百感交集。他以孙权、刘裕、廉颇这些杰出的历史人物为偶像，有着睥睨天下的气概；他以刘义隆冒进北伐惨败而归为告诫，有着洞见未来的魄力；他以“烽火扬州路”为追忆，有着光辉岁月的激情；他以佛狸祠为历史教训，有着忍辱负重的使命。然而，“风流总被，雨打风吹去”，历史是无情的；“想当年”，现实是残酷的；“一片神鸦社鼓”，百姓是健忘的；“凭谁问”，自我是孤独的。可以说，辛弃疾面对的是外在与自我的冲突，是宿命式的悲剧冲突；辛弃疾对外在的抗争，是英雄般的崇高抗争。

四、练习步步高

（一）知识识记

1. 填空。

（1）辛弃疾，字________，号________，________（朝代）爱国词人。《永遇乐·京口北固亭怀古》选自《________》。

（2）____________，风流总被，____________。（《永遇乐·京口北固亭怀古》）

（3）____________，金戈铁马，____________。（《永遇乐·京口北固亭怀古》）

（4）元嘉草草，____________，____________。（《永遇乐·京口北固亭怀古》）

（5）可堪回首，____________，一片神鸦社鼓。（《永遇乐·京口北固亭怀古》）

2. 解释下列加点的字词。

（1）舞榭歌台（　　　　　　　　）

（2）寻常巷陌（　　　　　　　　）

（3）赢得仓皇北顾（　　　　　　　　）

（4）可堪（　　　　　　　　）

（二）诗心体悟

请你分析《永遇乐·京口北固亭怀古》中借古讽今的效果。

____

____

____

____

（三）思想碰撞

水龙吟·登建康赏心亭

辛弃疾

楚天千里清秋，水随天去秋无际。遥岑远目，献愁供恨，玉簪螺髻。落日楼头，断鸿声里，江南游子。把吴钩看了，栏干拍遍，无人会，登临意。　休说鲈鱼堪脍，尽西风季鹰归未？求田问舍，怕应羞见，刘郎才气。可惜流年，忧愁风雨，树犹如此！倩何人唤取，红巾翠袖，揾英雄泪？

1. “水龙吟”是这首词的______，建康是______的古称。

2. 下列对这首词用典分析不正确的一项是（　　）

A. 运用张翰见西风起便回乡吃鲈鱼的典故，表达了对名士风流洒脱的钦慕。

B. 借刘备对许汜“求田问舍”的不屑，表达不顾个人得失但求报国的理想。

C. 以桓温自比，感叹生命流逝功业未就，抒发渴望领兵北伐而不得的愤懑。

D. “休说”“怕应”“可惜”等词蕴含词人对古人的强烈情感和鲜明态度。

3. 请你结合全词分析上阕中“江南游子”的含义。

______

______

______

______

声声慢

一、知识朋友圈

1. 李清照的词作风格主要分为哪两个时期？

李清照是中国历史上著名的女词人。她亲身经历了从北宋灭亡到南宋建立的时代变故。1127 年金兵攻破开封，俘获宋徽宗、宋钦宗，北宋覆灭。宋徽宗第九子赵构即位，后来定都临安（今杭州）。国家处于动荡中，李清照个人的生活也遭遇重重波折。

以北宋灭亡为界，李清照的一生及其词作可以分为两个时期。李清照出身名门，是“苏门后四学士”李格非的女儿。早年的李清照生活安逸，与赵明诚婚姻美满幸福，夫妻俩对文学和金石文物等有着共同的志趣，可谓举案齐眉，心心相印。后期南渡，丈夫病故，其晚年生活孤苦无依。据说李清照后来改嫁张汝舟，但张汝舟是个无赖，一直觊觎李清照收藏的金石文物（其实很大一部分在南渡过程中丢失了），最终李清照以坐牢为代价告发了张汝舟，才得以与张汝舟离异。李清照生命的最后时刻很凄惨，她去世的地点和时间都不可考。

李清照前半生的词作表达细腻敏锐，写闺阁生活和婚后生活。早期词作以《如梦令·昨夜雨疏风骤》和《如梦令·常记溪亭日暮》为代表。前者主题是伤春，在很短的篇幅中展现了丰富的层次，对话形式和想象手法别具一格；后者以充满情趣的语言表现了无忧无虑、潇洒惬意的生活。

南渡之后，经历了国破、家亡、夫死等重重苦难，李清照的词作主题深切阔大，往往将个体的悲伤上升到生命的终极痛苦，引起读者的共鸣。《声声慢·寻寻觅觅》《武陵春·风住尘香花已尽》是她后期的经典作品。

2.《声声慢》这一词牌有何特点？

《声声慢》，又名《胜胜慢》等。“慢”表示慢词，便于叙述的铺展和抒情的绵延，属于长调。《声声慢》属于双调，96—99 字，有平韵、仄韵两体，仄韵例用入声。大多数词人填写《声声慢》用平韵，而李清照的《声声慢》用仄韵（入声），变舒缓为急促，变哀婉为凄厉。韵脚字分别是戚、息、急、识、摘、黑、滴、得。

3. 语言积累。

（1）难将息。“将息”，调养，休息。“难将息”是指难以调养自己。“乍暖还寒时候，最难将息”，是说天气忽冷忽热，最难调养休息。从《声声慢》全篇来看，李清照一次次寻觅可以“将息”的状态，却一次次寻觅无望，毫无回应。

（2）淡酒。古人有卯时（即上午5时至7时）饮酒的习俗，白居易有诗《卯时酒》，苏轼也多次提到“卯饮”。卯时饮酒有暖胃驱寒的效果，与词中的“将息”相呼应。然而，李清照所饮为“淡酒”，以酒的寡淡突出再浓的酒也无法抵御当时身心的寒冷。

（3）晚来风急。有版本作“晓来风急”，“晓”的繁体和“晚”字形相近而发生讹误。不过，在词中亦解释得通：“晓来风急”与“乍暖还寒”对应，符合饮“卯时酒”的时间，又可以对应下阕的“到黄昏”，形成从早到晚的时间脉络，体现了李清照难以挨过白天，又如何熬过黑夜的痛苦与绝望。

（4）憔悴损。“憔悴”是人因伤心而消瘦。“损”是减损，也可以理解为对憔悴程度的修饰。

（5）满地黄花堆积，是指菊花满地。李清照因为痛苦和忧愁而无比憔悴，根本无心摘花、赏花了。比起早年李清照《醉花阴》中的“人比黄花瘦”，《声声慢》写人不及物更加触目惊心，令人伤感。

二、诗心点点通

《声声慢》如何体现李清照“词别是一家”的创作主张？

《苕溪渔隐丛话》后集里收录了李清照的《词论》。李清照在其中提出了“词别是一家”的理论，强调了词与诗的界限，充分宣扬词作为一种诗歌体裁的独立地位。李清照认为，填词应该音律之美和情感之美并重。基于这一标准，李清照对之前的词人做了准确又犀利的点评：“逮至本朝，礼乐文武大备。又涵养百馀年，始有柳屯田永者，变旧声，作新声，出《乐章集》，大得声称于世；虽协音律，而词语尘下。又有张子野、宋子京兄弟，沈唐、元绛、晁次膺辈继出，虽时时有妙语，而破碎何足名家。至晏元献、欧阳永叔、苏子瞻，学际天人，作为小歌词，直如酌蠡水于大海，然皆句读不葺之诗尔，又往往不协音律者。何耶？……王介甫、曾子固，文章似西汉，若作一小歌词，则人必绝倒，不可读也。乃知别是一家，知之者少。后晏叔原、贺方回、秦少游、黄鲁直出，始能知之。又晏苦无铺叙，贺苦少典重。秦即专主情致，而少故实，譬如贫家美女，虽极妍丽丰逸，而终乏富贵态。黄即尚故实，而多疵病，譬如良玉有瑕，价自减半矣。”[1]

李清照不仅提出了鲜明的理论，而且以词作实践了自己的创作主张，《声声慢》是其中的重要代表。

在声律上，这首词最为人称道的是叠词的运用。开篇连用七组叠词，写尽了孤单寂寞之感。“寻寻觅觅”是主体的动作，李清照要寻找能作为自我精神寄托的对象，以叠词来表现这种寻觅的持续性，寻觅不得仍不断寻觅。“冷冷清清”是寻觅的结果，周围没有任何人的声音、任何人的脚步。最终只能落得“凄凄惨惨戚戚”。这七组叠词在发音上阻滞低沉，是以悲声写悲情。下阕中用“点点滴滴”描写“梧桐更兼细雨”，雨水滴在梧桐叶上的声音清晰可闻又连绵不绝，表达了自己内心无处排遣、无法抑制的愁绪。此外，李清照的《声声慢》有意用入声字押仄声韵，“变舒缓为急促，变哀婉为凄厉”（吴小如《诗词札丛》），以短促有力又戛然而止的收束声来摹写心中无限的痛苦。

在情感表达上，这首词写悲伤愁苦，层次细腻又情致动人。除了开篇直击人心的七组叠词之外，李清照还调用和聚集了各种表现悲伤愁苦的意象和典故，围绕“难将息”层层展开。在“乍暖还寒”的秋季，想要调养自己，但“酒”太“淡”而无法抵御身心的寒冷，因为这种寒冷，是由内而外，又由外而内的。正在伤心的时候，又听到天上有大雁的叫声，勾起了伤心的回忆，令人感到凄凉。“旧时相识”可以指北雁南飞，想起了沦陷的国土和家乡，也可以指怀念过去曾收到亲人朋友的书信。李清照曾写有“云中谁寄锦书来？雁字回时，月满西楼”（《一剪梅》）；“好把音书凭过雁，东莱不似蓬莱远”（《蝶恋花》）。如今遭遇了国破、家亡、夫死的她，如何禁得起大雁飞过引起的悲苦和愁思？仰望不堪其痛，俯身又看到黄花满地。李清照曾写有“东篱把酒黄昏后”“人比黄花瘦”（《醉花阴》）。这里的“憔悴损”既是写菊花，也是词人以菊花自比，从形貌到精神都失去了风采，渐渐委顿下来。如今的李清照无心赏菊，也无所寄托。白天尚且如此，那么如何面对漫漫长夜呢？所谓思妇苦夜长，“守”“独自”“怎生”充分表达了词人不愿接受又无法抗拒黑夜到来的孤独与煎熬。最终，李清照以“怎一个愁字了得”结尾，言有尽而意无穷，李清照终将孤身面对无边的黑暗和无尽的苦痛。

---

[1] 李清照：《李清照诗词集》，上海：上海古籍出版社，2016 年，第 108—109 页。

三、思想会客厅

《声声慢》何以引起人们的共鸣？

李清照所经历的南渡之劫、战乱之扰，为这一时期文人的共同遭遇。她的不幸是家国的不幸，她的悲剧是时代的悲剧。《声声慢》既是李清照晚年悲凉心境的真实写照，也折射了乱世中南宋文人共同的孤独感和悲凉感，充分表现了南宋文人找不到价值寄托与情感慰藉的迷惘和无奈。

据说，李清照晚年想把自己的毕生才学传授给一位孙姓的女孩，却被她以“才藻非女子事也”为由拒绝了，联想到李清照的确切卒年都无人知晓，我们不难想象其晚年的凄凉境况。至此，我们可以更深入地理解李清照词中“寻寻觅觅”的对象，既是一个无所依靠的老妇人在找寻生存空间，也是一个失去家园的漂泊者在找寻精神空间，还是一个没有知音的孤独者在找寻文化空间。

四、练习步步高

（一）知识识记

1. 填空。

（1）李清照，号________，________（朝代）著名女词人，________词派中成就最高者，《声声慢》选自《________》。

（2）________________，冷冷清清，________________。（《声声慢》）

（3）________________，正伤心，________________。（《声声慢》）

（4）守着窗儿，________________________？（《声声慢》）

（5）这次第，________________________！（《声声慢》）

2. 解释下列加点的字词。

（1）乍暖还寒（　　　　　　　　）

（2）将息（　　　　　　　　）

（3）如今有谁堪摘（　　　　　　　　）

（4）这次第（　　　　　　　　）

（二）诗心体悟

请你结合语句分析《声声慢》的抒情层次。

____

____

____

____

（三）思想碰撞

武陵春

李清照

风住尘香花已尽，日晚倦梳头。物是人非事事休，欲语泪先流。　闻说双溪春尚好，也拟泛轻舟。只恐双溪舴艋舟，载不动许多愁。

1. 前人有不少将“愁”这一情感化无形为有形的名句，如“白发三千丈，____________”（李白《秋浦歌》）；如“问君能有几多愁，____________”（李煜《虞美人》）；又如“春去也，____________”（秦观《千秋岁》）。

2. 下列对这首词的内容分析，不正确的一项是（　　）

A. 开头写暮春时节风吹花落的景象，是写景也是喻人。

B.“日晚倦梳头”写词人无心装扮，因为“物是人非”。

C.“欲语泪先流”，表现词人的愁苦无法用语言表达。

D.“也拟”表现词人在重温少时“争渡”的美好回忆。

3.《武陵春》与《声声慢》都以“愁”结尾，请你试比较不同。

____

____

____

____

沁园春·长沙

一、知识朋友圈

1. 毛泽东是在怎样的背景下写作这首词？

长沙是毛泽东早年读书和从事革命活动的地方。1911 年春，十八岁的毛泽东考入湘乡驻省中学，10 月，辛亥革命爆发后，毛泽东加入湖南起义新军。1912 年 3 月，毛泽东考入湖南公立高级商业学校，4 月，又考入湖南全省高等中学校，同年秋，毛泽东寄居湘乡会馆，每天到湖南省立图书馆自修。1913 年，二十岁的毛泽东考入湖南省立第四师范学校预科。读书期间，毛泽东常和同学攀登岳麓山，到橘子洲游览，畅游湘江，一起研究学问，讨论国家大事，寻求革命真理，以后又在长沙工作和领导革命活动。1917 年，与蔡和森、萧子升等人发起组织新民学会，开办了中国第一所革命的工人夜校。1918 年 8 月，毛泽东离开长沙去北京，这是他第一次离开湖南。1919 年，毛泽东主编《湘江评论》，下半年领导驱逐北洋军阀张敬尧的运动。1920 年，参与创办长沙文化书社、长沙马克思主义研究会、俄罗斯研究会。特别是 1920 年与何叔衡等组建湖南共产主义小组和社会主义青年团。1921 年，与何叔衡作为长沙共产主义小组的代表出席在上海召开的中国共产党第一次全国代表大会。1921 年 8 月，与何叔衡创办湖南自修大学。1922 年 5 月，建立了中国共产党的第一个省级区委——中共湘区执行委员会，并担任书记。1922 年 10 月，参与领导了长沙六千多泥木工人罢工，经过近二十天的英勇斗争，获得胜利。1923 年 4 月，与李达等创办湖南自修大学校刊《新时代》。1924 年年底，毛泽东因病回到湖南。1925 年 2 月，毛泽东在韶山，一边养病，一边开展农民运动，同年 8 月底，毛泽东离开韶山去广州。1925 年 12 月，毛泽东重游橘子洲，写下了这首气势恢宏的《沁园春·长沙》。1957 年《沁园春·长沙》在《诗刊》创刊号上第一次发表。

2.《沁园春》这一词牌有何特点？

东汉窦宪仗势夺取沁水公主园林，后人作诗以咏其事，此调因此得名。又名《寿星明》《洞庭春色》等。双调，一百一十四字，平韵。《沁园春·长沙》的韵脚字分别为秋、头、流、由、浮、游、稠、遒、侯、舟。

3. 词中的领字有何作用？

张炎《词源》卷下有《虚字》一条，他说：“词与诗不同，词之句语，有二字、三字、四字，至六字、七八字者，若堆叠实字，读且不通，况付之雪儿乎？合用虚字呼唤，单字如‘正’‘但’‘任’‘甚’之类；两字如‘莫是’‘还又’‘那堪’之类；三字如‘更能消’‘最无端’‘又却是’之类。此等虚字，却要用之得其所。若使尽用虚字，句语又俗，虽不质实，恐不无掩卷之诮。”[1]

领字，一般位于句首，用来领起下文，大多为单字，也有二三字作为领字，在慢词中比较常见。领字一般有领一句的，也有领多句的。《沁园春·长沙》上阕的“看”字领起四个排句：“万山红遍，层林尽染；漫江碧透，百舸争流”。下阕的“恰”字也领起四个排句：“同学少年，风华正茂；书生意气，挥斥方遒”。

4. 语言积累。

（1）独。“独”指独自一人游历，没有同伴，可与下文“携来百侣曾游”对照。毛泽东“独立”于寒秋之时，“独立”于苍茫的大地之上，“独立”于广袤的宇宙之中，自然会产生孤独之感。同时，毛泽东又在孤独中新生，有了不同于众人的品格——独立精神。这种独立精神贯穿全篇，词作才有了雄奇的力量。“我”向天地宣告：“主沉浮”者，“我”也！这就是英雄之心！这就是大志大求！

（2）竞。“竞”是并行。《淮南子·俶真训》有“相与优游竞畅于宇宙之间”。“竞自由”的“竞”不能改为“争”。因为理想的天地之境不是通过“争”来与他人比较先后、分出高下，而是万事万物都极力展现自己的生命活力。

（3）怅寥廓。“怅”，失意，不畅快。这里用来表达由深思而引发的激昂慷慨的心绪。“寥廓”，指宇宙高远辽阔。毛泽东面对色彩绚烂、动静谐和、境域壮阔的景象，产生了一种深沉的思索，这种情绪是作者“独立”中的静思与释放。

（4）粪土当年万户侯。“粪土”，意动用法，视……如粪土，表鄙视。“万户侯”，古代食邑万户的封侯者，这里借指大军阀、大官僚。这句话体现了毛泽东非凡的勇气和高远的追求，他与中国古代士人多以封侯拜相为人生理想完全不同，他意在开创一个与以往迥然不同的新世界。

（5）中流击水。“中流”指江河水流中央，水势最湍急的地方。“击水”指游泳。作者自注：“击水：游泳。那时初学，盛夏水涨，几死者数。一群人终于坚持，

---

[1] 唐圭璋，王兆鹏：《词学探微》，北京：商务印书馆，2020 年，第 339 页。

直到隆冬，犹在江中。当时有一篇诗，都忘记了，只记得两句：‘自信人生二百年，会当水击三千里。’”“中流击水”既实指毛泽东曾经在江中游泳，也表现了毛泽东立志到最艰难、最危险处展现人生价值的勇气和激情。《资治通鉴》记载：“逖将其部曲百余家渡江，中流，击楫而誓曰：‘祖逖不能清中原而复济者，有如大江！’”所以后世有“中流击楫”的典故。这里毛泽东借典故表达了匡复国家、解民倒悬的壮志和理想。

二、诗心点点通

《沁园春·长沙》何以成为传统古典诗词和现代新诗间的艺术桥梁？

《沁园春·长沙》有豪放词的艺术风格。词作的上下阕，分别通过空间的无限延展和时间的今昔交错，构建了广阔的艺术审美世界。

上阕的写景由“看”领起，围绕“万类霜天竞自由”展开，景物壮观，气势雄浑。“看万山红遍，层林尽染；漫江碧透，百舸争流”，四句话中的“万”“层”“漫”“百”表现空间之大或数量之多，“遍”“尽”“透”“争”突出生命力之旺盛。后两句“鹰击长空，鱼翔浅底”中的“击”“翔”强调力量和自由，整个环境充满绚烂鲜艳的色彩，极力展现了深秋时节自然万物蓬勃的生命力。贯通山林、江水和长空，视野之大，充分体现了毛泽东胸怀之广阔。

苏轼开创豪放词，注重对抒情主人公的主体形象的塑造。《沁园春·长沙》中的抒情主人公“独立寒秋”，高大伟岸，气魄非凡。下阕“携来百侣曾游”体现了毛泽东的领袖气质与人格魅力。由“恰”字领起的四句：“同学少年，风华正茂；书生意气，挥斥方遒”，“少年”“意气”展现了年轻人的青春生命，而“正”“方”彰显革命者正在挥洒激情，这几句与上阕中描写自然景物生命力的极致绽放相呼应。“指点江山，激扬文字，粪土当年万户侯”，描绘了毛泽东和同学早年创办刊物、投身革命的情形。《沁园春·长沙》中的抒情主人公从个体形象转换到群体形象，生动塑造了革命年代中觉醒的中国青年的群像。

毛泽东创作诗词时一方面注重字词锤炼，继承并融入了古典诗词的艺术手法。他在《反对党八股》一文中说：“语言这东西，不是随便可以学好的，非下苦功不可。”另一方面，毛泽东又沿着诗词“适合大众需要”的道路，不用僻典，创造新词。毛泽东以古典诗词的形式，承载了全新的思想内容，表现出对新思想、新语言、新意境的呼唤，强调了文学创作与社会发展和时代精神的紧密联系。《沁园春·长沙》中毛泽东将白话、口语等引入诗词，使其呈现出通俗、平实、易懂的风格。如“粪土当年万户侯”中的“粪土”一词看似不够雅致，实则恰到好处地表达了毛泽东对古代帝王将相和功名利禄的鄙弃和不屑。这首词除了结尾暗用祖逖“中流击楫”的典故（其实也未必要以典故视之）之外，没有其他典故，却给后人留下了大量的经典格言和警句，“谁主沉浮”“风华正茂”“指点江山”等语词都进入了我们现在的日常话语体系。

总体而言，毛泽东的诗词气象阔大，意境豪迈。他以传统古典诗词的形式抒写全新的革命生活，为传统古典诗词与现代新诗之间架起一座沟通的桥梁。

三、思想会客厅

柳亚子评价毛泽东诗词“推翻历史三千载”，《沁园春·长沙》在思想内容上如何体现这种超越性？

《沁园春·长沙》在思想内容上的超越性，首先，体现在对“秋”这一传统主题的表达上。从宋玉“悲哉！秋之为气也”(《九辩》) 开始，“秋”在中国古典诗词中总是与凄凉悲伤的情感基调相联系，正如刘禹锡所言“自古逢秋悲寂寥”(《秋词》)，虽然他接着写下“我言秋日胜春朝”，但也只是强调了“秋”的疏朗开阔、畅达悠远的特征。而毛泽东笔下的“秋”，天地万物都具有勃勃生机，极致展现了生命的美丽和激情，呈现出“万类霜天竞自由”的境界。毛泽东对“万类霜天竞自由”的热情歌颂，正体现了他的豪迈自信、昂扬奋进的精神。

其次，体现在毛泽东对古代士人家国理想的超越上。古典诗词中的咏史言志，写大志大求、家国之思的作品很多，但最终都没能逸出君臣之大道、封建之大礼（理）。因此，许多既具担当之志又具担当之才的诗人，如苏轼、辛弃疾、陆游等，即使气冲霄汉，最终也只能仰天长叹。但毛泽东以近代革命家的气概，表达了对帝王将相和功名利禄的鄙弃，他和同伴要开创中国革命新的道路，这种英雄气概和凌云壮志也具有超越性。

最重要的是，毛泽东在词中产生了“问苍茫大地，谁主沉浮”的深沉思索。屈原的《天问》、陈子昂的《登幽州台歌》都表达了人在天地间的追问与感喟，但毛泽东更深刻地认识和理解了宇宙天地的根本规律和终极命题。“万类霜天竞自由”，是人类生存的最高境界；“竞”是“自由”的一种最佳状态；“万类”，是包容一切的大爱。这是作者“主沉浮”的出发点与归宿。

这首词写于 1925 年。当时中国有多种政治力量：一是北洋军阀。奉系与直系为争夺地盘不断发动战争。二是帝国主义。各帝国主义国家此时的在华势力相当猖獗，当时制造了“五卅惨案”等屠杀中国人的流血事件。三是中国国民党。1924 年中国国民党接受了中国共产党提出的反对帝国主义、反对封建主义的主张。四是中国共产党，此时主要领导全国的工人运动、青年运动和农民运动。

毛泽东深入思考了中国革命领导权的问题，中国不能由北洋军阀主宰，不能由帝国主义主宰，也不能由当时代表大地主、大资产阶级利益的中国国民党主宰，应当由胸怀崇高理想、关切国家命运、以天下为己任、敢于英勇奋斗的真正的革命者领导，他们才是中国所期待的“主沉浮”者。

毛泽东诗词所反映的大都是宏大的时代主题，给人以史诗般的强烈感受。毛泽东诗词雄奇壮阔的艺术境界背后，正是高远超拔、旷古绝伦的思想境界。

四、练习步步高

（一）知识识记

1. 填空。

（1）____________，湘江北去，______________。（《沁园春·长沙》）

（2）____________，问苍茫大地，______________？（《沁园春·长沙》）

（3）携来百侣曾游。__________________________。（《沁园春·长沙》）

（4）____________，到中流击水，______________？（《沁园春·长沙》）

2. 解释下列加点的字词。

（1）漫江碧透（　　　　　　　　）

（2）怅寥廓（　　　　　　　　）

（3）峥嵘岁月（　　　　　　　　）

（4）挥斥方遒（　　　　　　　　）

（二）诗心体悟

柳亚子评价毛泽东诗词“自铸雄奇瑰丽词”。请你结合《沁园春·长沙》上阕的写景，分析其“雄奇瑰丽”的特征。

（三）思想碰撞

贺新郎·别友

毛泽东

挥手从兹去。更那堪凄然相向，苦情重诉。眼角眉梢都似恨，热泪欲零还住。知误会前番书语。过眼滔滔云共雾，算人间知己吾和汝。人有病，天知否？　　今朝霜重东门路。照横塘半天残月，凄清如许。汽笛一声肠已断，从此天涯孤旅。凭割断愁丝恨缕。要似昆仑崩绝壁，又恰像台风扫寰宇。重比翼，和云翥。

1. 从题材看，这是一首＿＿＿＿词。

2. 下列对这首词的理解和分析不正确的一项是（　　）

A. “挥手从兹去”化用李白诗中的语句，以动作表达离别的愁苦。

B. “似恨”“还住”表达虽然对离别不舍，但也有对丈夫的支持。

C. “过眼滔滔云共雾”，说明两人间之前产生的误会很快消除了。

D. 下阕运用霜秋、残月、汽笛等古典意象，营造凄清的离别意境。

3. 这首词的结尾几句曾有另一个版本：“我自欲为江海客，更不为昵昵儿女语。山欲坠，云横翥。”请你比较两个版本的差异，体会毛泽东婉约词中的豪情壮志。

（张慧腾　编）

古文精神

長劍一杯酒男兒方寸心洛陽因劉孟託宿話
但仰山嶽秀不知江海深長安復攜手再顧重千
子叨翰墨林高風摧秀木虛彈落驚禽
來命駕尋
力桃李願成陰笑吐張儀舌愁
夜腸斷聽秋砧
花亂飛銀鞍紫鞚照
馬

单元概说

中国古代的文章，根据文体、语体的不同特点，有散文、骈文的区别。相对于讲究对仗、声韵，注重形式，辞藻华丽的骈文而言，散文多散行单句，质朴自然，不受格式拘束，更为自由灵活，因先于骈文盛行而常被称为“古文”。我们提起古文，会有怎样的感受与联想？“它首先是真实的，事真、理真、情真；它不仅是记事的，而且事中有理，事中有情，也就是说，它是记叙、议论、抒情相结合的，是有事、有情、有理的；文中既有散行，也夹有骈俪；既有长句，又有短句；既有作者的言语，又有人物的引语；文中的语言不是那么古奥，也不是那么俚俗，不是那么文，也不是那么白，而是在两者之间；它既有些文采，又不过分，有点文质彬彬的意思；语言的质地不要太丰腴，也不应太枯瘦；在篇幅上，它不能太短，也不至太长；篇章的组织应该有相当的条理，但也不能给人机械的感觉；等等。散文中也许有虚假的事、理、情，但虚假、虚构却不属于散文，包含虚构因素的文章，至少还可以有其他的名字，如寓言，如小说。”[1]

本单元的文章，包含《劝学》《师说》两篇哲理、事理散文，文章中都承载了儒家的思想，是“文以明道”在不同历史时期的具体体现。刘勰曾在《文心雕龙》中总结为“道沿圣以垂文，圣因文以明道”，柳宗元也在《答韦中立论师道书》中将儒家五经视为“取道之原”。可见要求文章承担起阐明大道的责任，重视文章的现实功用和教化意义，经世致用，是古人对文章的重要追求之一。

本单元的文章，还包含写景抒情散文，《赤壁赋》《登泰山记》都是由自然山水而触发哲思遐想，体现了寄情山水的重要意义。古人一方面“从自然山水中获取生生不息、永远进取的生命力，使个体成为融于宇宙大生命之中又不失其独特完美的小生命”，同时也“将文明人还原于自然人，无知无识，从而进入澄澈光明、适性逍遥的生命境界”。[2] 在这类文章中，我们能借由古人的慧眼、慧心，感受他们对生命大境界的发现与体验，借助山水的超拔力量使自己解脱的心路历程，也能观览

[1] 罗书华：《中国分体文学学史 · 散文学卷》（上），太原：山西教育出版社，2013 年，第 102 页。

[2] 黄荣华：《高中语文学习导引》（二年级第一学期），上海：东华大学出版社，2007 年，第 150 页。

到他们对生命理趣的发现与体验，体会到他们分享的快乐。

无论是积极要求承担社会责任，以文济世、救世，还是在或主动或被迫地放弃社会责任之后，于山水中安顿自己的生命与心灵，这内、外两途都使我们得以窥见古文中传递的真精神。

劝学

一、知识朋友圈

1. 荀子与《劝学》的主要思想内容。

荀子，名况，字卿，战国时期赵国人，是先秦儒家的重要代表人物，他到过齐国、秦国、赵国、楚国。在齐襄王时，荀子曾讲学于齐国稷下，多次担任学宫之长。在楚国时，楚相春申君任命他为兰陵令。春申君死后，荀子遭到排挤，著书数万言而卒，葬于兰陵。李斯、韩非子都是他的受业弟子。荀子认为“人之性恶，其善者伪也”，“不可学、不可事而在人者谓之性。可学而能、可事而成之在人者谓之伪”(《性恶》)。既然后天的学习是“化性起伪”的关键，学习本身的重要性就不言而喻了。《劝学》这一篇位于《荀子》全书之首，告诫世人要以正确的目的、态度和方法来对待学习。

《劝学》全文说理透辟，详尽严谨。文章开篇即提出“学不可以已”，紧扣文题，开宗明义，贯穿始终。文章的重点在于阐述学习的重要意义和学习的方法、过程。荀子认为学习能优化人的天性，甚至能彻底改变人的天性，因此学习对人的影响超过了先天的禀赋。通过学习，士人可以变成君子，君子再持续积累，还可能变成圣人。因此篇名中的“劝”字，有勉励、激励的意味。而开篇的“君子曰”三个字，则代表了已然通过学习成就了高尚品德与修养的君子在激励、召唤和邀请，这不难令人感受到儒家昂扬进取的精神和光明峻洁的人格魅力。

《劝学》中还谈及环境对人的巨大影响和应该如何谨慎地面对这种影响。大家熟知的“蓬生麻中，不扶而直；白沙在涅，与之俱黑”即出自本文，形象地阐明了人会由于环境的好坏而发生相应的改变。因此，君子应该“居必择乡，游必就士”，并注意约束自我言行，避免“召祸”“招辱”的告诫就显得中肯了。而对居住环境和交友对象的合理选择，也正是前文中提到的“善假于物”的体现，是学习的途径之一。可见荀子并未将学习局限于狭窄的书本知识，也明确了“假物”并非不加选择，而是要深思慎取。

在此基础上，荀子进一步指出学习离不开积累，积累的最高境界便是“神明自得，圣心备焉”。积累显然不是朝夕之功，因此学习还要做到“心一”，持恒渐进才能有得。为了能更清楚地阐明学习的完整过程，荀子还在文中指出了学习的具体内容、先后步骤以及最终目标，使得“劝”字得到了更为清晰的彰显。

除了鼓励、劝勉，文中也有警示和告诫。荀子指出了“君子之学”和“小人之学”的不同，提醒人们要“为己”“美身”而学，避免成为功利短浅之辈。同时他指出，学习应当亲近师者，尊崇礼法，深思明辨，身体力行，避免成为“陋儒”。

大家可以通读《劝学》全文，更全面地了解荀子对学习的阐发。

2.《劝学》中的比喻有何特点？

我们在阅读先秦诸子的散文时，会发现他们爱用比喻的方式来说理。无论是儒家的孟子、荀子，还是道家的老子、庄子，乃至墨家的墨子，他们的文章中都能发现诸多生动的比喻。冯友兰先生就曾分析过这种特色在说理上的影响：“中国哲学家惯于用格言、警句、比喻、事例等形式表述思想。……用格言、比喻和事例来说理，难免有不够透彻的地方，只能靠其中的暗示补足。明述和暗示正好相反，一句话越明晰，其中就越少暗示的成分……中国哲学家的语言如此不明晰，而其中所含的暗示则几乎是无限的。富于暗示而不是一泻无余，这是中国诗歌、绘画等各种艺术所追求的目标。”[1]可见，比喻说理需要读者有充分调动形象思维的能力，以感悟的方式来体会其中蕴藏的丰富意味，并且从中获得阅读的乐趣。

和其他诸子相比，荀子的比喻说理多选择人们在日常生活中熟悉切近的事物作为喻体，喜欢使用博喻，常令人有目不暇接之感。《劝学》一文，前后运用的比喻就多达几十处。

如在文章的开头，荀子就以博喻形象化地表明人之本性会因为学习而发生巨大的改变：蓝色、水的形态、直木、尚未打磨的金属器具都喻指人固有的天性，而青色、冰的形态、曲木、锋利的金属器具则喻指经过有意识的改造之后，远远超越原

[1] 冯友兰：《中国哲学简史》，北京：生活 · 读书 · 新知三联书店，2014 年，第 16—17 页。

有质性的更美、更善的人性状态。“青于”“寒于”“不复”说明了这种超越和提升是明显的，有效的。学习既能强化、提升人的天性，也能彻底扭转、改变人的天性，博喻使得学习的意义得到了多角度的彰显。

除了博喻，《劝学》中也经常使用正反对比的方法来设喻。如文章在谈论“积”和“心一”对于学习的重要性时，正面说“积土成山”“积水成渊”“驽马十驾”以及蚯蚓“上食埃土，下饮黄泉”的巨大价值，反面说“不积跬步”“不积小流”的危害，又以“骐骥一跃，不能十步”“锲而舍之，朽木不折”“蟹六跪而二螯，非蛇鳝之穴无可寄托者”一系列比喻强调即便质性颇佳，如果不能持恒向学，最终也是无所成就。正反对比之间，使得观点更加鲜明突出，使读者既备受激励、鼓舞，又得到警示、训诫。

3. 语言积累。

（1）学习。“学”，金文写作，是人的双手在摆弄算筹，学习算术的样子，意指人接受教育指导。“学”显然包含了“教”的行为，《礼记·学记》中有相当篇幅谈到教育的理念与方法，正是对“学”的本义的呼应。“习”，甲骨文写作，即鸟的一对翅膀加上一个“日”字，表示小鸟练习飞翔，勤习不辍。“学”是离不开“习”的，所以《论语·学而》中说“学而时习之”。“习”不仅是温故、复习，而且包括实践应用，要在实践中发扬学之所得。

（2）绝。“绝”的本义是“断丝”，金文写作，是会意字，像用刀割断丝线，使其不相连属之貌。因此“绝”字有停止、竭尽、杜绝、拒绝等相关引申含义。也正因为断绝难续，“绝”字也引申出辽远、远隔之义。本文“绝江河”中的“绝”作为动词，正是对阻隔在远处，单靠人力难以抵达的对象的战胜与超越。“绝”字生动地表明了只有“善假于物”，才能使人不断去完成这种超越，在极限之外开启新的极限。

二、文心点点通

学习的终极意义何在？

在先秦儒家的思想中，学习的意义始终是突出的。《论语·学而》将“学而时习之，不亦说乎”列为全书首句，《荀子》将《劝学》作为开篇之作，这或许并非巧合。那么学习的终极意义究竟何在？

《劝学》中提到“积善成德，而神明自得，圣心备焉”，所谓“圣心”是智性和德性的极致，既要“成德”，又要“神明自得”，才能“圣心备”。《劝学》中还提出，学习“其义则始乎为士，终乎为圣人”，明确将“成圣”作为学习的终点。《荀子·性恶》中也说：“今使涂之人伏术为学，专心一志，思索孰察，加日县久，积善而不息，则通于神明，参于天地矣。故圣人者，人之所积而致矣。”“成圣”是专心积累，持恒不懈之后能够得到的最大变化。而这种变化是人在努力之后都有可能达成的，哪怕只是“涂之人”，也有“成圣”的机会。

为何荀子要把学习的终极意义确定为“成圣”呢？这其实代表了儒家对理想人格的最高信仰，如果没有这种坚定的信仰，就难以做到终身不倦地学习。同时“成圣”体现了古人向前人探求，渴望完整继承前人的智慧德行，抵达人的最高价值的勃勃雄心。

学习的终极意义既有向前向上的追溯，也有面向未来的方面。朱熹在《四书章句集注·大学章句》中解释“大学之道，在明明德，在新民，在止于至善”一句时，认为“新者，革其旧之谓也，言既自明其明德，又当推以及人，使之亦有以去其旧染之污也”。因此学习的终极意义也在于“自新”，不断自我更新，自我涤除，使自己和他人都能“去其旧染之污”，解除遮蔽，阻隔旧思想、旧习的侵染，恢复原本光明峻洁的人格。“自新”之“自”，强调要靠内在的力量来实现更新，而非依靠外界的力量。

三、思想会客厅

1. 儒家在学习方面重要的名篇——《礼记·学记》。

《礼记·学记》在中国教育史上赫赫有名，被视为我国也是世界上最早的一部教育专著，文中对“学”与“教”的认识十分深刻。梁启超就认为此篇可以列为青年人第一等需要精读的篇目。

《礼记·学记》开篇把学习与教育视为统治者“化民成俗”“建国君民”的必然基础，使得“学”与国家的建设管理密切相关。对于个人，“学然后知不足，教然后知困”，不管是受教者，还是育人者，都是通过学习认识自己的缺陷，在“教学相长”的双向过程中得以自强。因此“学”对于任何一方，无论是个人修身还是治国理政，无论是学生还是教师，都意义重大。《礼记·学记》还指出学习应该遵循渐进之道，从句读经义开始，由浅入深，再到敬业乐群，亲近师友，直至通达广博，又能有个人新见，方能大成。

和《劝学》不同的是，《礼记·学记》从教师的角度，提出了许多教学的建议和要求，也指出了当时教学上存在的问题，其中有许多观点在现在看来仍然具有深刻的启示意义。例如，“教也者，长善而救其失者也”，认为教育应该发扬学生的长处，补救学生的短处，纠正学生的问题。“君子之教，喻也。道而弗牵，强而弗抑，开而弗达。”意思是好的教育应该注重引导，避免揠苗助长，多用鼓励，少用压制，多用启发，避免一览无余。

《礼记·学记》中名句众多，脍炙人口，如“玉不琢，不成器；人不学，不知道”，“故安其学而亲其师，乐其友而信其道”，“时过然后学，则勤苦而难成”，“独学而无友，则孤陋而寡闻”，“记问之学，不足以为人师”，等等，值得细读和积累。

2. 先秦的劝学风气。

在先秦，除了《劝学》和《礼记·学记》之外，《论语》《孟子》《吕氏春秋》中也有以劝勉学习为主题的文章。这些文章在主题思想上有明显的共性，即揭示学习意义，指导学习方法，使有志于学的读书人在加强自我修养的基础上进一步学习治国理政，使教化在更大范围内得到实现。

这些文章在先秦集中出现，与士阶层的崛起和私学的兴盛有密切关系。西周时期，“学在官府”，教育是少数上层统治阶层的特权。到了春秋时期，官学衰微，私学兴起。战国时期，诸子中的各家各派为扩大影响，纷纷招收弟子。与此相伴随的是士阶层的培养与壮大，他们在社会中发挥的作用也越来越大，成为诸侯争霸的重要影响因素。士阶层的兴起离不开对学习的重视，正是通过学习不断提升自我，一部分出身并不高贵的庶民才有机会著书立说，参与国政。

四、练习步步高

（一）知识识记

1. 填空。

（1）荀子，名________，字卿，赵国人，________时期的思想家、教育家。多次在齐国游学，曾在楚国出任________。________、李斯都是他的学生。荀子是先秦儒家代表人物，提倡“________论”，认为后天的环境可以改善人的本性，强调“________”，因此他强调学习的重要性。后人将其思想编为《荀子》一书，共32篇，其中《________》是首篇。

（2）《荀子 · 劝学》中统领全篇的一句话是“______________”。

（3）______，则知明而行无过矣。（《荀子 · 劝学》）

（4）和“锲而舍之，朽木不折”形成对比的句子是“______________”。（《荀子 · 劝学》）

（5）玉不琢，不成器；__________，__________。（《礼记 · 学记》）

（6）故安其学而亲其师，______________。（《礼记 · 学记》）

（7）独学而无友，______________。（《礼记 · 学记》）

（8）蓬生麻中，__________；白沙在涅，__________。（《荀子 · 劝学》）

2. 解释下列加点的字词。

（1）輮以为轮（　　　　　　　　）

（2）虽有槁暴（　　　　　　　　）

（3）金就砺则利（　　　　　　　　）（　　　　　　　　）

（4）非能水也，而绝江河（　　　　　　　　）（　　　　　　　　）

（5）风雨兴焉（　　　　　　　　）

（6）日参省乎己（　　　　　　　　）

（7）吾尝跂而望矣（　　　　　　　　）

（8）圣心备焉（　　　　　　　　）

3. 将下列句子翻译成现代汉语。

（1）积善成德，而神明自得，圣心备焉。

____

（2）蚓无爪牙之利，筋骨之强，上食埃土，下饮黄泉，用心一也。

____

（二）文心体悟

“君子生非异也，善假于物也”与“学”的关系是怎样的？

____

____

____

____

（三）思想碰撞

1. 在高中《语文》必修上册第六单元中，还有哪些文章能体现“善假于物”的学习态度？请你结合内容分析。

2. 先秦儒家的劝学思想，和我们现在语境中所提倡的“好好学习”有哪些不同？请结合你的体会和感受谈一谈。

师说

一、知识朋友圈

1. 韩愈与唐代古文运动。

韩愈，字退之，河南河阳（一说今河南孟州，一说今河南南阳）人，自称郡望昌黎，世称韩昌黎，唐代文学家、思想家。因官至吏部侍郎，又称韩吏部。谥号文，又称韩文公。韩愈出身于庶族地主阶层，祖父、父亲只做过长史、县令一类的小官，他在仕途上颇为坎坷，屡遭排挤，但为人“操行坚正，鲠言无所忌”（《新唐书·韩愈传》）。韩愈曾在唐德宗贞元年间为关中饥民上书，恳请宽徭薄赋，被贬阳山（今属广东）；也曾在唐宪宗元和年间因反对皇帝迎佛骨入宫上书切谏，引得皇帝震怒，几乎性命不保，最终被贬潮州（今属广东）。他是唐代古文运动的倡导者，“唐宋八大家”之首，留下诸多名篇，如《原毁》《进学解》《送孟东野序》《师说》《祭十二郎文》《张中丞传后叙》等。在诗歌方面，他推崇陈子昂、李白和杜甫，是中唐诗歌的代表人物之一。

唐代的古文运动是文学革新运动，其内容主要是复兴儒学，其形式是反对骈文，提倡古文。南北朝以来，文坛上骈文盛行，追求对偶、声律，注重典故，辞藻华美，但华而不实。隋文帝时曾下诏禁止“文表华艳”的骈文，但没有扭转颓风。唐初文坛，骈文仍占主要地位。王勃提议改革文弊，但他的作品仍用骈体，《滕王阁序》是他的名篇。后来的陈子昂、柳冕等先后提出宗经明道的主张，并用散体作文，成为古文运动的先驱。韩愈、柳宗元则进一步提出了一套完整的古文理论，并写出了相当数量的优秀古文作品，也引来了一批学生和追随者的热烈响应，终于在文坛上形成了颇有声势的古文运动。

韩愈和柳宗元是唐代古文运动的代表。他们倡导古文是为了推行古道，为了复兴儒学。韩愈说：“学古道而欲兼通其辞；通其辞者，本志乎古道者也。”（《题欧阳生哀辞后》）所以，他们的古文理论都把“载道”“明道”放在首位。韩愈、柳宗元提倡古文，在当时是经过一番斗争的。韩愈曾说：“仆为文久，每自测意中以为好，则人必以为恶矣。小称意，人亦小怪之；大称意，即人必大怪之也。”（《与冯宿论文书》）然而，面对时人的非难和嘲笑，韩愈毫不动摇。他“奋不顾流俗，犯笑侮，收召后学”（柳宗元《答韦中立论师道书》），不断壮大古文运动的队伍。韩愈的学生李翱、李汉等，转相传授，推动了古文运动的开展。唐末皮日休、陆龟蒙、罗隐等写的一些讽刺现实的小品文，也都用古文体，可说是承袭了古文运动的余风。唐代的古文运动为宋代欧阳修、苏轼等人继承，合称为唐宋古文运动，是中国散文发展史上一座重要的里程碑。

2.《师说》的创作背景。

《师说》开宗明义：“师者，所以传道受业解惑也。”这是因为唐代儒家多为“章句之师”而无“传道之师”。与韩愈同时代的吕温在《与族兄皋请学〈春秋〉书》中沉痛地指出：“魏晋之后……以讽诵章句为精，以穿凿文字为奥，至于圣贤之微旨，教化之大本，人伦之纪律，王道之根源，则荡然莫知所措矣。”这种“章句之师”是当时社会上一般人所鄙视的。另外，唐代上层社会所重视的师生关系则是科举制度下“传主”与“门生”的关系，是一种与政治利害密切相关的“师”，也与韩愈所谓的“传道之师”风马牛不相及。儒家从韩愈、李翱到宋明理学，进入了一个新的阶段，韩愈为振兴儒学，力斥佛、道，他所大力主张的便是在其心目中对人伦日用无孔不入、无所不包的儒家之道，一如其在《原道》中所论述的那样：“夫所谓先王之教者，何也？博爱之谓仁，行而宜之之谓义；由是而之焉之谓道，足乎己无待于外之谓德。……其为道易明，而其为教易行也。”现在看来，在“今之世，为人师者众笑之，举世不师，故道益离”（《师友箴并序》）的时代背景下，韩愈主张师道合而为一，屏弃“章句之师”“文字之师”，是切中时弊，一针见血的。[1]

3. 语言积累。

（1）师。“师”的本义是军队，金文写作，这个字右边的部分人们一般认为是指挥军队的权杖。在军队中，士兵要听从将领的指挥，接受命令，并和将领在思想、行动上保持一致。后来“师”字衍生出“老师”的意思，更多了引导、教化的意味。在《师说》中，韩愈将“师”的意义阐释为“传道受业解惑”，将引导、教化的职责以三个层级呈现出来，将“师”的价值与思想的传承、文化的延续联系起来，丰富了“师”的内涵，也成为后世公认的师者应有的担当。

（2）圣。“圣”，金文写作，这个字左边的人有醒目的耳朵，代表善听，右边的“口”表示宣之于口，因此圣人是指对世界有敏锐的觉察力和理解力，又能向他人进行解说、传递信息的人。在儒家思想中，圣人是理想人格的代表，是至善的体现。后世尊奉孔子为圣人，但孔子说“圣则吾不能”，可见圣人的境界是人们努力追求的方向。《师说》中将是否从师向学作为“圣”“愚”之别的关键，并以孔子广泛地求师为例，勉励读书人，明确求圣之途。

二、文心点点通

韩愈面对“耻学于师”、门第森严、尊崇家法的社会风气，在《师说》中进行了有力的抨击。他有针对性地提出了三点重要的主张：

（1）确立了师者的职责在于“传道受业解惑”。其中“传道”是核心，这里的道，在韩愈看来“非向所谓老与佛之道也。尧以是传之舜，舜以是传之禹，禹以是

[1] 丁志明：《〈师说〉几个背景知识的梳理》，见《语文学习》，2011年第6期，第40页。

传之汤，汤以是传之文、武、周公，文、武、周公传之孔子，孔子传之孟轲，轲之死，不得其传焉”(《原道》)，因此师者的首要职责是继承并传播儒家思想，巩固儒学的正统地位。“受业”是“传道”的方式、途径，儒家思想自然由所授之业承载，故而韩愈对李蟠“六艺经传皆通习之”大为赞赏。“解惑”是更为具体的教导形式，是“受业”得以保证的基础。破除了师者的神秘性和朦胧感，老师才能拥有亲切、具体的形象。

（2）明确择师的标准是道。所谓“无贵无贱，无长无少，道之所存，师之所存”，如果认可了道是唯一的标准，自然就会否定“位卑则足羞，官盛则近谀”的择师心态，无论是门第成见还是家法壁垒，都不能成为择师的阻碍。韩愈创作此文时已是国子监四门博士，他充满自信地以儒家之道的继承者自居，表现出乐为人师的热情，对于向他请教的弟子总是耐心应答，对于自己因此而受到的诽谤表现出愤慨，《师说》正是他的有力回击，解答了他在现实中以师者自居的内在因由。

（3）指出了老师和弟子关系的相对性与平等性。所谓“弟子不必不如师，师不必贤于弟子，闻道有先后，术业有专攻”，既然道是择师的标准，那么师生关系也应以道为尊，不必拘泥于师生的固有身份和地位，弟子不但可以超越老师，甚至可以成为老师。孔子“三人行，必有我师焉”(《论语·述而》)的谦虚好学精神，在韩愈这里发展成更具解放性，也更具合理性的师生关系，这对于弟子具有鼓舞意义。

三、思想会客厅

在儒家思想中，尊师重道是非常重要的内容。作为师长，应该尊崇道义，以身作则，将自己的所知所能倾力传授，爱护弟子，获得弟子由衷的尊敬。身为弟子，则将尊师重道视为修身的基础，既学习知识，又培育德行。弟子效法老师的品德学问、技艺经验，传递后世，将师门发扬光大，这是中国古代文化、学术传承的重要途径，并逐渐形成了尊师重道的文化氛围。古代有许多与此相关的典故。《论语·子罕》中颜渊曾感叹孔子对他的影响：“仰之弥高，钻之弥坚。瞻之在前，忽焉在后。夫子循循然善诱人，博我以文，约我以礼，欲罢不能。既竭吾才，如有所立卓尔。虽欲从之，末由也已。”宋代的杨时和游酢“程门立雪”，成为千古佳话。

对照西方，亚里士多德在《尼各马可伦理学》中说：“虽然友爱与真两者都是我们的所爱，爱智慧者的责任却首先是追求真。”这表达了“吾爱吾师，吾尤爱真理”的勇气。柏拉图曾说他的老师苏格拉底在生命的最后一天告诫后人：“至于你们，在采纳我的忠告时，要尽可能地少想苏格拉底，更多地去探索真理。”哈佛大学的校训为：“与柏拉图为友，与亚里士多德为友，更要与真理为友。”探求真理是西方文化的核心之一，提倡批判精神，不屈从于权威，哪怕面对的是自己的老师。这是否和中国文化中尊师重道的精神相矛盾呢？

《论语·卫灵公》中，孔子曾说“当仁，不让于师”，可见尊师的根本仍然在于尊道，老师如果是道的讲授者、传承者，尊师就是尊道。但如果老师违背了仁，远离了道，是不必谦让的。韩愈在《师说》中也提倡“吾师道也……道之所存，师之所存也”。因此尊师重道并非将老师视作不能逾越的权威，对道的追求同样永无止境。同时应该看到，西方文化中“尤爱真理”的求真理想并不意味着对老师的违背和不尊重，而是要对老师的思想进行客观和真实的评价，确立其真正的地位，并在发现和修正的基础上进一步发扬，其中对老师仍然怀有充分的敬意。

四、练习步步高

（一）知识识记

1. 填空。

（1）韩愈，字________，自称郡望________，唐代文学家。因官至吏部侍郎，故世称________。谥号文，故又称________。韩愈和柳宗元一起大力提倡________运动，主张恢复先秦、西汉的优秀散文传统，屏弃只讲究文章形式，忽略内容，矫揉造作，华而不实的文风。代表作有________________等，著有________（文集）。苏轼高度评价他：“________________________。”（《潮州韩文公庙碑》）

（2）师者，________________________。（《师说》）

（3）是故无贵无贱，________________，道之所存，________________。（《师说》）

（4）业精于勤，________________；行成于思，________________。（《进学解》）

（5）云横秦岭家何在？________________。（《左迁至蓝关示侄孙湘》）

2. 解释下列加点的字。

（1）于其身也，则耻师焉（ ）

（2）君子不齿（ ）

（3）术业有专攻（　　　　　　　　）

（4）六艺经传皆通习之（　　　　　　　　）

（5）作《师说》以贻之（　　　　　　　　）

3. 将下列句子翻译成现代汉语。

（1）士大夫之族，曰师曰弟子云者，则群聚而笑之。

____

（2）句读之不知，惑之不解，或师焉，或不焉，小学而大遗，吾未见其明也。

____

____

（二）文心体悟

韩愈的《原道》这样阐释“先王之教”：“夫所谓先王之教者，何也？博爱之谓仁，行而宜之之谓义；由是而之焉之谓道，足乎己无待于外之谓德。”这种教化观是否在《师说》中有所体现？请你予以说明。

____

____

____

____

（三）思想碰撞

《礼记·学记》中说“师严然后道尊”，意思是要先尊重老师，才能尊奉老师传授的道。《师说》中说“是故无贵无贱，无长无少，道之所存，师之所存也”，认为尊师是出自尊道。这两种观点是否矛盾？你如何理解尊师与重道之间的关系？

____

____

____

____

赤壁赋

一、知识朋友圈

1. 主客问答。

从行文结构看，《赤壁赋》的第一篇，又称《前赤壁赋》，采用了主客问答的形式，真实而巧妙地记录了作者泛游赤壁时的心理活动过程。文中的“客”与“苏子”看似两人，实为一人。两者的问与答是作者彼时彼地内心复杂情感的真实流露，是一种虚拟的对话形式。这种虚设人物问答的行文结构并不是苏轼的独创，而是起源于《庄子》，承接于骚、赋的传统文体形式。《庄子》各篇大多假设问答，借口代言，构建独特语境以传达抽象哲理。如《逍遥游》一文共涉及四则对话，即蜩、学鸠与大鹏，尧与许由，肩吾与连叔，惠子与庄子。他们在小与大、仕与隐、小言与大言、有用与无用等问题上对话。这种主客问答的形式，旨在打破人们对特定事物的固定的看法，从事物两两相对、并行不悖的辩证视角去注意对立思想之间的关系，反省这种对立的真实性，追溯两者内在的相通性，即“通天下一气耳”(《庄子·知北游》)。因此，这种虚拟人物对话的行文方式，极大地活跃了创作主体的艺术思维，拓展了艺术创作的空间，从而为历代作家所接受、效仿。

2.“望美人”的典故寓意。

作者感慨：“渺渺兮予怀，望美人兮天一方。”这里的“美人”或可以解读为作者的政治理想。“香草美人”是《楚辞》中的经典譬喻。汉代王逸在《楚辞章句·离骚序》中说：“《离骚》之文，依《诗》取兴，引类譬喻。故善鸟香草，以配忠贞；恶禽臭物，以比谗佞；灵修美人，以媲于君；宓妃佚女，以譬贤臣。”“美人”之所以可譬喻君王，或因“美人”担忧迟暮，而君王推行美政、励精图治，应当抓住时机，不可荒废时日。相应地，“香草”比喻君子、贤臣；“望美人”也隐含着作者的政治理想，渴望家国兴盛，实现抱负；然而，“天一方”则带有可望而不可即的缥缈失落之感。

3. 语言积累。

（1）仙。“仙”字可以和“神”字比较来看。“神”金文写作。本义为古代

传说中万物的主宰，具有超人的意志和力量。“仙”小篆写作屳，本义为在深山里修炼得道的神仙。人活着可以修仙，只要通过养生之道。苏轼的养生之道在《前赤壁赋》中就表现为寄情自然，远离世俗，借助天地宇宙的博大和永恒，看淡是非得失，从“物各有主”中找到自身的主宰和规律。

（2）适。繁体作“適”，从辶（辵），啻声，本义为前往、到，引申为女子出嫁（“女年十五许，有适人之道”《孔子家语·本命》），顺应［“少无适俗韵，性本爱丘山。”陶渊明《归园田居》（其一）］，适中、合适、恰好的含义。《前赤壁赋》中的“共适”可以指共享、分享，也可以理解为共同抵达这种快乐。

二、文心点点通

苏轼因“乌台诗案”下狱，经多方营救，出狱后被贬至黄州。但苏轼并未消沉，他纵情山水，力图排遣政治打击带来的苦闷。《前赤壁赋》历来被人视作苏轼散文的代表作，它全面展示了苏轼散文自由豪放、恣肆雄健的阳刚之美。文章如行云流水，舒卷自如。无论是写景，还是抒情、议论，都是信手拈来，明白晓畅。“风”“月”是主景，“山”“水”是辅景，以“风、月、山、水”展开描写和议论。开篇之乐是陶醉于山水，暂时忘怀尘世俗念；文末所表现的乐，则是一种旷达乐观的人生境界。

“逝者如斯，而未尝往也；盈虚者如彼，而卒莫消长也。盖将自其变者而观之，则天地曾不能以一瞬；自其不变者而观之，则物与我皆无尽也。”苏轼以客人羡慕的滔滔长江和皎皎明月为例，阐发了对宇宙的变与不变的看法，抒发旷达乐观的情怀，反映了“物各有主，苟非吾之所有，虽一毫而莫取”的磊落胸襟，巧妙地表达了“天地与我并生，而万物与我为一”（《庄子·齐物论》）的豁然大度的主题。苏轼的思想尽管没有超越庄子“天地与我并生”“万物与我为一”的观点，但苏轼的表现比庄子更生动可爱。

庄子对人世持弃绝的态度，以自然状态为自由，这是以退为守来消解外在的束缚。苏轼是一位积极进取者，他并不像庄子那样对人世持弃绝的态度。他是遭受政治打击后才来到黄州的。也就是说，他是在想承担而无法承担的情况下写作《前赤壁赋》的。因此，这种写作完全可以理解为借山水实现生命的转换。人们常说，当古代士人被迫与社会疏离时，自然就会对他们发出动人的微笑。当他们领悟到这微笑的真意并以真情回报时，他们就进入了生命的另一种境界，心灵就会进入一种难以言传的自由愉悦之中。这也就是前面我们所说的生命大境界的发现与体验。苏轼的赤壁游正是生命大境界的发现与高峰体验。这种体验使苏轼的心灵提升到一种自足自律的境界，从而达到对外在束缚的解脱。

古人入世、士人自足自律的精神境界有三个重要方面：内在的充实圆满，人格的高尚完善及仁民爱物的宽广胸怀。它在为人处世中的表现则是平和愉悦的心境，至大至刚的力量，从心所欲而不逾矩的和谐中道。从《前赤壁赋》"苏子"与"客"的对答中，我们不难感受到苏轼的这种自足自律的境界；从"苏子"与"客"的行为中，我们更能体会到这种境界的真意。

文章的心情转换非常明显：由乐生悲，由悲转喜。所乐者乃"风、月、山、水"之美，所悲者乃人生短促、变动不居之忧，所喜者乃"天地与我并生，而万物与我为一"(《庄子·齐物论》）之悟。不难看出，文章最后的喜境，是从表层乐境与深层悲境的对比中悟出的。这种悟正是苏轼借助庄子又走出庄子，化被动为主动，享受人生之乐的自足自律的表现。这也就是人们常说的旷达人生。

三、思想会客厅

苏轼的《前赤壁赋》被人们视作儒、释、道思想合流之后的经典作品，代表着中国古代思想的顶峰。其思想异常丰富厚重，即便从固定的思想流派切入，也有很多对话的途径和支脉。这里略做一点粗浅的分析。

1. 僧肇——动静之辨。

东晋高僧僧肇著有《物不迁论》，其中提及佛教的动静观，与苏轼思想形成了一定的呼应，而后者又有所超越。"必求静于诸动，故虽动而常静；不释动以求静，故虽静而不离动。然则动静未始异，而惑者不同。"僧肇强调动静不是绝对的，而是相伴相生的；脱离了动的视角，静也就不存在，但是无穷的变动从另一个角度来看，也不过是恒常的静止；所谓动静的区分，不过是人心躁动产生的幻象而已。这里的动静视角，可以对应苏轼所说的"变"与"不变"。朱熹认为，苏轼的《前赤壁赋》其实取法的是僧肇动中有静的这一层意思。"天地曾不能以一瞬"这样的倏忽变化，如果一定要从中"求静"的话，也就能看出"常静"的一面，即"物与我皆无尽也"。这就像"水"与"月"，从长江的整体来看，从源头到尽头，流逝增补，总量是不变的。从月亮的整体来看，无论满月、新月，都还是那个月亮。我们不妨这样理解，当年科场春风得意的苏轼和现在落难黄州的苏轼，当然是变了不少，但是如果从其作为一个完整的人来看，只是仕途的荣辱变化了，而他还是那个苏轼，游山玩水之兴，潇洒豁达、疾恶如仇之性都没有变，而且也永远不会变。

2. 庄子——坐忘之真。

庄子认为生命顺应大道，可以通过“坐忘”来完成。这里的“坐”有静待、顺应、不主动谋求的意味，而“忘”的对象则包括外物、自然，最后是自己的意识、智慧、欲望、感知等，这样的话，人才能真正成为真人，才能超越世俗的羁绊，实现精神的逍遥与无待。

“有治在人。忘乎物，忘乎天，其名为忘己。忘己之人，是之谓入于天。”(《庄子·天地》)正如《庄子·齐物论》开篇的南郭子綦，他做到了形如槁木，心如死灰，没有了欲念的萌动，没有了智识、情感波澜，成为一个“丧我”的真人，也就不具有自我的概念、物我的界限，正因为如此，没有“遮蔽”的他能够洞察俗人无法聆听的天籁。

在苏轼的笔下，受天地自然的感召，游览赤壁的“苏子”也在刹那间仿佛“羽化而登仙”，此时他似乎忘却了现实处境的不幸。可谓是“忘乎物”。然而，这种“忘”毕竟是不彻底的。“如遗世独立”的“如”字说明苏轼没有真正超脱，还是有现实的纠结。“苏子”尝试依托寄身永恒的自然来“忘乎物”，但生命和功业有限，无法和自然永远共存，所以这条途径是失败的。

最终，“苏子”在佛机的开导下，在“水月之辨”之后，他不仅“忘乎物”，而且直接进入“忘乎天”的境界。大自然的美，“江上之清风，与山间之明月”并非我能占有，那就一切随缘，看到的就享受，听到的就陶醉，看不到、听不到的也就不追求了。一切都是“物各有主”，“苟非吾之所有，虽一毫而莫取”，这样也就没有什么可羡慕和依赖的了，一切顺其自然，保持真性。

而当“苏子”与“客”最终在小舟之上“相与枕藉”，喝得东倒西歪时，他是否在刹那间忘却了自己的体面、身份、理智和欲望，“不知东方之既白”是否暗示他借酒忘却了时间宇宙和命运规律这一切呢？如果是这样，“苏子”是否也在演绎庄子的“忘己”，从而更彻底地在追求逍遥与自由？

四、练习步步高

（一）知识识记

1. 填空。

（1）举酒属客，________________，________________。（《赤壁赋》）

（2）白露横江，水光接天。________________，________________。（《赤壁赋》）

（3）________________，而不知其所止；________________，羽化而登仙。（《赤壁赋》）

（4）方其破荆州，下江陵，顺流而东也，________________，旌旗蔽空，________________，________________，固一世之雄也，而今安在哉？（《赤壁赋》）

（5）况吾与子渔樵于江渚之上，________________，驾一叶之扁舟，________________。________________，渺沧海之一粟。________________，羡长江之无穷。（《赤壁赋》）

（6）________________，则天地曾不能以一瞬；________________，________________，而又何羡乎！（《赤壁赋》）

2. 解释下列加点的字词。

（1）壬戌之秋，七月既望（　　　　　　）

（2）举匏樽以相属（　　　　　　）

（3）正襟危坐而问客曰（　　　　　　）

（4）则天地曾不能以一瞬（　　　　　　）

3. 将下列句子翻译成现代汉语。

（1）浩浩乎如冯虚御风，而不知其所止；飘飘乎如遗世独立，羽化而登仙。

____

（2）其声呜呜然，如怨如慕，如泣如诉；余音袅袅，不绝如缕。舞幽壑之潜蛟，泣孤舟之嫠妇。

____

（二）文心体悟

《前赤壁赋》第3—4自然段的主客问答，充分彰显了苏轼的“超然之才，绝伦之识”，给人一种“潇洒神奇，出尘绝俗，如乘云御风而立乎九霄之上”（谢枋得《文章轨范》）的感觉。请你任选一个角度，鉴赏其在语言上的艺术特色。

（三）思想碰撞

清代学者高嵣评价《前赤壁赋》：“有摹景处，有寄情处，有感慨处，有洒脱处，此赋仙也。”（《唐宋八家钞》）请你在文中分别找出作者写景、抒情、议论的句子，并思考苏轼在写景、抒情、议论的过程中共同使用的两个核心意象是什么。

登泰山记

一、知识朋友圈

1. 义理、考证、文章。

姚鼐主张为文应当义理、考证、文章三要素并重，这也成为桐城派古文的经典文学理论和写作标准。有学者将这一提法的源头归于清代戴震的《与方希原书》：“古今学问之途，其大致有三：或事于理义，或事于制数，或事于文章。事于文章者，等而末者也。”他将儒家的经义和道德放在第一位，传道授业的文章放在末位，并将两者比喻为轿中人和轿夫。错把轿夫当坐轿子的人，就好比将文章做法、文辞考究看得比道理还重要。段玉裁认为，如果圣人的义理都搞不清楚，考证和文章一定做不好，三要素之间有因果关系。在这个问题上，姚鼐的看法最辩证。他在《述庵文钞序》中说：“余尝论学问之事，有三端焉，曰：‘义理也，考证也，文章也。’是三者，苟善用之，则皆足以相济；苟不善用之，则或至于相害。”三者不是割裂的，而是相辅相成的。义理当然重要，但如果文章和考证不佳，则义理不能单独讲明白，也不能说明对其理解到位。

2. 济水。

中国古代有四条极具文化分量的河流，被称为“四渎”。它们分别是“江、河、淮、济”。《登泰山记》中提到了“济”。济水发源于河南济源西王屋山，经过山东境内流入大海。受黄河改道、京杭运河修建的影响，济水的水流量日趋下降，最终消亡。但济水的人文地位始终不低。因为“四渎”在古人心目中，是江海之“德”的代表，“渎之言独也。不因余水，独能赴海者也”（《新唐书·许敬宗传》）。同时，祭祀包括济水在内的“四渎”，是古代帝王祭祀天地的内容之一，具有不可替代的意义。

3. 语言积累。

（1）承。“承”字甲骨文写作，像两只手从下面托起一个人。由此引申为顺从、接受；再引申为继承。例如，“世以清白相承”（司马光《训俭示康》）；另有侍奉、招认、奉承的意思。

（2）臾。“臾”字甲骨文写作，就像两只手从两旁捆绑拉拽中间的一个人；也有人解释为两边有人搀扶一个肥胖的人。前一种指捆绑拉拽，和“须”字并用，表示极短的时间；而后一种多指“腴”，丰腴。

二、文心点点通

姚鼐写作《登泰山记》是在他四十四岁辞官到四十五岁归乡之间。他选择在除夕新旧年交替之际，从世俗官场中“出走”之际登山观日，并非偶然，而是体现了他的生命追求，也预示其人生的重大转变。

姚鼐所见之景，可以说，就是一个神仙的世界——“苍山负雪”，“云中白若樗蒱数十立者，山也”，“西峰，或得日或否，绛皓驳色，而皆若偻”。在这个神灵、真人出没的泰山之巅，在这个最接近天的世人眼中的“天门”，有群峰宛若侍从，恭敬侍立。“负”“立”“偻”三个字，写出了它们的敬畏与职责。“少杂树”“无瀑水”“无鸟兽音迹”呈现出山顶的寂静。这种寂静是如此与众不同，它不仅超越了世俗的喧闹，而且超越了一般文人所欣赏的自然的美与生机。对比“自京师乘风雪”，这里已经没有了人间的喜怒风波，只留下一个人直面天地宇宙。不妨参照他下山后创作的《岁除日与子颍登日观观日出作歌》中的诗句来看：“男儿自负乔岳身，胸有大海光明暾。即今同立岱宗顶，岂复犹如世上人。”姚鼐选择登泰山，就是要以“乔岳”的高度和阳刚来映衬自己的高洁不屈，用眼前的东海来舒展自己的胸怀。而在这里发现的大寂静，实现了他梦寐以求的精神超越。他从网罗和删选天下文章的四库全书馆的纂修官，一个厌倦官场倾轧的士人，回归了自己应在的位置。

“日上，正赤如丹，下有红光动摇承之。”在姚鼐的笔下，日出仿佛具有了照耀天地万物，启示世道，复苏人间的面貌。一个“承”字，极具力度，富有阳刚之美，似乎象征着文人士子的道义担当和勇气使命。那么姚鼐的使命是什么呢？

姚鼐辞官之后，从此不再出仕，而是四处讲学，著书立说。他用后半生的时间，宣扬和重振程朱理学，文学上高举桐城派古文的大旗。面对“纂修者竞尚新奇，厌薄宋、元以来儒者，以为空疏，掊击讪笑之不遗余力”（《惜抱轩尺牍》）的世情，他从“往复辩论”而无助的孤独者，变成了无视群盲，以文章传道的燃灯人——“门户难留百年盛，文章要使千秋垂”（《赠钱鲁思》）。我们可以用他自己的文学审美观来评价姚鼐及其弟子的文学成就——“则其文如霆，如电，如长风之出谷，如崇山峻崖，如决大川，如奔骐骥；其光也，如杲日，如火，如金镠铁；其于人也，如冯高视远，如君而朝万众，如鼓万勇士而战之”（《复鲁絜非书》）。

三、思想会客厅

姚鼐在《登泰山记》中所呈现的独立人格与超拔思想，和西方智者文人的志趣有契合处。作者在泰山之巅的大寂静中，领会天地之理，将自己的灵魂从世俗中挣脱出来。思想家卢梭也曾在大自然中探寻远离众人的僻静之所。卢梭如是说：“我放慢脚步，在树林里寻找荒僻的地方，某个渺无人烟的场所，全然不见人为的痕迹，没有任何奴役和统治的迹象，某个让我觉得自己是第一个入得其中的庇护所……我的思绪很快就脱离大地表面……这时候，我的思想深深沉浸在广袤无垠的世界中……我带着某种快意，感到宇宙沉甸甸地压在我肩上……”[1]脱离大地表面，感受宇宙的浩渺，这样的心境与姚鼐描述的日照群山、东海，一种宏阔无限的境界何等

[1] 卢梭：《孤独漫步者的遐想》，钱培鑫译，南京：译林出版社，2013年，第140—142页。

相似，都是超拔于世俗之后，灵魂变得博大的体现。而荒僻无人为的痕迹，更像是姚鼐笔下山巅“无鸟兽音迹”的寂美。肩负宇宙沉甸甸的感觉，让人联想到“下有红光动摇承之”，姚鼐肩负着天下的道义学统，而卢梭则是承载着启蒙理性的思想。

在自然的寂静中，卢梭会把自己心目中的乌托邦，投射到眼前的场景进行冥思和想象。“我很快照自己的喜好带来一些人定居……将受之无愧的人们迁入大自然的庇护所。我由此构想出一个令人神往的社会……我随心所欲地给自己打造一个黄金时代。”[1]而姚鼐在泰山之巅，有无冥想和追思呢？从《登泰山记》中我们不得而知，但是从他一贯的学术主张来看，与先贤道圣的对话，与宋儒的精神交流，似乎一刻也没有停止。泰山观日所见的景象，怎能不说是这些先贤人格化的象征，没有作者的移情呢？不过，两人思想的不同之处，也很明显。卢梭是借助自然来躲避世俗的攻击，他将茂密的树林比喻为挡箭牌；姚鼐则是主动进入自然，自身的坚强个性与永恒的大自然相融合。

就文法而言，姚鼐主张义理、考证、文章有机结合。这一宗旨倒是与西方经典修辞学、文章学理论呼应。以亚里士多德修辞学观点为例，他认为演说家要说服人，言辞要打动人，包含技术范围和非技术范围的工作。所谓非技术范围，指的是“见证、拷问、契约”等。你说的话要让别人信，要有实证，要符合事实，经得起考证询问。这有点类似桐城派所谓考据之真、考据方法之正。技术范围则是修辞术，说服论证的艺术加上对听者心境的把握，呼应辞章及效果。亚里士多德特别强调“演说者的品格”的重要性，说话的人德高望重，大家自然会相信，哪怕他讲得没那么好。[2]虽然作者的德行不直接等同于义理，但道德的力量确实可以通过义理来呈现。两者的观点可以参照来对读。

四、练习步步高

（一）知识识记

1. 填空。

（1）苍山负雪，__________。______________________，汶水、徂徕如画，______________________。（《登泰山记》）

---

[1] 卢梭：《孤独漫步者的遐想》，钱培鑫译，南京：译林出版社，2013 年，第 141 页。

[2] 亚里士多德：《修辞术》，颜一、崔延强译，北京：中国人民大学出版社，2003 年，第 9 页。

（2）日上，正赤如丹，________________。（《登泰山记》）

（3）极天云一线异色，________。（《登泰山记》）

（4）本文选自________，姚鼐，字________，________（籍贯）人。

2. 解释下列加点的字词。

（1）阳谷皆入汶（　　　　　　）

（2）余始循以入（　　　　　　）

（3）而半山居雾若带然（　　　　　　）

（4）其远古刻尽漫失（　　　　　　）

3. 将下列句子翻译成现代汉语。

（1）及既上，苍山负雪，明烛天南。

____

（2）少杂树，多松，生石罅，皆平顶。

____

（二）文心体悟

阅读下列材料，思考姚鼐的文学主张在《登泰山记》中是如何体现的。

复鲁絜非书（节选）

姚　鼐

鼐闻天地之道，阴阳刚柔而已。文者，天地之精英，而阴阳刚柔之发也。惟圣人之言，统二气之会而弗偏，然而《易》《诗》《书》《论语》所载，亦间有可以刚柔分矣。值其时其人，告语之体各有宜也。自诸子而降，其为文无弗有偏者。其得于阳与刚之美者，则其文如霆，如电，如长风之出谷，如崇山峻崖，如决大川，如奔骐骥；其光也，如杲日，如火，如金镠铁；其于人也，如冯高视远，如君而朝万众，如鼓万勇士而战之。其得于阴与柔之美者，则其文如升初日，如清风，如云，如霞，如烟，如幽林曲涧，如沦，如漾，如珠玉之辉，如鸿鹄之鸣而入寥廓；其于人也，漻乎其如叹，邈乎其如有思，暖乎其如喜，愀乎其如悲。观其文，讽其音，则为文者之性情形状举以殊焉。

____

____

（三）思想碰撞

现代学者王达敏认为，姚鼐虽然主张文章与考证相结合，但《登泰山记》其实没有严格意义上的考证。文中提到的“汶水”“济水”“古长城”“环水”等只是一般地理方位的记录，在很多游记中都有，离考证还是有点远的。你同意这一说法吗？请说明理由。

（龚兰兰　朱浩真　张平　编）

第四单元

诗声词韵

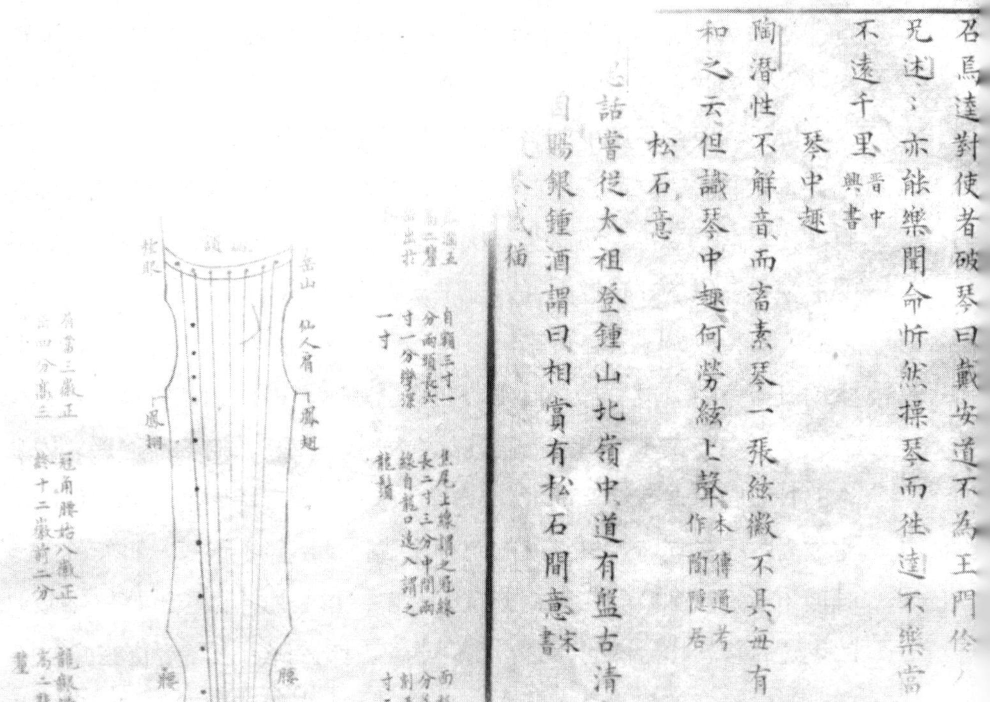

召爲逵對使者破琴曰戴安道不爲王門伶
兒述：亦能樂聞命忻然操琴而往遠不樂當
不遠千里 晉中興書
琴中趣
陶潛性不解音而畜素琴一張絃徽不具每有酒之會
和之云但識琴中趣何勞絃上聲 本傳通考作陶隱居
松石意
話嘗從太祖登鍾山北嶺中道有盤古清泉上
自賜銀鐘酒謂曰相賞有松石間意 宋書

单元概说

诗是什么？这个问题也许令你多少有些错愕，很多语言中都有诗这个词，但这个作为许多文明不可或缺的一部分，诗究竟是一种怎样的存在？所谓诗意又是指什么？传为舜帝之语的“诗言志”曾被一代代儒者用来解释什么是诗，但言志之文就是诗吗？又如，中国人喜欢用古诗词这个说法，为什么对中国人来说，诗词这两种似乎有着明显差异的文体可以并置在一起而构成一个语词？两者存在怎样的相似性，使得它们与文章、小说等其他文体区别开来？本单元就是希望通过学习诗、词、曲这些我们通常认为更有诗味的体裁，带领学生思考这样的问题：对中国古人来说，诗是怎样一回事，诗意是怎样一回事？

《毛诗序》云“诗者，志之所之也”，“情动于中而形于言，言之不足，故嗟叹之；嗟叹之不足，故永歌之；永歌之不足，不知手之舞之，足之蹈之也”。人生于世，心非木石，故有苦乐悲欢，有情感则需要表达。随着情感体验走向丰富和幽深，文学形式也不得不发生一些变化。中国古代的诗词区别于文章、小说等文体的一个重要特征在于其在文学形式上有更为苛刻的要求。

具体而言，这种要求首先表现在字数，我们很少看到其他文体对于每句的字数有如此严格的规定。西周至春秋，宴饮游戏、祭祀礼神时所咏之诗多为四言。四言的形式有怎样的独特魅力，以至于从先秦诗到现代成语都不约而同地选择了这样的形式？汉魏以降，五言诗家慷慨任气，磊落使才，乃变四言之体，曾经不登大雅之堂的五言一时竟成文辞之枢要。大约也是这个时候，在汉宫楚声和民间自由而粗鄙的歌哭声中，在乐府华丽而高亢的唱词中，在文人的徙倚逍遥、短歌微吟和拔剑击柱的长叹中，七言诗逐渐成熟起来。此后，杂言诗偶然一现，但唯有五言、七言最终成为中国古典诗歌最经典的两种体式，这不能不说是一种特殊的缘分。这段奇缘难道不值得玩味吗？四言、五言、七言，它们为什么被选择？字数对于中国人情感的表达有着怎样特殊的意义？我们学习古典诗词不应忽视这些问题。

文学形式的另一个重要方面是声音。古人对诗歌的创作和欣赏是伴随着丰富的听觉感受的。《国语·周语下》云：“诗以道之，歌以咏之。”从《诗经》到汉乐府，中国早期的诗歌总是伴随着音乐，而在汉唐之间，随着诗与乐的分离，诗逐渐加深了对文字本身音乐性的探索，这种努力最终带来了格律诗的繁荣。随着词的兴起，配合燕乐的创作，词对声音的要求变得更为苛刻。不仅要考虑用字的平仄，有时甚至要配合四声的要求。声音对于一篇作品的意义是什么？除了内容之外，作者之志是不是也部分地暗藏在了声音之中？我们读诗如果忽视声音，可能也会辜负一些诗人的用心吧。

整体来看，文体本身也有各自的形式要求。诗有诗体，词有词体。与英语世界中 poetry 独享诗神的宠幸不同，诗之后，词的样式又在古代中国兴起，几乎可与传统的诗分庭抗礼，这是为什么？古人有怎样的情愫是诗所不能道尽的，非得别出一体而咏歌之？因此我们还应思考，词与诗的体式在文学表达上的特点。具体而言，词有不同的风格，不同风格对于情感、内容的表达的独特作用也将是本单元所要介绍的内容。

要之，从文字到声音，从取声到用韵，从平仄到四声，从诗到词，一种体裁对于文学形式的要求琐碎严苛到了这个地步，这本身就是颇耐人寻味的。我们正是希望透过这种对今人来说或许已经有些陌生的烦琐的形式，去体会古人生活于其中的文化、观念与审美，思考这些形式对古人而言为何是必不可少的。现在就让我们一起进入古代中国那个飘荡着诗声和词韵的奇妙世界吧。

静女

一、原典选读

原文

静　女

《诗经·邶风》

静女其姝，俟我于城隅。
爱而不见，搔首踟蹰。

静女其娈，贻我彤管。
彤管有炜，说怿女美。

自牧归荑，洵美且异。
匪女之为美，美人之贻。

今译

那姑娘娴静而美好，她在城墙的一角等着我。
她藏起来看不见，让我来回踱步直挠头。

那美好而娴静的姑娘，送了我一支鲜红的笔管。
笔管鲜红有光彩，而我爱的是你美丽的容颜。

她从郊外归来送我嫩嫩的茅尖，茅尖确实美好而且与众不同。
不是那茅尖有多美，只因它是美人给我的赠礼。

二、知识朋友圈

1.《静女》的出处——《邶风》。

《邶风》是邶地的地方歌谣，邶位于殷商都城朝歌附近。朝歌位于今河南省鹤壁市境内，周武王灭商，占领朝歌后三分其地，其北为邶，其东为鄘，其南为卫，大抵在春秋时期卫国一带。

“风”，除“教化”“风化”的含义之外，也指一地之文学与一地之水土风气声息相通。卫国地处华北平原四战之地，夹处大国之间，外有戎狄威胁，内多昏君，又多商旅游子往来其间。商贾云集则财货繁盛，财货繁盛故多有声色犬马之事，行人往来频繁故又多生江湖浪子之怀思、离别之愁苦。所有这些苦与乐都融进了当地嬉笑怒骂的诗中，不吐不快，因此我们看到，《邶风》之中多有怨刺之声，如《柏舟》《击鼓》《式微》《北门》《北风》《新台》等；多有送别思远之作，如《燕燕》《泉水》《二子乘舟》等；尤其多有男女间相爱相恨的情话和怨言，如《终风》《日月》《雄雉》《匏有苦叶》《谷风》等。这篇《静女》也许就是这样一首因爱而生的诗。

2. 语言积累。

（1）爱。在上古时期，隐藏是“爱”这个字很重要的一个义项。《毛诗传》在《诗经 · 大雅 · 烝民》“爱莫助之”一句下注：“爱，隐也。”与“爱”相关的一系列字都有近于隐蔽而不见的义项，如“暧”有昏暗不明的义项，陶渊明之名句“暧暧远人村”是也；如“僾”字，《说文解字》云“僾，仿佛也”，《礼记 · 祭义》有“僾然必有见乎其位”；又如“薆”字，《楚辞》有“众薆然而蔽之”，这里的“薆”也是隐蔽的含义。文字的含义或许可以提醒我们思考，对于古人来说爱是什么，爱是一种私密的情感，它是个人化的、安放在内心深处的，而不是公共的、公开的。在这个意义上，今天“爱要大声说出来”的观念也许并不符合中国古人对这个词语的定义。

（2）有。“有”用于词头，无实际意义。先秦时期，“有”字经常被附着在动词、名词、形容词之前，起到凑足音节的作用，如《尚书·汤誓》将夏朝称为“有夏”，上古时期的苗族部落称为“有苗”，皆是此类。这类仅为凑足音节而设立的语气助词在先秦文献中很常见，如之前所学的“薄”“言”等，这一点也反映了中国古人在遣词造句过程中对语句声音效果的重视。

（3）牧。“牧”即郊外。“牧”是会意字，甲骨文写作，左边一只牛头，右边一只拿着棍子的手，是拿着棍子驱赶牲畜的含义。有时候牛头下会写一个脚印表示行走，“牧”的甲骨文又写作，故这个字的本义是放牧，由放牧的义项引申出牧场、郊外等义项。

（4）荑。“荑”是茅草刚长出的嫩芽，又称茅尖、谷荻等。茅草春季抽穗，故中国古代有上巳节前后采荑的习俗，或以食用，或以赠人。至今中国很多地方仍有“三月三，抽茅尖”的童谣。因此根据美人赠“我”以荑可知这首诗讲述的是春天的故事。初生之茅穗，其心嫩且白，故常用荑比拟女子白嫩的肌肤，如《诗经·卫风·硕人》有“手如柔荑，肤如凝脂”之句。

三、诗心点点通

一首好的四言诗是什么样的？

《静女》一诗的写作手法以“赋”为主，“赋”即直接铺陈叙述。与生动巧妙的“比”和“兴”手法相比，以“赋”这种似略无趣的手法贯穿全篇而又能写得精彩，是颇具难度的。更何况四言形式简短，腾挪空间有限，要想写好就更难了。此诗妙在它能以如此短小的篇幅、如此简单的手法，在三言两语间刻画出如此传神的一对相爱相戏的恋人形象。本诗开篇写了一个古往今来坠入爱河的人都会经历的场景：一个美丽的姑娘在等待她的情郎。颇为有趣的是，她等待的场所，不是亭台，不是宫宇，更不是花前月下，而是城墙的角落。那个姑娘正藏在城墙的角落偷看她爱人因找不到她而挠头的窘态，寥寥数笔不仅写活了那个古灵精怪的姑娘、那个为爱焦灼的男子，而且写活了爱情，写活了恋人间的关心、在意、踌躇、焦灼……爱情那略带苦涩的甜蜜的味道在第 1 自然段短短十七个字间被写出来了。

《静女》的第 2、3 自然段则让我们看到一个坠入爱河的男子的经典形象。“彤管”为何物大约难以确考，《毛诗》认为是女史用来记史的红色笔管，高亨认为是一种乐器，欧阳修、朱熹则直言“未详何物”。要之，这大约和后面出现的“荑”一样，是一种美丽的定情信物。一个男子收到姑娘示爱的礼物，他应该如何答复呢？这首诗的主人公的答复近乎是：礼物很美，但是你更美。明代安世凤评《静女》“巧心慧口，为万世情语之祖”（张洪海《诗经汇评》），大约就是指这样的句子。“青春都一饷”，爱情转瞬即逝，《静女》以文学的形式封存了这朝露一般短暂而美好的情感，让后人得以一次次重新开启并体会那年轻而鲜活的恋爱的滋味。

南宋张栻曾将首二句“静女其姝，俟我于城隅”改写成七言诗：“后宫西北邃城隅，俟我幽间念彼姝”，似略显冗长，反觉一语道尽，余味不足。可见简短有限的四言诗在某种程度上反而成就了《静女》的经典性，文字的简短恰好为读者留下了想象和共鸣的空间。四言诗贵在“文约而意广”，在有限的空间里，《静女》选取了一个有趣的场景，用恰切的词句勾勒了几个极能表现爱情的动作和话语，写出了人类普遍而真实的情感的同时，为读者留下了理解和想象的空间，寥寥数字却令后人搁笔，算得是“螺蛳壳里做道场”的杰作了。

四、思想会客厅

多重面目的“静女”。

如果从文字本身看，将《静女》理解为一首情诗大约问题不大，但这种理解在《静女》的阅读接受史中算不上主流。

《毛诗序》将《静女》解释为：“刺时也。卫君无道，夫人无德。”汉儒郑玄对此解释：“以君及夫人无道德，故陈静女遗我以彤管之法。德如是，可以易之，为人君之配。”汉儒认为《诗经》最主要的功能在于“美”和“刺”，“美”指歌颂为政的功德，“刺”指针对时弊以讽谏于上。因此对汉儒而言，读《诗经》最重要的在于明得失、知盛衰，而现在常说的《诗经》的文学审美的意义对古人来说并不重要。正是在这个观念下，汉儒将《静女》理解成讽刺卫国国君及夫人无道的诗篇。但是毛传和郑笺都没有对“卫君无道，夫人无德”的具体所指作出解释。直到唐代大儒孔颖达解释了这里的“卫君”指的是卫宣公，卫宣公喜欢上了自己的儿媳，并将其扶为正夫人，《静女》讽刺的就是这件事，诗中的“静女”就是作者为无道的卫宣公所找的有道的夫人，取代无德的卫夫人，是为“人君之配”。距离《诗经》时代越远，对诗歌背景的解释反而越加详尽，这也算是中外文学诠释史上一个很值得玩味反思的现象了。汉唐儒生距古较近，可能掌握的历史文献更多，但他们对《静女》的解释与今天读者从诗歌文本读出的信息大相径庭。那我们应该如何看待汉儒对《诗经》的理解？这大约也是我们学习中华传统文化与文学所需要思考的一个大问题。

宋儒的理解与汉儒相去甚远，欧阳修与朱熹将《静女》解释为“淫奔期会之诗”。所谓“淫奔”，好色为“淫”，女子私会男子为“奔”。古人认为男女相会要符合特定的礼节。《周礼・地官・媒氏》记载：“中春之月，令会男女。于是时也，奔者不禁。”在《周礼》的规定下，春季的第二个月被认为是男女相会以成婚姻的时节，这时候男女之间私自会面是不被禁止的，其他时候男女的交流都需节之以礼，非礼的私会即被视为“淫奔”。按照这个观念，《静女》所描写的这场美丽的约会大约是违背《周礼》的了。在这个观念之下，尽管欧阳修、朱熹对《静女》一诗的文义理解与今人差别不大，但其情感态度与今人大相径庭。如欧阳修认为《静女》反映了卫地“礼义坏而淫风大行，男女务以色相诱悦，务夸自道而不知为恶……举静女犹如此，则其他可知”（《诗本义》）。朱熹认为“城隅”是男女私会的“幽僻之处”，字里行间也透露出对“静女”行为的否定意味。

那我们应该如何理解《静女》一诗？笔者以为，尽管宋儒的观点在现在看来或许有些荒唐，但这一解读对于我们理解这首诗不是完全没有意义，因为它让我们看到，诗中这段可爱的、美丽的爱情在古人的观念中有违背礼俗规定的可能，让这段青嫩的情感多了几分离经叛道的危险与勇气，正如前人评《静女》“其相望切，其相赠殷，其相悦深，而其为俗则非矣”。即便对古人而言这种行为不全合乎礼俗，但它依然是美好的。其美好又因为它与一时之社会礼俗有冲突而显得更为动人。文学在情与礼的冲突中呈现并讴歌着生命本身的活力，伟大的作品正是要呼唤这种生命活力。

五、练习步步高

（一）知识识记

《静女》收在《诗经》“十五国风”中的＿＿＿＿＿＿，它是＿＿＿＿＿＿的歌谣，邶位于纣王时期的殷商故都＿＿＿＿＿＿附近。同样出自《诗经》这一部分的作品有＿＿＿＿＿＿＿＿＿＿＿＿＿＿＿＿。（写十篇左右即可）

（二）诗心体悟

请你结合《静女》谈谈四言诗句的结构相对于五言诗句的特点，并说出其表达效果。

（三）思想碰撞

以下这段文字是清代徐玮文《说诗解颐》中对《静女》一诗的理解，请概括其观点和论述的思路，并谈谈你的看法。

毛、郑推本古《序》，谓陈静女之美德以示法戒，以彤管为女史记事之所执。二千年来无异辞。欧阳氏忽变新说，而朱子从之，是以经学为儿戏，取孔子删订之鸿文，等诸峒苗竹枝之唱，宜其不从者之众也。《左传》引《静女》之三章，取彤管焉，若为男女结殷勤之物，又何取乎？

鹊桥仙

一、原典选读

原文

鹊桥仙

秦　观

纤云弄巧，飞星传恨，银汉迢迢暗度。金风玉露一相逢，便胜却人间无数。　　柔情似水，佳期如梦，忍顾鹊桥归路！两情若是久长时，又岂在朝朝暮暮。

今译

纤细的云在天空中变幻多端，点点流星传递着相思不得见的愁苦，今夜牛郎和织女悄悄渡过遥远的银河。在秋风白露的七夕，一旦相逢就胜过人间无数长相厮守却没有真情的夫妻。柔情如水一般绵长，重逢的时光如梦一般虚无缥缈，分别时怎么忍心回望由鹊桥回去的路！只要彼此真情长久，又何必贪求朝朝暮暮的陪伴。

二、知识朋友圈

1.《鹊桥仙》。

《鹊桥仙》是词牌名，引用七夕织女渡银河与牛郎相会，“使鹊为桥”的典故。共有两种体式：第一种体式于宋词中独见于柳永的《鹊桥仙》，八十七字，配乐用“南吕商”之曲调，曲调与“水调歌头”更近，而与别本《鹊桥仙》不同。第二种体式更为常见，始自欧阳修的《鹊桥仙》，取其中“鹊迎桥路接天津”之意，以为调名，多用来赋七夕之事，两阕五十六字，前人曾归纳这一体式的《鹊桥仙》格律可分为六种变体，其正体如下：

中平中仄，中平中仄，中仄中平中仄（韵）。中平中仄仄平平，中中仄，中平中仄（韵）。

中平中仄，中平中仄，中仄中平中仄（韵）。中平中仄仄平平，中中仄，中平中仄（韵）。

（“中”指可平可仄）

秦观《鹊桥仙 · 纤云弄巧》所用格律即为正体，其他几种格律当由此体偷声添字，增减变化而成。

2. 牵牛、织女和七夕。

古人有“春祈秋报”的说法，农历七月七日正是谷物新熟、耕种开始收获的时节，人们在这时往往要祭祀以谢天地，而我们的星空中能代表中国男耕女织的农业文化的大约是牵牛和织女两个星宿了。

牵牛、织女隔银河相望。有趣的是，“牵牛”这个名字其实来自一个小小的误会。《史记 · 天官书》记载：“南斗为庙……牵牛为牺牲。其北河鼓……婺女，其北织女。织女，天女孙也。”可见牵牛、织女二星在《史记》所描绘的星空之中关联了一个银河边上的祭祀场景，“牵牛”指的是牵一头牛来祭河以祈祷丰收。但是大约到了东汉，《古诗十九首 · 迢迢牵牛星》吟咏了“牵牛星”和“河汉女”为银河所阻，“盈盈一水间，脉脉不得语”的伤情。于是作为祭祀环节的“牵牛”动作化成了一个星宿，河鼓和织女这两个在自然界相距数十光年的星宿也在人类的想象中有了爱情的萌芽。大约就在这时，七夕作为节日形成了，关于当时的风俗，东汉崔寔《四民月令》记载农历七月七日人们要“设酒脯时果，散香粉于筵上，祈请于河鼓、织女”，庆祝河鼓与织女的相会，或求福寿，或求子孙。

而至迟在汉末，织女星已经与女红联系起来了。东汉占星书《荆州占》曾记载帝王孝敬神明与否会影响织女星的明暗，而织女星黯淡会导致“天下女工废”，这一观念其实是后世七夕乞巧习俗的前身。至南朝梁代宗懔《荆楚岁时记》记载，七夕节时妇女会结彩缕，穿七孔针，将瓜果摆在庭中来乞巧，如果有蜘蛛在瓜果上织网，就被认为得到了织女星的回应。此外又有“赛巧”，即以一些形式比赛女子穿针引线的技术，谁技术好，谁就得巧，这在今天一些地方依然流行。

3. 语言积累。

（1）金风。“金风”即秋风。古人以五行与四时、五方、五色相配。东方对应春，于色为青，五行属木；南方对应夏，于色为赤，五行属火；西方对应秋，于色为白，五行属金；北方对应冬，于色为黑，五行属水。

（2）玉露。“玉露”指秋天的白露。古人认为秋季“阴气渐重，凌而为露”，故玉露与金风都有标识时节的意味，指的是秋季。

三、诗心点点通

《鹊桥仙》之细美。

缪钺尝言诗、词、文之别，云："然情思之精者，其深曲要眇，文章之格调词句不足以尽达之也，于是有诗焉。文显而诗隐，文直而诗婉，文质言而诗多比兴，文敷畅而诗贵蕴藉……诗之所言，固人生情思之精者矣，然精之中复有更细美幽约者焉，诗体又不足以达，或勉强达之，而不能曲尽其妙，于是不得不别创新体，词遂肇兴。"(《论词》)

相对于诗而言，词更轻盈、更空灵。同样是写离愁别恨，显然《涉江采芙蓉》中对别恨的书写较之这首《鹊桥仙》更为沉重和撕心裂肺。我们读到"同心而离居，忧伤以终老"这样不留余地的绝望表达很难不感到压抑，但当读到这首《鹊桥仙》你会发现，它即便写漫长的别恨都能写得如薄纱一般轻柔。这里的云是"纤云"，是"弄巧"的"纤云"，轻盈的云彩仿佛借着织女的手在天上变化多端，我们看到承载离愁的背景是如此灵动缥缈。而这分处银河两岸的别恨是如何出场的呢？是写得如"君若清路尘，妾若浊水泥"（曹植《七哀诗》）般凄苦，是如"思君如流水"（徐幹《室思》）般无穷无尽地展开，还是像"一寸相思一寸灰"（李商隐《无题》）那样悲哀决绝？都不是，"飞星传恨"，流星是离愁的信使，一年见一面的天罚、永世分隔的苦与恨，竟是用如此浪漫的点点流星传递给彼此，传递给世人，于是牛郎、织女之间深重的离愁，我们读来并不感到沉重悲苦，而体会到的更多是一种迷离恍惚的空灵感，这是"词别是一家"的趣味。缪钺所说的词之细美之处大约如是。

读下去就不难发现，实际上这首词涉及的话题本身非常深刻而严肃。作者说相互分离的牛郎、织女"金风玉露一相逢，便胜却人间无数"，"人间无数"指的其实是那些长相厮守、白头偕老的夫妻。传统观点认为"同心而离居"是伤感的，"执子之手，与子偕老"则是伴侣间最理想的人生结局。但秦观这首词认为，比起有情人的分离，人间众多相聚却不相爱的夫妻才更可悲，由此给古今题咏离愁之文学翻了案。可以看到，这首词所探讨的其实是今人常说的爱情与婚姻的问题。在作者看来，世间许多夫妻没有爱情的厮守其实比有情人的分离更令人痛苦，牛郎、织女尽管分居两地，却能情发一心，作者认为这才是有情人之间真正可贵的东西，真情可以对抗离别带来的痛苦，这就是"两情若是久长时，又岂在朝朝暮暮"。这个话题本身非常有深度，但秦观以词的方式摇摇曳曳地写出来，读者读来不觉沉重，反觉轻松。作者将云写得轻盈，把别恨赋予流星，将相逢写得美好，将离别写得柔情款款，再加上词长短错落的句式带来气息上的散漫自由，这个庄重的话题被赋予了轻松的趣味。这是这首《鹊桥仙》的特质，也是词这种体裁所带来的效果。

在小词之中，这首《鹊桥仙》比较能体现词之为体轻盈灵巧的特质。其实，苏轼、辛弃疾等人也能写一些厚重博大的词作，但那终归不是词之本色。相对诗来说，词常常是轻的，甚至有时是轻薄的，所以古今很多文人学者并不太看得起词这种文体，或不太能欣赏小词的好处。但是，如果只懂得欣赏深沉与博大，大约也会略显沉重吧。文学需要泰山，也需要轻灵的羽毛。

四、思想会客厅

心灵厮守与灵魂伴侣。

爱源于缺憾。爱情会面临种种世俗的阻隔，因此无论是西方还是中国，总是不乏对爱情的超世俗面向的探求。《鹊桥仙》中的“两情若是久长时，又岂在朝朝暮暮”，正因其洞见了默存于心灵中的爱情可以弥合时空阻隔给彼此带去的痛苦的意义，因而令人感动。而古代西方对爱情超世俗性的经典认识则是所谓的“柏拉图式的恋爱”。柏拉图在《会饮篇》中区分了天上的爱和地下的爱，认为后者是一种追求肉体享受的爱，而天上的爱“没有沾染任何荒淫和放荡”，这种爱情追求的是高尚的灵魂而非肉体，柏拉图称之为“天上的阿芙洛狄忒之爱”。柏拉图认为这种属于天的爱情约束着爱与被爱之人，使他们在爱情之中热忱地追逐道德的进步与灵魂的升华，这是柏拉图所认为的高贵的爱情，也就是“灵魂之爱”，我们今天常说的“灵魂伴侣”一词可能源于此。

可见，柏拉图的“灵魂之爱”为爱情赋予了道德面向，有意思的是，这种追求在中世纪反而构成了某种冲击社会伦理的情感力量。在中世纪盛行的骑士精神中，我们能看到柏拉图式爱情观的某种变体，这就是骑士对贵妇的爱慕和崇拜。忠于国君、维护教义，在此基础上行侠仗义是欧洲中世纪骑士的追求，但是对他们来说有一种特殊的荣誉，这就是通过冒险与胜利赢得贵妇的欢心。这种骑士之爱是一种很有趣的组合，一方面骑士信守教义、温文尔雅，另一方面却洋溢着对贵妇的炽烈的情感。更奇妙之处在于贵妇不同于少女，贵妇是有夫之妇，所以骑士之爱是一种婚姻之外的爱情。在这个意义上，这种爱情属于某种层面的“灵魂之爱”。柏拉图的“灵魂之爱”是在爱情中坚持对道德与精神的追求，而在骑士对贵妇的爱中我们能看到一种社会伦常之外的离经叛道的力量，它希望为个人的情感在伦理道德之外寻找一个空间。

西方文明中这两种相辅相成的精神之爱和秦观在《鹊桥仙》中对牛郎、织女爱情的歌咏都让我们看到人类以爱超越世俗的努力。这种超世俗性是由于人类渴望以爱情从根本上对抗生命的缺憾，因为“爱若斯（爱神）就是欲求自己永远拥有好的东西”，本质上说，我们会爱是因为我们必然的有限性，人皆有一死，所以人到世间总归要爱一次，追求圆满、追求永恒，以此来对抗人类必然的有限，这是爱情的力量，我们还会在很多文学作品中同样看到对这种力量的表现。

五、练习步步高

（一）知识识记

下列情境所引用的古诗文使用恰当的是（　　）

A. 小赵和女友分手了，小钱安慰他“两情若是久长时，又岂在朝朝暮暮”。

B. 小周抄同桌的作业，吴老师批评他。小周说：“我这叫‘君子生非异也，善假于物也’。”

C. 小李的书房落成，小孙写了两句诗送给他：“问渠那得清如许，为有源头活水来。”

D. 小郑来到公园里，看到满树梨花，他感叹道：“真是‘忽如一夜春风来’啊！”

（二）诗心体悟

《鹊桥仙》展现了秦观的词作在描写景物时轻盈、灵动、细美的一面，这一特点在秦观的很多作品中都有体现。请你分析下列作品中景物描写的艺术特点。

满庭芳·山抹微云

秦　观

山抹微云，天连衰草，画角声断谯门。暂停征棹，聊共引离尊。多少蓬莱旧事，空回首，烟霭纷纷。斜阳外，寒鸦万点，流水绕孤村①。　　销魂。当此际，香囊暗解，罗带轻分。谩赢得青楼，薄幸名存。此去何时见也，襟袖上，空惹啼痕。伤情处，高城望断，灯火已黄昏。

注释

① 隋炀帝杨广《野望》中有“寒鸦千万点，流水绕孤村”之句。

（三）思想碰撞

对于秦观《鹊桥仙》中“两情若是久长时，又岂在朝朝暮暮”的观点，你认同吗？请谈谈你的看法。

涉江采芙蓉

一、原典选读

原文

涉江采芙蓉

《古诗十九首》

涉江采芙蓉，兰泽多芳草。
采之欲遗谁？所思在远道。

还顾望旧乡，长路漫浩浩。
同心而离居，忧伤以终老。

今译

我蹚着江水去采荷花，生有佩兰的水泽中遍布着香草。
我采了荷花要送给谁呢？我思念的人儿在那遥远的地方。
我回头望向我曾经的家乡，但见路途遥远，望而不见。
我们心心相印却彼此分离，将来只能忧伤愁苦以至终老他乡。

二、知识朋友圈

1.《古诗十九首》

《古诗十九首》是指被收入南朝梁代萧统所编《文选》的十九首五言古诗。古诗是南朝人对汉魏时代流传下来的一批遗失作者姓名的作品的统称。据南朝梁代钟嵘《诗品》所言，当时大约保存了五六十首这类古诗，这批作品在《诗品》中被列为上品第一，钟嵘称其中的作品“文温以丽，意悲而远，惊心动魄，可谓几乎一字千金”，评价颇高。至梁代，萧统选录各类文体中精彩的文章编成《昭明文选》，对于这些古诗亦收录了十九首。对这十九首古诗，沈德潜在《说诗晬语》中有一段恰切的评语：“《古诗十九首》，不必一人之辞，一时之作。大率逐臣弃妻、朋友阔绝、游子他乡、死生新故之感。或寓言，或显言，或反复言。初无奇辟之思，惊险之句；而西京古诗，皆在其下，是谓国风之遗。”要之，这十九首古诗的难能可贵之处在于，它们以平淡朴素的笔触极写人生中可能遭遇的种种悲哀和不由自主，主题包括生离之苦、死别之悲、怀乡之思、生命之有限等，将深刻的悲哀以平淡出之，却能动人心魄，“看似寻常最奇崛，成如容易却艰辛”（王安石《题张司业诗》），《古诗十九首》在这方面可谓做到了极致。

2. 五言古诗。

汉代五言诗的成立可谓中国诗史上重大的事件，虽然在五言诗之外，后世诗词还有七言、六言乃至杂言多种体式，但是无论何种体式，其基本的句法结构很难超出五言诗所规定的几种类型。早期的五言诗只是遵守每句五字和句末押韵的要求，在其他方面，如格律、用平声韵、特定句数、对仗等，还未产生近体诗的规范，经常出现在近体诗中被视为诗病的“三平调”（句末以三个平声字收尾）、“三仄调”（句末以三个仄声字收尾）等，后来人们就将这类不遵循近体诗格律的五言诗称为五言古诗。

3. 语言积累。

（1）芙蓉。“芙蓉”又名芙蕖，指荷花。在汉代，“芙蓉”一词的含义与现在不同，汉代的“芙蓉”或“芙蕖”指的就是荷花。《尔雅 · 释草》记载：“荷，芙蕖。”东晋郭璞注：“别名‘芙蓉’，江东呼‘荷’。”可知我们现在常用的“荷花”这个说法在汉魏时期多流行于江南吴地。而我们现在所说的“芙蓉”指的是木芙蓉，这是一种木本植物，秋季开花。《红楼梦》中宝玉的《芙蓉女儿诔》称芙蓉花神为“白帝宫中抚司秋艳芙蓉女儿”，可知在《红楼梦》时代，“芙蓉”一词指的已经是秋天开花的木芙蓉。

（2）兰。“兰”指佩兰。古代文学中常提到“兰”，很多时候指的不是现在所说的兰花，而是指佩兰。此物多生于沼泽，花呈淡紫色，花期在秋天，故屈原《离骚》有“纫秋兰以为佩”之句。因为佩兰气味芬芳，古人多用以制作香囊，佩之以美其身，又因古人认为“兰生空谷，无人自芳”，故佩戴此物亦有“君子慎独”之意。古琴曲的《幽兰》《佩兰》，皆取君子如兰，不以无人而不芳的意思，至今仍多有琴人善演奏之。

三、诗心点点通

五言诗的“滋味”。

在五言诗尚未完全成熟的南朝，就已经有学者敏锐地觉察到这一体裁对于诗歌的重大意义，故钟嵘作《诗品》专门品鉴古今杰出的五言诗作家和其作品。而对于这一体裁本身，钟嵘评道：“五言居文辞之要，是众作之有滋味者也。”他借用了人的味觉来解说五言诗的妙处，仿佛五言诗“秀色若可餐”，这颇值得玩味，或许我们可以借着阅读《涉江采芙蓉》来体会五言诗特别的“滋味”。

这首诗写了两个彼此分离之人相互的思念。开篇写主人公渡江采莲，欲以寄给远方思念的人。诗人笔下的江畔布满了佩兰、芳草，这个画面很容易令人想到《楚辞》中那个芳草丰茂、华丽而妖娆的国度。《楚辞》中的很多句子如“扈江离与辟芷兮，纫秋兰以为佩”“畦留夷与揭车兮，杂杜衡与芳芷”等，都能与“涉江采芙蓉，兰泽多芳草”的意境建立起精神上的关联。鲁迅曾论秦汉之际“民间多乐楚声”(《汉文学史纲要》),《涉江采芙蓉》亦可视为楚文化对汉朝影响深刻的一个缩影。而本诗起于采莲寄远这样一个美好的画面，却终于“同心而离居，忧伤以终老”这一声哀怨的叹息。“同心”一词类似《白头吟》中“愿得一心人，白头不相离”，可能暗示两人是夫妻或伴侣的关系。

本诗起笔写主人公涉江采莲，由采莲引出所要赠莲的那位远方思念的人，又由怀人转而写望乡，最后以彼此同发一心却身处两地，只能带着思念各自终老的无奈的伤情总结全篇。可以看到，与《诗经》相比，《涉江采芙蓉》这样的五言诗已经有了更为自觉的结构意识，其结构的转折与层次变化较之《静女》这样的四言诗明显更为丰富。这一发展与五言较之四言多了一个字有关系，由于字数的扩展和句法结构的丰富，五言有足够空间容纳一些标志转折承接的要素。如《涉江采芙蓉》第三、四句“采之欲遗谁？所思在远道”，“采之”上承前文的“涉江采芙蓉”，“欲遗谁”以反问的形式推进诗意、引入新的内容，新的内容就是“所思在远道”，同时“远道”也铺垫了下文怀乡的主题。两句十字之中，瞻前顾后，各词句相互关联。这样的笔法在四言诗极有限的写作空间里做起来比较难。这就是为什么我们可以看到相较于四言诗的一目了然，诗体进展到五言诗之后，诗歌的表现形式就变得更为曲折摇曳了。这有助于表现曲折而值得玩味、值得吟咏的情感。钟嵘称五言诗别有一番味道，能“使味之者无极，闻之者动心”(《〈诗品〉序》)，大约也与此相关吧。

正是借由这样的形式，汉代士人群体漂泊江湖、命运坎坷的生存境况作为某种时代的记忆在五言诗《古诗十九首》中得到了比较真切的记录和书写。我们也看到随着五言诗体在汉魏时期的形成，中国古典诗歌也初步具备了起承转合的发展结构，这一结构将在唐宋及以降的近体诗之中“蔚成大国”，发展为中国古典诗歌中常用的法式。

四、思想会客厅

寄远之心——采莲与折梅。

对现在的读者来说，这首诗开篇所写的采莲寄远的行为似乎不容易理解——花朵如此娇嫩易萎，哪堪你采摘下来通过驿站寄到远人手中呢？

其实，对寄赠远人的书写是中国古代一个漫长的文学传统，较之采莲，常见的是折梅寄远，其中广为人知的大约是刘宋陆凯的《赠范晔诗》：“折梅逢驿使，寄与陇头人。江南无所有，聊赠一枝春。”此诗解意多歧，大抵陆凯身处江南，欲折一枝梅花寄予北伐途中的友人范晔。在此之后，折梅寄远成为一个不断重现的文学母题。如《西洲曲》开篇有“忆梅下西洲，折梅寄江北”之句。迨及唐宋，李白《送友人游梅湖》中有“送君游梅湖，应见梅花发。有使寄我来，无令红芳歇”，以及杜甫《和裴迪登蜀州东亭送客逢早梅相忆见寄》中有“幸不折来伤岁暮，若为看去乱乡愁”，宋代黄庭坚《刘邦直送早梅水仙花》中有“欲问江南近消息，喜君贻我一枝春”。而我们所熟悉的秦观《踏莎行·郴州旅舍》中“驿寄梅花，鱼传尺素”的名句，其实也是这样一个漫长的文学和文化传统下的产物。

采莲也罢，折梅也罢，为什么偏偏要选择花朵这种难以保存、极易枯萎的东西寄给远人以表相思之情呢？

不妨追本溯源，让我们探索这个文学传统早期的面貌，看看这一文学母题是如何萌发和生长的。实际上，折花寄远是一个带有明显楚文化色彩的传统。《楚辞》中多有主人公采芳草以寄远人之事，最典型的是《湘君》《湘夫人》中相互呼应的那几句。《湘君》：“采芳洲兮杜若，将以遗兮下女；时不可兮再得，聊逍遥兮容与。”《湘夫人》：“搴汀洲兮杜若，将以遗兮远者；时不可兮骤得，聊逍遥兮容与。”这几句中所赠之物就是芳草，而真正奠定折花寄远这一文学母题的其实是《古诗十九首》。《庭中有奇树》通篇以折花寄远人为主题，通过这首诗读者大约可以体会这个文学母题最初包含怎样的内在元素。“庭中有奇树，绿叶发华滋。攀条折其荣，将以遗所思。馨香盈怀袖，路远莫致之。此物何足贵？但感别经时。”从这首诗中我们看到了楚文化、楚文学在汉代五言诗中的变容。诗中主人公折了庭中树上的一枝花想要赠给远方思念的人，花与香草的区别在于花会枯萎，因此更难保存，所以诗人紧接着感叹天涯路远，花枝来不及寄到远人的手中，于是这一枝花就没有真的寄到远人手中，但就在这满袖娇嫩的馨香中，让人体认到了世间的美好与无奈。可见折花寄远的妙处就在于欲寄而不得，娇花易萎、时光易逝、故乡太远，花难以寄往远方，即便寄到思念之人的手中，也会迅速凋零，寄而不得，方见春华可贵而离别伤感。

因此，折花寄远书写的是一种徒然的馈赠，以及这背后徒然的追忆，因其徒劳，故而珍贵。在离别与凋零面前，美好与梦脆弱得如同“湿漉漉的黑色枝条上的许多花瓣”（埃兹拉·庞德《在一个地铁车站》），但就是在离别的无奈和零落的必然之中，温馨和美好以脆弱的方式向世人彰显其存在的光辉，这大约是“悲”可以为“美”的一个缘由吧。《古诗十九首》的魅力很大程度上也在于此。

五、练习步步高

（一）知识识记

如果编选诗集要选录《涉江采芙蓉》，你认为应该选入下列哪本诗集中（ ）

A.《乐府拾英》 B.《五律法式》

C.《古诗菁华》 D.《建安风骨》

（二）诗心体悟

山中送别

王 维

山中相送罢，日暮掩柴扉。
春草明年绿，王孙归不归？

淮南小山《招隐士》中有“王孙游兮不归，春草生兮萋萋”。本诗的三、四句化用了这两句诗，并变招隐之意为怀人。离人不归本是一件令人忧伤的事，文学是如何为这一忧伤的主题赋予审美意味的？请你结合诗句加以赏析。

（三）思想碰撞

闻王昌龄左迁龙标遥有此寄

李 白

杨花落尽子规啼，闻道龙标过五溪。
我寄愁心与明月，随君直到夜郎西。

江行无题一百首（其七十七）

钱　起

远岸无行树，经霜有伴红。
停船搜好句，题叶赠江枫。

寄赠是中国古代的一大文化传统，但古诗词中常写一种非现实的寄赠，以不可赠之物送给无法收取的对象，对此你如何理解？请结合上述两首诗，亦可结合你自己读过的其他诗词谈谈看法。

虞美人

一、原典选读

原文

虞美人

李　煜

春花秋月何时了，往事知多少。小楼昨夜又东风，故国不堪回首月明中。　　雕栏玉砌应犹在，只是朱颜改。问君能有几多愁，恰似一江春水向东流。

今译

年年岁岁的春花秋月什么时候才能了结，在过去的岁月里多少往事浮上心头。昨夜小楼上又有东风吹来，登楼望月我想到了难以回首的故国往事。

曾经精雕细刻的栏杆和玉石砌成的台阶应该还在吧，只是住在里面的人已经换了面貌。问你心中有多少愁恨，大概就像东流而去的无穷无尽的滔滔春水吧。

二、知识朋友圈

1.《虞美人》。

《虞美人》本是唐代教坊曲调名，曲题出自《史记·项羽本纪》中这个著名的故事：“项王军壁垓下，兵少食尽，汉军及诸侯兵围之数重。夜闻汉军四面皆楚歌，项王乃大惊曰：‘汉皆已得楚乎？是何楚人之多也！’项王则夜起，饮帐中。有美人名虞，常幸从；骏马名骓，常骑之。于是项王乃悲歌慷慨，自为诗曰：‘力拔山兮气盖世，时不利兮骓不逝。骓不逝兮可奈何，虞兮虞兮奈若何！’歌数阕，美人和之。项王泣数行下，左右皆泣，莫能仰视。”后世慕其意而作《虞美人》曲，其格律主要有两种体式：

其一：中平中仄平平仄（仄韵），中仄平平仄（仄韵）。中平中仄仄平平（平韵），中仄中平平仄仄平平（平韵）。中平中仄平平仄（仄韵），中仄平平仄（仄韵）。仄平中仄仄平平（平韵），中仄中平平仄仄平平（平韵）。

本篇李煜的《虞美人》用此格。此调以五言、七言为主，以九字长句结尾，又四度换韵，仄韵与平韵相间，这些特点都为《虞美人》词作赋予了奔放慷慨的声音效果，极便于抒情。

其二：仄平仄仄平平仄，仄仄平平仄。仄平平仄仄平平，仄平平仄仄平平、仄平平。仄平仄仄平平仄，仄仄平平仄。仄平平仄仄平平，仄平平仄仄平平、仄平平。

在这两种正体基础上，另有数种变体。《虞美人》词牌流行颇广，文人创作过程中产生一些名句，如“恰似一江春水向东流”“只恐怕寒，难近玉壶冰”等，因此《虞美人》词牌又有《一江春水》《玉壶冰》等别名。

2. 语言积累。

了。象形字。小篆写作，象省去两臂的子形。常用的含义为结束，又义为聪慧，后来引申出决定、决断等义项。

三、诗心点点通

赤子之心。

王国维《人间词话》评李煜：“词人者，不失其赤子之心者也。故生于深宫之中，长于妇人之手，是后主为人君所短处，亦即为词人所长处。”“赤子之心”此指文学家对于来自外在世界倾轧的敏感与真诚，见诸《虞美人》，也见诸李煜的绝大多数词作。

《虞美人》开篇即奇语。“春花秋月何时了”，好比一个人要问“宇宙何时有尽头”，说出口的却是“春天何时有尽头”。无理之问又兼无理之文，透露出了由帝王之尊跌落至幽禁宫中的“违命侯”这段如梦如幻的经历在李煜心中留下的长久的错愕与迷惘。李煜当时作为亡国之君寄居在开封，他感到楼头的风从东方吹来，东方也是南唐故都金陵的方向，于是他忆起“不堪回首”的往事。陆游《避暑漫钞》记载李煜因《虞美人》受戮事：“李煜归朝后，郁郁不乐，见于词语。在赐第七夕，命故伎作乐，声闻于外。太宗怒。又传‘小楼昨夜又东风’及‘一江春水向东流’之句，并坐之，遂被祸。”词人渴望以美丽的文字缓解现实的疼痛，却忘记这些美丽的文字可能会招致毁灭，也许是《虞美人》吹响了李煜死亡的号角。

如果只有上阕，这首《虞美人》不至于如此伟大。上阕写的是李煜一己的人生，而下阕写出了人类共同的命运。“雕栏玉砌应犹在，只是朱颜改”，这是李煜的南唐，也是北宋及一切人间的繁华共同的处境，过往的河山变作今日的朱颜，眼下的朱颜也会化为明天的草莽。《虞美人》起于李煜作为亡国之君的伤怀，终于“问君能有几多愁”。这一问，作者问的不只是自己特殊的遭际，其笔锋指向人类共同的哀愁。对这无法纾解的哀愁，李煜又做何感想呢？“问君能有几多愁，恰似一江春水向东流”，此二句唐诗中早有先声，如李颀（一作李群玉）的“请量东海水，看取浅深愁”（《雨夜呈长官》），李白的“请君试问东流水，别意与之谁短长”（《金陵酒肆留别》），等等。但李煜在其中插了一个“恰似”，让句法看上去更灵活，读来似能感受到某种轻松和调侃的意味，这是词体带来的效果。类似的意思到了更有民间气息的曲词中似乎更为轻松跌宕了。闻得《红楼梦》中贾宝玉唱道：“展不开的眉头，捱不明的更漏。呀！恰便似遮不住的青山隐隐，流不断的绿水悠悠。”愁不可谓不深，但以小曲表达似乎总带一番嬉笑怒骂的轻松感，大约俗世的民众天然有某种乐观来对抗命运残酷的本质，悲哀由此转化为艺术，不知李煜这位亡国之君最后面对内心无法排遣的悲苦时，是不是也有了某种释怀呢？

五代人心目中的词与今人心目中的词是不同的概念。五代欧阳炯《花间集叙》记录了当时词这类体裁在社会中的文学生态："则有绮筵公子，绣幌佳人，递叶叶之花笺，文抽丽锦；举纤纤之玉指，拍按香檀。不无清绝之辞，用助娇娆之态。"五代词主题多为男女缠绵之事，往往在酒筵歌馆由女伶歌唱。这类词在北宋文人心中被视为词的"本色"，而如苏轼《江城子·密州出猎》之类写个人情志与抱负的词则被认为有违词之"本色"。由此，李煜的这首《虞美人》不只写个人的抱负，它还写家国沦丧之悲，乃至关怀人类共同的命运。它在当时有石破天惊的意义，今人大约难以体会，故云："词至李后主而眼界始大，感慨遂深，遂变伶工之词而为士大夫之词"（王国维《人间词话》）。可见词体的变革并非始于北宋诸公的豪放词，李后主早在五代宋初就已经为词这一体裁开辟了后人难以企及的深广境界。

四、思想会客厅

世俗意义上，通常人们认为李煜是一个不称职的君主，是一个政治上过于天真的失败者，更兼"好声色，又喜浮屠"，因此和大多数亡国之君一样，李煜的悲剧是他自己造成的。但其实如果我们检视李煜的人生，李煜原寄情文艺，无心帝位，李煜的继位本就是因为长兄病逝的因缘巧合，而继位后李煜"蠲赋息役，以裕民力。尊事中原，不惮卑屈"（陆游《南唐书》），也不尽是一个无为之君。对偏居一隅的南唐来说，灭亡也许是其必然的历史命运，正如徐铉在为李煜撰写的墓志铭中所说："（南唐国主）虽孔明在世，也难保社稷；既已躬行仁义，虽亡国又有何愧！"南唐的灭亡正如整个五代十国的腥风血雨一样，不能尽归因于君主个人，它是人性在不同个体上或多或少的缺失共同造就的五代十国的惨剧，而李煜是受害者之一，他的文字记录了一个君主的毁灭，这是用鲜血写就的文字，后世读者都能由此看到一个已经一无所有的君主以文学的方式徒劳反抗命运的悲壮，领会一种荡气回肠的生命力，这也是李煜词作动人的地方。

五、练习步步高

（一）知识识记

解释下列加点的字词。

（1）小时了了，大未必佳（　　　　　　　　）

（2）了无音讯（　　　　　　　　）

（3）了却君王天下事（　　　　　　　　）

（4）我离虽则岁物改，如今了然识所在（　　　　　　　　）

（二）诗心体悟

宋代罗大经《鹤林玉露》记载：“有以水喻愁者，李颀云‘请量东海水，看取浅深愁’，李后主云‘问君能有几多愁，恰似一江春水向东流’，秦少游云‘落红万点愁如海’是也。贺方回云：‘试问闲愁都几许，一川烟草，满城风絮，梅子黄时雨。’盖以三者比之愁多也，尤为新奇，兼兴中有比，意味更长。”请你赏析这段文字所引诗句写“愁”的特点。

（三）思想碰撞

王国维《人间词话》：“尼采谓‘一切文学，余爱以血书者’。后主之词，真所谓以血书者也。宋道君皇帝《燕山亭》词亦略似之。然道君不过自道身世之戚，后主则俨有释迦、基督担荷人类罪恶之意，其大小固不同矣。”请结合本词和宋徽宗赵佶的《燕山亭·北行见杏花》，谈谈你对王国维这段评价的理解。

燕山亭·北行见杏花

赵　佶

裁剪冰绡，打叠数重，淡著燕脂匀注。新样靓妆，艳溢香融，羞杀蕊珠宫女。易得凋零，更多少无情风雨。愁苦。闲院落凄凉，几番春暮。　凭寄离恨重重，这双燕，何曾会人言语。天遥地远，万水千山，知他故宫何处。怎不思量，除梦里有时曾去。无据。和梦也新来不做。

（徐振宇　编）

下编：课外古诗文

第一单元

《诗经》选读

单元概说

《诗经》是我国第一部诗歌总集，原名《诗》，或称《诗三百》，汉代独尊儒术，《诗》被尊为经典，才称《诗经》。它收录了西周初到春秋中叶的诗歌 305 篇，另外又有笙诗 6 首，有目无辞。

《诗经》分为风、雅、颂三部分。“风”是各地不同的音乐。“雅”是雅正之声，指周王朝京畿地区的音乐。“颂”是宗庙祭祀用的舞曲。其中“风”包括“十五国风”，即《周南》《召南》《邶风》《鄘风》《卫风》《王风》《郑风》《齐风》《魏风》《唐风》《秦风》《陈风》《桧风》《曹风》《豳风》，有诗 160 篇；“雅”分《小雅》和《大雅》，有诗 105 篇；“颂”分《周颂》《鲁颂》《商颂》，有诗 40 篇。

《诗经》的作者包括从贵族到平民的社会各阶层人士，除少数几篇外，作者都已不可考。关于《诗经》诗篇的来源，主要有三种说法，《国语·周语上》有公卿列士献诗说，汉人有行人采诗说，司马迁首倡孔子删诗说。

《诗经》以抒情诗为主流，常以简朴的语言、朴素的生活画面反映社会现实。《诗经》在艺术上对后世文学影响最大的是“赋、比、兴”的表现手法。根据朱熹的说法，“赋者，敷陈其事而直言之者也”(《诗集传》)，“敷陈”就是陈述铺叙的意思，直接描叙，直接抒情，像《豳风·七月》描写农事就是如此。“比者，以彼物比此物也”(《诗集传》)，比是打比方，把这个东西比作那个东西，如将贪得无厌的人比作“硕鼠”。“兴者，先言他物以引起所咏之词也”(《诗集传》)，用别的事物引起所要咏叹的情感，有时候带有比的意味，称作比兴。如《周南·桃夭》用桃树结子比女子生儿育女。结构上，《诗经》常用重章叠句的形式，形成一唱三叹的美感。语言形式上，《诗经》以四言为主又兼有杂言，常用叠字，节奏鲜明，音韵谐和，形成浓厚的民歌风味。

《诗经》内容丰富，反映了西周初到春秋中叶社会生活的各个方面。其中有许多成就很高的描写恋爱、婚姻的作品，如《周南·关雎》《周南·桃夭》《邶风·静女》《卫风·木瓜》《郑风·狡童》写爱的欢乐、和谐及曲折，《鄘风·柏舟》《郑风·将仲子》写社会的约束对爱情的压制，《秦风·蒹葭》写可望而不可即的爱，

《邶风·谷风》《卫风·氓》写离弃的痛苦。反映战争劳役的作品也是《诗经》的重要内容，如《小雅·采薇》《小雅·何草不黄》，国风中的《秦风·无衣》《卫风·伯兮》《王风·君子于役》《豳风·东山》。另外，《周南·芣苢》《豳风·七月》等诗篇写出了当时的农业劳动生活，可以称作农事诗。而随着周王朝社会危机日益暴露，出现了很多怨刺时政的诗篇，如《大雅·抑》《小雅·北山》《小雅·何草不黄》《邶风·新台》《魏风·伐檀》《魏风·硕鼠》等。另外，《诗经》中还有一些歌功颂德的作品，如颂扬周武王灭商的《周颂·武》《周颂·桓》等，颂扬祖先功业的5首周民族史诗《大雅·生民》《大雅·公刘》《大雅·绵》《大雅·皇矣》《大雅·大明》。

由于上述题材内容中前四个部分成就最高，对后世影响最大，所以本单元就以婚恋之歌、征役之作、劳者之歌、怨刺之作为小专题，各自选入具有代表性的作品，以国风为主，兼及雅、颂。需要说明的是，限于篇幅，选入的作品极其有限。如果有进一步研读的兴趣，建议大家可以补充阅读一些史诗颂歌，有余力者推荐阅读全本的《诗经》。

《诗经》大约在公元前6世纪编订成书，此后广泛流传。在先秦时代，《诗经》主要是作为教化和外交的工具来使用。当时“赋诗言志”，断章取义地引用《诗经》中的句子，进行劝谏、评论和抒发情志是常见的现象。秦代焚书，《诗经》主要靠口耳相传。汉代以后，出现了鲁人申培的“鲁诗”、齐人辕固的“齐诗”、韩人韩婴的“韩诗”，被称为“三家诗”，都被立为博士，成为官学。鲁人毛亨和赵人毛苌的“毛诗”虽然晚出，但是后来居上，成为正统，而“三家诗”先后亡佚。汉代的《诗经》解释与研究，有着经学化的特点，形成了诗教的传统。《诗经》作为五经之一，在文化史上有着崇高的地位，造成了深远的影响。从文学上看，思想内容上的关注现实，艺术特色上的比兴、重章叠句等，为后世的文学家树立了学习的典范。由于《诗经》的特殊地位，古代对《诗经》的接受以经学角度的解释和研究为主，以史学和文学的解释和研究为辅。近代以来，研究者大多把《诗经》看作文学作品，还原其中诗歌的本来面目，很多学者以人类学、心理学等全新的视角进行研究，取得了丰富的成果。

婚恋之歌

一、原典选读

原文

关　雎

《诗经 · 周南》

关关雎鸠，在河之洲①。窈窕淑女，君子好逑②。
参差荇菜，左右流之③。窈窕淑女，寤寐④求之。
求之不得，寤寐思服⑤。悠哉悠哉，辗转反侧⑥。
参差荇菜，左右采之。窈窕淑女，琴瑟友之⑦。
参差荇菜，左右芼⑧之。窈窕淑女，钟鼓乐之⑨。

注释

①关关：形容水鸟雌雄和鸣的象声词。雎（jū）鸠：水鸟名。洲：水中的沙洲。　②窈窕：内心的美为窈，外表的美为窕。淑：善，好。逑（qiú）：配偶。　③参差：长短不齐。荇（xìng）菜：水生植物，可食。流：求取。④寤（wù）：睡醒。寐（mèi）：睡着。　⑤思服：思念。“服”和“思”意义相同。　⑥悠：长久。辗转反侧：翻来覆去睡不着的样子。　⑦窈窕淑女，琴瑟友之：用音乐来亲近“淑女”。友：亲近。　⑧芼（mào）：择取。⑨窈窕淑女，钟鼓乐之：用钟鼓来使“淑女”喜乐。

今译

关关地叫着的雎鸠，停落在河中的小洲。娴静美丽的姑娘啊，是君子的好配偶。

荇菜长短不整齐，左边右边来求取。娴静美丽的姑娘啊，醒着睡着都在追求她。

追来追去求不得，醒来睡去都思念。思念是这般绵长，翻来覆去睡不着。

荇菜长短不整齐，左边右边来采摘。娴静美丽的姑娘啊，弹琴拨瑟亲近她。

荇菜长短不整齐，左边右边来择取。娴静美丽的姑娘啊，鸣钟击鼓取悦她。

原文

桃　夭

《诗经·周南》

桃之夭夭①，灼灼其华②。之子于归③，宜其室家④。
桃之夭夭，有蕡⑤其实。之子于归，宜其家室⑥。
桃之夭夭，其叶蓁蓁⑦。之子于归，宜其家人。

注释

①夭夭：桃树茂盛的样子。　②灼灼：桃花盛开的样子。华：同“花”。　③之子：这个姑娘。于归：出嫁。　④宜其室家：祝愿新娘能处理好夫妻关系。宜：指善于处理。室家：指配偶，夫妻。　⑤蕡（fén）：颜色斑驳的样子，这里指桃子成熟时，红白相间。　⑥家室：就是“室家”的意思，为了押韵而颠倒词序。　⑦蓁（zhēn）蓁：繁茂的样子。

今译

桃树多茂盛，桃花正开放。这个姑娘要出嫁，和顺待夫家。

桃树多茂盛，桃子红又白。这个姑娘要出嫁，和顺待全家。

桃树多茂盛，树叶密匝匝。这个姑娘要出嫁，和顺待家人。

原文

狡　童

《诗经·郑风》

彼狡童①兮，不与我言兮。维②子之故，使我不能餐兮。
彼狡童兮，不与我食兮。维子之故，使我不能息③兮。

注释

①狡童：狡猾的年轻人，类似现在说的“小滑头”。另有一种解释，“狡”通“姣”，美好。　②维：因为。　③息：安稳入睡。

今译

那个狡猾的小坏蛋，不再和我攀谈。因为这个人的缘故，使我吃不下饭。

那个狡猾的小坏蛋，不再和我一起吃饭。因为这个人的缘故，使我睡觉也难安。

原文

柏　舟

《诗经·鄘风》

泛彼柏舟①，在彼中河②。髧彼两髦③，实维我仪④。之死矢靡它⑤。母也天只⑥！不谅⑦人只！

泛彼柏舟，在彼河侧。髧彼两髦，实维我特[⑧]。之死矢靡慝[⑨]。母也天只！不谅人只！

注释

①柏舟：柏木做的船。 ②中河：河中间。 ③髧（dàn）：头发下垂的样子。两髦（máo）：男子未成年时的发型，头发齐眉，分向两边梳。 ④实：是。维：为。仪（古读é）：配偶。 ⑤之：到。矢：通“誓”，发誓。靡它：没有他心。 ⑥母也天只：呼喊母亲同时呼叫天，表示自己的痛心。只：语气助词。 ⑦谅：谅解，体察。 ⑧特：配偶。 ⑨慝（tè）：通“忒”，更改，这里指变心。

今译

飘飘荡荡的柏木小船，在那河中央。发髻垂着两边梳的少年，就是我心仪的配偶。我发誓到死没有他心。叫声母亲唤声天啊！实在太不体谅我！

飘飘荡荡的柏木小船，在那河岸边。发髻垂着两边梳的少年，就是我心仪的配偶。我发誓到死不变心。叫声母亲唤声天啊！实在太不体谅我！

原文

谷 风

《诗经 · 邶风》

习习谷风[①]，以阴以雨。黾勉[②]同心，不宜有怒。采葑采菲[③]，无以下体[④]。德音[⑤]莫违，及尔同死。

行道迟迟，中心有违。不远伊迩[⑥]，薄送我畿[⑦]。谁谓荼苦？其甘如荠。宴尔新昏[⑧]，如兄如弟。

泾以渭浊，湜湜其沚[⑨]。宴尔新昏，不我屑以[⑩]。毋逝我梁[⑪]，毋发我笱[⑫]。我躬不阅[⑬]，遑恤我后[⑭]。

就其深矣，方[⑮]之舟之。就其浅矣，泳之游之。何有何亡[⑯]，黾勉求之。凡民有丧，匍匐救之。

不我能慉[⑰]，反以我为雠[⑱]。既阻我德，贾用不售[⑲]。昔育恐育鞫[⑳]，及尔颠覆[㉑]。既生既育，比予于毒[㉒]。

我有旨蓄[㉓]，亦以御[㉔]冬。宴尔新昏，以我御穷。有洸有溃[㉕]，既诒我肄[㉖]。不念昔者，伊余来塈[㉗]。

注释

①谷风：山谷中的大风。 ②黾（mǐn）勉：勉力，尽力。 ③葑（fēng）：蔓菁，一种十字花科植物。菲：萝卜一类的植物。 ④无以下体：不要因为自己容颜衰老就忘记了自己的德行。下体：根，喻指女子容颜衰老。 ⑤德音：男子说过的甜言蜜语。 ⑥迩：近。 ⑦薄：语气助词。畿（jī）：门槛。 ⑧宴：快乐的样子。昏：同“婚”。 ⑨湜（shí）湜：水清的样子。沚（zhǐ）：水底。 ⑩不我屑以：不顾惜我。屑：顾惜。 ⑪逝：去。梁：捕鱼用的水

坝。⑫发：打开。笱（gǒu）：捕鱼用的竹篓。⑬躬：自身。阅：被容纳。⑭遑：来得及，这里是“哪里来得及”的意思。恤（xù）：顾虑。后：以后。⑮方：筏子。⑯亡（wú）：同“无”。⑰慉（xù）：爱。⑱雠（chóu）：同“仇”，仇人。⑲贾（gǔ）：卖。不售：卖不出去。⑳育恐：生活在恐慌中。鞫（jū）：穷困。㉑颠覆：患难。㉒毒：毒物。㉓旨蓄：蓄积过冬的美味的干菜、腌菜之类。㉔御：抵挡。㉕有洸（guāng）有溃（kuì）：动武发怒的样子。㉖诒（yí）：给予。肄（yì）：劳苦。㉗伊余来塈：相当于“唯我是爱”。塈（jì）：爱。

今译

山谷中刮大风，又是阴天又是下雨。夫妻应该同心勉力，你不应该对我发怒。你不应该嫌我衰老忘了我的功劳，就像采摘蔓菁和萝卜嫌弃根不好。过去的甜言蜜语别忘记，我愿意和你到死不分离。

慢慢走在大路上，心里万般不情愿。早就预料送我送不远，哪知你只肯送到门槛。谁说苦菜味道苦？和我心中的苦相比简直甘甜如荠。你快快乐乐又新婚，融洽得就像亲兄弟。

泾水并入渭水会变浑，其实水底仍旧清澈。你快快乐乐又新婚，一点都不顾惜我。不要到我捕鱼用的水坝那边去，不要打开我捕鱼用的竹篓。其实我自身都不被容纳，哪里还顾得上我以后。

河水深了，就用筏子和船。河水浅了，就游泳到对岸。我清楚家里什么有什么没有，都尽力去谋求。邻居碰上坏事情，我都尽力去援救。

你不但不爱我，反而以我为仇。你无视我的品德，如同卖物卖不出去。以前生活穷困惶惑，日子在患难与共中度过。如今日子刚舒服，你却把我当毒物。

我有美味的干菜和腌菜，贮存可以对抗冬天。你快快乐乐又新婚，原来以前用我来对抗贫寒。你又是生气又是动武，让我一个人去吃苦。难道你忘了曾说过，永远只爱我一个。

二、知识朋友圈

1.“兴”“观”“群”“怨”。

“兴”“观”“群”“怨”是孔子对《诗经》功能的概括。孔子说：“小子何莫学夫《诗》?《诗》，可以兴，可以观，可以群，可以怨。迩之事父，远之事君。多识于鸟兽草木之名。”(《论语·阳货》）又说：“诵《诗》三百，授之以政，不达；使于四方，不能专对；虽多，亦奚以为？”（《论语·子路》）“兴”是引起读者的精神感动与奋发。“观”是通过诗歌可以考察社会风俗变化及政治得失。“群”是交际功能，可以借助《诗经》进行交流，甚至完成“使于四方”的外交任务。“怨”是有节制地怨刺时政。总体上看，《诗经》作为百科全书式的作品服务于孔子的道德体系，承担兴发情志、考察风俗、作为交际的凭借、批判社会等功能。作为儒家的创始人，孔子的这一理论自然影响深远。《诗经》的修身之用，也几成定论。如宋代朱熹即认为读《诗经》可使得“修身及家，平均天下之道，其亦不待他求而得之于此矣”[1]。

2.《诗序》

《诗序》又称《毛诗序》，包括“大序”和“小序”。“小序”是列在《诗经》每篇诗之前起解释主题作用的文字。“小序”一般以儒家伦理入手解释诗歌主旨，再用材料加以证明，材料大多出自《左传》。这些解释强调“美刺”“讽谏”，即诗歌的社会政治功能，有些篇目穿凿附会，当代研究者多不信服。

在首篇《关雎》的“小序”后面，有一段较长的文字，被称为《诗大序》。《诗大序》概括了《诗经》的创作过程、艺术特色、思想内涵，是研究《诗经》的重要资料。

《诗序》的作者历来众说纷纭。东汉郑玄认为“大序”是子夏所作，“小序”是子夏、毛公（毛亨或毛苌）合作。但南朝刘宋范晔《后汉书》又提出《诗序》是东汉初卫宏所作。

3. 语言积累。

（1）君子好逑。君子好逑中的“好”读作 hǎo；“逑”读作 qiú，名词，配偶，而非动词，追求。“关关雎鸠，在河之洲。窈窕淑女，君子好逑”，这四句诗的意思应该是“关关地叫着的雎鸠，停落在河中的小洲。娴静美丽的姑娘啊，是君子的好配偶”。

清代段玉裁《说文解字注》：“逑、仇古多通用。《关雎》‘君子好逑’，亦作‘仇’。”“仇”字在今天当姓氏讲时读作 qiú。“仇”的繁体为“雠”，古书中有时写作“雔”。《说文解字》解释“雔”为“双鸟也”，字形为雔，喻指配偶。

（2）逃之夭夭。因为《周南·桃夭》中有“桃之夭夭”的句子，后人就以同音假借的方法，把“桃”借作“逃”，作为逃跑的诙谐说法，由此就产生了“逃之夭

[1] 朱熹：《诗集传》，上海：上海古籍出版社，1980 年，第 2 页。

夭”这个成语。“夭”的甲骨文为。《说文解字》解释为：“夭，屈也。从大。象形。”“夭”是象形字，本义为弯曲。（一说象人奔跑时两臂前后摆动之形。本义为奔跑。）因此“桃之夭夭”这个词就更显得形象有趣了。

三、诗心点点通

本节选文集中于《诗经》的婚恋相关的诗歌。《周南·关雎》是《诗经》的第一篇，现代的研究者多认为这是一首恋歌。相传雎鸠双栖双宿，对爱情专一，以雎鸠雌雄和鸣起兴，体现出对爱情的向往。采荇菜的女子美丽的身影，一直萦绕在男子的心中，使他翻来覆去难以入睡。诗歌到了最后，突然描写和这个美丽的女子在一起的美好图景，一起弹琴拨瑟、鸣钟击鼓，两人关系亲近，沉浸在爱的欢乐中。这一图景和采荇菜的情形交错出现，怕不是诗中的“君子”因难以抑制的思念而产生的幻想吧？

桃花盛开的春天，正是《周礼》中所说的男女婚配的合适时节。有一个姑娘要出嫁，亲友给她送上祝福，愿她嫁过去后家庭和美。《周南·桃夭》用艳丽的桃花来比兴女子的年轻美貌，开启了后世以自然景物咏美人的先河。而繁茂的枝叶，斑驳的桃子，象征着家庭兴旺、多子多福。这是一首喜气洋洋的婚嫁诗。

上面两首诗写的都是爱情中的欢乐，但是恋人“一会儿好了，一会儿恼了”的情况也常有。《郑风·狡童》就是写这种情形的。“狡童”有两种解释，一种是英俊的小伙子，另一种相当于小滑头。不管哪种，这个称呼都爱恨交加，后一种更带着娇嗔和埋怨。由此看来，双方应该是恋人。大概正闹别扭吧，小伙子不和姑娘说话，不和姑娘一起吃饭。这让姑娘吃不下饭，睡不好觉。也许正因为爱得切所以怨得深，容不得对方对自己有丝毫的冷淡吧！

爱情往往会遇到外来的阻碍。如果爱情受到压制怎么办？《鄘风·柏舟》中的姑娘发出了呼喊——我爱的是那个发髫垂着两边梳的少年，他才是我想要嫁的人，我对他的爱至死不变。但是决定她婚姻的是母亲的意志，她也只能反复咏叹母亲“不谅人”。这首诗写出了姑娘婚姻不能自主的痛苦，半是决绝，半是无奈。

如果爱情、婚姻从内部死去，那么更加让人痛苦。《邶风·谷风》写出了一个弃妇的哀怨。她任劳任怨陪伴丈夫度过了困难的时光，家庭境况转好后却被另觅新欢的丈夫无情抛弃。她以故夫的无情与自己的痴情、故夫新婚的快乐与自己被赶走的痛苦做对比，反复倾诉自己的怨苦。

四、思想会客厅

是什么催生了弃妇的苦难？

《诗经》中的《卫风 · 氓》《邶风 · 谷风》都属于弃妇诗，这一类诗歌在古代文学作品中蔚为大观。女子被抛弃，有的是迫于外力无奈分手，更多的是遇人不淑，重复上演“痴心女子负心汉”的戏码。

这些诗歌中的女子性格不一。《邶风 · 谷风》中的女子温柔善良，对丈夫的暴行，她只有埋怨，真正体现了“怨而不怒”。《卫风 · 氓》中的女子刚烈，她不顾家人反对嫁给青梅竹马的一个男子，之后虽然一直过着贫苦的日子，日日早起晚眠，辛苦操持家务，却毫无怨言。哪里会想到，随着时间的流逝，她不复昔日的美貌，负心的丈夫竟然开始嫌弃她，粗暴地对待她，最终抛弃她。回到家中，她又受到兄弟的嘲笑。对此，她痛斥丈夫“士贰其行”“二三其德”。汉乐府中有一首《有所思》，女子得知男子负心，毅然把爱情的信物“拉杂摧烧之”，还要“当风扬其灰”，虽然她不是婚后被弃，但是遭遇是一样的。乐府民歌中著名的叙事诗《孔雀东南飞》中的女子刘兰芝，则是因为被婆婆排斥，自求被休。刘兰芝美丽、能干、聪明，却也无法改变命运，她能争取的最好结果也不过是从被赶走变为主动请辞。

由此可见，性格无论是懦弱还是刚烈，都无济于事，弃妇的遭遇根源不在个人，而在长久以来形成的女子对男子的依赖关系。古代文学作品中的负心汉远多于负心女，也就是因为在中国古代女子相对男子来说大多数情况下是弱势的一方，很难有选择的自由。弃妇诗其实提出了这样一个沉重的问题：如果在一个社会中，爱情不能建立在双方平等的基础上，而只能是女子对男子的依赖，一旦男子负心，女子又该如何自处？

这其实是全人类都要回答的问题。19 世纪挪威戏剧家易卜生创作的《玩偶之家》，在五四运动后的中国造成了轰动。女主角娜拉因为不甘心做丈夫的“玩偶”，离家出走。这一行为引起当时中国一些新女性的模仿。但是鲁迅在题为《娜拉走后怎样》的演讲中，指出了：“娜拉或者也实在只有两条路：不是堕落，就是回来。”[1]

---

[1] 鲁迅：《娜拉走后怎样》，见《鲁迅全集》（第一卷），北京：人民文学出版社，2005 年，第 168 页。

所以说，只要女子没有拥有与男子相同的经济地位以及与之相匹配的社会地位，那么女子就无力反抗可能被抛弃的命运。

上文提到的《卫风·氓》《孔雀东南飞》《玩偶之家》在高中《语文》教科书中也会学习到，我们可以查阅相关资料，对这一问题进行探讨。

五、练习步步高

（一）知识识记

1. 填空。

（1）关关雎鸠，在河之洲。＿＿＿＿＿＿，＿＿＿＿＿＿。（《周南·关雎》）

（2）参差荇菜，左右流之。＿＿＿＿＿＿，＿＿＿＿＿＿。（《周南·关雎》）

（3）求之不得，＿＿＿＿＿＿。＿＿＿＿＿＿，辗转反侧。（《周南·关雎》）

（4）桃之夭夭，灼灼其华。＿＿＿＿＿＿，＿＿＿＿＿＿。（《周南·桃夭》）

（5）桃之夭夭，＿＿＿＿＿＿。＿＿＿＿＿＿，宜其家室。（《周南·桃夭》）

（6）＿＿＿＿＿＿，＿＿＿＿＿＿。之子于归，宜其家人。（《周南·桃夭》）

（7）彼狡童兮，不与我言兮。＿＿＿＿＿＿，＿＿＿＿＿＿。（《郑风·狡童》）

（8）髧彼两髦，实维我仪。＿＿＿＿＿＿。＿＿＿＿＿＿！不谅人只！（《鄘风·柏舟》）

（9）就其深矣，方之舟之。＿＿＿＿＿＿，＿＿＿＿＿＿＿＿。（《邶风·谷风》）

2. 解释下列加点的字词。

（1）窈窕淑女，钟鼓乐之（　　　　　　）

（2）桃之夭夭，灼灼其华（　　　　　　）

（3）维子之故，使我不能息兮（　　　　　　）

（4）髧彼两髦，实维我特（　　　　　　）

（5）黾勉同心，不宜有怒（　　　　　　）

3. 将下列句子翻译成现代汉语。

（1）求之不得，寤寐思服。

（2）我躬不阅，遑恤我后。

（二）诗心体悟

晚清学者陈继揆《读风臆补》中评论《郑风·狡童》：“若忿，若憾，若谑，若真，情之至也。”请你联系《郑风·狡童》加以具体说明。

（三）思想碰撞

阅读下列材料，利用工具书疏通文意，再查阅相关资料，回答问题。

材料一：

野有蔓草

《诗经·郑风》

野有蔓草，零露漙兮。
有美一人，清扬婉兮。
邂逅相遇，适我愿兮。

野有蔓草，零露瀼瀼。
有美一人，婉如清扬。
邂逅相遇，与子皆臧。

材料二：

《毛诗序》：“《野有蔓草》，思遇时也。君之泽不下流，民穷于兵革。男女失时，思不期而会焉。”

宋代朱熹《诗集传》：“男女相遇于野田草露之间。”

清代方玉润《诗经原始》：“此诗必为朋友期会之诗无疑。士固有一见倾心，终身莫解，片言相投，生死不渝者，此类是也。”

高亨《诗经今注》：“一个男子在野外遇到一个思慕已久的姑娘，就唱出这支歌。”

材料三：据《左传·襄公二十七年》记载，郑简公在垂陇款待赵孟，大家依次诵诗。轮到子太叔，他朗诵了《野有蔓草》，赵孟听了说：“吾子之惠也。”朱自清在《诗言志辨》中说：“譬如《野有蔓草》，原是男女私情之作，子太叔却堂皇地赋了出来；他只取其中‘邂逅相遇，适我愿兮’两句，表示欢迎赵孟的意思。上文‘野有蔓草，零露漙兮。有美一人，清扬婉兮’，以及下章，恐怕都是不相干的。断章取义只是借用诗句作自己的话。所取的只是句子的文义，就是字面的意思；而不管全诗用意，就是上下文的意思。”

问题：你觉得诗歌解读是否有办法把握原意？不合原意的解读是否有价值？如何看待断章取义的“赋诗言志”？

征役之作

一、原典选读

原文

伯　兮

《诗经·卫风》

伯兮朅兮①，邦之桀②兮。伯也执殳③，为王前驱。
自伯之④东，首如飞蓬⑤。岂无膏沐⑥？谁适为容⑦！
其雨其雨⑧，杲杲出日⑨。愿言⑩思伯，甘心首疾⑪。
焉得谖草⑫？言树之背⑬。愿言思伯，使我心痗⑭。

注释

①伯：这里是对丈夫的称谓。朅（qiè）：勇武。 ②桀：通“杰”，英杰。 ③执：拿着。殳：一种兵器。 ④之：去，到。 ⑤飞蓬：飞散的蓬草，比喻头发散乱。 ⑥岂：难道。膏：头油、面油之类。沐：发油、洗发水之类。 ⑦适：取悦。容：打扮，修饰容貌。 ⑧其：语气助词，表示希望的语气。 ⑨杲（gǎo）杲：日出明亮的样子。这句和上句相连，意思是希望下雨，偏偏出太阳，喻指希望丈夫回来，偏偏丈夫不回来。 ⑩愿言：念念不忘的样子。 ⑪甘心首疾：想得头痛也心甘情愿。 ⑫焉得：安得，怎么才能得到。谖（xuān）草：即萱草，忘忧草，古人认为此草可以使人忘忧。 ⑬言：动词词头，无义。树：种。背：北堂，即后庭。 ⑭痗（mèi）：病，这里指忧思成病。

今译

夫君你啊威武又健壮，是国家的栋梁。夫君你啊手执殳，为王出征打头阵。

自从夫君去了东方出征后，我头发散乱如同飞蓬。难道我没有洗头的油膏？我打扮了去给谁看！

下雨吧，下雨吧！偏偏太阳出来放光芒。一心思念夫君你，想得头痛也心甘情愿。

怎么才能得到忘忧草？把它种在北堂。一心思念夫君你，让我忧思成病。

原文

东　山

《诗经 · 豳风》

我徂东山[1]，慆慆[2]不归。我来自东，零雨其濛[3]。我东曰归，我心西悲[4]。制彼裳衣[5]，勿士行枚[6]。蜎蜎者蠋[7]，烝[8]在桑野。敦[9]彼独宿，亦在车[10]下。

我徂东山，慆慆不归。我来自东，零雨其濛。果臝[11]之实，亦施于宇[12]。伊威[13]在室，蟏蛸[14]在户。町疃鹿场[15]，熠耀宵行[16]。不可畏也，伊可怀也[17]。

我徂东山，慆慆不归。我来自东，零雨其濛。鹳鸣于垤[18]，妇叹于室。洒扫穹窒[19]，我征聿[20]至。有敦[21]瓜苦，烝在栗薪[22]。自我不见，于今三年。

我徂东山，慆慆不归。我来自东，零雨其濛。仓庚[23]于飞，熠耀其羽。之子于归[24]，皇驳其马[25]。亲结其缡[26]，九十其仪[27]。其新孔嘉[28]，其旧如之何[29]？

注释

①徂：往。东山：山名，在今山东境内。②慆（tāo）慆：久。③零雨：落雨。濛：细雨蒙蒙的样子。④东：在东方。心西：心中想到西方的家。⑤裳衣：平日穿的衣服，而非战袍。⑥士：通“事”。行枚：行军时衔在口中以保证不出声的像筷子一样的短棍。⑦蜎（yuān）蜎：蚕蠕动爬行的样子。蠋（zhú）：一种野蚕。⑧烝：久。⑨敦：一团团的样子。形容战士身体缩成一团，宿在战车下。⑩车：战车。⑪果赢（luǒ）：葫芦科植物，一名瓜蒌。⑫施（yì）：蔓延。宇：屋檐。⑬伊威：一种小虫，俗称土鳖虫。⑭蟏蛸（xiāo shāo）：一种长脚蜘蛛。⑮町（tǐng）畽（tuǎn）：农家田舍旁空地。鹿场：野鹿往来的场所。⑯熠（yì）耀：光明的样子。宵行：萤火虫。⑰伊：指已经荒凉的家园。怀：怀念，思念。⑱鹳（guàn）：水鸟名。垤（dié）：小土丘。⑲洒扫：打扫房间。穹窒：堵塞墙壁空隙，填补不平的地面。⑳聿：语气助词。㉑敦：团，这里指瓜的形状。㉒栗薪：积薪。积薪上久久结着苦瓜，是说妻子在家生活艰难。㉓仓庚：鸟名，黄莺。㉔之子于归：这个女子要出嫁。㉕皇：指马毛色黄白相杂。驳：指马毛色红白相杂。㉖亲：此指女方的母亲。结其缡：将佩巾结在带子上，古代婚仪。㉗九十：形容繁多。仪：结婚的仪式、礼节。㉘新：新婚。孔：很。嘉：美，善。㉙旧：长久，指久别之后。这句连同上句意思是新婚的时候很快乐，现在久别重逢，又该如何高兴呢？

今译

我到东山去打仗，久久不能回家乡。现在我从东边来，细雨蒙蒙从天降。我在东方说回家，心中想到西方的家不能不悲伤。平日衣裳穿身上，不再衔枚上战场。野蚕蠕动爬啊爬，长久待在桑树上。战士独自缩成团，钻到车底睡地上。

我到东山去打仗，久久不能回家乡。现在我从东边来，细雨蒙蒙从天降。瓜蒌结了一个个，一路爬到屋檐上。土鳖虫活动在屋里，长脚蜘蛛在门上。空地成了野鹿场，萤火虫闪闪多明亮。家园荒凉不可怕，永远值得我怀想。

我到东山去打仗，久久不能回家乡。现在我从东边来，细雨蒙蒙从天降。鹳鸟鸣叫土丘上，妻子叹息守空房。打扫房间塞墙缝补地面，盼着我能回家乡。团团的瓜实在苦，久久结在积薪上。自从离别不见面，已过三年岁月长。

我到东山去打仗，久久不能回家乡。现在我从东边来，细雨蒙蒙从天降。黄莺鸣叫上下飞，羽毛鲜明多漂亮。这个女子要出嫁，迎亲的马匹毛色红黄。娘把佩巾结带上，婚仪繁多耗时长。新婚确实很美好，久别重逢会怎样？

二、知识朋友圈

1. 征役诗。

西周后期，王室衰微，既面临猃狁、蛮族、徐方、淮夷等部族的侵扰，又有内部的诸侯兼并，战争频发，徭役繁重。《诗经》中的征役诗，就反映了这样的社会现实。

这类诗中有保家卫国的决心，如《秦风·无衣》：“岂曰无衣？与子同袍。王于兴师，修我戈矛，与子同仇！”写出了战士的同仇敌忾。但更多的诗是写兵役以及徭役给人们带来的灾难与痛苦，如《小雅·采薇》：“靡室靡家，猃狁之故。不遑启居，猃狁之故。”《小雅·何草不黄》：“何草不玄？何人不矜？哀我征夫，独为匪民？”这类诗又多写征夫怀乡、思妇盼归的情感，如《王风·君子于役》：“君子于役，不知其期。曷至哉？鸡栖于埘，日之夕矣，羊牛下来。君子于役，如之何勿思！”本节所选的《卫风·伯兮》和《豳风·东山》也是这一类的典范之作。

《诗经》的征役诗对后世有深远的影响。如报国豪情、征夫思乡、思妇盼归等成为唐代边塞诗中常见的描写内容。

2. 语言积累。

宵行——萤火虫。

对《豳风·东山》中的“熠耀宵行”历来主要有两种不同的解释：一为“萤火虫”，一为“鬼火”。《东山》篇《毛传》：“熠耀，磷也。磷，萤火也。”曹植《萤火论》曰：“《诗》云‘熠耀宵行’，章句以为‘鬼火，或谓之磷’。未为得也。天阴沉数雨，在于秋日萤火夜飞之时也，故云‘宵行’。”曹植所说的章句，应是《韩诗》章句。《淮南子》：“久血为磷。”《说文解字》：“磷，兵死及牛马之血为磷。磷，鬼火也。”曹植反对“鬼火”的说法。虽然从文意来看，下句“不可畏也”，“鬼火”的说法有一定道理，但后世大多还是认同“萤火虫”这一解释。

“腐草化萤”的说法没有科学依据，“囊萤夜读”也不合常理，“集萤放赏”的是暴君隋炀帝……但这些与萤火虫相关的词语带来了许多神秘与浪漫的感觉。大概因为如此，萤火虫成为古诗中的常客。南朝萧绎有《咏萤火》：“着人疑不热，集草讶无烟。到来灯下暗，翻往雨中然。”唐代虞世南有《咏萤》：“的历流光小，飘摇弱翅轻。恐畏无人识，独自暗中明。”李白有《咏萤火》：“雨打灯难灭，风吹色更明。若非天上去，定作月边星。”这些是专门咏萤火虫的。零星诗句中提到萤火虫的就更多了，如白居易的“夕殿萤飞思悄然，孤灯挑尽未成眠”（《长恨歌》），杜牧的“银烛秋光冷画屏，轻罗小扇扑流萤”（《秋夕》），翁森的“昼长吟罢蝉鸣树，夜深烬落萤入帏”［《四时读书乐》（其二）］，等等。

萤火虫还有各种别称。据晋代崔豹《古今注》：“萤火，一名晖夜，一名景天，一名熠耀，一名磷，一名丹良，一名丹鸟，一名夜光，一名宵烛。”

三、诗心点点通

《卫风·伯兮》从思妇的角度写对征夫的思念。文字虽然简短，但感情非常细腻复杂。诗歌一开篇即用自豪的口吻描述丈夫的勇武，称丈夫是国家的杰出人才。而丈夫出征之后，她却为相思所苦。她无心打扮，只因女为悦己者容，丈夫不在，打扮了给谁看呢？她日日盼望丈夫回来，而事与愿违，丈夫始终不归。她想丈夫想得头痛，可是世间哪里有忘忧草呢？即使有，她也甘愿一直思念着丈夫，哪怕让自己忧思成病。全诗由头发散乱到头痛到忧思而病，层层递进，写出了这种思念的不能消除。

《豳风·东山》则从征夫的角度写对家乡、对家人的思念。在一个细雨蒙蒙的日子，出征三年的战士回家乡了，归途中，他思绪万千。他想象久已不见的田园：土鳖虫在屋内爬，蜘蛛在门上结网，鹿在田舍旁的空地上跑，萤火闪耀。即使这样破败的景象，他也觉得亲切，因为从此不用再过风餐露宿、衔枚行军的生活。当他追忆三年前新婚的情形，又怎能不对回家乡之后的幸福生活充满憧憬！

四、思想会客厅

女为悦己者容。

“自伯之东，首如飞蓬。岂无膏沐？谁适为容！”《卫风·伯兮》中的这几句呈现了一种典型的女子心态：丈夫不在身边，自己无心打扮，只因为修饰自己的目的，甚至是唯一的目的，就是取悦丈夫。

这一心态对理解古人的作品很重要。如唐代张若虚《春江花月夜》中有这样几句：“谁家今夜扁舟子，何处相思明月楼？可怜楼上月徘徊，应照离人妆镜台。玉户帘中卷不去，捣衣砧上拂还来。”这里写的是典型的游子思妇之情。游子在外，一叶扁舟承载着思归之情；思妇在家，一轮明月寄托着相思之意。那么月亮为什么偏偏要照着梳妆台？这梳妆台是什么样子的？——月亮照着梳妆台，是要显示女子的忠贞不贰，梳妆台最好是蒙上了灰尘的，女子最好是“首如飞蓬”的，这就是“岂无膏沐？谁适为容”的道理。

从现在的观念来看这一心态，我们可以提出许多疑问：（1）为什么不是“女为己悦者容”？（2）为什么不是“女为悦己而容”？（3）为什么不是“男为悦己者容”？“悦己”与“己悦”的区别在于，前者是对方给予的情感，后者是自己主动生出的情感。男子喜欢一个女子，女子就要回报以爱情吗？这种“以身相许”的故事充斥在古代的文学作品中，但逻辑显然是荒谬的。这等于古代女性把自身物化，成为报恩的砝码。只有做到了“女为悦己而容”，才能使女性摆脱取悦男性的命运。不仅中国古代社会如此，西方古代社会的女性也长期以来处于不得不取悦男性的境地。为了迎合男性畸形的审美趣味，中国古代的女性裹小脚，西方古代的女性束腰，两种做法本质上是一致的。之所以没有“男为悦己者容”的说法，不过是因为在古代男性相对于女性始终处于强势地位而已。

查阅资料，“女为悦己者容”，出自《战国策·赵策一》。这是著名死士豫让的话：“士为知己者死，女为悦己者容。吾其报知氏之仇矣。”他强调的是“士为知己者死”。如同“为悦己者容”成为女子的美德一样，“为知己者死”也被看作男子的美德。知伯赏识豫让，知伯死后，豫让就埋伏在厕所中，漆身吞炭改变相貌，埋伏在桥下，一次次行刺知伯的仇敌赵襄子，最后自刎而死，万古流芳。但是用“死”来报答“知己者”，和用“容”来报答“悦己者”一样，同样都是物化自身，把自己当作报恩的工具。

五、练习步步高

（一）知识识记

1. 填空。

（1）焉得谖草？__________。__________，使我心痗。（《卫风·伯兮》）

（2）町畽鹿场，熠燿宵行。__________，__________。（《豳风·东山》）

（3）仓庚于飞，熠燿其羽。__________，__________。（《豳风·东山》）

2. 解释下列加点的字。

（1）伯兮朅兮，邦之桀兮（　　　　　　　　）（　　　　　　　　）

（2）蜎蜎者蠋，烝在桑野（　　　　　　　　）

（3）其新孔嘉，其旧如之何（　　　　　　　　）

3. 将下列句子翻译成现代汉语。

（1）自伯之东，首如飞蓬。岂无膏沐？谁适为容！

（2）我徂东山，慆慆不归。我来自东，零雨其濛。

（二）诗心体悟

拓展阅读《小雅·采薇》，请你比较鉴赏“昔我往矣，杨柳依依。今我来思，雨雪霏霏”与《豳风·东山》“我徂东山，慆慆不归。我来自东，零雨其濛”的异同。

（三）思想碰撞

钱锺书在《管锥编》中这样评论《豳风·东山》的最后两句“其新孔嘉，其旧如之何”：“二句写征人心口自语：‘当年新婚，爱好甚挚，久暌言旋，不识旧情未变否？’乃虑其妇阔别爱移，身疏而心亦遐，不复敦夙好，正所谓‘近乡情更怯’耳。”也就是说，“其新孔嘉”，是征夫回忆当初自己和妻子新婚的情形。这两句是否还有别的解释？

劳者之歌

一、原典选读

原文

七　月

《诗经 · 豳风》

七月流火①，九月授衣②。一之日觱发③，二之日栗烈④。无衣无褐⑤，何以卒岁⑥？三之日于耜⑦，四之日举趾⑧。同我妇子，馌彼南亩⑨，田畯至喜⑩。

七月流火，九月授衣。春日载阳⑪，有鸣仓庚⑫。女执懿筐⑬，遵彼微行⑭，爰求柔桑⑮。春日迟迟⑯，采蘩祁祁⑰。女心伤悲，殆及公子同归⑱。

七月流火，八月萑苇⑲。蚕月条桑⑳，取彼斧斨㉑，以伐远扬㉒，猗彼女桑㉓。七月鸣鵙㉔，八月载绩㉕。载玄载黄，我朱孔阳㉖，为公子裳。

四月秀葽㉗，五月鸣蜩㉘。八月其获，十月陨萚㉙。一之日于貉㉚，取彼狐狸，为公子裘。二之日其同㉛，载缵武功㉜。言私其豵㉝，献豜㉞于公。

五月斯螽动股㉟，六月莎鸡振羽㊱。七月在野，八月在宇㊲，九月在户，十月蟋蟀入我床下。穹窒熏鼠㊳，塞向墐户㊴。嗟我妇子，曰为改岁㊵，入此室处。

六月食郁及薁㊶，七月亨葵及菽㊷，八月剥㊸枣，十月获稻，为此春酒㊹，以介眉寿㊺。七月食瓜，八月断壶㊻，九月叔苴㊼，采荼薪樗㊽，食㊾我农夫。

九月筑场圃㊿，十月纳[51]禾稼。黍稷重穋[52]，禾麻菽麦。嗟我农夫，我稼既同[53]，上入执宫功[54]。昼尔于茅[55]，宵尔索绹[56]。亟其乘屋[57]，其始播百谷。

二之日凿冰冲冲[58]，三之日纳于凌阴[59]。四之日其蚤[60]，献羔祭韭[61]。九月肃霜[62]，十月涤场[63]。朋酒斯飨[64]，曰杀羔羊。跻彼公堂[65]，称彼兕觥[66]，万寿无疆！

注释

① 七月流火：夏历七月，火星向西落下，是暑退将寒的时候。七月：夏

历七月。流：星星在天空的位置向下移动。火：星名，即心宿二。　②九月：夏历九月。授衣：把缝制冬衣的工作交给妇女。　③一之日：周历正月，相当于夏历十一月。觱发（bì bō）：寒风触物的声音。　④二之日：周历二月，相当于夏历十二月。栗烈：寒气逼人。　⑤褐：粗布衣服。　⑥何以卒岁：拿什么来御寒过冬，顺利过完这一年呢？卒岁：终岁。　⑦三之日：相当于夏历正月。于：为，修理。耜（sì）：古代的一种农具。　⑧四之日：相当于夏历二月。举趾：抬脚，指下地种田。　⑨同我妇子，馌彼南亩：形容妇女儿童给田中的劳动者送饭。馌（yè）：往田里送饭。南亩：南边的田地。⑩田畯（jùn）：农官，负责监督农业生产。至喜：很高兴。　⑪载阳：春日天气开始暖和。载：则。　⑫仓庚：鸟名，即黄莺。　⑬懿筐：深筐。懿：深。　⑭遵：沿着。微行：小路。　⑮爰：于是。柔桑：新长出的柔嫩的桑叶。　⑯迟迟：舒缓的样子，指春天日长。　⑰蘩：白蒿。祁祁：众多。⑱殆及公子同归：是说怕被公子掳走，强迫带回家去。殆：害怕。公子：指国君之子。　⑲萑（huán）苇：（收藏）荻草和芦苇。　⑳蚕月：养蚕的三月。条桑：修剪桑树。　㉑斨（qiāng）：方孔的斧子。　㉒远扬：过长过高的桑树枝。　㉓猗（yī）："掎"（jǐ）的借字，牵引，束而采之。女桑：嫩桑叶。㉔鵙（jú）：鸟名，即伯劳。　㉕绩：纺织。　㉖孔阳：非常鲜明。　㉗秀：抽穗。葽（yāo）：植物名，远志科远志属。　㉘蜩（tiáo）：蝉。　㉙陨萚（tuò）：草木凋落。　㉚貉（hé）：哺乳动物，外形像狐狸。　㉛同：聚合，会合。　㉜缵（zuǎn）：继续。武功：指狩猎。　㉝私：私人占有。豵（zōng）：一岁的小猪，泛指小兽。　㉞豜（jiān）：三岁的大猪，泛指大兽。　㉟斯螽（zhōng）：蚱蜢。动股：指蚱蜢鸣叫时用腿摩擦翅膀发声。㊱莎（suō）鸡：虫名，即纺织娘。振羽：鼓动翅膀发声。　㊲宇：屋檐。　㊳穹窒：堵塞墙壁空隙，填补不平的地面。熏鼠：用烟熏赶走老鼠。　㊴向：朝北的窗户。墐（jìn）：用泥涂抹。墐户：用泥填涂门缝。　㊵曰：发语词。改岁：旧的一年过去，新的一年到来。前面已经说到夏历十月，之后的夏历十一月就是周历正月，所以说改岁。　㊶郁：郁李，一种落叶小灌木，果实暗红色，呈小球形，可以食用。薁（yù）：野葡萄。　㊷亨：同"烹"，煮。菽：大豆。㊸剥：同"扑"，打。　㊹春酒：在春天酿成的酒。　㊺介：助。眉寿：长寿，人老了眉上长毫毛，所以叫眉寿。　㊻断壶：摘下葫芦。　㊼叔：拾。苴（jū）：麻子，可食用。　㊽薪樗（chū）：用臭椿树做柴。樗：臭椿。㊾食（sì）：把食物给人吃。　㊿场圃：把菜地夯实做打粮食的场地。51纳：收藏。　52重：同"穜"（tóng），早种晚熟的谷。穋（lù）：晚种早熟的谷。　53同：收集，聚拢。　54上：同"尚"，还要。宫功：修葺建筑宫室。　55尔：语气助词。于茅：去割茅草。　56索：搓。绹：绳子。　57亟：赶紧。乘：登上。乘屋：登上屋顶进行修理。　58冲冲：凿冰的声音。　59纳：收藏。凌阴：藏冰的地窖。　60蚤：同"早"，一种祭祀仪式。　61献羔祭韭：用羔羊和韭菜祭祀。　62肃霜：如同说"肃爽"，夏历九月天高气爽。　63涤场：如同说“涤荡”，夏历十月草木摇落无遗。 ⑭朋酒：两樽酒。斯：语气助词。飨（xiǎng）：用酒食招待客人。 ⑮跻（jī）：登上。公堂：公共集会场所。 ⑯称：举起。兕觥（sì gōng）：犀牛角做成的酒杯。

今译

七月大火星向西落下，九月把缝制冬衣的工作交给妇女。十一月寒风呼呼吹，十二月寒气逼人。连粗布衣服都没有，拿什么来御寒过冬？正月修理农具，二月下地种田。妇女儿童都一起，送饭到南边的田地，农官心中很欢喜。

七月大火星向西落下，九月把缝制冬衣的工作交给妇女。春日天气开始暖和，黄莺叫个不停。姑娘拿着深筐，沿着小路走，去采摘新长出的柔嫩的桑叶。春天日长，采了很多白蒿。姑娘心中悲伤，害怕被公子掳走，强迫带回家去。

七月大火星向西落下，八月收藏荻草和芦苇。养蚕的三月修剪桑树，拿起斧子，砍掉过长过高的桑树枝，拉着枝条采摘嫩桑叶。七月伯劳鸣叫，八月纺织。又是黑色又是黄色，大红色非常鲜明，为公子做衣裳。

四月远志抽穗，五月蝉鸣叫。八月庄稼收获，十月草木凋落。十一月去猎貉，剥了狐狸皮，给公子做皮衣。十二月大家会合，继续狩猎。自己占有小兽，大兽献给公家。

五月蚱蜢用腿摩擦翅膀发声，六月纺织娘鼓动翅膀发声。七月蟋蟀在野地里叫，八月蟋蟀在屋檐下叫，九月蟋蟀进了屋门叫，十月蟋蟀在我床下叫。堵塞墙壁空隙，填补不平的地面，用烟熏赶走老鼠，封住朝北的窗户，用泥填涂门缝。对着妻子儿女感叹，旧的一年过去，新的一年到来，一起住进这间屋子里。

六月吃郁李和野葡萄，七月煮冬葵和大豆，八月打枣，十月收获稻谷，做了这春酒，来助人长寿。七月吃瓜，八月摘下葫芦，九月拾麻子，采了苦菜，砍了臭椿树做柴，备好食物给劳动的人吃。

九月把菜地夯实做打粮食的场地，十月收藏庄稼。有黍有稷加上早种晚熟的谷和晚种早熟的谷，还有粟麻、大豆、小麦。可叹我们这些庄稼人，庄稼收完了，还要去修葺建筑宫室。白天去割茅草，晚上去搓绳子。赶紧登上屋顶进行修理，马上就要开始播种各种庄稼了。

十二月凿冰发出“冲冲”的声音，正月收进藏冰的地窖。二月要举行仪式，用羔羊和韭菜祭祀。九月天高气爽，十月草木摇落无遗。摆下两樽酒招待客人，宰了小羊、大羊，登上公共集会场所，举起犀牛角做成的酒杯，一起共祝万寿无疆！

二、知识朋友圈

1. 夏历、周历、农历与公历。

《豳风·七月》出现了两种历法。开头的七月、九月，以及后面的四月、五月一直到十月，这是夏历。而“一之日”“二之日”“三之日”“四之日”这是周历。

按月亮运动周期排定的历法叫太阴历，简称阴历；按太阳运动周期排定的历法叫太阳历，简称阳历。我国传统历法俗称农历，因为始于夏朝，又称夏历。农历基本按阴历原则，以月亮的圆缺来分月，有大小月的区别，所以又被称为阴历。每月一日叫朔，每月十五日叫望，望日这天是圆月。但农历又设置闰月，这一点又有阳历的成分。

农历一年的首月叫正月。古人用十二地支（子、丑、寅、卯、辰、巳、午、未、申、酉、戌、亥）来代表月份，称为月建，如“周正建子”，意思是周历以“子”为正月。而“夏正建寅”，意思是夏历以“寅”为正月，与周历相差两个月。因此周历相当于把夏历的十一月当作正月。周朝时候，民间有时还沿用夏历，所以《豳风·七月》中出现两种历法。其中周历的“一之日”“二之日”“三之日”“四之日”，相当于夏历的十一月、十二月、正月、二月。汉武帝改用夏正以来，沿用至今，所以说起农历，一般就以夏正为准了。

公历大约在明末传入我国，辛亥革命后正式采用。后来，公历的一月一日，就取代原本农历的正月初一称为元旦，也称为阳历年。而农历由于四季划分清晰，又配合节气，与我国农业生产相适应，现在农村大多还沿用。传统节日，像春节、端午节、中秋节等，依据的都是农历的时间。

2. 语言积累。

七月流火。《豳风·七月》开篇即说“七月流火”，其中七月是指夏历七月。火，星名，又称大火，即心宿二。大火在夏历五月黄昏时刻出现在南方天空，这时方位最正，位置最高。夏历六月后就偏西向下移动。“流”就是“向下移动”的意思。夏历七月，大火向下移了，说明夏天要过去了，天气要凉爽了。

现在采用公历，所以诗中的“七月”容易被误解为公历七月，这个时候天气炎热，“流火”就被误解为“流动的空气热得像火”或者“阳光照着，像火在流”。

三、诗心点点通

《豳风·七月》的作者存在争议。《毛诗序》主张是周公“陈王业之艰难”的诗，而近代以来的学者多认为是豳人的作品。

一般认为这首诗应归属于农事诗。陈子展《诗经直解》引明代孙鑛的评论：“衣食为经，月令为纬，草木禽虫为色，横来竖去，无不如意。固是叙述忧勤，然即事感物，兴趣更自有余。体被文质，调兼《雅》《颂》，真是无上神品！”

所谓“衣食为经”就是说全诗围绕劳动者的穿衣、吃饭来写，描述的是日常生活。这首诗的第一章天寒地冻时发愁“无衣无褐”，劳作时则关注南亩送饭；第二章采桑，与“衣”有关；第三章是“为公子裳”；第四章“貉”“狐狸”“裘”“豵”“豜”，非衣即食；第六章集中出现各种食物：郁李、野葡萄、葵、大豆、枣、稻、春酒、瓜、葫芦、麻子、苦菜；第七章出现了各种粮食：“黍稷重穋，禾麻菽麦”，其中“麻”和吃、穿都有关系；第八章又有“羔”“羊”“韭”“酒”。

所谓“月令为纬”，就是基本按时序来铺陈。这首诗的第一章从七月开始写，这个时候是下半年的开始，一直写到二月下地干活；第二章除去重复的“七月流火，九月授衣”，后面是写春天的情形；第三章除去重复的“七月流火，九月授衣”，后面从三月写到八月；第四章写四月、五月、八月、十月、十一月、十二月；第五章写五月、六月、七月、八月、九月、十月，一直写到年关；第六章从六月写到十月；第七章写九月、十月，后面是收完庄稼后的生活；第八章写十二月、正月、二月、九月、十月。这首诗每一章的内部大体按月份排列，但又有变化，读完能明确知道什么月份做什么事情。

“草木禽虫为色”，诗中出现了各种动植物。除了与衣、食相关的，特别引人注目的是黄莺、伯劳、蝉、蚱蜢、纺织娘、蟋蟀这样的鸟以及小虫，它们给初民艰辛的生活增添了不少色彩。甚至连用烟熏老鼠这样的麻烦事，都被作为生活不可缺少的一部分写入了诗中。

全诗主要以“赋”的笔法将初民全年劳动的画面展现在读者面前，从修农具、下地耕作、采桑养蚕、纺织染丝，到收割、储粮、打猎、修房，到酿酒、宰羊、祝寿、祭祖，终年忙碌，何等辛苦！但全诗平淡叙述，以劳作始，以祝酒终，没有怨怼，没有戾骂，有的只是面对生活苦难的一种泰然自若。

从艺术上看，此诗以四言为主，又有五言、六言、七言，富于变化。语言风格朴实，多用叠字，每章内都换韵，节奏感很强。这就是所谓的“体被文质，调兼《雅》《颂》”。

四、思想会客厅

有关“殆及公子同归”的争议。

对《豳风·七月》第二章中的“女心伤悲，殆及公子同归”，有很多种不同的说法。这些说法可以归为两类。

一类是女子怀春说。汉代郑玄的《毛诗传笺》说：“春女感阳气而思男，秋士感阴气而思女，是其物化，所以悲也。悲则始有与公子同归之志，欲嫁焉。女感事苦而生此志。”唐代孔颖达《毛诗正义》：“女子之心感蚕事之劳苦，又感时物之变化，皆伤悲思男，有欲嫁之志。时豳公之子，躬率其民，共适田野，此女人等始与此公子同时而来归于家。郑唯下句异，言始与豳公之子同有归嫁之志。”钱锺书《管锥编》中，也明确说这是伤春诗，还引了许多诗句，如王昌龄的“忽见陌头杨柳色，悔教夫婿觅封侯”（《闺怨》），来证明这种女子伤春的情绪普遍存在。他认为：“女子求桑采蘩，而感春伤怀，颇征上古质厚之风。”[1] 这类说法都认为春天女子悲伤，就和秋天士人悲伤一样，都是因时节而产生的情感。也就是说，悲伤只是女子思春而已，至于“殆及公子同归”，“殆”是“始”，“及”是“和”，而“归”是“之子于归”的“归”，就是出嫁。至于出嫁是嫁给豳公之子，还是别的公子；是自己嫁给男公子，还是陪女公子一起出嫁（这关系到是做妻妾，还是陪嫁女），各家说法又各不相同。

一类是女子怕被掳走的说法。郭沫若在《中国古代社会研究》中，把这首诗中的“农夫”看作奴隶制下的奴隶，又说“据近世学者的研究，许多野蛮民族的酋长

[1] 钱锺书：《管锥编》（第一册），北京：生活·读书·新知三联书店，2001 年，第 260 页。

对于一切的女子有‘初夜权’”[1]，以此来证明女子是害怕被公子占有。这样一来，“殆”是“害怕”，“归”是“回去”。这种说法也获得了不少人的认可。如余冠英的《诗经选》、程俊英的《诗经译注》、王力的《古代汉语》、郭锡良的《古代汉语》、朱东润的《中国历代文学作品选》、徐中玉的《中国古代文学作品选》等，虽然表述上有“掳走”“带回家去”“凌辱”之类的区别，但大致上都可以归属于这一类。

对比两类不同的说法，可以发现，对《诗经》解读的立足点不同，结论就必然不同。如古代有一种解释，说“女子”是上流社会的女子，要嫁给公子，但是远嫁就要离开父母，所以她为此悲伤。这就是预先站在了《豳风·七月》是赞美“王业”的立场上，自然里面只能是一派和谐，就连“伤悲”，也必须拉上孝敬父母的美德了。但从诗歌本身来看，采桑采蘩的女子倒更像是底层劳动者，即使“归”是“出嫁”的意思，也看不出为什么一定是远嫁。像前面所说的第一种解释，把“伤悲”看作思春，这是站在普遍人性的角度上。但其实，全诗有多个“嗟”字，有嗟叹，有悲伤，都是很正常的。似乎也没有理由说“伤悲”并不是一般所说的悲伤，而只是怀春。至于第二种解释，出发点是统治者与劳动者的对立，实际上是由阶级论引申出来的。诗中如实写出了“公子”与劳动者生活的不同，但当时是否存在“公子”抢走底层女子的普遍情况，本诗写的是不是这种情况，其实也无法确定。所以，诗歌解读，实际上总是存在模糊性。“殆及公子同归”的原意到底是什么，恐怕永远都无法探得。

五、练习步步高

（一）知识识记

1. 填空。

（1）一之日觱发，二之日栗烈。________，________？（《豳风·七月》）

（2）春日迟迟，采蘩祁祁。________，________。（《豳风·七月》）

---

[1] 郭沫若：《中国古代社会研究》，见《郭沫若全集》（历史编　第一卷），北京：人民出版社，1982年，第114页。

2. 解释下列加点的字词。

（1）春日载阳（　　　　　　　　　）

（2）我朱孔阳（　　　　　　　　　）

（3）八月剥枣（　　　　　　　　　）

（4）亟其乘屋（　　　　　　　　　）

3. 将下列句子翻译成现代汉语。

（1）女执懿筐，遵彼微行，爰求柔桑。

（2）跻彼公堂，称彼兕觥，万寿无疆！

（二）诗心体悟

“七月在野，八月在宇，九月在户，十月蟋蟀入我床下。”（《豳风·七月》）这几句诗好在哪里？

（三）思想碰撞

关于《豳风·七月》的主题，有两种迥然不同的意见。一种认为此诗主要写劳动者的凄惨生活，一种认为此诗写出了劳动者生活的乐趣。请谈谈你的看法。

怨刺之作

一、原典选读

原文

新　台

《诗经·邶风》

新台有泚①，河水瀰瀰②。燕婉之求③，籧篨不鲜④。
新台有洒⑤，河水浼浼⑥。燕婉之求，籧篨不殄⑦。
鱼网之设，鸿则离之⑧。燕婉之求，得此戚施⑨。

注释

①新台：春秋时卫宣公所建，位于今河北省临漳县。泚（cǐ）：通“玼”，鲜明的样子。②河：黄河。瀰：水满的样子。③燕婉：安乐美好的样子。燕婉之求：想要找个安乐美好的配偶。④籧篨（qú chú）：癞蛤蟆一类的东西。鲜：美，善。⑤洒（cuǐ）：高峻的样子。⑥浼（měi）浼：水流平缓的样子。⑦殄（tiǎn）：同“腆”，善。⑧鸿：苦蠪（lóng）的合音，即癞蛤蟆。离：附着。⑨戚施：癞蛤蟆。

今译

新台多么鲜亮，黄河的水浩浩汤汤。想要找个安乐美好的配偶，哪里知道来了个丑男人像癞蛤蟆一样。

新台多么高峻，黄河的水缓缓流淌。想要找个安乐美好的配偶，哪里知道来了个坏男人像癞蛤蟆一样。

设下机关想网鱼，谁知癞蛤蟆钻进网。想要找个安乐美好的配偶，哪里知道碰上的男人像癞蛤蟆一样。

原文

相　鼠

《诗经·鄘风》

相①鼠有皮，人而②无仪。人而无仪，不死何为③？
相鼠有齿，人而无止④。人而无止，不死何俟⑤？
相鼠有体，人而无礼。人而无礼，胡不遄⑥死？

注释

①相：看。②而：却。③何为：“为何”的倒装，为什么。④止：

节制，自我控制。 ⑤俟：等待。 ⑥遄（chuán）：快，速。

今译

看那老鼠也有皮，生而为人却没礼仪。生而为人没礼仪，为了哪般不去死？

看那老鼠有牙齿，生而为人却没节制。生而为人没节制，还等什么不去死？

看那老鼠有身体，生而为人却不守礼。生而为人不守礼，怎么还不赶紧死？

原文

伐 檀

《诗经·魏风》

坎坎伐檀兮①，置之河之干兮②，河水清且涟猗③。不稼不穑④，胡取禾三百廛⑤兮？不狩不猎⑥，胡瞻尔庭有县貆兮⑦？彼君子兮，不素餐兮⑧！

坎坎伐辐⑨兮，置之河之侧兮，河水清且直⑩猗。不稼不穑，胡取禾三百亿⑪兮？不狩不猎，胡瞻尔庭有县特⑫兮？彼君子兮，不素食兮！

坎坎伐轮⑬兮，置之河之漘⑭兮，河水清且沦⑮猗。不稼不穑，胡取禾三百囷⑯兮？不狩不猎，胡瞻尔庭有县鹑兮？彼君子兮，不素飧⑰兮！

注释

①坎坎：拟声词，伐木的声音。 ②置：放。干：岸。 ③涟：同“澜”，大的波浪。猗：语气助词。 ④稼：耕种。穑（sè）：收割。 ⑤廛（chán）：农民住的房子。禾三百廛，相当于说三百家的粮食。当时诸侯大夫有采邑三百户，因此这么说。 ⑥狩：冬天打猎。猎：夏天打猎。狩猎：这里泛指打猎。 ⑦县：同“悬”，悬挂。貆（huán）：猪獾。 ⑧君子：指地位高的统治者。素餐：白吃饭。 ⑨辐：辐条，车轮上向中心凑集的直木。 ⑩直：直的波纹。 ⑪亿：周代以十万为亿。这里虚指禾把的数目，形容很多。 ⑫特：三岁的大兽。 ⑬轮：车轮。 ⑭漘（chún）：水边。 ⑮沦：小波纹。 ⑯囷（qūn）：圆形的粮仓。 ⑰飧（sūn）：熟食，这里泛指吃饭。

今译

砍伐檀树发出“坎坎”的声音，砍倒放在河岸，河水清澈生起大的波浪。不耕种不收割，你为何能拿走三百家的粮食？不打猎，为何看到你院里挂着猪獾？那些大人老爷啊，可真不是白吃饭！

砍伐檀树做辐条，发出了“坎坎”的声音，砍倒放在河旁边，河水清澈生起直的波纹。不耕种不收割，你为何能拿走三百把的粮食？不打猎，为何看到你院里挂着大野兽？那些大人老爷啊，可真不是白吃饭！

砍伐檀树做车轮，发出了“坎坎”的声音，砍倒放在河边，河水清澈生起涟漪。不耕种不收割，你为何能拿走三百仓的粮食？不打猎，为何看到你院里挂着鹌鹑？那些大人老爷啊，可真不是白吃饭！

原文

硕　鼠

《诗经·魏风》

硕鼠硕鼠①，无食我黍！三岁贯女②，莫我肯顾③。逝将去女④，适彼乐土⑤。乐土乐土，爰得我所⑥！

硕鼠硕鼠，无食我麦！三岁贯女，莫我肯德⑦。逝将去女，适彼乐国。乐国乐国，爰得我直⑧！

硕鼠硕鼠，无食我苗！三岁贯女，莫我肯劳⑨。逝将去女，适彼乐郊。乐郊乐郊，谁之永号⑩？

注释

①硕鼠：大老鼠。　②三岁：多年。贯：“宦”的假借字，侍奉。女：通“汝”，你。　③莫我肯顾：“莫肯顾我”的倒装。顾：顾惜，顾念。　④逝：通“誓”。去：离开。　⑤适：往。乐土：安居乐业的地方。　⑥爰：乃，于是。所：理想的处所。　⑦德：感激。　⑧直：通“职”，职务。　⑨劳：慰劳。　⑩之：其，表示反问语气。永号（háo）：长声号哭。

今译

大老鼠啊大老鼠，不要再吃我的黍！多年以来侍奉你，你却从不顾念我。发誓一定离开你，前往那安居乐业的地方。安乐的地方啊安乐的地方，那里才是我理想的处所！

大老鼠啊大老鼠，不要再吃我的麦！多年以来侍奉你，你却从不感激我。发誓一定离开你，前往那安居乐业的国度。安乐的国度啊安乐的国度，那里有适合我的职务！

大老鼠啊大老鼠，不要再吃我的苗！多年以来侍奉你，你却从不慰劳我。发誓一定离开你，前往那安居乐业的城郊。安乐的城郊啊安乐的城郊，在那里谁还会长声号哭？

二、知识朋友圈

1. 怨刺诗。

汉代经学家对《诗经》的功能有“美刺”的说法，“美”就是《毛诗序》中说的“美盛德之形容，以其成功告于神明者也”，“刺”就是“下以风刺上”。“刺”和《论语·阳货》中“诗可以怨”的说法是一致的。《诗经》中讽刺性质的诗通常被称为怨刺诗。这类诗，有的写下层民众受到的剥削和压迫，如《魏风·伐檀》《魏风·硕鼠》；有的写残酷的殉葬制度，如《秦风·黄鸟》；有的写统治者的荒淫无耻，如《邶风·新台》《鄘风·相鼠》；有的写政治黑暗、社会不公，如《小雅·雨无正》《小雅·巷伯》《大雅·桑柔》。怨刺诗集中体现了《诗经》现实主义的批判精神。

2. 语言积累。

（1）君子。“君子”这个称呼，原本指“君之子”，后来泛指一般贵族，与“小人”相对，最初是以社会地位来区分。《尚书》中的“君子”，大多是这个意思。《墨子》《荀子》等书中有“士君子”的说法，一般指拥有公共事务决策权的人物。《论语》《左传》中的“君子”，则常以德行作为评判标准。总体来看，这个词有时候侧重“有位”，有时候侧重“有德”，有时候两者兼备。据统计，《诗经》中出现的“君子”有一百八十余次，通常指贵族统治者。如“君子之车”，“君子”指将帅；“彼君子兮，不素餐兮”，“君子”指统治者。

（2）鸿与癞蛤蟆。“鸿”，指大雁，这个人们都知道。但《邶风·新台》中有一句“鱼网之设，鸿则离之”，实在让人迷惑，总觉得“鸿”是“大雁”说不通。直到闻一多另辟蹊径，从语言发展变化的角度进行研究，才作出令人信服的解释。他在《诗新台鸿字说》中，先是质疑：应该是在水中设下渔网，怎么会网到高飞的大雁？何况原句中“鸿”与“鱼”相对，应该是丑陋的东西，但自古以来没有以大雁为丑的用法。所以他断定“鸿”不是大雁。根据上下文，“鸿”与“籧篨”“戚施”应该是同一个东西，后两者都是癞蛤蟆的别称，那么“鸿”应该就是癞蛤蟆。接下来闻一多又从文字的音、义以及语言演变的角度论证为什么“鸿”可以解释为癞蛤蟆：根据《尔雅·释鱼》等文献，癞蛤蟆曾被称作“苦蠪”，这就是“鸿”的古读[1]，这两个字的合音就是“鸿”。这一说法为研究者所广泛接受。

[1] 闻一多：《古典新义》，北京：商务印书馆，2017 年，第 180—186 页。

三、诗心点点通

卫宣公为他的儿子伋聘齐女为妻，听说她貌美，就想占为己有，在黄河边筑新台截娶了她。《邶风 · 新台》这首诗就讽刺了这一霸占儿媳的丑行。全诗假托齐女的口吻，从新台的鲜亮与黄河的浩荡写起，美好的景象似乎预示着幸福的生活，却不料想象中的如意郎君竟然变成了又老又丑的癞蛤蟆！诗歌以重章叠句的写法反复吟唱这种失望之情，使人不由对无耻的卫宣公极度厌恶。又用新台的鲜明堂皇反衬卫宣公的行为见不得人；用齐女的美对比卫宣公的丑，把他比作癞蛤蟆，有力地突出了卫宣公的荒淫无耻，极具讽刺意味。

《鄘风 · 相鼠》是一首斥责统治者无耻、无礼的诗。老鼠是生活中常见的动物。人们痛恨它们鬼鬼祟祟，咬坏东西，偷窃粮食。这样的东西，自然是无耻、无礼的。而统治者连老鼠都不如。老鼠“有皮”“有齿”“有体”，统治者简直没脸没皮，连个人都不算。“不死何为？”“不死何俟？”“胡不遄死？”一声声，一句句，直截了当，骂得痛快淋漓。

《魏风 · 伐檀》是一首讽刺统治者不劳而获的诗。全诗三章，每章的意思相同。以拟声词“坎坎”起笔，让人仿佛听见砍伐的声音，看见劳动的画面。在艰苦的劳动中，劳动者想起那些大人老爷不劳动，却占有了劳动成果，终于忍不住发出“可真不是白吃饭”的嘲讽。诗句质朴明快，富有感染力，如闻其声，如见其人。

《魏风 · 硕鼠》,《毛诗序》的说法是“刺重敛也”，就是把横征暴敛的统治者比作大老鼠来讽刺。全诗运用“比”的手法，在重章叠句中一层层推进。大老鼠从吃“黍”到吃“麦”到吃“苗”，越来越贪婪，越来越过分。而且这个大老鼠，对自己压榨的对象没有任何的顾念、没有任何的情义。于是劳动者发誓要离开，到理想的地方去。“乐土”“乐国”“乐郊”，在当时的情形下自然是幻想，但正是这种对美好生活的追求，才让底层劳动者在斗争中不断推动社会进步。

四、思想会客厅

从宣姜到窦娥。

《邶风 · 新台》的历史背景，从《毛诗序》说“刺卫宣公也”起，自古至今几乎没有争议。根据《左传》记载，卫宣公和父亲卫庄公的妾夷姜通奸，生下了公子伋。后来卫宣公为公子伋聘齐国女子为妻，听说她很美，就自己截娶了她。诗中的“新台”在黄河边上，是卫宣公截娶未来儿媳的地方，也是藏娇之所。

这个齐国女子因为成了卫宣公的夫人，就被称为宣姜。在邶地百姓的眼中，从儿媳变成了夫人，命运实在悲惨，所以就有了这首讽刺诗。宣姜自然是一个受害者，不清楚她有没有反抗，但不难想象，她也没有什么反抗强权的力量。

故事的发展却出人意料。宣姜生了两个儿子，一个叫作寿，一个叫作朔。她想让自己的儿子继承卫国国君之位，原本要嫁的丈夫公子伋于是成了眼中钉。听信谗言的卫宣公派公子伋出使齐国，再派杀手伪装成强盗埋伏在公子伋必经的路上。公子寿向公子伋告密，公子伋不肯逃走。于是公子寿灌醉公子伋，冒充公子伋出行被杀。公子伋醒来，连忙赶往现场，告诉杀手自己才是公子伋，于是也被杀。

原本的受害者宣姜变成了迫害者。公子伋和公子寿成了俯首帖耳的牺牲品。百姓为这两个争着去死的人感到哀伤，所以有了《邶风·二子乘舟》，“愿言思子，不瑕有害”，祈祷他们不要遇到危险——在已经有了结果的情况下，这当然只是一种情绪的表露罢了。两位公子自然是好人，他们的死勉强算是一种反抗，但明显于事无补。

这个故事说明，在一种制度、一种文化的内部，就算能诞生反抗，也只是有限的。

再如《孔雀东南飞》，刘兰芝可以选择的余地仅在于被休还是主动离开。她的聪明、她的要强，最多只能让她面对婆婆时不卑不亢，打扮得漂漂亮亮地尽量有尊严地离开。焦仲卿的反抗，只能是在犹豫不决中，终于下定决心殉情。

关汉卿的著名杂剧《窦娥冤》，其实也是一个有限反抗的例子。窦娥固然要骂“地也，你不分好歹何为地？天也，你错勘贤愚枉做天”，固然要骂“这都是官吏每无心正法”，然而，她的三桩誓愿“血溅白练”“六月飞雪”“亢旱三年”要靠天地鬼神配合才能成真；她的冤情要靠做官的父亲窦天章才能昭雪。她骂天骂地骂官，最终还是要靠天靠地靠官。

宣姜从受害者变成迫害者，公子伋和公子寿主动就死，他们服从的是君臣大义；刘兰芝和焦仲卿抗议的是苛刻的焦母，并没有质疑家长制；窦娥骂的是渎职昏聩的官员，并没有反抗封建官僚体制。因为人无法抓着自己的头发离开地面，所以真正富于建设性的反抗，只能出现在跳出身在其中的制度再反观制度本身以后，否则，即使反抗成功，最多也只是奴隶变成奴隶主。

五、练习步步高

（一）知识识记

1. 填空。

（1）鱼网之设，________。________，得此戚施。（《邶风·新台》）

（2）________，人而无仪。人而无仪，________？（《鄘风·相鼠》）

（3）不狩不猎，胡瞻尔庭有县貆兮？________，________！（《魏风·伐檀》）

（4）________，适彼乐土。（《魏风·硕鼠》）

2. 解释下列加点的字词。

（1）燕婉之求（　　　　　　）

（2）胡不遄死（　　　　　　）

（3）胡瞻尔庭有县貆兮（　　　　　　）

（4）爰得我所（　　　　　　）

3. 将下列句子翻译成现代汉语。

（1）人而无止，不死何俟？

____

（2）三岁贯女，莫我肯顾。

____

（二）诗心体悟

请你比较鉴赏《鄘风·相鼠》与《魏风·硕鼠》。

____

____

____

____

（三）思想碰撞

《豳风·七月》与《魏风·伐檀》都写了统治者占有劳动成果的现象，但两首诗又有很大的不同，请你试具体分析。

（王希明　编）

第二单元

《楚辞》选读

单元概说

楚辞，本义指楚地的歌辞，富有浓郁的楚地色彩和风情。楚辞最早在民间产生。楚人素以能歌善舞著称，很早就有民歌流传。据刘向《说苑》记载，早在公元前6世纪中叶，楚国就出现了一首根据越人土语翻译出来的诗歌，即著名的《越人歌》:“今夕何夕兮，搴舟中流？今日何日兮，得与王子同舟？蒙羞被好兮，不訾诟耻。心几烦而不绝兮，得知王子。山有木兮木有枝，心悦君兮不知!”

稍后数十年，又出现了《孟子·离娄》所引，传为孔子所闻的《孺子歌》:“沧浪之水清兮，可以濯我缨。沧浪之水浊兮，可以濯我足。”

在这样的楚国民歌基础之上，伟大诗人屈原发展了楚辞体这一有着浓重地方色彩的新文体，并以辉煌的创作奠定了楚辞体的典型形式。概括而言，有以下特点:

（1）句式。传统的《诗经》以四字句为典型句式，句中是“二二”节奏，例如:“关关 / 雎鸠，在河 / 之洲。”(《诗经·周南·关雎》)

楚辞的典型句式有六字句和五字句两种（语气助词“兮”字不算在内)，句中分别是“三三”和“三二”节奏，前者主要见于《离骚》《九章》，后者主要见于《九歌》，例如:“帝高阳 / 之苗裔（兮），朕皇考 / 曰伯庸。”(《离骚》)“心郁郁 / 之忧思（兮)，独永叹乎 / 增伤。”(《九章·抽思》)“君不行（兮）/ 夷犹，蹇谁留（兮）/ 中洲?”(《九歌·湘君》)

（2）语气助词“兮”字的使用。《诗经》中也出现过“兮”字，但数量不多，不像楚辞这样，运用“兮”字不但普遍而且带有规律性，因而成为语言形式上一个显著的特征。楚辞的形式起源于民歌。“兮”正如现代歌曲中的“啊”“呀”之类，虽然作为歌词看起来没多大意义，但在歌曲旋律中语气助词的运用非常重要。

（3）地方色彩。楚辞中楚地的山川景物、风土人情，让人感受到江汉流域的壮丽景色、繁复物类以及楚文化。

“楚辞”的名称，西汉初期已有之，西汉末年刘向编辑成集，名为《楚辞》，分为16卷。其中，屈原的作品有7卷:《离骚》、《九歌》(11篇)、《天问》、《九章》(9篇)、《远游》、《卜居》、《渔父》。《离骚》是屈原的代表作，也是中国古代文学史上最长的一首浪漫主义的政治抒情诗。《九歌》是在民间祭歌的基础上加工而成的一组祭神乐歌，诗中创造了大量神的形象，大多是人神恋歌。屈原作品以外的

9卷都是模仿屈原作品风格和内容的：宋玉《九辩》《招魂》，无名氏《大招》《惜誓》，淮南小山《招隐士》，东方朔《七谏》，严忌《哀时命》，王褒《九怀》，刘向《九叹》。

屈原是《楚辞》的开创者和最主要的作家。屈原，名平，出身于楚王朝的远房宗族，在楚怀王时期，依靠自己的才德担任过左徒和三闾大夫这两个重要的职官。在左徒任上，屈原曾深得楚怀王信任，并协助楚怀王实行政治变革，对内修明法度，实行法治，关注百姓，举贤授能，对外联齐抗秦，使楚国的国势一度出现上升趋势。但这些举措都严重损害了贵族阶层的利益，《史记·屈原列传》记载："怀王使屈原造为宪令，屈平属草稿未定。上官大夫见而欲夺之，屈平不与，因谗之曰：'王使屈平为令，众莫不知，每一令出，平伐其功，曰以为"非我莫能为"也。'王怒而疏屈平。"楚怀王最终服从了贵族阶层的利益，疏远屈原，政治改革中途夭折。顷襄王时期，屈原被放逐。眼看着国家被秦国吞噬，不堪受辱的屈原在汨罗江自沉。

屈原的一生是充满悲剧色彩的一生。屈原所坚持的理想和主张与当时贵族阶层的利益发生尖锐的冲突，最终变革失败，个人也迭遭疏远、放逐，以至于自沉汨罗江殉国。这种悲剧意义又因为屈原本人的坚强性格而表现得极其尖锐：他是矢志爱国、坚守原则的，不论形势如何险恶，他也绝不妥协退让，他注重人格节操，追求高尚清白，绝不受"溷浊"世俗的侵蚀和影响。这一性格决定了他必然要斗争到底，从而使他悲剧性的经历更加动人心魄，而他以个人实际经历为基础、用心血凝结而成的、充分表现个人性格的抒情诗篇，也因此饱含一种令人肃然起敬的崇高之美。

香草美人

一、原典选读

离骚（节选）

原文

余既滋兰之九畹兮①，又树蕙之百亩②。畦留夷与揭车兮③，杂④杜衡与芳芷。

冀枝叶之峻茂兮，愿俟时乎吾将刈⑤。虽萎绝⑥其亦何伤兮，哀众芳之芜秽⑦。

注释

①滋：培植。畹（wǎn）：古代地积单位，等于三十亩。一说十二亩，又说二十亩。 ②百亩：栽种得很多的意思。 ③畦：《说文解字》云“田五十亩曰畦”，这里作种植用。留夷、揭车均为香草名。 ④杂：间种。 ⑤刈：割，收获。 ⑥萎绝：枯萎凋落，这里比喻所培养的人被摧残。 ⑦芜秽：本义指田地长满杂草，这里比喻所培养的人变节。

今译

我曾培植了大片春兰啊，又栽种了百多亩的蕙草。留夷、揭车种了一畦又一畦，还间种了杜衡和芳芷。

本希望它们长得枝繁叶茂啊，到时候我就将它们收获。花谢草枯我并不感到伤心啊，伤心的是它们中途变质。

原文

九章 · 涉江（节选一）

余幼好此奇服兮，年既老而不衰。带长铗之陆离兮①，冠切云之崔嵬②。被明月兮佩宝璐③。世溷浊而莫余知兮④，吾方高驰而不顾⑤。驾青虬兮骖白螭⑥，吾与重华游兮瑶之圃⑦。登昆仑兮食玉英⑧，与天地兮同寿，与日月兮同光。哀南夷⑨之莫吾知兮，旦余济乎江湘⑩。

注释

①铗（jiá）：剑柄，此指剑。陆离：长貌。 ②冠：作动词用，戴。切云：冠名，状帽子高耸入云。崔嵬（wéi）：高耸。《离骚》有“高余冠之岌岌”，高帽是屈原喜欢的形象。 ③被：通“披”，戴着。明月：夜光珠。璐：美玉名。 ④溷浊：通“浑浊”。莫余知：即“莫知余”，没有人理解我。 ⑤方：才。高驰：远走高飞。顾：回头看。 ⑥虬（qiú）：无角的龙。骖（cān）：四马驾车，两边的马称为骖，这里指用螭来做骖马。螭（chī）：无角的龙。 ⑦重（chóng）华：舜的名。瑶：美玉。圃：花园。“瑶之圃”指神话传说中天帝所居的盛产美玉的花园，即昆仑山。 ⑧玉英：玉树之花。英：花朵。 ⑨夷：对郢都党人的鄙称。 ⑩旦：清晨。济：渡过。湘：湘江。

今译

我自小就喜欢这种奇装异服，年纪虽然大了兴致仍不减退。佩戴着长剑光耀美丽，头戴的摩天冠高耸。身上戴着夜光珠，腰上点缀着美玉。人世混浊没有人理解我，我才远走高飞，一点也不回头看。青龙驾辕，白龙拉套，我与舜帝同游盛产美玉的昆仑山。登上昆仑山以玉之精英为食，要与天地同样万寿无疆，要与日月一齐永放光芒。哀痛南夷之人都不理解我，清晨我将渡过长江和湘江。

原文

九章·涉江（节选二）

乱曰：鸾鸟凤皇①，日以远兮。燕雀乌鹊②，巢堂坛③兮。露申辛夷④，死林薄⑤兮。腥臊并御⑥，芳不得薄兮⑦。阴阳易位⑧，时不当⑨兮。怀信侘傺⑩，忽乎吾将行兮。

注释

①鸾鸟、凤皇：都是祥瑞之鸟，比喻贤才。　②燕雀、乌鹊：比喻谗佞。　③堂：殿堂。坛：祭坛。比喻小人挤满朝廷。　④露申：即申椒，状若繁露。辛夷：一种香木，即木兰。　⑤林薄：草木杂生的地方。　⑥腥臊：恶臭之物，比喻谗佞。御：进用。　⑦芳：芳洁之物，比喻忠直君子。薄：靠近。　⑧阴阳易位：比喻楚国混乱颠倒的现实。　⑨当：合。　⑩怀信：怀抱忠信。侘傺：惆怅失意。

今译

尾声唱道：鸾鸟、凤凰那些祥瑞之鸟，一天天地远飞难找。燕雀、乌鹊那些凡鸟，却在殿堂祭坛上筑巢。申椒与辛夷那些香草香木，都在杂树丛中枯死凋零。腥膻恶臭一起进用，芳香反而不能靠近。阴与阳已经颠倒位次，时令节序也不得当。怀抱忠信却惆怅失意，飘飘忽忽我将远行他方。

原文

九章·橘颂

后皇①嘉树，橘徕服②兮。受命不迁③，生南国兮。
深固难徙，更壹志兮。绿叶素荣④，纷其可喜兮。
曾枝剡棘⑤，圆果抟⑥兮。青黄杂糅，文章烂⑦兮。
精色⑧内白，类任道⑨兮。纷缊宜修⑩，姱⑪而不丑兮。
嗟尔幼志，有以异兮。独立不迁，岂不可喜兮？
深固难徙，廓⑫其无求兮。苏世⑬独立，横而不流⑭兮。
闭心⑮自慎，终不失过兮。秉德无私，参⑯天地兮。
愿岁并谢⑰，与长友兮。淑离不淫⑱，梗其有理⑲兮。
年岁虽少，可师长兮。行比伯夷，置以为像兮⑳。

注释

①后：后土。皇：皇天。后皇：天地的代称。　②徕：同“来”。服：习惯，适应。　③受命：受天地之命，即天性。迁：迁徙。不迁：指不能移栽。　④素荣：白花。　⑤曾：通“增”。曾枝：犹繁枝。剡（yǎn）：尖利。棘：刺。　⑥抟（tuán）：同“团”，圆圆的。　⑦文章：花纹。烂：有光泽的样子。　⑧精色：色彩鲜明。　⑨类：像。任：抱。道：道德。　⑩纷缊：茂密。宜修：修饰得体。　⑪姱（kuā）：美好。　⑫廓：指胸襟豁达。　⑬苏世：醒世。　⑭横而不流：横渡江河，不随波逐流。横：横渡。流：顺

流。 ⑮闭心：不思外欲。 ⑯参：合。 ⑰并谢：共死。 ⑱淑：善。离：通“丽”，美丽。淫：放纵，过分。 ⑲理：纹理，比喻行止有道，有原则。 ⑳伯夷：殷末人，因反对武王灭殷，坚决不食周粟，饿死在首阳山。古人把他看作有节操的人。像：榜样。

今译

天地间最美的橘树，习惯我们的水土。天性不能移栽，只肯生在南国荆楚。根深蒂固难以迁移，真是一心一意。绿叶衬着白花，繁茂令人欣喜。

枝条繁茂刺儿尖利，挂满成熟的圆圆的美果。青的黄的相间，花纹斑斓有光泽。皮色鲜明，内瓤纯洁，就像怀抱着美德。枝叶茂密，修饰得体，只有美好，没有瑕疵。

赞叹你从小有志气，与众人殊异。你独立而坚定不移，怎不令人欣喜？

根深蒂固难以迁移，胸襟豁达无别的追求。你保持清醒立于世间，横渡江河而不随波逐流。

你不思外欲谨慎自守，从来不犯过得咎。你坚持公正不阿，同天地一样不朽。

我愿与你共死，终生永保友谊。你至善至美而不放纵，刚直而合于正道。

虽然你年纪还小，却可以为人师表。你的行为可与伯夷相比，树立的榜样光照千古。

二、知识朋友圈

1. 香草美人。

《楚辞》中常运用“比”“兴”的手法。诗人大量运用秋兰、蕙茝、杜若等香草象征自己的洁身自好，而以臭艾等恶草象征奸佞小人。象征手法的运用，形成了中国文学史上著名的香草美人意象群，不仅以后的文人大量运用，而且后世的诗文作品中亦广泛运用，如阮籍的《咏怀》、陈子昂的《感遇》，当后世的文人失意而仍欲表达自身高洁时，莫不用此手法。

2. 语言积累。

橘。《说文解字》云：“橘，果。出江南。从木，矞声。居聿切。”

《九章》中的《橘颂》也是《楚辞》“比”“兴”手法运用的典型，是后世托物言志辞赋诗词的滥觞。《橘颂》开篇细腻地描绘了橘的外形，并逐渐过渡到橘的内在品质，独立不迁，深固难徙。橘移栽到北方就成枳了，所以必须种植在南国荆楚的土壤中。

三、诗心点点通

《离骚》主要以“比”“兴”的手法表达诗人内在的高洁和不肯同流合污的精神。屈原以种植香草为意向，“余既滋兰之九畹兮，又树蕙之百亩”；经常将香草佩戴在身上，“扈江离与辟芷兮，纫秋兰以为佩”；甚至用香草做衣服，“制芰荷以为衣兮，集芙蓉以为裳”；一餐一饮不忘修身，“朝饮木兰之坠露兮，夕餐秋菊之落英”。即使这样，他还担心自己做得不够好，“老冉冉其将至兮，恐修名之不立”。屈原并不把修身当作苦行，而是自得其乐，习以为常，“民生各有所乐兮，余独好修以为常”。

四、思想会客厅

屈原之所以用香草美人自比，这与其贵族出身、其高贵精神密切相关。此处的高贵精神，应该有三根重要的支柱：

一是文化教养。抵御物欲主义的诱惑，不以享乐为人生目的，培育高贵的道德情操与文化精神。

二是社会担当。作为社会精英，严于自律，扶助弱势群体，担当起社会与国家的责任。

三是灵魂自由。有独立的意志，在权势与金钱面前敢于说不；而且具有知性与道德的自主性，能够不为政治强权所奴役。

这与西方的贵族精神、骑士精神有某些相似之处。贵族最重要的一个精神就是自尊的精神。尼采在《善恶之彼岸》《道德系谱学》中高举贵族主义的旗帜，将贵族精神定义为自尊的精神。这是对人的自由意志、对人的尊严的一种充分的肯定。尼采认为上层人跟下层人，他的道德准则跟精神准则不相同，所以他的道德准则和精神准则不相同。

骑士精神是上层社会的贵族精神。它是以个人身份的优越感为基础的道德与人格，但它也积淀着西方民族远古时期尚武精神的某些积极因素。如别林斯基指出的

“对个人的人格的爱护和尊重；为被压迫者和被迫害者牺牲全部力量乃至生命的慷慨勇敢精神；把女子作为爱和美在尘世上的代表及作为和谐、和平与安慰的光辉之神而加以理想化的崇拜”。

贵族精神的道德、担当和自主性，骑士精神的慷慨、勇敢、理想主义、悲悯弱者，在屈原身上都有所体现。不同的是，屈原还集成了爱国主义、浪漫主义和悲剧精神。

五、练习步步高

（一）知识识记

1. 填空。

（1）后皇嘉树，________。（《九章・橘颂》）

（2）受命不迁，________。（《九章・橘颂》）

（3）秉德无私，________。（《九章・橘颂》）

（4）年岁虽少，________。（《九章・橘颂》）

（5）嗟尔幼志，________。（《九章・橘颂》）

2. 解释下列加点的字词。

（1）行比伯夷，置以为像兮（　　　　　　）

（2）独立不迁，岂不可喜兮（　　　　　　）

（3）绿叶素荣，纷其可喜兮（　　　　　　）

（4）愿岁并谢，与长友兮（　　　　　　）

3. 将下列句子翻译成现代汉语。

（1）苏世独立，横而不流兮。

____

（2）青黄杂糅，文章烂兮。

____

（二）诗心体悟

《橘颂》是《楚辞》“比”“兴”手法运用的典型，是后世托物言志辞赋诗词的滥觞。请你试分析屈原为什么要写《橘颂》。

（三）思想碰撞

阅读下列材料，利用工具书疏通文意，再查阅相关资料，回答问题。

材料一：《离骚》（节选）。

余既滋兰之九畹兮，又树蕙之百亩。畦留夷与揭车兮，杂杜衡与芳芷。

冀枝叶之峻茂兮，愿俟时乎吾将刈。虽萎绝其亦何伤兮，哀众芳之芜秽。

材料二：骑士册封典礼上，受封骑士的人说的话：我发誓善待弱者，我发誓勇敢地对抗强暴，我发誓抗击一切错误，我发誓为手无寸铁的人战斗，我发誓帮助任何向我求助的人，我发誓不伤害任何妇人，我发誓帮助我的兄弟骑士，我发誓真诚地对待我的朋友，我发誓将对所爱至死不渝。

材料三：

在社会倡导民主的大潮中，平民精神是衡量一个社会人文关怀的重要尺度。在这种现代公义面前，人人拥有了享受社会条件的权利。但同时对精神的追求已被物质的享受淹没，贵族精神似乎已不存在，即使存在也多成了物质相对优越的代名词。正是在这种情况下，尼采发出了叛逆之声，他坚持认为贵族精神才是一个人应追求的品质，平民精神只要求有限的存在，是“求生意志”的体现。[1]

问题：你觉得屈原的精神与贵族精神、骑士精神有何异同？

[1] 陈田：《解读尼采哲学思想中的贵族精神》，见《群文天地》，2011 年第 12 期，第 12 页。

众女嫉余

一、原典选读

原文

离骚（节选一）

昔三后①之纯粹兮，固②众芳之所在。杂③申椒与菌桂兮，岂维纫夫蕙茝④？

彼尧舜之耿介⑤兮，既遵道⑥而得路。何桀纣之猖披⑦兮，夫⑧唯捷径以窘步。

惟夫党人⑨之偷乐兮，路幽昧以险隘。岂余身之惮⑩殃兮，恐皇舆⑪之败绩。

忽奔走以先后兮，及⑫前王之踵武。荃⑬不察余之中情兮，反信谗而齌⑭怒。

余固知謇謇⑮之为患兮，忍而不能舍也⑯！指九天⑰以为正兮，夫唯灵修⑱之故也。

曰黄昏以为期兮，羌中道而改路。

初既与余成言⑲兮，后悔⑳遁而有他。余既不难夫离别兮，伤灵修之数化。

注释

①三后：指禹、汤、周文王。 ②固：本来，当然。 ③杂：犹言“纷”，众多的意思。 ④茝（chǎi）：通“芷”，一种香草。 ⑤耿介：光明正大。 ⑥道：正途，指治国正道。 ⑦猖披：狂乱放荡。 ⑧夫：犹“彼”，代指桀纣。 ⑨党人：结党营私之人。 ⑩惮：害怕。 ⑪皇舆：帝王的乘车，比喻国家。 ⑫及：追随。 ⑬荃（quán）：香草名，亦名“荪”，喻指楚怀王。 ⑭齌（jì）：用急火煮食物，此指怒火中烧。 ⑮謇謇（jiǎn）：直言的样子。 ⑯忍：忍受。舍：止。 ⑰九天：古说天有九层，故说九天。 ⑱灵修：喻指楚怀王。 ⑲成言：成约，彼此说定的话。 ⑳悔：反悔。

今译

古时三位贤王纯正完美啊，因此众贤臣都聚集在他们身旁。他们把申椒和菌桂全都采集啊，岂止把蕙草白芷编织独赏其芳？

那唐尧虞舜是多么光明正大啊，遵循治国正道使国家昌盛兴旺。那夏桀殷纣是多么狂乱放荡啊，只贪小路弄得寸步难行。

那些结党营私的人苟且享乐啊，致使国家前途黑暗狭隘。我哪里害怕自己遭受祸殃啊，实在是担心国家的盛衰兴亡。

我不停地在你前后左右奔走啊，希望你追随先王的脚步。君王啊你不体察我的一片忠心，反相信谗言对我发怒。

我本来知道忠直会招来祸患啊，我宁可遭受祸患也决不停止直谏！我对高高的苍天发誓啊，这一切都是为了君王的缘故。

我们两个约好在黄昏，你为什么半途改变了心意。（这两句似是《九章》中相似文句窜入，应删）

当初你已经与我约定啊，可后来又反悔另有打算。我不是害怕离你远去啊，伤心的是君王屡次变化无定见。

离骚（节选二）

原文

众①皆竞进以贪婪兮，凭②不厌乎求索。羌内恕③己以量人兮，各兴心④而嫉妒。

忽驰骛⑤以追逐兮，非余心之所急。老冉冉⑥其将至兮，恐修名之不立。

朝饮木兰之坠露兮，夕餐秋菊之落英⑦。苟⑧余情其信姱以练要兮，长颇颔⑨亦何伤。

揽木根以结茝兮，贯⑩薜荔之落蕊。矫菌桂以纫蕙兮，索胡绳之纚纚⑪。

謇吾法夫前修兮⑫，非世俗之所服。虽不周⑬于今之人兮，愿依彭咸⑭之遗则！

注释

①众：指群小，楚国的腐朽贵族。　②凭：满，楚方言。　③恕：宽恕。　④兴心：生心。　⑤驰骛：狂奔乱跑。　⑥冉冉：渐渐。　⑦落英：初开的花。　⑧苟：如果。　⑨颇颔（kǎn hàn）：面貌憔悴黄瘦。　⑩贯：贯穿。　⑪纚纚（xǐ）：长而下垂，整齐美观的样子。　⑫謇（jiǎn）：发语词，楚方言。法：效法。前修：前代贤人。　⑬周：合。　⑭彭咸：传说是殷代的贤臣，因劝谏君王不被采纳而投水自尽，其名不见经传。根据《离骚》的艺术特点，应该是虚拟的形象，如同《庄子》中一个个得道的理想人物。

今译

众小人都拼命地往上爬啊，已捞取了许多还钻营不止。他们宽恕自己却猜疑别人啊，一个个钩心斗角满心嫉妒。

到处钻营奔走争权夺利啊，这一切我都不在意。眼见我渐渐地老了啊，我害怕自己没有树立好的名声。

早晨我啜木兰上的露滴啊，晚上我采集初开的秋菊果腹。如果我情操真正美好、精诚、专一啊，饿得憔悴黄瘦又有什么关系。

用木兰的根须编织白芷啊，再穿一串初开的薜荔。举起菌桂拴上棵棵蕙草啊，把胡绳编得又长又美丽。

我效法前代的贤人啊，可这并不是世俗人的服饰。虽然这不合今人的习惯啊，我宁愿像彭咸一样清白而死！

二、知识朋友圈

1. 众女嫉余。

修明法度、严明执法、举贤授能是屈原的政治理想，但这必然会损害习惯于背弃法度、任意妄为的贵族的利益，因此他们必定要竭力阻挠变革的进行。对于贵族的自私、改革的失败和楚怀王的反戈，屈原无疑是痛心疾首的，所以他说“惟夫党人之偷乐兮”，“哀众芳之芜秽”，“荃不察余之中情兮，反信谗而齌怒”。在深恶痛绝贵族“党人”的同时，诗人还多次满怀热情地提到“民”。他深刻同情受贵族之害的广大楚国人，这也使屈原的爱国思想拥有更大的意义。他所爱的楚国不仅是统治者的楚国，而且是包含所有“民”的楚国。他所着眼的这样一个楚国，使得他的爱国不再狭隘，更具有悲天悯人的情怀和感动人心的力量。

2. 语言积累。

嫉。《说文解字》云：“妎也。从人，疾声。一曰，毒也。”本义为妒忌，引申为憎恶、痛恨。清代段玉裁《说文解字注》：“妒也，故从女。”

三、诗心点点通

屈原的理想是修明法度，严明执法，约束贵族的行为。《九章·惜往日》中说：“奉先功以照下兮，明法度之嫌疑。国富强而法立兮，属贞臣而日娭。”明确表达了屈原的法治思想，以及法治和国家富强的关系。秦孝公时，商鞅变法使得秦国一跃而成为战国七雄中最强大的国家。这无疑对战国末期的其他国家有巨大的吸引力。

屈原起草的宪令条文虽然未曾流传，但其精神可以从《离骚》中窥见一斑：

“众皆竞进以贪婪兮，凭不厌乎求索。羌内恕己以量人兮，各兴心而嫉妒。”又说：“固时俗之工巧兮，偭规矩而改错。背绳墨以追曲兮，竞周容以为度。”可见楚国贵族的贪婪弄权、蔑视法纪、为所欲为的跋扈面貌，这已经成为楚国的时弊。

四、思想会客厅

屈原希望楚怀王不要听信谗言，因而极力劝谏，一如《李尔王》中的弄人反复劝谏，希望李尔王对两个坏女儿有所防备。

在《李尔王》的第一幕第四场，当李尔王把自己的所有财产全给了两个女儿，弄人便有所预感，开始嘲弄李尔王：

……啊，老伯伯！但愿我有两顶鸡头帽，再有两个女儿！

李：为什么，我的孩子？

弄人：要是我把我的家私一起给了她们，我自己还可以存下两顶鸡头帽。我这儿有一顶；再去向你的女儿们讨一顶戴戴吧。

李：嘿，你留心着鞭子。

弄人：真理是一条贱狗，他只好躲在狗洞里；当猎狗太太站在火边撒尿的时候，他必须给人一顿鞭子赶出去。

李：简直是揭我的痛疮！

弄人：（向肯）喂，让我教你一段话。

李：你说吧。

弄人：听着，老伯伯——

多积财，少摆阔；
耳多听，话少说；
少放款，多借债；
走路不如骑马快；
三言之中信一语，
多掷骰子少下注；
莫饮酒，莫嫖妓；
闭门不管他家事：

会打算的占便宜，

不会打算叹口气。[1]

你看你看，当着堂堂一国之君，弄人竭尽嬉笑嘲弄之能事，而李尔王一点也不生气。不得不说，弄人的这些歌里面，包含着莫大的智慧，可惜点不醒李尔王这个梦中人！

屈原直谏，弄人讽谏，都是忠心耿耿，希望君主正道直行，免于走弯路，中外贤臣之心，皆诚挚至此。

五、练习步步高

（一）知识识记

1. 填空。

（1）指九天以为正兮，________________。（《离骚》）

（2）昔三后之纯粹兮，________________。（《离骚》）

（3）朝饮木兰之坠露兮，________________。（《离骚》）

（4）老冉冉其将至兮，________________。（《离骚》）

（5）虽不周于今之人兮，________________。（《离骚》）

2. 解释下列加点的字词。

（1）虽不周于今之人兮（　　　　　　　　）

（2）何桀纣之猖披兮（　　　　　　　　）

（3）余固知謇謇之为患兮（　　　　　　　　）

（4）及前王之踵武（　　　　　　　　）

3. 将下列句子翻译成现代汉语。

（1）岂余身之惮殃兮，恐皇舆之败绩。

____

（2）羌内恕己以量人兮，各兴心而嫉妒。

____

[1] 莎士比亚：《李尔王》，朱生豪译，北京：中国青年出版社，2014 年，第 35—36 页。

（二）诗心体悟

“众皆竞进以贪婪兮，凭不厌乎求索。羌内恕己以量人兮，各兴心而嫉妒。”（《离骚》）屈原为什么会引起那么多小人的嫉妒呢？

（三）思想碰撞

阅读下列材料，利用工具书疏通文意，再查阅相关资料，回答问题。

材料一：《离骚》（节选）。

荃不察余之中情兮，反信谗而齌怒。

余固知謇謇之为患兮，忍而不能舍也！指九天以为正兮，夫唯灵修之故也。

材料二：《李尔王》的第一幕第五场，当李尔王被大女儿贡纳梨赶出来，要到二女儿吕甘那里去时，弄人又有话要说了。

弄人：你到了你那另外一个女儿的地方，就可以知道她会待你多么好；因为虽然她跟这一个就像野苹果跟家苹果一样相像，可是我可以告诉你我所知道的事情。

李：你可以告诉我什么，孩子？

弄人：你一尝到她的滋味，就会知道她跟这一个完全相同，正像两颗野苹果一般没有分别。你能够告诉我为什么一个人的鼻子生在脸孔中央吗？

李：不。

弄人：因为中间放了鼻子，两旁就可以安放眼睛；鼻子嗅不出来的，眼睛可以窥探进去。

李：我对不起她，——

弄人：你知道牡蛎怎样造它的壳吗？

李：不。

弄人：我也不知道；可是我知道蜗牛为什么背着一个屋子。

李：为什么？

弄人：因为可以把它的头放在里面；它不会把它的屋子送给它的女儿，害得它的角也没有地方安顿。[1]

问题：你觉得屈原和《李尔王》中谏言的弄人有相似之处吗？

上下求索

一、原典选读

离骚（节选一）

原文

女媭之婵媛①兮，申申其詈②予。曰：鲧③婞直以亡身兮，终然夭乎羽④之野。汝何博⑤謇而好修兮，纷独有此姱节⑥？薋⑦菉葹以盈室兮，判独离而不服⑧。众不可户⑨说兮，孰云察余⑩之中情？世并举⑪而好朋兮，夫何茕独⑫而不予听？

注释

①女媭（xū）：屈原姊也。女媭的话全是善意的责备，态度和口气比较适合姊的身份。婵媛：关切牵挂的样子。 ②申申：反反复复。詈（lì）：责备。 ③鲧（gǔn）：禹的父亲。 ④羽：羽山。传说一般认为鲧治水失败而被杀，韩非子却认为鲧因直谏尧而被杀。 ⑤博：广博，多。 ⑥姱节：美好的节操。 ⑦薋：积聚。 ⑧判：分别。服：用，佩戴。 ⑨户：通“扈”，语气助词。 ⑩余：犹今言“咱们”，指女媭和屈原两人。 ⑪并举：互相吹捧。 ⑫茕（qióng）独：孤独。

今译

女媭十分关怀我啊，她反反复复地指责我。她说：鲧刚直而不顾自己的性命，最终被杀死在羽山荒野。

[1] 莎士比亚：《李尔王》，朱生豪译，北京：中国青年出版社，2014年，第48—49页。

你何必这样直爽又爱好高洁，独自保有美好的节操？杂花野草把屋子都堆满了，你却与众不同不肯佩戴。

不可能一家家都去说明啊，又有谁会理解咱们的心？世俗小人互相吹捧结党营私啊，你怎么这样孤傲连我的话也不听？

原文

《离骚》(节选二)

依前圣以节中①兮，喟凭②心而历兹。济沅湘③以南征兮，就重华④而陈词：

启《九辩》与《九歌》兮，夏⑤康娱以自纵。不顾难⑥以图后兮，五子用失乎家巷⑦。

羿淫游以佚畋⑧兮，又好射夫封狐⑨。固乱流⑩其鲜终兮，浞又贪夫厥家⑪。

浇身被服强圉兮⑫，纵欲而不忍⑬。日康娱而自忘兮，厥首用夫颠陨⑭。

夏桀之常违兮，乃遂焉⑮而逢殃。后辛⑯之菹醢兮，殷宗用而不长。

汤禹俨而祗敬兮⑰，周⑱论道而莫差。举贤而授能⑲兮，循绳墨而不颇⑳。

皇天无私阿兮，览民德焉错辅㉑。夫维圣哲以茂行兮，苟得用此下土。

瞻前而顾后兮，相观民之计极㉒。夫孰非义而可用兮，孰非善而可服。

阽㉓余身而危死兮，览余初其犹未悔。不量凿而正枘㉔兮，固前修以菹醢。

曾歔欷余郁邑兮，哀朕时之不当。揽茹蕙以掩涕兮，沾余襟之浪浪。

注释

①节中：适中，不偏不倚。　②喟（kuì）：感叹，叹息。凭：愤懑。③济：渡过。沅湘：沅水、湘水，在湖南境内，流入洞庭湖。　④重华：舜名。传说舜死后葬在九嶷山。　⑤夏：指启，与上文启为互文。　⑥不顾难：不顾危难。　⑦五子用失乎家巷：夏启十年至十一年，启的五个儿子叛乱，被平定。五子：启的五个儿子。失：古“佚”字，过度。家巷：家乡。⑧畋（tián）：打猎。　⑨封狐：大狐狸。　⑩乱流：放荡。　⑪浞（zhuó）又贪夫厥家：传说夏时有穷国的国君羿耽于游猎，不理政事。国相寒浞擅权，与羿妻子纯狐私通，害死羿。浞：即寒浞，相传是羿的国相。厥：其。家：妻

室。⑫浇（ào）：寒浞的儿子。被服：穿戴，引申为依仗、负恃。强圉：强力。⑬不忍：不肯自制。⑭用夫：因此。颠陨（yǔn）：坠落。太康弟仲康之孙少康，攻灭浇，夏遂复兴。⑮乃：于是。遂：终于，结果。焉：语气助词。⑯辛：纣王的庙号。⑰汤禹：商汤、夏禹。祗（zhī）敬：敬重法度，不敢胡作非为，即谨慎。⑱周：周初的文王、武王等人。⑲举贤而授能：这是屈原重要的政治主张之一，在作品中反复强调。这几个字虽只在这里出现一次，但屈原赋是文学作品，不是政治论文，这一政治主张，主要寄寓于“骐骥”“众芳”等大量形象化的语言之中。⑳颇：偏斜。㉑错辅：措置。错：通“措”。辅：辅助。㉒计极：愿望，要求。㉓阽（diàn）：接近危险。㉔枘（ruì）：插孔用的木栓，此指凿的木柄。凿的上端圆形中空，枘插其内，是为柄。不迁就凿孔的方圆大小来削柄，就插不进去。这是比喻古代诤臣不肯苟合取容而不得善终。

今译

遵循先圣的法则不偏不倚啊，可叹我心怀愤懑至今不平。渡过沅水、湘水奔向南方啊，向舜帝陈述自己的衷情：

启上天带回《九辩》《九歌》啊，他从此放纵自己恣意欢乐。不顾危难也不考虑前途啊，他的五个儿子只图安逸招来大祸。

羿纵情游乐打猎啊，又沉迷于射杀大狐狸。放荡之徒就少有好的结局啊，寒浞贪恋并占有他的妻子。

寒浇自恃身强有力啊，放纵情欲不知节制。天天寻欢作乐忘乎所以啊，他的脑袋因此落地。

夏桀违背治国的正道啊，于是身死国灭而遭逢大祸。殷纣王残害忠臣贤良啊，商朝因此灭亡。

商汤夏禹谨慎畏天敬贤啊，周文王讲究治国正道。提拔贤良选用有才能的人啊，遵循一定的规矩、法则不偏不倚。

皇天公正无私心啊，看谁有德就辅佐谁。只有圣明、德行美好的人啊，才能够享有天下。

看看历史再看看现在啊，观察一下人们衡量事物的标准。看有谁不义而可以被任用啊，看有谁不善而可以得到民心。

尽管我面临着死亡的危险啊，可回想起初衷我并不悔恨。不度量好凿孔就硬装木柄啊，这正是前代贤人遭祸的原因。

我止不住地悲伤，心中烦闷啊，可怜我生不逢时。拿起柔嫩的蕙草擦拭眼泪啊，泪水涟涟沾湿了我的衣襟。

原文

离骚（节选三）

跪敷衽①以陈辞兮，耿吾既得此中正②。驷玉虬以乘鹥兮③，溘埃风④余上征。

朝发轫⑤于苍梧兮，夕余至乎县圃⑥。欲少留此灵琐兮，日忽忽其将暮。

吾令羲和弭节兮⑦，望崦嵫⑧而勿迫。路曼曼⑨其修远兮，吾将上下而求索。

饮余马于咸池⑩兮，总余辔乎扶桑⑪。折若木以拂日兮⑫，聊逍遥以相羊⑬。

前望舒⑭使先驱兮，后飞廉使奔属⑮。鸾皇为余先戒兮⑯，雷师告余以未具。

吾令凤鸟飞腾兮，继之以日夜。飘风屯其相离兮⑰，帅云霓而来御⑱。

纷总总其离合兮，斑⑲陆离其上下。吾令帝阍开关兮⑳，倚阊阖㉑而望予。

时暧暧其将罢兮，结幽兰而延伫㉒。世溷浊而不分兮，好蔽美而嫉妒。

注释

①衽：衣襟。②耿：明亮。中正：不偏斜之正道。③驷：古代一乘车套四匹马，这里做动词用，意同“驾”。虬（qiú）：无角的龙。鹥（yī）：传说中凤凰一类的鸟，身有五彩。④埃风：卷着尘埃的大风。⑤发轫：出发。轫：刹住车轮的横木。⑥县圃：神话中的山名，在昆仑山顶。县：古“悬”字。⑦羲和：神话中的人名，太阳的驾车人。弭（mǐ）：停。节：鞭。⑧崦嵫（yān zī）：神话中的山名，日落之处。⑨曼曼：通“漫漫”，遥远绵长的样子。⑩咸池：神话中的水名，太阳洗浴的地方。⑪总：系结。辔：缰绳。扶桑：神话中的树名，在汤谷上。⑫若木：神话中的树名，在昆仑山西极，太阳所入之处。拂：古通“蔽”。⑬相羊：通“徜徉”，自由自在地往来。⑭望舒：神话中月神的驾车人。⑮飞廉：风神。奔属：奔跑跟随。⑯鸾：神鸟，形状如鸡而大，五色。皇：“凰”，雌凤。先戒：先行警戒。⑰飘风：旋风。屯：聚集。离：读作“丽”，附着。⑱帅：率领。御：迎接。⑲斑：斑斓。⑳阍（hūn）：守门的人，因在黄昏时闭门，故名。关：本义是门闩，此指天门。㉑阊阖（chāng hé）：神话中的天门。㉒结：编结。延伫：久立。

今译

我敞开衣襟跪地倾诉衷情啊，很清楚我已经获得不偏斜的正道。驾白龙乘凤凰啊，乘卷着尘埃的大风我急速向天空飞去。

早晨我从苍梧山出发啊，晚上我已到达昆仑山的悬圃。本想在神灵住处稍作停留啊，怎奈落日匆匆天色将晚。

我令羲和止鞭停车啊，不要急忙靠近崦嵫山。前面的道路还很漫长啊，我将上天下地寻求知音。

让我的马在咸池饮水啊，把缰绳系在扶桑树上。折几枝若木遮挡太阳啊，让我暂且在这里自由徘徊。

命望舒在前面为我开路啊，令飞廉在后面奔跑跟随。凤凰在前面为我戒备啊，雷师却告诉我没有准备好。

我命令凤凰高高飞腾啊，日夜兼程不停飞行。旋风聚集紧相追随啊，率领着云霞彩虹前来迎接。

云霞彩虹乱纷纷忽离忽合啊，色彩斑斓上下飘忽翻腾。我让天庭的门卫把天门打开啊，他却倚着天门看着我。

天色昏暗时间已晚啊，我系结着幽兰久久站在门外。世道混浊善恶不分啊，总喜欢掩盖美好嫉妒贤能。

原文

《离骚》（节选四）

灵氛既告余以吉占兮，历[1]吉日乎吾将行。折琼枝以为羞[2]兮，精琼爢以为粻[3]。

为余驾飞龙兮，杂瑶象[4]以为车。何离心之可同兮，吾将远逝以自疏。

邅[5]吾道夫昆仑兮，路修远以周流。扬云霓之晻蔼兮[6]，鸣玉鸾[7]之啾啾。

朝发轫于天津[8]兮，夕余至乎西极。凤皇翼其承旂兮[9]，高翱翔之翼翼[10]。

忽吾行此流沙兮，遵赤水而容与[11]。麾蛟龙使梁津兮[12]，诏西皇使涉予[13]。

路修远以多艰兮，腾众车使径待[14]。路不周[15]以左转兮，指西海以为期[16]。

屯余车其千乘兮，齐玉轪[17]而并驰。驾八龙之婉婉兮，载云旗之委蛇[18]。

抑志而弭节[19]兮，神高驰之邈邈[20]。奏《九歌》而舞《韶》[21]兮，聊假日以媮[22]乐。

陟升皇之赫戏兮㉓，忽临睨㉔夫旧乡。仆夫悲余马怀兮，蜷局顾而不行㉕。

注释

①历：选择。②羞：肉脯，这里指精美的菜肴。③琼靡（mí）：玉屑。粻（zhāng）：粮食。④象：象牙。⑤邅（zhān）：转弯，楚方言。⑥扬云霓：举云霓为旗。晻蔼（yǎn ǎi）：云旗蔽日的样子。⑦玉鸾：玉铃，形如鸾鸟。⑧天津：天河的渡口。⑨翼：展翼。承：连接。旂：云旗。⑩翼翼：整齐的样子。⑪遵：循着。赤水：神话中的水名，源出昆仑山。容与：从容。⑫麾：指挥。梁津：在渡口搭桥。⑬诏：命令。西皇：古帝王少皞。涉予：帮我渡河。⑭腾：传告。径待：在路边侍卫。⑮路：路过。不周：不周山，神话中的山名，在昆仑山西北，山有缺口，故称不周。⑯期：读作"极"，目的地。⑰轪（dài）：车轮的别名，楚方言。⑱委蛇（yí）：即逶迤，舒卷蜿蜒的样子。⑲抑志：将旗帜下垂。志：通"帜"。弥节：放下赶车的马鞭。⑳邈邈：遥远的样子。㉑韶：即《九韶》，传说是舜时的舞乐。㉒媮：通"愉"。㉓陟（zhì）：登。皇：皇天。戏：一作"曦"，义同"赫"，光明的样子。㉔临：居高视下谓临。睨：旁视。㉕蜷局：蜷曲不伸。顾：回头。

今译

灵氛告诉我占卜吉祥，选择一个好日子我将远行。折玉树枝当作菜肴啊，把美玉磨成细屑作为干粮。

替我把飞龙驾起啊，用美玉象牙把车子镶嵌。不同心的人怎么可以共处啊，我将主动疏远你远走他乡。

把我的行程转向西方的昆仑山啊，道路是那么遥远而漫长。高扬的云旗遮天蔽日啊，车上的玉铃叮咚作响。

清晨从天河渡口出发啊，晚上我就到了遥远的西方。凤凰展翅高举着云旗啊，整齐地在高空翻飞翱翔。

转眼我来到一片沙漠啊，循着赤水我从容不迫。指挥蛟龙在渡口搭桥啊，命令西皇少皞帮我渡河。

路途遥远又艰险啊，传令众车让他们侍卫在两旁。路过不周山向左转啊，遥指西海那才是我神往的目的地。

集合起我的千辆车乘啊，一排排整齐的玉轮并驾飞行。驾起八龙蜿蜒前进啊，车上的云旗舒卷蜿蜒。

将旗帜下垂，放下赶车的马鞭，我的精神仍在高飞驰骋。奏起《九歌》舞起《九韶》啊，及时行乐啊，在广阔的云天。

我刚登上明亮的天国啊，突然间又俯见熟悉的家园。仆夫悲伤马儿也伤心啊，缩身回头不肯向前。

原文

离骚（节选五）

乱①曰：已矣哉！国无人莫我知②兮，又何怀乎故都③？
既莫足与为美政④兮，吾将从彭咸之所居⑤！

注释

①乱：乐曲的卒章称乱，也就是尾声的意思。从文章方面讲，乱，理也。篇章既成，撮其大要，称乱辞。 ②莫我知：即“莫知我”，为否定句宾语提前句式。 ③故都：故国。 ④美政：指屈原的政治理想和主张。 ⑤从彭咸之所居：“犹言相从古人于地下也”。

今译

尾声：算了吧！朝廷里没有人理解我啊，我又何必思恋着故国？
既然没人能与我推行美政啊，我将要以彭咸作为榜样！

二、知识朋友圈

1. 上下求索。

诗人的远游充满了浪漫而神奇的色彩，展现了诗人如神话一般上天入地奇幻的、缥缈的想象力：他在求索的过程中，让他的马在太阳洗浴的咸池里沐浴，将马拴在扶桑树上，诗人让日神在前带路，让风神作随从，让鸾鸟凤凰在前开道，让雷神驾云寻求洛水女神宓妃。神话和想象的结合，使本来艰辛的求索带上极为浪漫的色彩，令人神往。

面对政治黑暗时他人与时推移、韬光养晦、明哲保身的建议，屈原说“宁溘死以流亡兮”，也一定要不顾生死、直言进谏，即便被世人嘲笑为不识时务，也坚持“举世皆浊我独清，众人皆醉我独醒”《渔父》的独立姿态，即便无人理解，也不改初衷，对于君国“虽九死其犹未悔”。这种坚守心中信念、独立不迁的精神历来使世人惊叹不已。

2. 语言积累。

神。《说文解字》云：“神，天神，引出万物者也。”《离骚》中唯一能够理解屈原的，只有天和古人。陶渊明在《咏贫士》(其二)中说：“何以慰吾怀，赖古多此贤。”有什么可以宽慰、理解我呢？幸好古代还有很多道德高尚的贤人。屈原对舜帝的这番陈词也反映了屈原在古人身上所获得的精神力量。

三、诗心点点通

在屈原之前，中国古代文学作品中的浪漫主义基本上是朴素的、自发的。从屈原开始，积极浪漫主义得到自觉运用，并显示了巨大的威力。首先，他把自己塑造为一个崇高、完美的理想主义者。为了塑造崇高、完美的形象，屈原充分发挥想象力，运用全部文化知识，调动一切艺术手段，绘制不受时间局限的广阔背景，配备多种多样、生动奇异的景色和事物，使诗作呈现出色彩浓艳、形象瑰丽、气势雄浑的特色，以足够的容量来表现深刻的思想和奔放的热情。

其丰富而夸张的想象力背后，其实是诗人的凌云之志。志向足够高远的人，才不会轻易被现实击垮。诗人的志向使他有坚强的信心，即便现实中遭遇挫折，也始终保持高远、独立、昂扬的精神状态，追寻理想，决不妥协。所以《九章·涉江》中，诗人离开时也依然有强烈的自我认同，“与天地兮同寿，与日月兮同光”。

四、思想会客厅

屈原在《离骚》中的上下求索、云天飞翔，与西方的浪漫主义异曲同工。

浪漫主义在反映客观现实上侧重从主观内心世界出发，抒发对理想世界的热烈追求，常用热情奔放的语言、瑰丽的想象和夸张的手法来塑造形象。浪漫主义的创作倾向由来已久，早在人类文学艺术处于口头创作的时期，一些作品就不同程度地带有浪漫主义的因素和特色，但这时的浪漫主义既未形成思潮，又不是自觉为人们所掌握的创作方法。

许多知识分子和历史学家将浪漫主义视为对启蒙运动的反弹，对启蒙时代的反思。启蒙时代的思想家强调演绎推理的绝对性，而浪漫主义者则强调直觉、想象力和感觉，甚至到了被一些人批评为“非理性主义”的程度。

在整体上而言，浪漫主义运动由欧洲在 18 世纪晚期至 19 世纪初期出现的许多艺术家、诗人、作家、音乐家以及政治家、哲学家等各种人物自发组成，但至于浪漫主义的详细特征和对于浪漫主义的定义，一直到 20 世纪仍是思想史和文学史界争论的问题。

夏尔・波德莱尔给的定义是：“浪漫主义既不是随兴的取材，也不是强调完全的精确，而是位于两者的中间点，随着感觉而走。”

积极浪漫主义敢于正视现实，批判社会的黑暗，矛头针对封建贵族，反对资本主义社会中残存的封建因素，同时对资产阶级本身所造成的种种罪恶现象也有所揭露，因而充满反抗、战斗的激情，寄理想于未来，向往新的美好生活，有的赞成空想社会主义。代表作家有英国的拜伦、雪莱、史蒂文森，法国的雨果、乔治・桑，德国的海涅，俄国的普希金（早期），波兰的密茨凯维支以及匈牙利的裴多菲，等等。他们的生活实践和艺术实践，都是同当时资产阶级民主革命思想、各国的民族解放运动联系在一起的，大多数作家是这些民族解放运动的积极参加者。

五、练习步步高

（一）知识识记

1. 填空。

（1）国无人莫我知兮，______________________？（《离骚》）

（2）既莫足与为美政兮，______________________！（《离骚》）

2. 解释下列加点的字词。

（1）依前圣以节中兮（　　　　　　）

（2）浞又贪夫厥家（　　　　　　）

（3）吾令羲和弭节兮（　　　　　　）

（4）总余辔乎扶桑（　　　　　　）

3. 将下列句子翻译成现代汉语。

（1）路曼曼其修远兮，吾将上下而求索。

____

（2）朝发轫于苍梧兮，夕余至乎县圃。

____

（二）诗心体悟

“陟升皇之赫戏兮，忽临睨夫旧乡。仆夫悲余马怀兮，蜷局顾而不行。”（《离骚》）你如何理解屈原上下求索后依然眷恋楚国？

（三）思想碰撞

阅读下列材料，利用工具书疏通文意，再查阅相关资料，回答问题。

材料一：《离骚》(节选)。

朝发轫于天津兮，夕余至乎西极。凤皇翼其承旂兮，高翱翔之翼翼。

忽吾行此流沙兮，遵赤水而容与。麾蛟龙使梁津兮，诏西皇使涉予。

材料二：浪漫主义偏重表现主观理想，抒发强烈的个人感情。

浪漫主义对法国大革命后的现实极为不满，往往把非资本主义的生活加以理想化。浪漫主义作家深感古典主义所宣扬的理性对文艺创作是一种枷锁，于是强调创作的绝对自由，反对古典主义的清规戒律，要求突破文学描绘现实的范围，把情感和想象提到首要地位。他们特别重视爱情题材，对人的梦境也进行了大量的描写。

材料三：浪漫主义描写自然风光，歌颂大自然。

由于厌恶资本主义物质文明，反感庸俗丑恶的现实，而雄伟瑰丽的大自然和远方奇异的情景，则成为浪漫主义作家寄托自由理想的所在。在他们的笔下，大自然的美和崇高往往同城市生活的丑恶鄙俗形成强烈的对比，一些非凡的人物往往出没在大自然中间或奇异的和具有异国情调的环境里。

材料四：浪漫主义酷爱描写中世纪和以往的历史。

从司各特开始，至雨果、大仲马等浪漫派小说家，大都以历史题材为描写对象。有的浪漫主义者美化了中世纪封建宗法制度，把中世纪当作“黄金时代”，以与资本主义相对立。

材料五：浪漫主义重视民间文学，尤其是中世纪的民间文学。

在德国和英国，浪漫主义都是从搜集中世纪民间文学开始的，为此还提出“回到中世纪”的口号。这是因为中世纪的民间文学不受古典主义的清规戒律的束缚，其想象丰富，情感真挚，表达自由，语言通俗。

问题：你觉得屈原的笔法和西方的浪漫主义有何异同？

神歌招魂

一、原典选读

原文

九歌·湘夫人（节选一）

帝子①降兮北渚，目眇眇兮愁予②。袅袅③兮秋风，洞庭波兮木叶下④。

登白薠兮骋望⑤，与佳期兮夕张⑥。鸟何萃⑦兮蘋中，罾⑧何为兮木上？

沅有茝兮澧有兰⑨，思公子⑩兮未敢言。荒忽⑪兮远望，观流水兮潺湲。

麋⑫何食兮庭中，蛟何为兮水裔⑬？朝驰余马兮江皋⑭，夕济兮西澨⑮。闻佳人兮召予，将腾驾兮偕逝⑯。

注释

①帝子：湘君对湘夫人的尊称。古人称儿女不分性别，均作“子”。“帝子”犹后世“公主”。 ②眇（miǎo）眇：极目远望的样子。愁予：使我忧愁。 ③袅袅：轻风吹拂的样子。 ④波：生波。下：落。 ⑤薠（fán）：水草名，生湖泽间。骋望：纵目而望。 ⑥佳：佳人，指湘夫人。期：期约。张：陈设，指陈设帷帐、祭品等。 ⑦萃：集。鸟本应集在木上，反说在水草中。 ⑧罾（zēng）：渔网。罾本应在水中，反说在木上，比喻所愿不得，失其应处之所。 ⑨沅：沅水，在今湖南。澧（lǐ）：澧水，在今湖南，流入洞庭湖。 ⑩公子：指帝子，湘夫人。古代贵族称公族，贵族子女不分性别，都可称公子。 ⑪荒忽：即“恍惚”，神志迷乱的样子。 ⑫麋（mí）：兽名，

似鹿而大。　⑬水裔：水边。此句意谓蛟本应在深渊却在水边。比喻所处失常。　⑭皋：水边高地。　⑮澨（shì）：水边。　⑯腾驾：驾着马车奔腾飞驰。偕逝：指与使者同往。

今译

公主降临北岸，我望眼欲穿已忧愁满怀。凉爽的秋风阵阵吹来，洞庭湖波浪翻涌树叶落下。

登上长着白薠的高地远望，为约会忙到月黄昏。为何鸟儿聚集在水草间，为何渔网悬挂在大树颠？

沅水有白芷澧水有幽兰，眷念公主却有口难开。放眼展望一片苍茫，只见河水缓慢流动。

为何山林中的麋觅食庭院，为何深渊里的蛟搁浅水边？早晨我骑马在江边奔驰，傍晚就渡水到了西岸。好像听到美人召唤我，多想与她一起驾着马车奔腾飞驰向前。

原文

九歌·湘夫人（节选二）

筑室兮水中，葺之兮荷盖①。荪壁兮紫坛②，播芳椒兮成堂③。

桂栋兮兰橑④，辛夷楣兮药房⑤。罔薜荔兮为帷⑥，擗蕙櫋⑦兮既张。

白玉兮为镇⑧，疏石兰⑨兮为芳。芷葺兮荷屋，缭之兮杜衡⑩。

合百草兮实庭⑪，建芳馨兮庑门⑫。九嶷缤⑬兮并迎，灵之来兮如云。

捐余袂⑭兮江中，遗余褋⑮兮澧浦。搴汀洲兮杜若⑯，将以遗兮远者⑰。时不可兮骤⑱得，聊逍遥兮容与。

注释

①葺：编结。盖：指屋顶。　②荪（sūn）壁：用荪草饰壁。荪：一种香草。紫：紫贝。坛：庭院。　③成：盛。用芳椒（一种科香木）涂壁，香气满堂。　④栋：屋栋，屋脊柱。橑（lǎo）：屋椽。　⑤辛夷：香木名，初春开花。楣：门上横木。药：香草名，即白芷。　⑥罔：通“网”，作编织。薜荔：一种香草，缘木而生。帷：帐幔。　⑦擗（pì）：剖。蕙：一种香草。櫋（mián）：檐际木。　⑧镇：压座席之物。　⑨疏：散布，分陈。石兰：兰草的一种。　⑩缭：缠绕。杜衡：一种香草。　⑪合：合聚。百草：指众芳草。实：充实。　⑫馨：散布很远的香气。庑（wǔ）：走廊。　⑬九嶷（yí）：山名，又名苍梧，传说中舜的葬地，在湘水南。这里指九嶷山神。缤：盛多的样子。　⑭袂（mèi）：衣袖。　⑮遗：读作“坠”，丢下。褋（dié）：汗衫。　⑯汀：水中或水边的平地。杜若：一种香草。　⑰远者：

陌生人。 ⑱骤：屡次。

今译

在水中建别致的宫室，上面用荷叶覆盖遮掩。用荪草抹墙紫贝装饰庭院，厅堂上把香椒粉撒满。

用玉桂做梁木兰为屋椽，辛夷做门上横木白芷点缀房间。编织好薜荔做个帐幔，再把蕙草张挂在屋檐。

拿来白玉镇压座席，摆开石兰芳香散布。荷叶屋顶加白芷，有杜衡缠绕四边。

汇集百草摆满整个庭院，让走廊之间香气弥漫。九嶷山的众神一起相迎，神灵的到来就像满天云朵。

把我的衣服投入湘江之中，把我的汗衫丢在澧水之滨。在水中的沙洲采来杜若，宁可送给陌生人。良辰美景不再来，只能散步舒愁心。

原文

九歌·山鬼

若有人兮山之阿①，被薜荔兮带女萝②。既含睇兮又宜笑③，子④慕予兮善窈窕。

乘赤豹兮从文狸⑤，辛夷车兮结桂旗。被石兰兮带杜衡⑥，折芳馨兮遗所思。

余处幽篁⑦兮终不见天，路险难兮独后来⑧。表⑨独立兮山之上，云容容⑩兮而在下。

杳冥冥兮羌昼晦⑪，东风飘兮神灵雨⑫。留灵修⑬兮憺忘归，岁既晏兮孰华予⑭。

采三秀⑮兮于山间，石磊磊兮葛蔓蔓⑯。怨公子兮怅忘归，君思我兮不得闲。

山中人兮芳杜若⑰，饮石泉兮荫松柏。君思我兮然疑⑱作。

雷填填兮雨冥冥⑲，猨啾啾兮狖夜鸣⑳。风飒飒兮木萧萧，思公子兮徒离㉑忧！

注释

①若：仿佛。一说为发语词。人：指山鬼。山之阿（ē）：山间。 ②被：通“披”。带：腰带，作动词用。女萝：又名菟丝，是一种缘物而长的蔓生植物。 ③睇：含情微视。宜笑：笑得自然得体。 ④子：借作“慈”，温柔可爱之意。一说“子”指“你”，即山鬼的恋人。 ⑤乘：驾车。从：跟随。文狸：有花纹的灵猫。 ⑥杜衡：多年生草本植物。 ⑦余：山鬼自称。幽篁：竹林深处。 ⑧后来：迟到。 ⑨表：突出。 ⑩容容：通“溶溶”，

大水流动的样子，此处指浮云飘游。⑪杳冥冥：幽深且昏暗。羌：语气助词。晦：昏暗。⑫飘：风刮得很大的样子。神灵：雨神。⑬留灵修：为灵修而留。灵修：指山鬼的恋人。⑭晏：晚。岁既晏：年岁已老。华：通“花”，作动词用，使我年岁如花之意。⑮三秀：灵芝草。灵芝一年开三次花，故名。秀：开花。⑯磊磊：乱石堆积的样子。葛：蔓生植物。⑰山中人：山鬼自指。芳杜若：像杜若般芬芳。⑱然：诚然、相信，与“疑”相对。闻一多认为这句有脱文。⑲填填：雷声。雨冥冥：因下雨而天色昏暗。⑳猨：即“猿”。啾啾：猿声。狖（yòu）：黑色的长尾猿。㉑徒：徒然，白白地。离：“罹”，遭受。

今译

仿佛有人在深山谷坳，身披薜荔啊腰束女萝。含情微视啊嫣然一笑，温柔可爱啊形貌姣好。

赤豹驾车啊文狸跟随，辛夷为车啊桂花饰旗。石兰盖顶啊杜衡装饰，折枝鲜花啊聊寄相思。

竹林深处啊暗无天日，道路险峻啊独自来迟。孤身一人啊伫立山巅，云海茫茫啊飘游卷舒。

山色幽暗啊白昼如夜，东风狂舞啊神灵降雨。我痴情等你啊忘记归去，红颜凋谢啊怎能永葆花季？

我在山间采撷益寿的灵芝，乱石堆积啊葛藤四处缠绕。抱怨公子啊怅然忘记归去，你思念我啊却没得空闲。

山中人儿像杜若般芬芳，口饮石泉啊头顶松柏。你想我啊是真是假。

雷声滚滚啊细雨蒙蒙，猿鸣啾啾啊夜色沉沉。风声飒飒啊落木萧萧，思慕公子啊独自悲伤。

原文

九歌·国殇

操吴戈兮被犀甲①，车错毂兮短兵接②。
旌蔽日兮敌若云，矢交坠③兮士争先。
凌余阵兮躐余行④，左骖殪兮右刃伤⑤。
霾两轮兮絷四马⑥，援玉枹兮击鸣鼓⑦。
天时坠兮威灵怒⑧，严⑨杀尽兮弃原野。
出不入兮往不反⑩，平原忽兮路超远⑪。
带长剑兮挟秦弓⑫，首身离兮心不惩⑬。
诚既勇兮又以武⑭，终刚强兮不可凌⑮。

身既死兮神以灵⑯，子魂魄⑰兮为鬼雄。

注释

①吴戈：吴国制造的戈，当时吴国的冶铁技术较先进，吴戈因锋利而闻名。被，通“披”，穿着。犀甲：犀牛皮制作的铠甲，特别坚硬。②毂：车轮的中心部分，有圆孔，可以插轴，这里泛指战车的轮轴。错：交错。短兵：指刀剑一类的短兵器。③矢交坠：两军相射的箭纷纷坠落在阵地上。④凌：侵犯。躐（liè）：践踏。行：行列。⑤左骖（cān）：古代一车驾四马，中间的两匹称服，外边的两匹称骖。殪（yì）：死。⑥霾（mái）：通“埋”，古代作战，在激战将败时，埋轮缚马，表示坚守不退。絷（zhí）：绊。⑦援：拿。枹（fú）：鼓槌。⑧天时坠：意思是天时对我军不利，使我军遭受失败。天时：天象。坠：坠落。⑨严：严酷。⑩反：通“返”。⑪忽：渺茫，不分明。超远：遥远无尽头。⑫秦弓：指良弓。战国时，秦地木材质地坚实，制造的弓射程远。⑬惩：悔恨。⑭诚：诚然，确实。以：且，连词。武：威武。⑮终：始终。凌：侵犯。⑯神以灵：指死而有知，英灵不泯。神：指精神。⑰魂魄：古人认为“神”包括“魂”和“魄”两个方面。《淮南子·说山训》：“魄问于魂”。注曰：“魂，人阳神也。魄，人阴神也。”

今译

手执锋利的吴戈啊身披坚硬的犀牛皮制作的铠甲，在车轮交错中与敌人开战。

旌旗蔽日啊敌寇蜂拥如云，箭雨纷坠啊战士奋勇向前。

敌寇侵犯我军阵啊践踏队列，战马左马已死亡啊右马被刀剑刺伤。

埋定车轮啊拉住战马，拿过玉槌啊擂动鼓点。

天时不利我军败啊阵亡将士的魂灵仍愤怒不屈，被残杀的将士啊散弃荒原。

既已出征啊就没想过要返回，家道邈远啊去路漫漫。

带上长剑啊操起秦弓，即使尸首分离啊也不悔恨。

真是英勇无畏啊武艺超凡，你永远刚强啊不可侵犯。

既已身死啊将成神显灵，你的魂魄啊为鬼中英雄。

二、知识朋友圈

1. 神歌招魂。

《九歌》是楚国祭祀时用的乐神之歌，现在流传下来的是屈原在原来神歌的基础上加以润色而成。《九歌》共 11 篇，《东皇太一》《云中君》《湘君》《湘夫人》《大司命》《少司命》《东君》《河伯》《山鬼》《国殇》《礼魂》。祭天神的 5 篇，即《东皇太一》《云中君》《大司命》《少司命》《东君》，都由饰为天神的主巫与代表世人的群巫共同参与。祭祀地祇的 4 篇，即《湘君》《湘夫人》《河伯》《山鬼》，则由饰为地祇的主巫独唱独舞。《国殇》是楚人祭祀本国阵亡将士的，因祭祀对象深受崇敬，所以规格与祭天神的 5 篇相似，也有主巫与群巫的对唱。

2. 语言积累。

巫。《说文解字》云：“巫，祝也。女能事无形，以舞降神者也。”巫，就是向神祝祷的人。小篆写作，象人挥动两袖起舞之形。“巫”和“工”的字形相似，可以通用。据传古时候巫咸最早开始运用降神的巫术，所有与“巫”相关的字，都采用“巫”作为偏旁。

三、诗心点点通

《九歌·湘夫人》是写湘君对湘夫人的怀恋，体现了他对爱情的忠贞。第一节写湘君盼望会见湘夫人的迫切心情及会见落空后的内心惆怅，第二节抒写湘君对湘夫人的痴情和对幸福生活的渴望，第三节写湘君的决绝之情和希望。诗人通过对现实景物、假想景物和幻想境界的描写，构成了多种形式的情景交融的境界，多方面烘托了人物情感的起伏变化。

《九歌·山鬼》中的山鬼是一位缠绵多情的女神，全诗细致地表现了山中女神对美好爱情的向往和失恋后忧伤凄苦的情态。开头八句写山鬼的出场、装束、神态和乘车赴约的情景，中间十二句写山鬼不见情人赴约的内心活动，最后七句进一步以凄厉的背景渲染了山鬼失恋后的痛苦。山鬼的形象既有山川景色的自然美，又有社会人世中多情女子的美，是自然美与社会美的巧妙结合。

《九歌·国殇》前十句写激烈而悲壮的战斗场面，楚军在强敌面前浴血奋战，其斗争精神惊天地、泣鬼神。后八句悼念将士为国捐躯，颂扬楚国将士为保家卫国不惜牺牲、视死如归的英雄气概和豪迈精神。全诗直赋其事，激昂慷慨，是古今诗坛不朽的杰作。

四、思想会客厅

《九歌》呈现了楚地巫文化。楚地巫文化的特点如下。

第一，楚地巫文化是集歌、舞、乐为一体的艺术表现形式。在中国古代社会中，负责通灵的巫师是最早的乐师和舞者，他们通过歌、舞、乐进行人与神的沟通、交流，在祭祀活动中通过歌舞的方式娱神，希望神灵能够实现人们的美好愿望。

第二，在祭祀活动中以恋娱神，将神人格化。鲁迅曾在《汉文学史纲要》中指出，《楚辞》中所描写的与神灵恋爱的想象北方人不敢称道。南方楚地的神灵与北方确然不同，他们没有三头六臂，长相也不奇形怪状，而是像人一样具有现实的感情。

第三，通灵。这是巫师与死亡世界沟通的一种方式。

第四，咒语。巫师的工作是从外部获得足够的力量，让咒语生效，并保证为此选择正确的辅助力量。

五、练习步步高

（一）知识识记

1. 填空。

（1）帝子降兮北渚，__________。（《九歌・湘夫人》）

（2）袅袅兮秋风，__________。（《九歌・湘夫人》）

（3）时不可兮骤得，__________。（《九歌・湘夫人》）

（4）若有人兮山之阿，__________。（《九歌・山鬼》）

2. 解释下列加点的字。

（1）思公子兮徒离忧（　　　　　　　　）

（2）表独立兮山之上（　　　　　　　　）

（3）被薜荔兮带女萝（　　　　　　　　）

（4）诚既勇兮又以武（　　　　　　　　）

3. 将下列句子翻译成现代汉语。

既含睇兮又宜笑，子慕予兮善窈窕。

（二）诗心体悟

有人说《九歌》是当时的歌舞剧，对此你怎么看？

（三）思想碰撞

阅读下列材料，利用工具书疏通文意，再查阅相关资料，回答问题。

材料一：据《说文解字》中对“巫”字的解释可以得知，古时候“巫”字的写法来源于人们翩翩起舞的样子，也是巫师从事祭祀活动的真实写照。楚地人在进行祭祀活动时也常歌、乐、舞并举，将身体的舞动、口中念念有词和各种乐器的打击吹奏融为一体。

材料二：《湘君》写湘夫人精细装扮自己，临风盼月日日思念湘君，却因久久不得而黯然神伤。《湘夫人》写湘君盼望湘夫人赴约的款款深情，湘夫人未至时深切思念，湘夫人到来时欣然、喜悦。

材料三：楚国最初封国之时，其封地在楚蛮。亚热带气候之下，长江和汉水频发水灾，瘴气弥漫，蛇兽肆虐，阴森恐怖。楚国山阔水深，林泽广布，郁郁苍苍，灵翠荡漾，弥漫着水乡泽国的灵秀之气。

材料四：隋唐时期，楚地巫文化极为盛行，在唐代许多诗人的诗歌中可以窥见一二。如元稹因遭受贬谪从长安迁至江陵，写下《赛神》一诗，柳宗元和刘禹锡在亲眼见到楚地之人“尚鬼”后也留下了许多描绘楚地巫文化的诗词。

问题：为何楚地会产生巫文化，且长盛不衰？

（王琳妮　编）

第三单元

《论语》选读

单元概说

如果有人问你，古往今来这么多人，谁对中国文化影响最深远，我想你会脱口而出：孔子。如果有人问你，古往今来这么多书，哪一本对中国文化影响最深远，我想你会脱口而出：《论语》。可是，如果有人问你，孔子是一个什么样的人，你会怎么回答？如果有人问你，《论语》是一本什么样的书，你会怎么回答？

很多时候，我们最熟悉的人，却是我们最容易忽略的人；似乎最让我们恭敬的东西，我们却敬而远之。

对比世界上的其他古文化，人们不禁思考一个问题：中国文化何以几千年后仍能生生不息呢？

众多学者从不同的角度给出了不同的答案，其中有一个答案是：中国文化有孔子及《论语》。孔子及《论语》之重要，由此可见一斑。

孔子，名丘，字仲尼，鲁国陬邑（今山东曲阜）人，被尊为儒家学派的创始人。“子”是对他的尊称。

柳诒徵先生在《中国文化史》第二十五章《孔子》开篇说：“孔子者，中国文化之中心也。无孔子则无中国文化。自孔子以前数千年之文化，赖孔子而传；自孔子以后数千年之文化，赖孔子而开。”

柳诒徵先生为什么给孔子这样的评价？因为对中国文化影响最大的儒家其最重要的经典——“六经”(《诗》《书》《礼》《乐》《易》《春秋》）都与孔子关系紧密。

《史记·孔子世家》记载：“孔子之时，周室微而礼乐废，《诗》《书》缺”，孔子“追迹三代之礼，序《书传》”；“古者《诗》三千余篇，及至孔子，去其重”，“三百五篇孔子皆弦歌之，以求合《韶》《武》《雅》《颂》之音”，“礼乐自此可得而述”，且“孔子以《诗》《书》《礼》《乐》教，弟子盖三千焉”。司马迁在这里讲得很清楚：是孔子使崩毁的《礼》《乐》得以流传，使边缘化的《诗》《书》得以回到人们的生活当中。

《汉书·儒林传》说孔子“晚而好《易》，读之韦编三绝，而为之传”。“传”在这里是解释、阐释的含义。孔子“传”《易》的目的是什么？用《礼记》中的话说，是“洁静精微而不贼”。整句话的意思是说，通过《易》的教化，使人的内心纯洁无瑕，明察秋毫，上达幽微精妙的天道，进入一种澄明无碍的高远境界，绝不陷入因对怪诞之事的探求而伤害自身与他人的境地。孔子研《易》、释《易》、以《易》教弟子，将《易》引入创造中华精神的至高殿堂，其功至伟。

《史记·儒林列传》说孔子“因史记作《春秋》”，即根据史料记载写作《春秋》。《春秋》对后世的影响至大，其意义难以尽述。如勉强概括，只能说，它在天地大义方面为后世树立了立论与评说的典范。

除了“六经”，孔子对后世影响巨大的还有记载了他及其弟子言行的《论语》。

《论语》的“论”读作 lún，意思是按照一定的次序排列言论。《论语》由孔子的弟子及其再传弟子编纂而成，内容主要是孔子的谈话、答弟子问及弟子间相与问答，集中体现了孔子的政治主张、伦理思想、道德观念及教育原则等，是研究孔子思想的主要资料。宋代将它与《大学》《中庸》《孟子》合称为“四书”。

《论语》对后世的影响是全方位的，其最重要的影响是孔子倡行的仁。历代学者对孔子仁学的研究极多，成果也极其丰富。

李泽厚先生在《中国古代思想史论》中说，孔子倡行的仁是将外在的社会规范“礼”，导向个体人的内在性自觉。这一创造性的哲学思想，为中华民族的文化—心理结构奠定了基础，孔子也因此成为中国文化的象征。而孔子的仁学思想有四个层面：血缘基础、心理原则、人道主义、个体人格。血缘基础讲亲子之爱。心理原则是将人的心理情感融化在满足以亲子关系为核心的人与人的世间关系中，而不是将它导向外在的崇拜对象。人道主义是强调人在民族内部及外部社会的交往原则——上下左右、尊卑长幼之间的秩序、团结、互助与协调。个体人格是上述三个层面最终都必然落实在“仁者”的个体心性与行为上，也即个体的人以自觉的修炼达到自为的“仁性”“仁行”，完成“仁者”的自我塑造。

四个层面的一个共同特征就是实践理性——极其重视行为的实用意义。因此，积极进取的事功精神，清醒克制的生活态度，极高明而道中庸的处事理想，发乎情而止乎礼义的情感原则，重实用轻思辨，重人事轻鬼神，善于协调群体，顾全大局，日常中保持情欲的满足与平衡，不陷入过犹不及的反理性的迷狂，就成为我们民族的潜意识，构成了一种民族性的文化—心理结构。

李泽厚先生认为，中华民族具有如此顽强的生命力，历经数千年各种内忧外患而终能保存、延续、发扬光大，与仁学奠定的这种独特的文化—心理结构紧密相关。

是的，我们也许感受到几千年前孔子及其弟子的言行共构而成的仁学有许多在现在已经丢失，但也可以感受到有许多依然还出现在我们生活的角角落落和每一个生动的细节中。特别是孔子“十有五而志于学，三十而立，四十而不惑，五十而知天命，六十而耳顺，七十而从心所欲，不逾矩”《论语 · 为政》的文化生命历程，所树立起的“仁者”立志、立身、立命、立心的修炼阶梯，经过我们民族两千多年的世代攀登，已成为潜隐在我们民族每一个个体心中的攀登生命高度的文化接引之梯。

如果仔细研读，我们会发现孔子及其弟子的生命之花，依旧无比灿烂地开放在《诗》《书》《礼》《乐》《易》《春秋》这些原典中。在当下的生活中虽然有许多已经枯萎，但也有许多依然神采奕奕，如智、勇、惠、敏、和、乐……

《左传 · 襄公二十四年》有言：“大上有立德，其次有立功，其次有立言，虽久不废，此之谓不朽。”“立德”是树立高尚的道德，“立功”是为国家、民族建功立业，“立言”是创立泽被后世的学说。古今中外，能于“三不朽”中得其一者，就是了不起的人物，而孔子三者皆有之。圣哉，孔子！

《论语》的编排，有人认为每章有内在的主题，也有人认为《论语》涉及的内容非常广博，对同一个主题的论述不仅分散在不同的篇章中，而且还常常因时因地因对象的不同而有不同的表述。为了方便学生对照学习，我们以“仁”“礼”“学”“君子”四个主题加以选编，如果大家学习后有兴趣，可以进一步选择《论语》全本进行阅读。

仁

一、经典选读

论语 · 学而第一（1.3）

原文

子曰：“巧言令①色，鲜②矣仁。”

注释

①令：美好，这里指为了取悦别人装出美好的脸色。 ②鲜（xiǎn）：少。

今译

孔子说："花言巧语，装出一副讨人喜欢的脸色，这样的人少有仁德。"

原文

论语·里仁第四（4.1）

子曰："里①仁为美。择②不处③仁，焉得知④？"

注释

①里：邻里。这里是"与……为邻里"的意思。　②择：择居。　③处（chǔ）：居住。　④知：同"智"，明智。

今译

孔子说："与仁人为邻里是美好的。选择居处而不与仁人居住在一起，怎么能算是明智的呢？"

原文

论语·雍也第六（6.23）

子曰："知者乐①水，仁者乐山。知者动，仁者静。知者乐，仁者寿。"

注释

①乐（yào），喜爱。

今译

孔子说："明智的人喜爱水，仁德的人喜爱山。明智的人灵动，仁德的人沉静。明智的人快乐，仁德的人长寿。"

原文

论语·述而第七（7.30）

子曰："仁远乎哉？我欲仁，斯①仁至矣。"

注释

①斯：这。

今译

孔子说："仁离我们很远吗？我想要仁，这仁就来了。"

原文

论语·子罕第九（9.29）

子曰："知者不惑，仁者不忧，勇者不惧。"

今译

孔子说："明智的人不会迷惑，仁德的人不会忧愁，勇敢的人不会畏惧。"

论语·颜渊第十二（12.1）

原文

颜渊①问仁。子曰：“克己复礼②为仁。一日克己复礼，天下归仁焉③。为仁由己，而由人乎哉？”

颜渊曰：“请问其目④。”子曰：“非礼勿视，非礼勿听，非礼勿言，非礼勿动。”

颜渊曰：“回虽不敏，请事斯语矣。”

注释

①颜渊：名回，字子渊，鲁国人，孔子弟子。小孔子三十岁，十三岁拜孔子为师，是孔子最得意的门生。不幸早逝，孔子悲叹：“噫！天丧予！天丧予！”后世尊颜回为孔门七十二贤之首，配享孔子，封为“复圣”。②克己：克制自己的私欲。复：返，回。礼：行为规范。 ③天下归仁焉：归，一说“归向”，天下归向能行仁德的君主；一说“与”，天下的人都认同他的仁德。 ④目：细目，具体条目。

今译

颜渊请教什么是仁。孔子说：“克制自己的私欲，使言行回到礼就是仁。只要有一天能这么做，天下的人就会认同他是有仁德的。修养仁德要靠自己，还能靠别人吗？”

颜渊说：“请问行仁的具体条目。”孔子说：“不符合礼的不去看，不符合礼的不去听，不符合礼的不去说，不符合礼的不去做。”

颜渊说：“我虽然不聪慧，也请让我按照老师的话去做吧。”

论语·颜渊第十二（12.2）

原文

仲弓①问仁。子曰：“出门如见大宾，使民如承大祭②。己所不欲，勿施于人。在邦无怨，在家无怨。③”

仲弓曰：“雍虽不敏，请事斯语矣。”

注释

①仲弓：冉雍，字仲弓，孔子弟子。以德行著称，孔子对其有“雍也可使南面”的赞誉。 ②大祭：重大的祭典。 ③邦：诸侯国。家：卿大夫的采邑。

今译

仲弓请教什么是仁。孔子说：“出门在外像见尊贵宾客一样敬重，使唤百姓像承当重大的祭典一样慎重。自己不愿意要的，不要施加给别人。在诸侯国不怨恨什么，在卿大夫的封地也不怨恨什么。”

仲弓说：“我虽然不聪慧，也请让我按照老师的话去做吧。”

原文

论语·颜渊第十二（12.22）

樊迟[①]问仁。子曰："爱人。"问知。子曰："知人。"樊迟未达[②]。子曰："举直错诸枉[③]，能使枉者直。"

樊迟退，见子夏[④]曰："乡[⑤]也吾见于夫子而问知，子曰：'举直错诸枉，能使枉者直。'何谓也?"子夏曰："富哉言乎[⑥]！舜[⑦]有天下，选于众，举皋陶[⑧]，不仁者远矣。汤[⑨]有天下，选于众，举伊尹[⑩]，不仁者远矣。"

注释

①樊迟：名须，字子迟，鲁国人，孔子弟子，小孔子三十六岁。 ②达：理解，明白。 ③直：正直的人。错：通"措"，放置。诸：之于。枉：不正直的人。 ④子夏：姓卜，名商，字子夏，卫国人，孔子的弟子，小孔子四十四岁。 ⑤乡：同"向"，刚才。 ⑥富哉言乎："言乎富哉"的倒装。富：含义丰富。 ⑦舜：姚姓，有虞氏，名重华，史称虞舜，又称帝舜。上古五帝之一，继位于尧，传位于禹。 ⑧皋陶（gāo yáo）：上古东夷族的首领，舜时掌管刑法，后被禹选为继承人，却因早逝，未能继位。执法公正明允，被奉为"中国司法鼻祖"。 ⑨汤：商汤，又叫成汤，子姓，名履，是商朝的开国君主。 ⑩伊尹（yǐn）：伊姓，名挚，尹是他的官名。商朝开国元勋，辅佐汤王很有成就，是古代有名的贤臣。

今译

樊迟请教什么是仁。孔子说："仁是爱别人。"樊须请教什么是智，孔子说："智是了解他人。"樊迟没有明白老师的意思。孔子说："举用正直的人，把他们的位置放在不正直的人之上，能让不正直的人变得正直。"

樊迟退出来，见到子夏，说："刚才我去见老师，问他什么是智，他说：'举用正直的人，把他们的位置放在不正直的人之上，能让不正直的人变得正直。'这是什么意思啊？"子夏说："老师的话含义丰富啊！舜拥有天下后，在众人中选拔人才，举用了皋陶，没有仁德的人就离去了。汤拥有天下后，在众人中选拔人才，举用了伊尹，没有仁德的人就离去了。"

原文

论语·子路第十三（13.27）

子曰："刚、毅、木[①]、讷[②]近仁。"

注释

①木：质朴。 ②讷（nè）：慎于言语。

今译

孔子说："刚强、坚毅、质朴、慎于言语，这四者接近于仁德。"

原文

论语·宪问第十四（14.17）

子贡曰：“管仲①非仁者与？桓公②杀公子纠③，不能死，又相之。”子曰：“管仲相桓公，霸诸侯，一匡④天下，民到于今受其赐。微⑤管仲，吾其被发左衽⑥矣。岂若匹夫匹妇之为谅⑦也，自经⑧于沟渎⑨而莫之知⑩也？”

注释

①管仲：名夷吾，字仲，颍上（今安徽颍上）人，史称管子。春秋时期齐国著名的政治家、军事家，被称为“春秋第一相”，辅佐齐桓公成为春秋时期的第一霸主。管仲的言论见于《国语·齐语》，另有《管子》一书传世。②桓公：即齐桓公，姓姜，名小白，姜太公吕尚的第十二代孙。春秋时期齐国第十六位国君，春秋五霸之首。齐桓公任管仲为相，推行改革，齐国逐渐强盛。齐桓公于前681年在甄（今山东鄄城）召集宋、陈等四国诸侯会盟，是历史上第一个充当盟主的诸侯。但其晚年昏庸，管仲去世后，任用易牙、竖刁等小人，最终在内乱中饿死。　③公子纠：齐襄公的弟弟，齐桓公的哥哥。齐襄公在位时，齐国内乱，公子纠和后来的齐桓公小白分别在管仲、召忽和鲍叔牙的护卫下逃到鲁国和莒国。齐襄公死后，小白用计先返回齐国继承了君位，然后派兵逼迫鲁国杀死了公子纠。召忽为此自杀，管仲被鲁人押送回齐国，经鲍叔牙举荐做了齐国的国相。　④匡：正，把……纳入正轨。　⑤微：无，没有。　⑥被发左衽：被，同“披”。衽，衣襟。当时中原民族的装束是束发、衣襟右开；未开化的少数民族的装束是披发、衣襟左开。孔子在这里是以“被发左衽”喻指沦为未开化之族。　⑦谅：遵守信用。这里指小节小信。⑧自经：上吊自杀。　⑨渎：小沟渠。　⑩莫之知：“莫知之”的倒装，即“没有谁知道他”。

今译

子贡说：“管仲不能算是仁人吧？齐桓公杀了公子纠，他不能为公子纠而死，还任国相辅佐齐桓公。”孔子说：“管仲辅佐齐桓公，称霸诸侯，把天下纳入正轨，百姓到今天还享受着他的好处。没有管仲，恐怕我们也要披散着头发，衣襟向左开，沦为野蛮人了。他哪能像普通人那样拘泥小节，自杀在小沟渠里却没有人知道他呢？”

原文

论语·卫灵公第十五（15.9）

子曰：“志士仁人，无求生以害仁，有杀身以成仁。”

今译

孔子说：“志士仁人，没有因贪生怕死而损害仁德的，只有牺牲自己的性命来成全仁德的。”

原文

论语·卫灵公第十五（15.10）

子贡①问为仁。子曰："工欲善②其事，必先利③其器。居是邦也，事④其大夫之贤者，友⑤其士之仁者。"

注释

①子贡：端木赐，字子贡，卫国人，孔子弟子，小孔子三十一岁，擅长辞令，是孔门言语方面的优异代表。孔子称他为"瑚琏之器"。 ②善：使……善，完善。 ③利：使……精良。 ④事：侍奉。 ⑤友：与……结为朋友。

今译

子贡请教怎样修养仁德。孔子说："工匠想要做好他的工作，必须首先使他的工具精良。居住在一个国家里，就要侍奉这个国家中有贤德的大夫，要与这个国家中有仁德的士人结为朋友。"

原文

论语·卫灵公第十五（15.36）

子曰："当①仁，不让于师。"

注释

①当：面对着。

今译

孔子说："面对着实行仁德的事，对老师也不用谦让。"

原文

论语·阳货第十七（17.6）

子张①问仁于孔子。孔子曰："能行五者于天下为仁矣。"

"请问之。"曰："恭、宽、信、敏、惠。恭则不侮，宽则得众，信则人任②焉，敏则有功，惠则足以使人。"

注释

①子张：颛孙师，字子张，陈国人，孔子弟子，小孔子四十八岁。 ②任：信任。

今译

子张向孔子请教什么是仁。孔子说："能在天下推行五种美德那就是仁了。"

子张说："请问是哪五种美德？"孔子说："恭敬、宽厚、诚信、勤敏、慈惠。恭敬就不会遭受侮辱，宽厚就可以赢得众人的心，诚信就能得到人们的信任，勤敏就会取得成功，慈惠就可以差使别人。"

原文

论语 · 子张第十九（19.6）

子夏曰：“博学而笃[①]志[②]，切[③]问而近思，仁在其中矣。”

注释

① 笃：坚定、专一。 ② 志：志向。 ③ 切：切近。

今译

子夏说：“广博地学习，坚定志向，切近自己的情况去提问与思考，仁就在其中了。”

二、知识朋友圈

1.《论语》是怎么成为“经”的？

《论语》是不是“经”？这个问题似乎有点奇怪，有些人觉得“经”与佛教相关。其实不是，佛教传入中国一般认为是东汉时期的事，在这之前，中国文化就已经有“经”了。

“经”是什么？段玉裁《说文解字注》说：“织之从丝谓之经，必先有经，而后有纬，是故三纲五常六艺谓之天地之常经。”织布的时候纵丝为经，横丝为纬，要先固定纵丝，才能开始织布。后来就用“经”指重要的、固定的标准和法式。经书就是用来指导人生活、社会运转的重要典籍。孔子时，只有六部书可以称作“经”，即“六经”：《诗》《书》《礼》《乐》《易》《春秋》。先秦时孔子虽然地位逐步提升，但还是不能和尧、舜、禹、周文王、周武王、周公这些圣王相比。秦代的时候，《乐》亡佚了，所以汉代只能立“五经”博士。汉武帝时把《论语》也立了博士，但这是传记博士，不称其为“经”。

到了唐代，首先是“五经”成为“九经”：“春秋三传”升格为经，《礼》也成为“三礼”；之后《论语》《尔雅》《孝经》也升格为“经”，总称为“十二经”。在唐代基础之上，宋代又加上《孟子》，这些总称为“十三经”。在朱熹那里，《论语》成为“四书”的一部分，这个地位并不比“五经”低，某种程度上，可能还要高一些。

我们可能认为，《论语》的地位是随着孔子的地位而升高的；但也有另一种可能，就是孔子的地位在某种程度上因为《论语》而得以确立。东汉末年学者赵岐在《孟子题辞》中说：“七十子之畴，会集夫子所言，以为《论语》。《论语》者，‘五经’之辖辖、‘六艺’之喉衿也。”认为《论语》虽然不是“五经”，但包含了“五经”的关键内容。南宋朱熹引程子的话说：“学者当以《论语》《孟子》为本。《论语》《孟子》既治，则‘六经’可不治而明矣。”

所以，《论语》之所以能成为“经”，恐怕是因为它包含了人生至理，而不仅仅因为它是孔子说的话。这一点，可以为重人轻理者戒。

2. 孔子为什么被称为“素王”？

《史记·殷本纪》云：“伊尹处士，汤使人聘迎之，五反然后肯往从汤，言素王及九主之事。”唐代司马贞索隐说：“素王者，太素上皇，其道质素，故称素王。”认为“素王”是原始质朴之王。

《庄子·天道》云：“夫虚静恬淡寂漠无为者，万物之本也。明此以南乡，尧之为君也；明此以北面，舜之为臣也。以此处上，帝王天子之德也；以此处下，玄圣素王之道也。”郭象解释说：“有其道为天下所归而无其爵者，所谓素王自贵也。”认为“素王”是拥有帝王之道，却没有帝王之位的人。

董仲舒说：“孔子作《春秋》，先正王而系万事，见素王之文焉。”这里的“素王”未必是指孔子有帝王之道而无帝王之位。

刘向《说苑·贵德》云：“是以孔子历七十二君，冀道之一行，而得施其德，使民生于全育，烝庶安土，万物熙熙，各乐其终。卒不遇，故睹麟而泣，哀道不行，德泽不洽，于是退作《春秋》，明素王之道，以示后人，思施其惠，未尝辍忘。是以百王尊之，志士法焉，诵其文章，传今不绝，德及之也。”刘向所说和董仲舒基本相同，只是说孔子在《春秋》中表明了“素王”之道，没有说孔子就是“素王”。

王充《论衡》说：“孔子曰：‘凤鸟不至，河不出图，吾已矣夫！’夫子自伤不王也。己王，致太平；太平则凤鸟至，河出图矣。今不得王，故瑞应不至，悲心自伤，故曰‘吾已矣夫’。”认为孔子有为王之心却不得王，孔子一生推辞为圣、推辞为仁，怎会期望为王？

人们认为孔子删定“六经”，“作《春秋》，而乱臣贼子惧”，传承了上古圣王之道，为后世定下了人生理想和社会法则，是代“王”立言，所以称孔子为“素王”。这表现的是人们对孔子思想价值的无上推崇。

三、文心点点通

1. 仁：孔子的传承与创新。

如果用一个字来概括孔子的思想，相信大多数人都会说到仁。确实，仁是孔子思想的核心，而把仁提升到一个至高的地位，也是孔子的创造。

《说文解字》云：“仁，亲也。从人，从二。”“仁”的甲骨文写作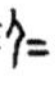。《诗经》中

“仁”字出现两次，但都是夸奖一个人“美且仁”，这还只是一个宽泛而平常的说法，并不是一个重要的道德概念。是孔子把仁提升为人的道德追求，从而成为中国文化的理想人格。

什么是仁？要说清楚却很难。孔子的弟子，好像也有同样的困惑，《论语》中，常有孔门弟子请教老师什么是仁，孔子及其门人谈及仁 109 次。从孔子的回答中，我们大致可以把握仁的内涵。

2. 仁是什么？

在回答颜渊的提问时，孔子说“克己复礼为仁”。在回答樊迟的提问时，孔子说仁是“爱人”。“爱人”是对外而言，一个仁者应当爱他人。这也可以用孔子对仲弓说的“己所不欲，勿施于人”来理解，要把别人当作自己去爱。“克己复礼”是对内而言，一个仁者应当怎样去完善个体人格。在礼坏乐崩的春秋末期，孔子一直期望恢复周礼，来约束人们的行为，实现天下归于仁爱的政治理想。

从“爱人”，到“知人”，到“举直错诸枉”，孔子用一个具体的事例向樊迟解释什么是仁。为政者要成为仁者，就要爱护人；要爱护人，就要了解人；只有了解人，才能使用正直的人，远离、改变不正直的人。这不仅是一般意义上的仁，而且是仁政的重要组成部分。

3. 为仁之道。

“工欲善其事，必先利其器。”(《论语・卫灵公》) 这是生活常识，也是人生哲理。它启发了孔子，孔子也以此来启发自己的弟子。你要成为仁者，就要先“利其器”，侍奉贤者，结交仁者。

这是外在的熏染，自身也有可以去做的。孔子对子张说要是能推行五种美德，那就是仁了。

“恭”是对人对事要庄重。态度庄重，便不会受辱。而要态度庄重，首先内心要敬重。只有内心对人对事敬重，表现在言行上才会庄重。否则，就会出言不逊，行为无礼。孔子说“出门如见大宾”(《论语・颜渊》)，就是“恭”的表现。

“宽”是对人对事要宽厚。宽厚就不会斤斤计较，就会宽容，就会成为大江大海，就会成为天空，就会有一颗博大、博爱的心。

“信”是对人对事要诚信。说过的话要算数，许下的诺言要兑现。这既是对人对事的尊重，也是对自己的尊重。这样就能被别人信任，也能被自己信任——建立强大的自信心。

“敏”是反应快，做事敏捷聪慧。有人将这一点归于天赋，其实不然。“敏”更多的是一种对待事物的态度，即勤于反应，随时准备行动。一个人再聪明，天天睡懒觉，也做不成什么事；一个人只要勤于做事，也会取得成效。

“惠”是给人慈惠。位高者，理当要给位低者慈惠。普通人，也要有惠人之心，即时时处处给人以方便，不为难别人。

4. 仁不在小节。

在《论语·八佾》中，孔子对管仲略有微词，认为管仲器量狭小，因为管仲不节俭，有“三归”（市租），家臣很多；不通君臣之礼，他像君主一样家里“树塞门”（设立照壁），像君主一样有“反坫”（放置酒杯的台子）。

但面对子贡说管仲不能算是仁人的提问时，孔子明确表示管仲是仁人。并给出了理由：第一，管仲辅佐齐桓公，不以战争手段而以和平手段称霸诸侯，可谓“治国”“平天下”了，使百姓免于杀伐之苦。第二，因为管仲的辅佐，齐国强盛，使得中原地区没有“被发左衽”。这里可以看到，孔子评价人物主要看他是否建立历史功绩。因为管仲建立了很大的历史功绩，所以孔子还是把从不轻易许人的“仁”字给了管仲。

5. 成仁、求仁高于一切。

生命是至为宝贵的。儒家一贯珍视人的生命，但当生命与仁德发生无法共存的矛盾时，儒家倡导杀身成仁。作为一个有气节、有仁德的人，他活着，就要弘扬仁爱精神；而一旦生命与仁德有激烈的冲突，要求你必须作出抉择时，那宁可牺牲生命，也要成就仁德。千百年来，我们中华民族的优秀儿女在国家与民族的危难时候，视死如归、杀身成仁、舍生取义，正是践行着这一要义。他们的行为既是传统儒家思想熏陶的结果，也是传递儒家思想血脉的壮举。

尊师是儒家传统，但在对仁的追求方面，不必向老师谦让。古希腊时期，亚里士多德向老师柏拉图求教时，产生了分歧。他坚信自己是正确的。他说：“吾爱吾师，吾尤爱真理。”这便是“当仁，不让于师”的精神。

6. 仁：宁拙毋巧。

孔子认为“刚、毅、木、讷”接近仁的标准。对于大部分人而言，“刚、毅、木”可以理解。“刚”与“毅”是“敏于行”；“木”是不夸饰，不矫饰，以本真面目示人。“讷”呢？“讷”并非笨，是“慎于言”，不该说的一定不说，必须说的一定说。这只有智者才能做到。

相应来说，孔子一向不喜欢巧言令色的人。在《论语·公冶长》中，孔子说：“巧言、令色、足恭，左丘明耻之，丘亦耻之。”这与他说“刚、毅、木、讷近仁”（《论语·子路》）是统一的。“巧言令色，鲜矣仁”（《论语·学而》）是反面否定，“刚、毅、木、讷近仁”是正面肯定。仁，绝不只是外在的华彩表现，更应当是内在的心性呈现。

7. 学子要一心求仁。

复旦大学及其附属中学均以“博学而笃志，切问而近思”为校训。子夏的话，目的是讲如何成为仁人。学识要广博，不广博就视野狭窄，思路闭塞；志向要坚定，不坚定就成不了大事；思考与解决问题要贴近社会人生，否则就难以对社会、对他人有益。这也就是《中庸》中所说：“力行近乎仁。”

期待广大学子坚守这则校训，体味仁德，成为对社会、对他人有益的人，直至走入仁人的行列。

8. 为仁之功。

有智慧的人为什么喜欢水？因为水是灵动的，水是活泼的，水以最佳方式与它的对立面（各种险阻）相处。有智慧的人正是从水的身上看到了自己，也从水的身上获得了启示，所以“乐水”，所以快乐！

仁德的人为什么喜欢山？因为山是沉静的，是稳重的，是坚定的。仁德的人心怀天下，博爱他人，不会汲汲于名利，不会浮躁不安，外无贪而内清静，这不正与山的特征相似吗？所以“乐山”，所以长寿！

为什么“仁者不忧”(《论语 · 子罕》)？因为仁德的人爱人，心中总是装着别人，或者说总是心怀天下，所以不会考虑个人得失，心底无私，天地宽广！

为仁能沉静，为仁能长寿，为仁能快乐，受益无穷。

四、思想会客厅

现代人需要仁吗？

有人说，即便在古代社会，仁也是一个很难达到的境界，何况在现代社会里，推行仁是不合时宜的。我们可以思考一下，现代人还需要仁吗？

孔子说：“我欲仁，斯仁至矣。”(《论语 · 述而》) 一个人只要愿意去做，事情就有可能做成。仁也一样，只要你愿意去追求，就在走向仁。也就是说，能不能做到仁，关键不是环境问题、能力问题，而是态度问题，是自己愿不愿意去追求的问题。

只要愿意去做，就能成就仁的光辉，坚持下去，就能够修成仁者。

这也就是孔子对颜渊所说的“一日克己复礼，天下归仁焉”。

希望大家能“无终食之间违仁，造次必于是，颠沛必于是”。

五、练习步步高

（一）知识识记

1. 填空。

（1）__________，勿施于人。（《论语·颜渊》）

（2）志士仁人，__________，有杀身以成仁。（《论语·卫灵公》）

（3）博学而笃志，切问而近思，__________。（《论语·子张》）

（4）知者不惑，__________，勇者不惧。（《论语·子罕》）

（5）刚、毅、木、__________近仁。（《论语·子路》）

2. 解释下列加点的字。

（1）举直错诸枉，能使枉者直（　　　　　　　）

（2）工欲善其事，必先利其器（　　　　　　　）

（3）里仁为美（　　　　　　　）

（4）当仁，不让于师（　　　　　　　）

（5）巧言令色，鲜矣仁（　　　　　　　）

3. 将下列句子翻译成现代汉语。

（1）微管仲，吾其被发左衽矣。岂若匹夫匹妇之为谅也，自经于沟渎而莫之知也？

（2）知者乐水，仁者乐山。知者动，仁者静。知者乐，仁者寿。

（二）文心体悟

本朝百年无事札子（节选）[1]

王安石

伏惟仁宗之为君也，仰畏天，俯畏人；宽仁恭俭，出于自然；而忠恕诚悫，终始如一。未尝妄兴一役，未尝妄杀一人。断狱务在生之，而特恶吏之残扰。宁屈己弃财

[1] 张伯行选编：《唐宋八大家文钞》，上海：上海古籍出版社，2019 年，第 449 页。

于夷狄，而终不忍加兵。刑平而公，赏重而信。纳用谏官御史，公听并观，而不蔽于偏至谗；因任众人耳目，拔举疏远，而随之以相坐之法。……升遐之日，天下号恸，如丧考妣：此宽仁恭俭，出于自然，忠恕诚悫，终始如一之效也。

宋论（节选）[1]

王夫之

仁宗之求治也急，而性情之所偏倚者，宽柔也。宽柔者之能容物，人所知也。宽柔者之不能容物，非知道者不知也。至于前而有所称说，容之矣，未遽以为是，未遽以为非也。容之容之，而言沓至，则辩言者且将怒其所必怒，而终不能容。夫苟乐求人言，而利用其臧否，则君子小人莫能自必，而特以议论之短长为兴废。于是而小人之党，竞起争鸣；而自附于君子之华士，抑绰约振迅，饰其文辞，以为制胜之具。言满天下，蔚然可观，相传为不讳之朝。故当时士民与后世之闻其风者，所甚歆仰于仁宗，皆仁宗之失也。于是而宋兴以来敦庞笃厚之风，荡然不足以存矣。

中国历史上，庙号为仁的皇帝很少。阅读上面的材料，结合本节所学的内容，你认为赵祯可以称得上仁吗？

（三）思想碰撞

有人说，人性本质上是自私的，所谓仁不过是儒家一厢情愿的幻想。请谈谈你的想法。

[1] 王夫之：《船山遗书》（第六卷），北京：北京出版社，1999 年，第 3395 页。

礼

一、经典选读

论语·八佾第三（3.1）

原文

孔子谓季氏[①]：“八佾[②]舞于庭，是可忍也，孰不可忍也？”

注释

①季氏：鲁国正卿季孙氏，即季平子。 ②八佾（yì）：佾，乐舞行列。每列八人，八佾即八列六十四人。据《周礼》规定，只有周天子才可以使用八佾，诸侯用六佾，卿大夫用四佾，士用二佾。季氏是正卿，只能用四佾。

今译

孔子谈到季平子，说：“他用八八行列的乐舞队在自己的庭院里奏乐舞蹈，这样僭礼的事可以忍心去做，还有什么事情不能忍心去做的呢？”

论语·八佾第三（3.4）

原文

林放[①]问礼之本。子曰：“大哉问！礼，与其奢也，宁俭；丧，与其易[②]也，宁戚[③]。”

注释

①林放：鲁国人。 ②易：指有关丧葬的礼节仪式办理得很周到。③戚：心中悲哀。

今译

林放问什么是礼的根本。孔子说：“你的问题很重要！礼的实行，与其奢侈，不如节俭；丧事，与其治办周备，不如内心悲伤。”

论语·八佾第三（3.9）

原文

子曰：“夏礼，吾能言之，杞[①]不足征[②]也；殷礼，吾能言之，宋[③]不足征也。文献[④]不足故也。足，则吾能征之矣。”

注释

①杞：春秋时国名，夏禹的后裔建立的封国，在今河南杞县一带。②征：证明。 ③宋：春秋时国名，商汤的后裔建立的封国，在今河南商丘一带。 ④文：典籍。献：贤人。

今译

孔子说：“夏朝的礼，我能说出来，但杞国不足以证明它；殷朝的礼，我能说出来，但宋国不足以证明它。这都是由于杞国和宋国的典籍及贤人不足的缘故。如果足够的话，我就可以证明它。”

原文

论语 · 八佾第三（3.12）

祭如在，祭神如神在。子曰：“吾不与祭，如不祭。”

今译

祭祀祖先就像祖先真的在面前，祭祀神就像神真的在面前。孔子说：“我如果不能亲自参加祭祀，那就和没有举行祭祀一样。”

原文

论语 · 八佾第三（3.14）

子曰：“周监①于二代②，郁郁③乎文哉！吾从周。”

注释

①监（jiàn）：通“鉴”，借鉴。 ②二代：这里指夏代和周代。 ③郁郁：文采很盛的样子。这里是丰富、浓郁的意思。

今译

孔子说：“周朝的礼仪制度从夏、商两代借鉴而来，是多么丰富多彩啊！我遵从周朝的。”

原文

论语 · 八佾第三（3.17）

子贡欲去告朔之饩羊①。子曰：“赐也！尔爱②其羊，我爱其礼。”

注释

①朔：农历每月初一。告朔：古代制度，天子于每年秋冬之际，把第二年的历书颁发给诸侯，告知每月初一的日期及该年有无闰月；诸侯国的国君在自己的祖庙里举行祭祀仪式接受历书。饩（xì）羊：祭祀用的活羊。饩：活的牲畜。 ②爱：爱惜，不舍得。

今译

子贡想免去每月初一告祭祖庙用的活羊。孔子说：“赐呀！你爱惜那只羊，我却爱惜那种礼。”

原文

论语 · 八佾第三（3.18）

子曰：“事君尽礼，人以为谄也。”

今译

孔子说：“侍奉君主礼数周到，别人却以为这是谄媚啊。”

原文

论语·八佾第三（3.19）

定公问：“君使臣，臣事君，如之何？”孔子对曰：“君使臣以礼，臣事君以忠。”

今译

鲁定公问：“君主任用臣子，臣子侍奉君主，各自该怎么做呢？”孔子说：“君主按照礼任用臣子，臣子用忠心来侍奉君主。”

原文

论语·泰伯第八（8.2）

子曰：“恭而无礼则劳，慎而无礼则葸①，勇而无礼则乱，直而无礼则绞②。君子笃于亲③，则民兴于仁；故旧不遗，则民不偷④。”

注释

①葸（xǐ）：胆怯，懦弱。②绞：说话急切尖刻，出口伤人。③君子：此处指在上位的人。笃：深厚。④偷：淡薄。

今译

孔子说：“恭顺而不符合礼，就会劳累；谨慎而不符合礼，就会懦弱；勇敢而不符合礼，就会犯上作乱；直爽而不符合礼，就会尖刻伤人。在上位的人厚待自己的亲人，百姓当中就会兴起仁的风气；在位的人不遗弃老朋友，百姓就不会对人冷漠无情。”

原文

论语·泰伯第八（8.8）

子曰：“兴①于《诗》，立于礼，成于乐。”

注释

①兴：起，开始。

今译

孔子说：“人生从学《诗》开始，通过学礼自立，在音乐中完善。”

原文

论语·子罕第九（9.3）

子曰：“麻冕①，礼也。今也纯②，俭，吾从众。拜下，礼也。今拜乎上，泰③也。虽违众，吾从下。”

注释

①冕：用细密麻布做的帽子。 ②纯：用丝做的帽子，手工简易。 ③泰：傲慢。

今译

孔子说：“用细密麻布做的礼帽，是符合礼的。现在用丝做的礼帽，这样节俭，我按照大家的做法做。臣子拜见君主，在堂下行礼，是符合礼的。现在在堂上行礼，这样傲慢。即便违背世俗，我还是在堂下行礼。”

原文

论语·子罕第九（9.12）

子疾病①，子路使门人为臣②。病间③，曰：“久矣哉，由之行诈也！无臣而为有臣。吾谁欺？欺天乎？且予与其死于臣之手也，无宁死于二三子之手乎！且予纵不得大葬④，予死于道路乎？”

注释

①疾病：病重。疾：生病。病：病重。 ②为臣：臣，指家臣，总管。孔子当时不是卿大夫，没有家臣，但子路叫孔子的弟子充当孔子的家臣，总管孔子的丧事。 ③病间：病情减轻。 ④大葬：指卿大夫的葬礼。

今译

孔子患了重病，子路派了孔子的弟子去做孔子的家臣。孔子的病好了一些，他说：“仲由干这种弄虚作假的事情很久了吧！我没有家臣，却偏偏要装作有家臣。我骗谁呢？我骗天吧？再说与其在家臣的侍候下死去，不如在你们这些弟子的侍候下死去！我即使不能用卿大夫礼仪来安葬，难道我会死在路边没人葬吗？”

原文

论语·乡党第十（10.1，10.2）

孔子于乡党，恂恂①如也，似不能言者。其在宗庙朝廷，便便②言，唯谨尔。

朝③，与下大夫言，侃侃如④也；与上大夫言，訚訚如⑤也。君在，踧踖如⑥也，与与如⑦也。

注释

①恂恂（xún）如：温和而恭顺的样子。 ②便便：“便”通“辩”，善于言辞。 ③朝：君主没有视朝时。下文的“君在”，指君主视朝时。 ④侃侃如：说话理直气壮，不卑不亢，温和而快乐的样子。 ⑤訚訚（yín）如：和颜悦色而又能直言争辩的样子。 ⑥踧（cù）踖（jí）如：恭敬而不安的样子。 ⑦与与如：小心谨慎、威仪适中的样子。

今译

孔子在乡里很温和而恭敬的样子，像是不善言辞。他在宗庙里朝廷上，却很善于言辞，只是说得比较谨慎而已。

孔子在上朝的时候，君主还没有到来，同下大夫说话，温和而快乐的样子；同上大夫说话，恭敬而正直的样子。君主来了，恭敬而不安的样子，但又仪态适中。

原文

论语·子路第十三（13.3）

子路曰："卫君①待子而为政，子将奚先？"

子曰："必也正名②乎！"

子路曰："有是哉，子之迂也！奚③其正？"

子曰："野哉，由也！君子于其所不知，盖阙④如也。名不正，则言不顺；言不顺，则事不成；事不成，则礼乐不兴；礼乐不兴，则刑罚不中⑤；刑罚不中，则民无所措手足。故君子名之必可言也，言之必可行也。君子于其言，无所苟⑥而已矣。"

注释

①卫君：卫出公，名辄，卫灵公之孙。其父蒯（kuǎi）聩被卫灵公驱逐出国，卫灵公死后，蒯辄继位。蒯聩要回卫国争夺君位，遭到蒯辄拒绝。孔子认为儿子对抗父亲是名不正，所以与子路有此对话。　②正名：即正名分。　③奚：什么。　④阙：通"缺"，存疑。　⑤中（zhòng）：恰当，得当。　⑥苟：马马虎虎。

今译

子路问："卫国国君要您去治理国家，您打算先从哪些事情做起呢？"

孔子说："首先必须正名分！"

子路说："有这个必要吗？您绕得太远了吧！为什么要正名分？"

孔子说："真鲁莽啊，仲由！君子对于他不知道的事情，总是采取存疑的态度。名分不正，说起话来就不顺当；说话不顺当，事情就办不成；事情办不成，礼乐就不能兴盛；礼乐不能兴盛，刑罚的执行就不会得当；刑罚不得当，百姓就不知道怎么办好。所以，君子定下一个名分，必须有理由能够说得明白，说出来一定能够实行。君子对于自己的言行，是从不马马虎虎对待的。"

原文

论语·卫灵公第十五（15.33）

子曰："知①及之，仁不能守之，虽得之，必失之。知及之，仁能守之，不庄以莅②之，则民不敬。知及之，仁能守之，庄以莅之，动之不以礼，未善也。"

注释

①知：同"智"。　②莅（lì）：临，面对，对待。

今译

孔子说：“凭借聪明才智得到它，却不能用仁德守住它，即使得到，一定会失去。凭借聪明才智得到它，用仁德能够守住它，却不能用严肃态度对待它，那么百姓就会不敬重。凭借聪明才智得到它，用仁德能够守住它，能用严肃态度对待它，但举动不符合礼仪，还是不完善。”

原文

论语 · 阳货第十七（17.11）

子曰：“礼云礼云，玉帛①云乎哉？乐云乐云，钟鼓②云乎哉？”

注释

① 玉帛：举行礼仪时用的礼器。 ② 钟鼓：进行宴乐时演奏的乐器。

今译

孔子说：“礼呀礼呀，仅是玉帛之类的礼器吗？乐呀乐呀，仅是钟鼓之类的乐器吗？”

原文

论语 · 阳货第十七（17.21）

宰我①问：“三年之丧，期已久矣。君子三年不为礼，礼必坏；三年不为乐，乐必崩。旧谷既没，新谷既升，钻燧改火②，期③可已矣。”

子曰：“食夫稻④，衣夫锦，于女⑤安乎？”

曰：“安。”

“女安，则为之！夫君子之居丧，食旨⑥不甘，闻乐不乐⑦，居处不安，故不为也。今女安，则为之！”

宰我出。子曰：“予之不仁也！子生三年，然后免于父母之怀。夫三年之丧，天下之通丧也。予也有三年之爱于其父母乎？”

注释

① 宰我：姓宰，名予，字子我，鲁国人，孔子的弟子，口才极好。孔子不喜欢这位巧舌如簧的弟子。 ② 改火：古人钻木取火，四季所用木料不同，各种木料每年轮一遍，称改火。 ③ 期（jī）：满一年。 ④ 食夫稻：古代北方少种稻，故大米很珍贵。这里是说吃好的食物。 ⑤ 女：通“汝”，你。 ⑥ 旨：甜美，指吃好的食物。 ⑦ 闻乐不乐：第一个“乐”读作 yuè，第二个“乐”读作 lè。

今译

宰我问：“父母死后，服丧三年，时间太长了。君子三年不演习礼仪，礼仪必然败坏；三年不演奏音乐，音乐就会荒废。旧粮吃完，新粮登场，钻燧取火的木头轮过了一遍，有一年的时间就可以了。”

孔子说："才一年的时间你就吃大米饭，穿锦缎衣，你会心安吗？"

宰我说："我心安。"

孔子说："你心安，你就那样去做吧！君子守丧，吃美味不觉得香甜，听到音乐不觉得快乐，住在家里不觉得心安，所以不那样做。如今你既觉得心安，你就那样去做吧！"

宰我出去了。孔子说："宰予真是不仁啊！小孩生下来，到三岁时才能离开父母的怀抱。服丧三年，这是天下通行的丧礼。宰予对他死去的父母有三年的爱吗？"

二、知识朋友圈

什么是"三礼"？

《说文解字》云："礼，履也。所以事神致福也。"本来，礼的是天，后来礼成为符合社会道德的礼节规范。传说周公制礼作乐，形成了周代的礼乐制度。后世逐渐成为"三礼"：《仪礼》《礼记》《周礼》。《仪礼》的内容，包括士冠礼、士昏礼、士相见礼、乡饮酒礼、乡射礼、燕礼、聘礼、士丧礼等，是针对天子、诸侯、大夫、士的礼节规定。《礼记》一开始不是"经"，而是"记"，是对《仪礼》的注释、补充，包含了很多重要的儒家礼学的专题文献。《周礼》也叫《周官》，是讲周代官制的一本书，出现于汉代，当时有人认为是伪托的，但包含大量西周史料，后经过东汉大儒郑玄作注，成为儒家经书之一。

"三礼"，是西周礼乐制度的集中体现。

三、文心点点通

礼：孔子的梦与人生准则。

《论语》论及礼的次数仅次于仁，有 75 次之多。礼在孔子思想中占有非常重要的地位。"不学礼，无以立"（《论语·季氏》），礼是行为规范，礼是社会秩序，礼是仁者情怀。孔子期待"克己复礼"，身体力行，言传身教，终生不渝。

孔子要复的礼，不是自己凭心而造的。他说："周监于二代，郁郁乎文哉！吾从周。"（《论语·八佾》）他一生致力于恢复周礼。周礼的核心是宗法等级制度，

“正名”就是从根本上维护礼。正名之后才能有“君君，臣臣，父父，子子”(《论语 · 颜渊》)，只有名正才可以做到言顺。

春秋末期，礼坏乐崩，违背周礼、犯上作乱的事情不断发生。季孙氏“八佾舞于庭”(《论语 · 八佾》)，是破坏周礼的典型事件。对此，孔子表现出极大的愤慨。“是可忍也，孰不可忍也”一句，反映了孔子对此事的强烈态度。

对于礼的维护并非针对他人，孔子自己也是守礼的。他在朝、在乡的言谈、举止，非常符合礼仪规范。在不同的场合，对待不同的人，神态、言行都不同。他在乡里时，给人的印象是谦逊、和善；他在宗庙里朝廷上，却很善于言辞，只是比较谨慎；上朝时君主没来之前同下大夫说话，温和而快乐，同上大夫说话，恭敬而正直；君主来了，他温和恭顺，局促不安，但又庄重严肃。这是因为在不同的场合，他有不同的身份，根据自己的身份行事就是守礼。即便病重，他也恪守礼仪，不接受子路指派的“家臣”，可以说他对于礼的维护贯彻始终。

四、思想会客厅

1. 礼可以变通吗?

子贡想免去每月初一告祭祖庙用的活羊，孔子不允许。“告朔”，接受历法，意味着尊奉周王室的权威。当时大多数诸侯国不举行“告朔”，也就意味着周王室统摄天下的权力开始瓦解。但鲁国还坚持“告朔”，不过鲁国国君已不亲自去，所以子贡提出免去“饩羊”。对此，孔子认为免去“饩羊”，“告朔”实际上就不存在了。孔子对子贡的批评，表明孔子维护周礼的坚决态度。

确实，礼是以一种特定的仪式(包括用于仪式的各种用具)来表现的。“告朔”就是一种特定的仪式。没有了特定的仪式，礼就不复存在了。

相比较而言，孔子更强调礼之根本。所谓：“礼云礼云，玉帛云乎哉? 乐云乐云，钟鼓云乎哉?”(《论语 · 阳货》)孔子的反问表明礼不仅仅是玉帛之类的礼器、钟鼓之类的乐器。礼需要形式，但如果只是形式就没有意义。礼是通过形式来传达内心的情感。孔子重视的是礼对人心的感化，要将礼建立在人人都发自内心的理性情感之上。所以说，礼不在于礼器完备与否，而在于行礼之心。正如孔子所说：“吾不与祭，如不祭。”(《论语 · 八佾》)

有了这样的认识，就可以知道孔子是不拘于礼的，而是认可变通。但在对变通的度的把握上，孔子反对以强调外在礼仪表现为追求的“奢”，赞同回归内心之敬的“俭”，这是一以贯之的。

2. 礼的变与不变。

孔子复兴周礼，并非故步自封，而是建立在广泛考察基础上的选择。他对夏、商、周的礼仪制度有深入的研究。他认为后一个王朝对前一个王朝必然有承继、有沿袭。周礼从夏、商两代借鉴而来，却更加丰富美好，所以“吾从周”(《论语·八佾》)。

在《论语·为政》中，孔子说：“殷因于夏礼，所损益，可知也；周因于殷礼，所损益，可知也。其或继周者，虽百世，可知也。”在看到礼仪之变的基础上，孔子认识到礼的核心是不变的。这个不变，其实就是人情。

宰我与孔子讨论为逝去的父母服丧的时间，宰我认为要由三年缩短为一年，孔子坚持三年不改。孔子认为孩子生下来以后，要经过三年才能离开父母的怀抱，所以父母去世了，也应该为父母守丧三年。这个礼其实就是从情感里来的。在《礼记·礼运》篇中，孔子说：“夫礼，先王以承天之道，以治人之情，故失之者死，得之者生。”只要天道在，人情在，礼就在。

3. 守礼是奴性的体现吗？

在现实生活中，有些人觉得一个人恪守礼仪，是不够独立、没有个性的表现。这样的困扰孔子也遇到过。作为一个臣子，按照礼仪侍奉君主，这是孔子的政治伦理信念，却受到别人的讥讽，认为他是在谄媚君主。

其实，臣子和君主各有其礼，孔子在回答鲁定公的问题时说“君使臣以礼，臣事君以忠”(《论语·八佾》)，这是孔子理想的君臣关系。礼不是恭顺，更不是甘心被人奴役，而是恪守本分。放在今天说，就是每个社会成员都应做符合自己身份的事，也就是忠于自己的职守。

这是礼的界定，也是个性的保障。

五、练习步步高

（一）知识识记

1. 填空。

（1）兴于《诗》，________________，成于乐。(《论语·泰伯》)

（2）知及之，仁能守之，庄以莅之，____________________，未善也。(《论语·卫灵公》)

（3）故君子名之必可言也，言之必可行也。君子于其言，__________。（《论语 · 子路》）

（4）礼云礼云，__________？乐云乐云，钟鼓云乎哉？（《论语 · 阳货》）

（5）__________，臣事君以忠。（《论语 · 八佾》）

2. 解释下列加点的字。

（1）君子笃于亲，则民兴于仁；故旧不遗，则民不偷（　　　　　　）

（2）八佾舞于庭，是可忍也，孰不可忍也（　　　　　　）

（3）礼，与其奢也，宁俭；丧，与其易也，宁戚（　　　　　　）

（4）今拜乎上，泰也。虽违众，吾从下（　　　　　　）

（5）周监于二代，郁郁乎文哉！吾从周（　　　　　　）

3. 将下列句子翻译成现代汉语。

（1）祭如在，祭神如神在。子曰：“吾不与祭，如不祭。”

____

（2）女安，则为之！夫君子之居丧，食旨不甘，闻乐不乐，居处不安，故不为也。今女安，则为之！

____

____

（二）文心体悟

世说新语（节选）[1]

刘义庆

阮籍遭母丧，在晋文王坐，进酒肉。司隶何曾亦在坐，曰：“明公方以孝治天下，而阮籍以重丧，显于公坐饮酒食肉，宜流之海外，以正风教。”文王曰：“嗣宗毁顿如此，君不能共忧之，何谓？且有疾而饮酒食肉，固丧礼也。”籍饮啖不辍，神色自若。

晋书 · 阮籍传 [2]

（阮籍）性至孝，母终，正与人围棋，对者求止，籍留与决赌。既而饮酒二斗，举

[1] 刘义庆：《世说新语》，长沙：岳麓书社，2015 年，第 158—159 页。

[2] 房玄龄等：《晋书》，北京：中华书局，1974 年，第 1361 页。

声一号，吐血数升。及将葬，食一蒸肫，饮二斗酒，然后临诀，直言穷矣，举声一号，因又吐血数升。毁瘠骨立，殆致灭性。

阮籍是魏晋名士，曾说“礼岂为我辈设也”。请你阅读上面两则材料，结合本节所学的内容，谈谈阮籍是守礼还是不守礼。

（三）思想碰撞

有同学不遵守校纪校规，觉得这些规矩是对人性的束缚。请用八个字表达你的看法。

学

一、经典选读

论语·学而第一（1.7）

原文

子夏曰：“贤贤易色①；事父母，能竭其力；事君，能致②其身；与朋友交，言而有信。虽曰未学，吾必谓之学矣。”

注释

①贤贤：第一个“贤”字是动词，尊重的意思；第二个“贤”字是名词，贤德的意思。易：轻视。　②致：奉献。

今译

子夏说：“看重贤德看轻色相；侍奉父母，能够竭尽全力；侍奉君主，能够奉献自身；同朋友交往，说话恪守诚信。这样的人，尽管他自己说没有学习过，我一定说他已经学习过了。”

原文

论语 · 学而第一（1.14）

子曰：“君子食无求饱，居无求安，敏于事而慎于言，就①有道②而正③焉，可谓好学也已。”

注释

①就：靠近，看齐。 ②有道：指有道德的人。 ③正：匡正。

今译

孔子说：“君子饮食不要求饱足，居住不要求舒适，处事敏捷，说话谨慎，到有道德的人那里去请教，匡正自己的错误，这样可以说是好学了。”

原文

论语 · 为政第二（2.9）

子曰：“吾与回言终日，不违①，如愚。退而省其私②，亦足以发③，回也不愚。”

注释

①不违：不提反对意见和问题。 ②省其私：考察颜回私下的言行。省：检查，考察。 ③发：发挥。

今译

孔子说：“我整天给颜回讲学，他从来不提反对意见和问题，好像很愚笨。等他退下之后，我考察他私下的言行，发现他对我所讲授的内容有所发挥，可见颜回其实并不愚笨。”

原文

论语 · 为政第二（2.15）

子曰：“学而不思则罔①，思而不学则殆②。”

注释

①罔：迷惑，糊涂。②殆：疑惑。

今译

孔子说：“只学习而不思考问题，就会迷惘；只空想而不学习，就会疑惑不解。”

原文

论语 · 为政第二（2.18）

子张学干禄①。子曰：“多闻阙疑②，慎言其余，则寡尤③；多见阙殆④，慎行其余，则寡悔。言寡尤，行寡悔，禄在其中矣。”

注释

①干禄：求取官职。干：求。禄：古代官吏的俸禄。 ②阙：通“缺”，此处指放置在一旁。疑：疑惑。 ③尤：过错。 ④阙殆：同上文的“阙疑”。

今译

子张请教谋取官职的办法。孔子说：“要多听，有疑惑的地方先放在一旁，其余有把握的审慎地说出来，这样就少犯错误；要多看，有疑惑的地方先放在一旁，其余有把握的审慎地去做，这样就能减少懊悔。说话少犯错误，做事少懊悔，官职俸禄就在这里了。”

原文

论语·公冶长第五（5.15）

子贡问曰：“孔文子①何以谓之‘文’也？”子曰：“敏②而好学，不耻下问，是以谓之‘文’也。”

注释

①孔文子：卫国执政卿大夫孔圉（yǔ），谥号文，“子”是对他的尊称。 ②敏：勤勉。

今译

子贡问：“为什么给孔文子一个‘文’的谥号呢？”孔子说：“他勤勉好学，不把向比他地位低的人请教看作羞耻，所以给他谥号‘文’。”

原文

论语·公冶长第五（5.28）

子曰：“十室之邑，必有忠信如丘者焉，不如丘之好学也。”

今译

孔子说：“即使只有十户人家的小村子，也一定有像我这样讲忠信的人，只是不如我这样好学。”

原文

论语·雍也第六（6.3）

哀公问：“弟子孰为好学？”孔子对曰：“有颜回者好学，不迁①怒，不贰②过。不幸短命死矣。今也则亡，未闻好学者也。”

注释

①迁：转移。 ②贰：重复。

今译

鲁哀公问：“你的弟子中谁好学呢？”孔子回答：“有一个叫颜回的弟子好学，他从不把怒气转移给别人，不犯同样的错误。不幸短命死了。现在没有那样的弟子了，没有听说谁是好学的了。”

原文

论语 · 雍也第六（6.12）

冉求曰：“非不说[①]子之道，力不足也。”子曰：“力不足者，中道而废。今女画[②]。”

注释

①说：通“悦”，喜欢，爱慕。 ②画：划定界限。

今译

冉求说：“我不是不喜欢您的学说，是我的力量不够。”孔子说：“力量不够，走到半路会停下来。现在你是划定界限不往前走。”

原文

论语 · 述而第七（7.17）

子曰：“加[①]我数年，五十以学《易》[②]，可以无大过矣。”

注释

①加：通“假”，给予。 ②《易》：《周易》。

今译

孔子说：“再给我增加几年寿命，到五十岁时学习《周易》，可以没有大过错了。”

原文

论语 · 述而第七（7.19）

叶公[①]问孔子于子路，子路不对。子曰：“女奚不曰：‘其为人也，发愤忘食，乐以忘忧，不知老之将至云尔。’”

注释

①叶（shè）公：姓沈，名诸梁，楚国大夫，为叶县尹，所以称叶公。

今译

叶公向子路问孔子是个什么样的人，子路不回答。孔子说：“你为什么不这样说：‘他这个人，发愤用功连吃饭都忘了，快乐得把一切忧虑都忘了，不知道自己快要老了。’”

原文

论语 · 述而第七（7.22）

子曰：“三人行，必有我师焉[①]。择其善者而从之，其不善者而改之。”

注释

①焉：于之，在他们中。

今译

孔子说："三个人一起走路，其中一定有可以做我老师的人。选择他们的优点而学习效法，看到他们的缺点，自己有的话就改正。"

原文

论语·泰伯第八（8.17）

子曰："学如不及，犹恐失之。"

今译

孔子说："学习起来总像追赶不上似的，学得了还会担心丢掉。"

原文

论语·子路第十三（13.4）

樊迟请学稼①。子曰："吾不如老农。"请学为圃②。曰："吾不如老圃。"樊迟出。子曰："小人哉，樊须也！上好礼，则民莫敢不敬；上好义，则民莫敢不服；上好信，则民莫敢不用情。夫如是，则四方之民襁负其子③而至矣，焉用稼？"

注释

①稼：种庄稼。　②圃：种菜。　③襁负其子：背着自己的小孩。襁（qiǎng）：背婴儿的布兜。

今译

樊迟向孔子请教如何种庄稼。孔子说："我不如老农。"樊迟又请教如何种菜。孔子说："我不如老菜农。"樊迟出去了。孔子说："樊迟，真是个小人啊！在上位的人讲究礼节，百姓就不敢不敬畏；在上位的人重视义，百姓就不敢不服从；在上位的人讲信用，百姓就不敢不用实情来对待你。要是做到这样，四面八方的百姓就会背着自己的小孩来投奔，哪里用自己种庄稼呢？"

原文

论语·宪问第十四（14.24）

子曰："古之学者为己，今之学者为人。"

今译

孔子说："古代的人学习是为了提高自己，现在的人学习是为了表现给人看。"

原文

论语·卫灵公第十五（15.3）

子曰："赐也，女以予为多学而识之者与？"对曰："然，非与？"曰："非也，予一以贯之。"

今译

孔子说：“赐啊，你以为我是学习得多了才一一记住的吗？”子贡回答：“是的，难道不是这样吗？”孔子说：“不是的，我是用一个根本的东西把它们贯彻始终。”

原文

论语 · 卫灵公第十五（15.31）

子曰：“吾尝终日不食，终夜不寝，以思，无益，不如学也。”

今译

孔子说：“我曾经整天不吃饭，彻夜不睡觉，去左思右想，没有什么帮助，还不如去学习。”

原文

论语 · 阳货第十七（17.8）

子曰：“由也，女闻六言六蔽矣乎①？”对曰：“未也。”“居！吾语女。好仁不好学，其蔽也愚。好知不好学，其蔽也荡。好信不好学，其蔽也贼。好直不好学，其蔽也绞。好勇不好学，其蔽也乱。好刚不好学，其蔽也狂。”

注释

①言：字，即文中的仁、知、信、直、勇、刚。蔽：通“弊”，弊病。

今译

孔子说：“仲由，你听说过六个字概括的品德和六种弊病吗？”仲由回答：“没有。”孔子说：“坐下！我告诉你。喜好仁却不喜好学习，它的弊病是愚蠢。喜好聪明却不喜好学习，它的弊病是放荡不羁。喜好诚信却不喜好学习，它的弊病是带来伤害。喜好正直却不喜好学习，它的弊病是说话尖刻伤人。喜好勇敢却不喜好学习，它的弊病是容易闯祸作乱。喜好刚强却不喜好学习，它的弊病是狂妄自大。”

原文

论语 · 阳货第十七（17.9）

子曰：“小子①何莫学夫《诗》?《诗》，可以兴②，可以观③，可以群④，可以怨⑤。迩⑥之事父，远之事君。多识于鸟兽草木之名。”

注释

①小子：弟子。 ②兴：感发情志。 ③观：观察社会，拓宽视野。 ④群：与人交往。 ⑤怨：抒发怨刺之情，指用诗讽谏。 ⑥迩（ěr）：近。

今译

孔子说：“弟子为什么不学《诗》呢？学习《诗》，可以感发内心的情志，可以观察社会政治的得失，可以用来与人交往，可以用来抒发内心的幽怨情感。近的可以用来侍奉父母，远的可以用来侍奉君主。能够多学得一些鸟兽草木的名字。”

原文

论语·子张第十九（19.7）

子夏曰：“百工居肆①以成其事，君子学以致其道。”

注释

① 百工：各行各业的工匠。肆：作坊。

今译

子夏说：“各行各业的工匠在作坊里完成自己的工作，君子通过学习来获得道。”

原文

论语·子张第十九（19.13）

子夏曰：“仕而优①则学，学而优则仕。”

注释

① 优：有余力。

今译

子夏说：“做官有余力的人就去学习，学习有余力的人就去做官。”

原文

论语·子张第十九（19.22）

卫公孙朝①问于子贡曰：“仲尼焉学？”子贡曰：“文武之道②，未坠于地，在人。贤者识其大者，不贤者识其小者。莫不有文武之道焉。夫子焉不学？而亦何常师之有？”

注释

① 公孙朝：卫国大夫。　② 文武之道：周文王、周武王治理天下之道。

今译

卫国的公孙朝问子贡：“仲尼的学问是从哪儿学的？”子贡说：“周文王、周武王治理天下之道，并没有失传，而流传在民间。贤能的人了解它的大的方面，不够贤能的人了解它的小的方面。没有什么地方没有文武之道存在。我的老师哪里不能学习呢？又哪里有一个固定的老师专门传授呢？”

二、知识朋友圈

“六艺”有两种解释？

是的。《周礼·地官司徒》：“保氏，掌谏王恶，而养国子以道。乃教之六艺：一曰五礼，二曰六乐，三曰五射，四曰五御，五曰六书，六曰九数。”礼仪、音乐、射箭、驾车、写字、算数，这六种课程是周代贵族子弟的必修课程，是周代礼乐文化的基础。这是旧的“六艺”。

孔子复兴周礼，也以“六艺”教学，但在实际教学过程中，孔子编修课本，逐步形成了新的“六艺”。《史记·滑稽列传》中说：“孔子曰：‘六艺于治一也。《礼》以节人，《乐》以发和，《书》以道事，《诗》以达意，《易》以神化，《春秋》以义。’”《诗》《书》《礼》《乐》《易》《春秋》后来被称为“六经”，成为儒家经典，孔子之后，“六艺”就是“六经”。

这种转变背后有孔子的深意，孔子期望以这样的授课内容唤起社会对圣人之道的重视，培育出修养深厚的达道君子。

三、文心点点通

1. 学：孔子之所以为孔子。

人们总觉得孔子是不世出的天才，是生而知之的圣人。但孔子一直强调自己的与众不同之处在于“好学”，强调自己的德行和才能是通过学习得来的。在《论语·述而》中，孔子说：“我非生而知之者，好古，敏以求之者也。”意思是说，自己的知识，不是生下来就知道的，是爱好古代文化，通过勤奋刻苦的求索获得的。

学习很重要，是君子的天职，能辅助美好的德行，是通向道的阶梯。不仅是孔子成为圣人的法宝，而且是君子成就自己的大道。

2. 学贵有恒。

人们在学习遇到困难的时候总喜欢找各种原因。冉求说自己力量不够。孔子说，力量不够不是你不学习的借口，你还没有尽力，怎么知道力量不够？你是在找借口，学习不仅是愿望，更需要坚持与毅力。

人的精力是有限的，而学习需要专心致志，一个学者不应当把精力花在追求饱足饮食和舒适豪华的居住条件上，而应当勤于学业，到有道德的人那里去请教。

地位低的人要学习，地位高的人也不应该被自己的地位束缚，要勇于向比自己地位低的人请教，这就叫“不耻下问”。“君子之泽，五世而斩”(《孟子》)，是什么原因？没有毅力和恒心下苦功夫去真正学习，恐怕是重要的原因之一。

学习不是显摆，关键要虚心体会。孔子不满意颜回的“不违”，觉得颜回在学习的时候是不是没有开动脑筋，思考问题。但细心观察颜回私下的言行，发现他不仅记住了老师讲授的内容，还有所发挥，所以孔子又夸奖他。颜回早逝，孔子伤心不已，向鲁哀公赞美颜回“不迁怒，不贰过”。“迁怒”“贰过”是人们常犯的错误。颜回没有这方面的过错，是他努力学习的结果。

孔子不仅强调向他人学习的重要性，而且指出一种非常重要的学习方法：“善者”，固然可以成为我们的老师，从他们身上学到很多好的东西；“不善者”，也可以是我们的老师，因为他们让我们反省自己，从而对错误的思想、认识和做法加以警惕。

3. 学有重点。

我们常说要博学，可樊迟要学种庄稼、种菜，却被孔子大骂一顿。孔子为什么发这么大的脾气？我们想一想，孔子教学的目标是什么？是复兴周礼，是修身治国平天下。樊迟却请教种庄稼、种菜的事，他当然不高兴了！孔子要樊迟学什么？学礼、学义、学信，用礼、义、信来修身治国平天下。这才是孔子的理想啊！子张请教怎样治理政事，孔子细心解答，不是因为孔子功利，而是学习治理政事能实现治国平天下的理想。

在孔子的时代，人们有“赋诗言志”的需求。但孔子对学《诗》有更深刻的认识，他用“兴”“观”“群”“怨”四个字概述学《诗》的意义。“兴”指激发情志，“观”指体察社会政治的得失，“群”指与人交往，“怨”指讽谏时政。可以说，学《诗》有上述作用和孔子的教学目标是吻合的。

4. 学无常师。

学习的内容要有重点，对孔子来说，就是周文王、周武王治理天下之道；学习的来源尽可能多元，可以是贤者，也可以不是贤者。学问无论高低，都是通向圣人的途径。所以子贡说：“夫子焉不学？而亦何常师之有？”

四、思想会客厅

1. 学以成人。

我们现在是为了什么而学习？看起来和孔子说的“今之学者”不同。孔子说“今之学者”学习是为了表现给人看；我们现在的学习目标似乎更明确，为了获得更高的收入，为了过上更好的生活。看起来，似乎是“为己”，但这个“为己”和孔子所说的“为己”是不同的。孔子所说的“为己”是为了成就自身的道德品行，是为了获得成就自己的内心认同；我们的“为己”是为了满足自己的欲望，为了占有更多的社会资源，获得更高的社会地位。从本质上而言，我们的“为己”还是“为人”，为了获得社会的认同，把自身的价值建立在别人或者社会的认同与回报之上。

“为己”与“为人”的不同，显示了学习的目的、意义的不同，也分出了学习的高下。孔子追求的不是名利，而是成就自己的道德品行。

2. 学海无涯，死而后已。

孔子十五岁有志于学，三十岁的时候在鲁国有了名气，四十岁已经收了不少弟子，算是有了自己的学问系统。五十一岁出来做官，担任鲁国的大司寇。在平常人看来，这学问也算到头了。可孔子说：“加我数年，五十以学《易》，可以无大过矣。”这一方面是孔子求实精神的体现。在孔子看来，《易》理精深，有了一定的积淀才能好好地学。据《史记·孔子世家》记载，孔子学《易》“韦编三绝”。“韦”是牛皮，也就是说，孔子学《易》很勤勉，曾把穿竹简的牛皮绳翻断了很多次。按古人来说，这个年纪算是一位老人了，但孔子并没有停下学习的脚步，而是向更精深的境界前进。

在孔子这里，学习的目的是修身以从政。这不仅有先后次序，也是相辅相成的。儒家主张积极用世，所以身修好了，就可以从政，就可以治国平天下。但做官时要认认真真地做，用心用力地做，做好了，再拿出多余的精力和时间继续学习，那样就可以带着需要解决的实际问题去学习，为更好地治国平天下服务。世人对子夏“仕而优则学，学而优则仕”的理解非常片面，一是把前半句丢弃不管，二是把“优”字理解为“优秀”，学得好。这样就丢弃了修身，将学习完全功利化、庸俗化了。

从根本上讲，这是把孔子的“学”庸俗化了。孔子说：“予一以贯之。”“一以贯之”的“一”是什么？是仁爱，用曾参的话说就是“忠恕”。孔子告诉子贡，不仅要把他看作一个学识渊博的人，而且要认识到他之所以博学广识是因为始终在追求圣人之道。

成为圣人，通达大道，学习者永远在路上。

五、练习步步高

（一）知识识记

1. 填空。

（1）十室之邑，必有忠信如丘者焉，__________。（《论语·公冶长》）

（2）__________，不耻下问，是以谓之“文”也。（《论语·公冶长》）

（3）学而不思则罔，__________。（《论语·为政》）

（4）小子何莫学夫《诗》?《诗》，可以兴，__________，可以群，可以怨。__________，远之事君。__________。（《论语·阳货》）

（5）三人行，必有我师焉。__________，其不善者而改之。（《论语·述而》）

2. 解释下列加点的字。

（1）百工居肆以成其事，君子学以致其道（　　　　　）

（2）好仁不好学，其蔽也愚（　　　　　）

（3）力不足者，中道而废。今女画（　　　　　）

（4）有颜回者好学，不迁怒，不贰过。不幸短命死矣（　　　　　）

（5）仕而优则学，学而优则仕（　　　　　）

3. 将下列句子翻译成现代汉语。

（1）君子食无求饱，居无求安，敏于事而慎于言，就有道而正焉，可谓好学也已。

____

____

（2）贤贤易色；事父母，能竭其力；事君，能致其身；与朋友交，言而有信。虽曰未学，吾必谓之学矣。

____

____

（二）文心体悟

颜氏家训（节选）[1]

颜之推

梁元帝尝为吾说：“昔在会稽，年始十二，便已好学。时又患疥，手不得拳，膝不得屈。闲斋张葛帏避蝇独坐，银瓯贮山阴甜酒，时复进之，以自宽痛。率意自读史书，一日二十卷，既未师受，或不识一字，或不解一语，要自重之，不知厌倦。”帝子之尊，童稚之逸，尚能如此，况其庶士，冀以自达者哉？

资治通鉴·梁纪（节选）[2]

时城南虽破，而城北诸将犹苦战，日暝，闻城陷，乃散。（梁元）帝入东阁竹殿，命舍人高善宝焚古今图书十四万卷，将自赴火，宫人左右共止之。又以宝剑斫柱令折，叹曰：“文武之道，今夜尽矣！”……或问：“何意焚书？”帝曰：“读书万卷，犹有今日，故焚之！”

论梁元帝读书（节选）[3]

王夫之

江陵陷，元帝焚古今图书十四万卷。或问之，答曰：“读书万卷，犹有今日，故焚之。”未有不恶其不悔不仁而归咎于读书者，曰：“书何负于帝哉？”此非知读书者之言也。帝之自取灭亡，非读书之故，而抑未尝非读书之故也。取帝之所撰著而观之，搜索骈丽，攒集影迹，以夸博记者，非破万卷而不能。于其时也，君父悬命于逆贼，宗社垂丝于割裂；而晨览夕披，疲役于此，义不能振，机不能乘，则与六博投琼、耽酒渔色也，又何以异哉？夫人心一有所倚，则圣贤之训典，足以锢志气于寻行数墨之中，得纤曲而忘大义，迷影迹而失微言，且为大惑之资也，况百家小道，取青妃白之区区者乎？

请你阅读上面的材料，结合本节所学的内容，从“学”的角度谈谈你对梁元帝的看法。

---

[1] 颜之推：《颜氏家训译注》（精编本），北京：商务印书馆，2016 年，第 74 页。

[2] 司马光：《资治通鉴》（三），长沙：岳麓书社，2016 年，第 142—143 页。

[3] 上海辞书出版社文学鉴赏辞典编纂中心：《文学经典鉴赏·古文名篇》，上海：上海辞书出版社，2018 年，第 309—310 页。

（三）思想碰撞

如果上海书展邀请你给即将升高一的学生做一次关于“读书”的演讲，有同学希望你能着重介绍读什么样的书能提高学习成绩，你打算对这个同学说什么？

君子

一、经典选读

原文

论语·为政第二（2.12）

子曰：“君子不器①。”

注释

①器：器皿。

今译

孔子说：“君子不能像器皿一样。”

原文

论语·为政第二（2.14）

子曰：“君子周①而不比②，小人比而不周。”

注释

①周：团结，合群。 ②比（bì）：勾结。

今译

孔子说：“君子合群而不与人勾结，小人与人勾结而不合群。”

论语 · 里仁第四（4.5）

原文

子曰：“富与贵①，是人之所欲也；不以其道得之，不处②也。贫与贱，是人之所恶也；不以其道得之，不去也。君子去仁，恶乎③成名？君子无终食之间违仁，造次④必于是，颠沛⑤必于是。”

注释

①富与贵：财富与地位。 ②处：接受，占有。 ③恶（wū）乎：凭什么。恶：通“乌”，何。乎：于。 ④造次：仓促，匆忙。 ⑤颠沛：困顿流离。

今译

孔子说：“财富和显贵是人人都想要的；但不用正当的方法得到它，君子就不接受。贫穷与低贱，是人人都厌恶的；但不用正当的方法去摆脱它，君子就不摆脱。君子如果离开了仁德，又怎么成就君子的美名呢？君子即使在一顿饭的时间也不会背离仁德，在紧迫匆忙中也一定遵循仁德，在困顿流离中也一定遵循仁德。”

论语 · 里仁第四（4.11）

原文

子曰：“君子怀①德，小人怀土②；君子怀刑③，小人怀惠。”

注释

①怀：思念，关心。 ②土：乡土。 ③刑：法度。

今译

孔子说：“君子思念的是道德，小人思念的是乡土；君子关心的是法度，小人关心的是恩惠。”

论语 · 公冶长第五（5.16）

原文

子谓子产①：“有君子之道四焉：其行己也恭，其事上也敬，其养民也惠，其使民也义。”

注释

①子产：春秋时郑国大夫公孙侨，字子产。

今译

孔子评价子产：“他有四个方面具备君子之道：自己行事恭敬有礼，对待上级尊敬，养护百姓有恩惠，役使百姓符合道理。”

原文

论语·雍也第六（6.4）

子华使于齐，冉子为其母请粟①。子曰：“与之釜②。”请益。曰：“与之庾③。”冉子与之粟五秉④。子曰：“赤之适齐也，乘肥马，衣轻裘。吾闻之也：君子周急不继富⑤。”

注释

①粟：小米。　②釜（fǔ）：古代容量单位。一釜约等于六斗四升。　③庾（yǔ）：古代容量单位。一庾等于二斗四升。　④秉：古代容量单位。一秉等于十六斛（一斛十斗）。　⑤周：周济，救济。继：接济，增益。

今译

子华出使齐国，冉求替他的母亲向孔子请求发给小米。孔子说：“给她六斗四升。”冉求请求增加一些。孔子说：“再给她二斗四升。”冉求却给她八十斛。孔子说：“公西赤到齐国去，乘坐着壮马驾的车子，穿着又轻便又暖和的皮袍。我听说：君子周济急需救济的人，而不增益富人的财富。”

原文

论语·雍也第六（6.18）

子曰：“质胜文①则野②，文胜质则史③。文质彬彬④，然后君子。”

注释

①质：朴实。文：有文采。　②野：此处指粗野、鄙陋。　③史：文辞华丽，这里指虚伪、浮夸。　④彬彬：指质与文兼备，配合很恰当。

今译

孔子说：“朴实盖过了文采，就会显得粗野；文采盖过了朴实，就会显得虚伪、浮夸。文采和朴实配合恰当，这才是君子。”

原文

论语·述而第七（7.37）

子曰：“君子坦荡荡，小人长戚戚①。”

注释

①戚戚：忧愁、烦恼的样子。

今译

孔子说：“君子心胸宽广，小人经常忧愁。”

原文

论语·泰伯第八（8.6）

曾子曰：“可以托六尺之孤①，可以寄百里之命②，临大节而不可夺③也，君子人与？君子人也。”

注释

①六尺：十五岁以下的孩子。古人用七尺指成年。孤：少年丧父。②命：国家的政令。 ③夺：改变。

今译

曾参说：“可以把年幼的孤儿托付给他，可以把国家的政令托付给他，面临紧急关头而不动摇，这样的人是君子吗？是君子啊。”

原文

论语·颜渊第十二（12.4）

司马牛问君子。子曰：“君子不忧不惧。”曰：“不忧不惧，斯谓之君子已乎？”子曰：“内省[1]不疚，夫何忧何惧？”

注释

①省（xǐng）：省察，反思。

今译

司马牛请教怎样成为君子。孔子说：“君子不忧愁，也不恐惧。”司马牛说：“不忧愁不恐惧，这样就可以叫作君子了吗？”孔子说：“反省自己做到问心无愧，还有什么可以忧愁、恐惧的呢？”

原文

论语·颜渊第十二（12.5）

司马牛忧曰：“人皆有兄弟，我独无。”子夏曰：“商闻之矣：死生有命，富贵在天。君子敬而无失，与人恭而有礼。四海之内，皆兄弟也。君子何患乎无兄弟也？”

今译

司马牛忧愁地说：“别人都有兄弟，唯独我没有。”子夏说：“我听过这样的话：死生自有命运，富贵在于天意。君子做事严肃认真没有失误，对人恭敬合乎礼节。天下之大，到处都是兄弟。君子为什么忧愁没有兄弟呢？”

原文

论语·颜渊第十二（12.16）

子曰：“君子成人之美，不成人之恶。小人反是。”

今译

孔子说：“君子成就他人的好事，不成就他人的坏事。小人与此相反。”

原文

论语·子路第十三（13.23）

子曰：“君子和而不同[1]，小人同而不和。”

注释　①和：不同的东西和谐地配合。同：相同的东西混同。

今译　孔子说："君子行事讲究和谐而不混同，小人行事相互混同而不讲究和谐。"

论语·子路第十三（13.26）

原文　子曰："君子泰而不骄，小人骄而不泰。"

今译　孔子说："君子安静坦然而不傲慢无礼，小人傲慢无礼而不安静坦然。"

论语·宪问第十四（14.23）

原文　子曰："君子上达，小人下达。"

今译　孔子说："君子向上求通达于仁义，小人向下求通达于财利。"

论语·宪问第十四（14.28）

原文　子曰："君子道者三，我无能焉：仁者不忧，知者不惑，勇者不惧。"子贡曰："夫子自道也。"

今译　孔子说："君子所行之道有三个方面，我没有能力做到：仁德的人不忧愁，智慧的人不迷惑，勇敢的人不畏惧。"子贡说："这是老师在说自己呀。"

论语·宪问第十四（14.42）

原文　子路问君子。子曰："修己以敬。"曰："如斯而已乎？"曰："修己以安①人。"曰："如斯而已乎？"曰："修己以安百姓。修己以安百姓，尧、舜其犹病诸②！"

注释　①安：使……安乐。　②病：忧虑。诸：之乎；"之"代"修己以安百姓"。

今译　子路请教怎样成为君子。孔子说："修养自己，敬爱他人。"子路说："像这样就够了吗？"孔子说："修养自己，使他人安乐。"子路说："像这样就够了吗？”孔子说：“修养自己，使百姓安乐。修养自己使百姓安乐，尧、舜大概还忧虑做不到吧！”

原文

论语 · 卫灵公第十五（15.2）

在陈绝粮①，从者病②，莫能兴③。子路愠见曰：“君子亦有穷④乎？”子曰：“君子固穷⑤，小人穷斯滥⑥矣。”

注释

①在陈绝粮：鲁哀公四年（前491年），孔子辗转来到陈国、蔡国的边境，正好遇上吴国与陈国交战，秩序混乱，所以断绝了粮食。 ②病：这里指饿坏了。 ③兴：起，起床。 ④穷：穷困。 ⑤固穷：固守穷困。 ⑥滥：无节制，行为胡乱。

今译

孔子一行人在陈国断绝了粮食，跟随孔子的人饿坏了，起不了床。子路恼怒地来见孔子，说：“君子也有穷困的时候吗？”孔子说：“君子固守穷困，小人一遇穷困就胡作非为了。”

原文

论语 · 卫灵公第十五（15.7）

子曰：“直哉史鱼①！邦有道，如矢②；邦无道，如矢。君子哉蘧伯玉！邦有道，则仕；邦无道，则可卷而怀之③。”

注释

①史鱼：卫国大夫，姓史，名鳍，字子鱼。他多次向卫灵公推荐蘧伯玉，但均未被卫灵公采纳。临终前，他叮嘱儿子以不给他办丧事的方式再次向卫灵公劝谏，终于达到了目的。他的行为被称为尸谏：“生以身谏，死以尸谏。” ②如矢：矢，箭，形容直。 ③卷而怀之：收起来藏在怀里。

今译

孔子说：“史鱼真是正直啊！国家政治清明时，他的言行像箭一样直；国家政治混乱时，他的言行也像箭一样直。蘧伯玉真是一位君子啊！国家政治清明时，他就出来做官；国家政治混乱时，他就把自己的才能收藏起来。”

原文

论语 · 卫灵会第十五（15.18）

子曰：“君子义以为质，礼以行之，孙①以出之，信以成之。君子哉！”

注释

①孙：通“逊”。

今译

孔子说：“君子行事把义作为根本，按照礼来推行，用谦逊的语言来表达，用忠诚的态度来完成。这就是君子啊！”

原文

论语·卫灵公第十五（15.20）

子曰：“君子疾没世①而名不称焉。”

注释

① 疾：怕，遗恨。没：通“殁”，死。

今译

孔子说：“君子担心死后他的名字不被人们称道。”

原文

论语·卫灵公第十五（15.21）

子曰：“君子求诸己，小人求诸人。”

今译

孔子说：“君子凡事要求自己，小人凡事苛求别人。”

原文

论语·卫灵公第十五（15.23）

子曰：“君子不以言举人，不以人废言。”

今译

孔子说：“君子不凭一个人说的话来举荐他，也不因为一个人品德不好而废弃他有价值的话。”

原文

论语·季氏第十六（16.6）

孔子曰：“侍于君子有三愆①：言未及之而言谓之躁，言及之而不言谓之隐，未见颜色而言谓之瞽②。”

注释

① 愆（qiān）：过失。 ② 瞽（gǔ）：眼瞎。

今译

孔子说：“侍奉君子易犯三种过失：话没到该说的时候就说，这是急躁；话到了该说的时候却不说，这叫隐瞒；不看君子的脸色就说话，这是盲目。”

原文

论语·季氏第十六（16.7）

孔子曰：“君子有三戒：少之时，血气未定，戒之在色；及其壮也，血气方刚，戒之在斗；及其老也，血气既衰，戒之在得。”

今译

孔子说：“君子有三种情况应该警惕：年少的时候，血气还不成熟，要警惕对女色的迷恋；到了壮年，血气正旺盛，要警惕与人争斗；到了老年，血气衰弱了，要警惕贪得无厌。”

原文

论语 · 季氏第十六（16.8）

孔子曰：“君子有三畏：畏天命，畏大人①，畏圣人之言。小人不知天命而不畏也，狎②大人，侮圣人之言。”

注释

①大人：居高位的人。 ②狎（xiá）：轻慢。

今译

孔子说：“君子有三种敬畏：敬畏天命，敬畏居高位的人，敬畏圣人的话。小人不了解天命而不敬畏，轻慢地对待居高位的人，轻视圣人的话。”

原文

论语 · 季氏第十六（16.10）

孔子曰：“君子有九思：视思明，听思聪，色思温，貌思恭，言思忠，事思敬，疑思问，忿思难，见得思义。”

今译

孔子说：“君子有九种要思考的事：看的时候要思考是否看清，听的时候要思考是否听清，脸色要思考是否温和，容貌要思考是否谦恭，言谈时要思考是否忠诚，办事时要思考是否认真，遇到疑问要思考是否询问，发怒时要思考是否有后患，看到收益时要思考是否正当。”

原文

论语 · 阳货第十七（17.24）

子贡曰：“君子亦有恶①乎？”子曰：“有恶。恶称人之恶者，恶居下流而讪②上者，恶勇而无礼者，恶果敢而窒③者。”

曰：“赐也亦有恶乎？”“恶徼④以为知者，恶不孙⑤以为勇者，恶讦⑥以为直者。”

注释

①恶（wù）：厌恶。 ②讪（shàn）：诽谤。 ③窒：阻塞。这里指不通事理，顽固。 ④徼（jiǎo）：窃取，抄袭。 ⑤孙：通“逊”。 ⑥讦（jié）：攻击别人短处，揭发别人隐私。

今译

子贡说："君子也有厌恶的事吗？"孔子说："有厌恶的事。厌恶宣扬别人坏处的人，厌恶身居下位却诽谤在上位的人，厌恶勇武却不懂礼节的人，厌恶果断勇敢却不通事理的人。"

孔子说："赐，你也有厌恶的事吗？"子贡说："厌恶抄袭别人作为自己的智慧的人，厌恶把不谦虚当作勇敢的人，厌恶攻击别人短处、揭发别人隐私而自以为正直的人。"

原文

论语·子张第十九（19.4）

子夏曰："虽小道，必有可观者焉，致远恐泥①，是以君子不为也。"

注释

①泥：阻滞，妨碍。

今译

子夏说："即使是小的技艺，也一定有可取的地方，但担心妨碍大事业，所以君子不从事小技艺。"

原文

论语·子张第十九（19.8）

子夏曰："小人之过也必文①。"

注释

①文：文饰，掩饰。

今译

子夏说："小人犯了过错必定掩饰。"

原文

论语·子张第十九（19.9）

子夏曰："君子有三变：望之俨然①，即②之也温，听其言也厉。"

注释

①俨然：庄重威严的样子。　②即：就近，接近。

今译

子夏说："君子有三种变化：远看他是庄重威严的样子，接近他又温和可亲，听他说话严厉不苟。"

原文

论语·子张第十九（19.21）

子贡曰：“君子之过也，如日月之食①焉。过也，人皆见之；更②也，人皆仰之。”

注释

①食：同“蚀”。 ②更：改正。

今译

子贡说：“君子的过错，好比日蚀、月蚀。他犯了过错，人们都看得见；他改正过错，人们都仰望着。”

原文

论语·尧曰第二十（20.2）

子张问于孔子曰：“何如斯可以从政矣？”

子曰：“尊五美，屏①四恶，斯可以从政矣。”

子张曰：“何谓五美？”

子曰：“君子惠而不费，劳而不怨，欲而不贪，泰而不骄，威而不猛。”

子张曰：“何谓惠而不费？”

子曰：“因民之所利而利之，斯不亦惠而不费乎？择可劳而劳之，又谁怨？欲仁而得仁，又焉贪？君子无众寡，无小大，无敢慢，斯不亦泰而不骄乎？君子正其衣冠，尊其瞻视，俨然人望而畏之，斯不亦威而不猛乎？”

子张曰：“何谓四恶？”

子曰：“不教而杀谓之虐；不戒视成谓之暴；慢令致期谓之贼；犹之与人也，出纳之吝谓之有司②。”

注释

①屏：屏弃、排除。 ②有司：负责一般事务的官员，此处指没有气派，小气。

今译

子张向孔子请教：“怎样就可以治理政事呢？”

孔子说：“尊重五种美德，排除四种恶政，这样就可以治理政事了。”

子张问：“五种美德是什么呢？”

孔子说：“君子给百姓恩惠却没有耗费，役使百姓劳作而不引起他们怨恨，引导百姓的欲望而不至于贪婪，庄重而不傲慢，威严而不凶猛。”

子张说：“怎样做才是给百姓恩惠却没有耗费呢？”

孔子说："顺着百姓求利的意愿让他们做有利的事，这不就是给百姓恩惠却没有耗费吗？选择可以让百姓劳作的时间和事情让百姓去劳作，谁又会怨恨呢？自己要追求仁德便得到了仁德，又有什么可贪求的呢？君子待人无论人多人少，无论势力大势力小，都不敢怠慢，这不就是庄重而不傲慢吗？君子把衣冠穿戴得整齐，让目光郑重威严，庄严得使人见了就生敬畏之心，这不也是威严而不凶猛吗？"

子张问："四种恶政是什么呢？"

孔子说："不经教化便加以杀戮叫作虐；没有告诫，等做了坏事就去惩罚叫作暴；政令松懈却限期紧迫叫作贼；同样是给人财物，却出手吝啬，叫作小气。"

二、知识朋友圈

君子：成为理想人格。

君子最早是指社会地位高的人，包括诸侯、大夫及没有职位的贵族男子。在《论语》中，君子更多的是指道德品行高的仁人。孔子将自己心中的理想人格，赋予了君子。君子就由原来可世袭而来的高地位，演变为必须由自己修炼才可达到的高境界。于是，君子内在的高贵性成了社会各阶层的精神导向，直至今天。

《论语》中常常将君子与小人相对。其中，有地位显贵的君子，也有地位卑贱的君子；有地位显贵的小人，也有地位卑贱的小人。君子与小人之别，不在地位，不在财富，而在品行，在精神境界。

三、文心点点通

君子是怎样的人？

君子并不是《论语》中最理想的人，在君子之上，还有圣人和仁人。君子是现实中可以成就的人，是儒家理想人格的现实目标。

孔子明确说"君子不器"。凡器皿都有用处，且多为某一个方面专用。"君子不器"讲的是君子不应当成为某一个方面的专用之才，君子也不应当是某几个方面的通用之才。

那么，何为君子？可以明确的是，虽然达不到仁人的境界，但君子之所以为君子，就是一刻也离不开仁德。仁德是君子之本。君子不应是“器”，而应当具有更高远的目标，应当是道德楷模，是用仁德要求自己、教化他人的人。

面对子路的提问，孔子提出了三个由低到高的君子的标准：修身，敬爱他人；修身，使他人安乐；修身，使百姓安乐。修身是基础，最低要求是内心敬爱他人，有能力的还要为他人的安乐出力，有大能力的还要治国平天下。

这容易吗？这很难！

司马牛因为他的哥哥司马桓魋犯上作乱，常常感到忧虑、恐惧。孔子勉励他“内省不疚”，从而“不忧不惧”。你说，司马牛做到了吗？

“仁者不忧，知者不惑，勇者不惧”，孔子说自己也做不到。虽然子贡说这是孔子自己在说自己，但天下又有多少人能做到呢？

说到“安人”，孔子做到了吗？似乎也没有，孔子基本上没有得到“安人”的机会，只能把理想寄存在《论语》里。

孔子告诉我们，在困厄中要固守，不动摇，更不要乱动，这是君子的高贵品行。孔子告诉我们，君子要担当大任，尤其是在危难的时候。孔子还告诉我们，君子行仁，但也不是什么都能包容。子贡向孔子请教君子有没有厌恶的事，其实是问该不该有厌恶。孔子明确回答，君子应当厌恶不仁的行为。

孔子终生以君子自许、自求，这是修身；孔子把真君子的标准存入《论语》，让之后每一个在现实环境中受排挤打压的人有了努力的方向，这是“安人”。

孔子是真君子，难怪司马迁说：“虽不能至，然心乡往之。”(《史记・孔子世家》)

四、思想会客厅

小人乎？君子哉！

从《论语》中，我们可以发现君子与小人的区别。君子胸怀天地，合群但不勾结；小人结党营私实际上并不合群，只是利益的组合。君子胸怀远大，考虑的是国家和社会的事情；小人则只关心自己的地盘，贪图些小恩惠。君子心底无私天地宽，小人则与此相反。君子为了大家的利益而与周围的人保持和谐融洽的关系，但绝不人云亦云，盲目附和，这就是“和而不同”；小人为了自身的利益放弃原则，与别人保持一致，这就是“同而不和”。“和”的目标指向公利，“同”的目标指向私利。君子无私心，所以“泰而不骄”；小人逞私欲，所以“骄而不泰”。君子对己严待人宽；小人待人严对己宽。那些正确对待过错，并勇于改错的人会逐步成长为君子；那些不敢正视过错，总是掩饰过错的人，难以进步，就成为小人。君子成就他人的好事，不成就他人的坏事。“成人之美”就是想方设法地帮助他人实现美好的愿望，自己好，也乐意别人好，自己有才能，也乐意别人有才能。小人只希望自己处处比别人强，而不愿意别人赶上或超过自己。

要完成一次君子的行为，就要依次做到“义”“礼”“逊”“信”。“君子疾没世而名不称焉。”君子为什么担心死后他的名字不被人们称道呢?《史记·孔子世家》里说：“吾道不行矣，吾何以自见于后世哉?”君子担心的是自己的道不能推行。衷心希望我们能够体察孔子的用心，不甘于做小人，争做君子，成就自己的德行。

五、练习步步高

（一）知识识记

1. 填空。

（1）质胜文则野，文胜质则史。＿＿＿＿＿＿，然后君子。(《论语·雍也》)

（2）可以托六尺之孤，可以寄百里之命，＿＿＿＿＿＿，君子人与？君子人也。(《论语·泰伯》)

（3）君子敬而无失，与人恭而有礼。＿＿＿＿＿＿。君子何患乎无兄弟也？(《论语·颜渊》)

（4）仁者不忧，＿＿＿＿＿＿，勇者不惧。(《论语·宪问》)

（5）君子不以言举人，＿＿＿＿＿＿。(《论语·卫灵公》)

2. 解释下列加点的字词。

（1）君子无终食之间违仁，造次必于是，颠沛必于是（　　　　　　　　）

（2）修己以安人（　　　　　　　　）

（3）君子固穷，小人穷斯滥矣（　　　　　　　　）

（4）恶徼以为知者，恶不孙以为勇者，恶讦以为直者（　　　　　　　　）

（5）虽小道，必有可观者焉，致远恐泥，是以君子不为也（　　　　　　　　）

3. 将下列句子翻译成现代汉语。

（1）赤之适齐也，乘肥马，衣轻裘。吾闻之也：君子周急不继富。

（2）君子有三变：望之俨然，即之也温，听其言也厉。

（二）文心体悟

宋史 · 王安石传（节选）[1]

（熙宁）二年二月，（王安石）拜参知政事。上谓曰：“人皆不能知卿，以为卿但知经术，不晓世务。”安石对曰：“经术正所以经世务，但后世所谓儒者，大抵皆庸人，故世俗皆以为经术不可施于世务尔。”上问：“然则卿所施设以何先?”安石曰：“变风俗，立法度，最方今之所急也。”上以为然。于是设制置三司条例司，命与判知枢密院事陈升之同领之。安石令其党吕惠卿在其事。而农田水利、青苗、均输、保甲、免役、市易、保马、方田诸役相继并兴，号为新法，遣提举官四十余辈，颁行天下。

……

安石性强忮，遇事无可否，自信所见，执意不回。至议变法，而在廷交执不可，安石傅经义，出己意，辩论辄数百言，众不能诎。甚者谓“天变不足畏，祖宗不足法，人言不足恤”。罢黜中外老成人几尽，多用门下儇慧少年。

答张文潜县丞书（节选）[2]

苏　轼

文字之衰，未有如今日者也。其源实出于王氏。王氏之文，未必不善也，而患在于好使人同己。自孔子不能使人同，颜渊之仁、子路之勇，不能以相移。而王氏欲以其学同天下。地之美者，同于生物，不同于所生。惟荒瘠斥卤之地，弥望皆黄茅白苇，此则王氏之同也。

王安石赠太傅（节选）[3]

苏　轼

敕：朕式观古初，灼见天命。将有非常之大事，必生希世之异人。使其名高一时，学贯千载。智足以达其道，辩足以行其言。瑰玮之文，足以藻饰万物；卓绝之行，足

[1] 脱脱等：《宋史》，北京：中华书局，1985 年，第 10544、10550—10551 页。

[2] 郭超主编：《四库全书精华　集部》（第一卷），北京：中国文史出版社，1998 年，第 310 页。

[3] 吴永喆，乔万民注：《唐宋八大家苏轼》，天津：天津古籍出版社，2010 年，第 50 页。

以风动四方。用能于期岁之间，靡然变天下之俗。具官王安石，少学孔、孟，晚师瞿、聃。罔罗六艺之遗文，断以己意；糠秕百家之陈迹，作新斯人。属熙宁之有为，冠群贤而首用。信任之笃，古今所无。方需功业之成，遽起山林之兴。浮云何有，脱屣如遗。屡争席于渔樵，不乱群于麋鹿。进退之美，雍容可观。朕方临御之初，哀疚罔极。乃眷三朝之老，邈在大江之南。究观规模，想见风采。岂谓告终之问，在予谅暗之中。胡不百年，为之一涕。于戏。死生用舍之际，孰能违天；赠赙哀荣之文，岂不在我。宠以师臣之位，蔚为儒者之光。庶几有知，服我休命。可。

北宋政治家、文学家王安石在历史上颇有争议，有的人觉得他是真君子，有的人则抨击不已。请阅读上面的材料，结合本节所学的内容，谈谈你的看法。

（三）思想碰撞

康德说："在种种冲突、牺牲、辛勤斗争和曲折复杂的漫长路程之后，历史将指向一个充分发挥人的全部才智的美好社会。"（《从世界公民角度看的普遍历史理念》）你觉得传统中国的君子人格追求有利于建设这样的美好社会吗？

（张翔 编写）

第四单元

《荀子》选读

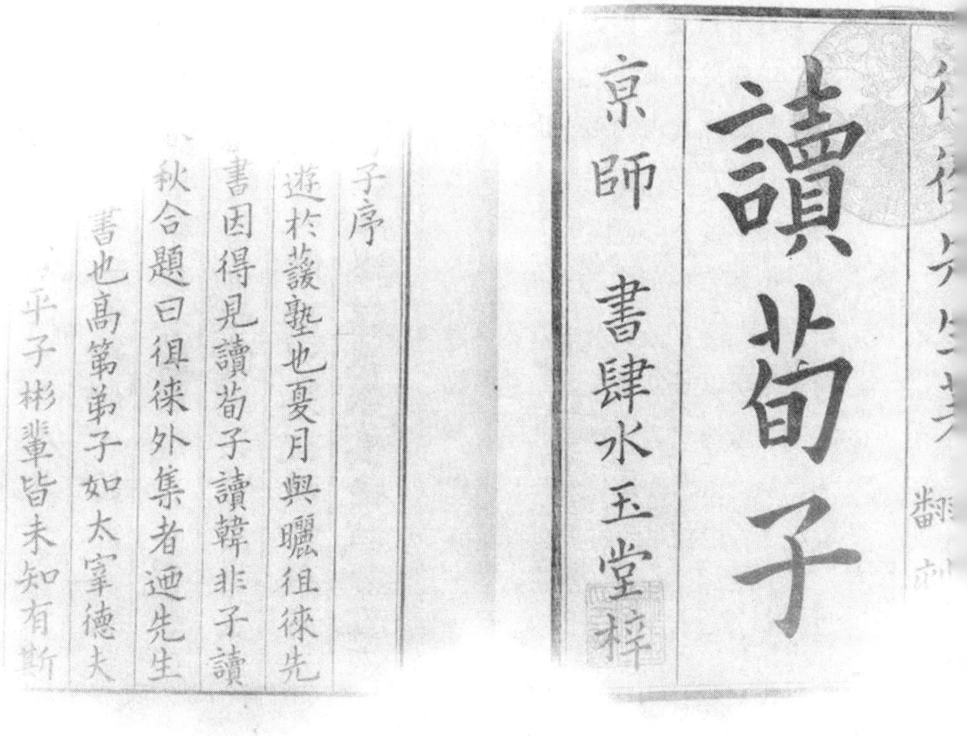

单元概说

荀子，是战国末期著名的思想家、文学家、教育家，是先秦儒家学说的集大成者。他与孔子、孟子一起，被称为先秦儒家学派最重要的三个人物。但是，与孔子、孟子相比较，荀子是一位两千多年来始终被误读、被忽略的大家。

荀子，名况，生卒年已无从确考，大约生活在前313年至前238年。《史记·孟子荀卿列传》记载，齐襄王时“荀卿最为老师”，“齐尚修列大夫之缺，而荀卿三为祭酒焉”。荀子五十岁来到齐国，在稷下学宫讲学，三为祭酒，后来因遭受谗言，到了楚国，被春申君任命为兰陵令。春申君死后，荀子被免官，家居直到逝世，葬在兰陵。

谭嗣同曾说：“二千年来之政，秦政也，皆大盗也；二千年来之学，荀学也，皆乡愿也。”（《揭乡愿与大盗：仁学》）这虽是攻击荀学的言论，但也反映出荀子学说对后世影响之大。章太炎赞美荀子：“自仲尼而后，孰为后圣？……惟荀卿足以称是。”（《章太炎学术史论集》）郭沫若更是将《孟子》《庄子》《荀子》《韩非子》并称为先秦散文“四大台柱”：“孟文的犀利，庄文的恣肆，荀文的浑厚，韩文的峻峭，单拿文章来讲，实在是各有千秋。”（《十批判书》）学者彭基博说：“如果说我们所处的时代与古代哪一个思想家最相印合，那无疑就是荀子，那理性精神，法治观念，强国方略，富民思想，外交政策，等等，都可在荀学中找到惊人的相似之处，为政为学者不可不读荀子。”（《我言荀子》）

虽然有如此多的人推崇荀子，但后人总是将荀子和另一位儒学大家孟子做比较，认为两者关于人性的认识针锋相对：孟子主张“性善”，荀子主张“性恶”。而荀子之所以长期被误读、被忽略，与其主张“性恶”有很大关系。同时，因为法家的两个重要代表人物韩非子、李斯都是荀子的弟子，所以，荀子被后来的儒家学者所诟病，认为他是“大醇而小疵”（韩愈《读荀子》）。与对孔子、孟子两位圣贤的研究相比，对荀子的研究要寂寞得多了。

荀子的思想及有关资料主要保存在《荀子》一书中。起初，荀子的作品以单篇流传，有三百二十一篇，西汉刘向校订的时候，将其整理，编辑成书，定为三十二篇，十一卷，当时称为《孙卿新书》。后来唐代杨倞为其作注，将其编为二十卷，才更名为《荀子》。这就是我们今天所看到的《荀子》。其实，《荀子》一书并非全部出自荀子本人。一般认为，《大略》《宥坐》《子道》《法行》《哀公》《尧问》6篇，是荀子的弟子所述。其他篇目，虽然内容与荀子的思想多相吻合，但其真伪，在学界还有争议，如《儒效》《君道》《议兵》《强国》《仲尼》《致士》《君子》《成相》《赋》等篇，很多学者认为都有混杂文字在内。

荀子的思想，糅合了战国时期道家、墨家、名家、法家等的思想成分，从而对儒学有创造性的发展。

美身求道

一、原典选读

荀子·劝学（节选）

原文

学恶乎始，恶乎终？曰：其数①则始乎诵经②，终乎读礼；其义③则始乎为士，终乎为圣人。真积力久则入④，学至乎没⑤而后止也。故学数有终，若其义则不可须臾舍也。为之人也，舍之禽兽也。

……

君子之学也以美⑥其身，小人之学也以为禽犊⑦。故不问而告谓之傲⑧，问一而告二谓之囋⑨。傲，非也；囋，非也；君子如向⑩矣。

注释

①数：方法，途径，引申为科目。 ②经：指儒家经典，即《诗》《书》《礼》《乐》《易》《春秋》。 ③义：意义。 ④真：果真。积力久：指长期积累。入：指能够深入探究奥秘。 ⑤没：通“殁”，死。 ⑥美：使（自己的身心）完美，完善。 ⑦禽犊：古代用来馈赠别人的礼品。这里比喻卖弄。 ⑧傲：急躁。 ⑨囋（zá）：啰唆，话多。 ⑩向：通“响”，回响，回声。

今译

学习究竟从哪里开始，又到哪里结束呢？答：从学习的科目来说，是从诵读《诗》《书》等经典开始，到研读《礼》结束；从学习的意义来说，是从做有志之士开始，到成为圣人结束。果真能长期积累，就能深入探究其中的奥秘，这样一直学到死，才能够停止啊。所以从学习的科目来说，学习是有尽头的，如果从学习的意义来说，学习是片刻都不能懈怠的啊。致力于学习就是人，放弃学习就是禽兽了。

……

君子学习是为了完善自己的身心，小人学习是为了向其他人卖弄自己所学的知识。所以，如果别人没有向你求教，你却教导别人，这就叫作急躁；别人问你一点，你却回答其他更多的内容，这就叫作啰唆。急躁是不可取的，啰唆是不可取的，君子回答别人的问题应该像回声一样，问什么答什么，不多不少，恰到好处。

原文

荀子 · 修身（节选）

夫骥一日而千里，驽马十驾则亦及之矣。将以穷无穷①，逐无极与？其折骨绝筋，终身不可以相及也。将有所止②之，则千里虽远，亦或迟或速、或先或后，胡为乎其不可以相及也？

注释

①穷：走完。无穷：指无穷无尽的路途。 ②止：终点，目的，止境。

今译

骏马一天能跑一千里，劣马走上十天也能达到。想要走完无穷无尽的路途，追逐那没有终点的地方吗？劣马即使跑到骨头折了，筋也断了，也是一辈子都不可能到达（那没有终点的地方）的。如果做事情有终点有目的，那么，即使千里的路程很远，也只是或快或慢、或前或后的问题，怎么可能走不到终点呢？

原文

荀子 · 非相（节选）

君子必辩①。凡人莫不好言其所善②，而君子为甚焉。是以小人辩言险③而君子辩言仁也。言而非仁之中也，则其言不若其默也，其辩不若其呐④也；言而仁之中也，则好言⑤者上矣，不好言者下也。故仁言大矣……故君子之行仁也无厌。

注释

①辩：能说会道。 ②所善：所认为是好的东西。 ③辩言：宣扬。险：邪恶。 ④呐（nè）：通“讷”，不善于讲话，言语迟钝。 ⑤好言：喜欢宣扬自己的学说。

今译

君子一定能说会道。凡是人都喜欢谈论自己认为好的东西，但君子比起一般人来更是如此。所以小人能说会道，宣扬邪恶的道理，但君子能说会道，宣扬仁爱的道理。说起话来如果不符合仁爱的道理，那么他开口说话还不如他沉默不语，他能说会道还不如他笨嘴拙舌；说起话来如果符合仁爱的道理，那么喜欢宣扬自己的学说是最好的行为，不喜欢宣扬自己的学说是最下等的行为。所以符合仁爱道理的言论十分重要……所以君子践行仁爱的道理从不厌倦。

原文

荀子·非十二子（节选）

士君子之所能不能为①：君子能为可贵②，不能使人必贵己；能为可信③，不能使人必信己；能为可用④，不能使人必用己。故君子耻不修⑤，不耻见污；耻不信，不耻不见信；耻不能，不耻不见用。是以不诱于誉，不恐于诽，率道⑥而行，端然⑦正己，不为物倾侧⑧，夫是之谓诚君子。

注释

①能不能为：能做的和不能做的。②贵：被人尊重。③信：被人信任，讲信用。④用：被人任用。⑤耻不修：把品德不好看作耻辱。修：善，好。⑥率（shuài）道：遵循正道。⑦端然：庄重严肃的样子。⑧物：外界事物。倾侧：倾斜，这里指动摇。

今译

士君子能做的和不能做的有：君子能做到品德高尚而可以被人尊重，但不能使别人一定尊重自己；能做到忠诚老实而可以被人信任，但不能使别人一定信任自己；能做到多才多艺而可以被人任用，但不能使别人一定任用自己。所以君子把自己的品德不好看作耻辱，但不把被人污蔑看作耻辱；把自己不诚实不讲信用看作耻辱，但不把不被人信任看作耻辱；把自己无能看作耻辱，但不把不被人任用看作耻辱。因此，君子不被荣誉浮名诱惑，不被诽谤吓倒，遵循正道做事，庄重严肃地端正自己，不被外界事物动摇，这样的人叫作真正的君子。

二、知识朋友圈

1. 语言积累。

（1）止。象形字，象人的脚趾形。《说文解字》云：“止，下基也。象草木出有址，故以止为足。”引申为停止、禁止、到达。《广韵》云：“止，停也，息也。”在儒家经典中，“止”字有特别的含义，指全身心追求的目标，如射箭，其所射的箭靶叫作“止”。在《荀子》里，“止”字常常指做事情的目标，尤其是追求礼义、道德的目标。

（2）辩。会意字。《说文解字》云：“辩，治也。从‘言’在‘辡’之间。”意为辩解、争辩，争论是非曲直。儒家传统认为“巧言令色，鲜矣仁”(《论语·学而》)，所以对于能辩之人，需要依据其是否能够辨明是非而定其贤愚。

三、文心点点通

荀子把人的理想境界分为士、君子、圣人三等。人学习的目的是什么？为了向大家炫耀自己的才能，为了谋取一个光明的前程，还是为了使自己的身心得到完善？君子给出了他们的答案：“美其身”。这里的“身”，不是外表的漂亮光鲜，而是内心的充实，而学习的终极目标是“终乎为圣人”。“其折骨绝筋，终身不可以相及也”一句指出：如果无法找到正确的、明确的目标，哪怕一辈子不懈地努力追求，也不可能寻得真理。所以，君子求道，除了需要坚持不懈的态度，还需要始终走在正确的道路上。从士到君子再到圣人，这个过程无疑是艰难的，必须经历对“志道”逐渐深入理解的过程。通过读“经”加强对礼义、道德的理解，追求高尚的精神，体现了人与禽兽的根本区别，也是人不断努力最终超凡入圣的精进道路。

儒家传统对于能言善辩的人多有异议，中国人常说“沉默是金”，但是，该说话的人不说话，该宣扬的事情不宣扬，从而使得不该说话的人大放厥词，不该宣扬的事情大行其道，那么，这种沉默还能如金子般闪亮吗？所以，君子的谦和低调并不是永远地沉默不语。荀子提出“君子必辩”，在现在具有特别的意义。社会需要能言善辩的君子，面对奸邪的学说，面对社会上错误低俗的风气，挺身而出，理直气壮地宣扬仁爱、礼义，大胆地弘扬社会正气，只有这样，人们的心灵才不会被蒙蔽。所以，一个人的精神境界是否高贵，并不在于他看上去是否谦虚，而在于他相信什么、宣扬什么、弘扬什么。“君子必辩”强调的是君子承担社会责任的自觉性，表现出一种既坦诚又克制的君子气质。我们常会在现实生活中看到一些好为人师的人，自己没什么本事，却遇到什么事情都要发表自己的意见，看上去好像很博学的样子，实则暴露了自己内心的空虚和学养的不足。君子则不同，当别人向他求教时，他就诚恳地教导别人，无所保留，并且能够针对求教者存在的问题，恰如其分地回答，而非为了显示自己的才能，夸夸其谈。正如古人所说的“善待问者如撞钟，叩之以小者则小鸣，叩之以大者则大鸣”（《礼记·学记》），这种小叩小鸣，大叩大鸣，才是君子应有的从容淡定的气质。

荀子通过“士君子之所能不能为”确立了君子的道德标准：君子严格要求自己，但不苛求他人，更不只看重结果。君子所追求的是不断完善自我，但君子一定明白：努力不一定会有结果。所以，君子失意时能够坦然面对。“不诱于誉，不恐于诽”，是一种坦然，也是一种坚守。心怀坦荡，不求私欲，当然不会畏惧利益的诱惑和别人的污蔑。从更深的层次来看，面对顺境、逆境的变化，只有致力于求道的人，才能不受外界的荣誉浮名的诱惑，不被毫无根据的诽谤污蔑吓倒，这种内心的力量来自君子对道的追求。

四、思想会客厅

论学，是荀子思想的重要命题。荀子说：“凡以知人之性也。”（《荀子·解蔽》）人来到这个世界，就有了探索、认识事物的能力，如认识亲人、认识周围事物的特点、了解四季的变化等，人在不断认识世界的过程中成长起来，这是一种天性。相应地，世间万物都有可以被认识的特性，所以荀子指出：“可以知物之理也。”（《荀子·解蔽》）但是，世间万物没有穷尽，因而一个人不可能认识世界上所有的事物，懂得所有的道理。人如果对此没有清晰的认识，就会陷入一个无穷无尽的知识的海洋，迷失自己的方向。就像荀子所说：“求可以知物之理，而无所疑止之，则没世穷年不能遍也。”（《荀子·解蔽》）这里的“疑止”就是学习目标。由此可见，人对自己探索、学习的对象必须有所选择，找到真正的学习目标。有了真正的学习目标，人就不容易受到纷繁世事的蒙蔽；没有真正的学习目标，而只是盲目地获取知识，那么，纵使是费尽气力，也不可能取得真正的成效。

荀子反复强调目标的重要性，是因为荀子论学，意在论道。荀子担心人们被纷繁的世事所蒙蔽，从而找不到通往理想境界的道路，所以明确地指出：“曷谓至足？曰：圣王也。”（《荀子·解蔽》）圣，是完全懂得事物规律的人；王，是完全精通治国制度的人。这两类人可以算是真正懂得事理的人，也是荀子心目中可以治理好天下的人。可见，荀子的理想是通过学习培养出治理国家的人才，从而使天下大治。

什么是君子应该下功夫追求的呢？“坚白”“同异”“有厚无厚”等那个时代的流行命题是不是都值得君子关注呢？要解答这个问题，我们就必须了解这些命题的内容。

“坚白”，是战国时期争论的一个重要命题。以名家公孙龙为代表的“离坚白”论者认为，“坚”和“白”两种属性各自独立、互相分离，因为眼睛看到“白”而看不出“坚”，手摸到“坚”而不能感知“白”。后期墨家则主张“坚白相盈”，认为“坚”和“白”不能离开具体的石头而独立存在。“同异”，是战国时期名家惠施提出的一个命题。他认为事物的同异是相对的，具体的事物之间有“小同”“小异”，而从宇宙万物的总体来看，万物又莫不“毕同”“毕异”。“有厚无厚”，也是惠施提出的一个命题，讲空间上的无限性问题。惠施认为平面从厚（体积）来说是无，但面积仍可扩大至千里。也有人认为“有厚无厚”是春秋时邓析提出的一个命题。

相比较荀子所追求的礼义而言，“坚白”“同异”“有厚无厚”等命题虽然有价值，但不能对改变人的天性起直接作用，只能解决一些细枝末节的问题。所以，荀子认为这些命题并不是君子所应该追求的目标，君子无须参与这些命题的争论，而应该努力追求如何用礼义、道德教化民众，这才是君子所追求的目标。正如荀子所说：“行衢道者不至，事两君者不容。”（《荀子 · 劝学》）如果走在了错误的道路上，又怎么可能到达终点呢？所以，君子应该坚定不移地走在正确的道路上，对于自己所追求的真理，不要轻易怀疑，不论遇到怎样的挫折和困境，都要坚信真理终究是真理。否则，如果心中有彷徨、有犹豫，就容易被错误的思想所蒙蔽，从而被带到错误的道路上去，那么，真理就永远无法辨明了。

众所周知，在追求真理的道路上，能够走到最后、修成正果的，不一定是那些天赋最好、客观条件最充裕的人，而一定是在意志上和行动上都坚定不移的人。所以，荀子希望“君子结于一也”（《荀子 · 劝学》），“结”就是坚定的意思，对于君子来说，在追求真理的过程中，除了在行动上坚定不移，更重要的是信念的坚定。

除此之外，追求真理还要有实际行动。有行动，并坚持不懈地做下去，就有了成功的可能。相反，那些整天夸夸其谈的人，就算他有再大的志向，也是不可能成功的。鲁迅在《为了忘却的记念》中有一段描写柔石的话，表达了同样的认识：“他（柔石）终于决定地改变了，有一回，曾经明白地告诉我，此后应该转换作品的内容和形式。我说：这怕难罢，譬如使惯了刀的，这回要他耍棍，怎么能行呢？他简洁地答道：只要学起来！”“道虽迩，不行不至；事虽小，不为不成。”（《荀子·修身》）从自然现象中，荀子发现了“或为之或不为之耳”（《荀子·修身》）的不同结果，其决定因素就是一个字：“为”。

五、练习步步高

（一）知识识记

1. 填空。

（1）君子之学也________，小人之学也________。（《荀子·劝学》）

（2）________谓之傲，________谓之囋。（《荀子·劝学》）

（3）________，则千里虽远，____________，胡为乎其不可以相及也？（《荀子·修身》）

（4）是以小人辩言险________。（《荀子·非相》）

（5）君子能为可贵，________；能为可信，________；能为可用，________。（《荀子·非十二子》）

（6）是以不诱于誉，________，________，端然正己，不为物倾侧，夫是之谓诚君子。（《荀子·非十二子》）

2. 解释下列加点的字词。

（1）其数则始乎诵经，终乎读礼（　　　　　　）

（2）学至乎没而后止也（　　　　　　）

（3）君子之学也以美其身（　　　　　　）

（4）君子如向矣（　　　　　　）

（5）将有所止之，则千里虽远（　　　　　　）

（6）是以小人辩言险而君子辩言仁也（　　　　　　）

（7）言而非仁之中也（　　　　　　）

（8）其辩不若其呐也（　　　　　　）

（9）君子能为可贵（　　　　　　）

（10）率道而行，端然正己，不为物倾侧（　　　　　　）（　　　　　　）

3. 将下列句子翻译成现代汉语。

（1）故学数有终，若其义则不可须臾舍也。

（2）故君子耻不修，不耻见污；耻不信，不耻不见信；耻不能，不耻不见用。

（二）文心体悟

荀子认为“君子之学也以美其身”(《劝学》)。请你结合本节的选文说说君子的身“美”具体表现在哪些方面。

（三）思想碰撞

阅读下列材料，回答问题。

材料:《左传・襄公二十四年》有言:“大上有立德，其次有立功，其次有立言，虽久不废，此之谓不朽。”

问题：古人提出的“三立”“三不朽”可谓人生的最高理想。请你结合荀子“君子必辩”的观点分析“言”在个人成就自我的过程中所起的作用。

化性起伪

一、原典选读

原文

荀子·礼论（节选）

故曰：性者，本始材朴①也；伪者，文理隆盛②也。无性则伪之无所加③，无伪则性不能自美。性伪合，然后圣人之名一④，天下之功于是就⑤也。

注释

①本始：原本，本来。材：材质。朴，未加工过的木材。　②文理：礼义法度。隆盛：盛大。　③无所加：没有地方施加。　④一：成就。　⑤就：完成。

今译

所以说：天性，指的是人原本就拥有的材质；后天人为的努力，指的是盛大的礼义法度。没有天性，那么礼义法度就没有地方施加，没有后天人为的努力，人原本恶的天性就不可能自己变得美起来。先天本性与后天人为努力结合之后，才能成就圣人的名声，才能完成统一天下的功业。

原文

荀子·性恶（节选一）

人之性恶，其善者伪也。

今①人之性，生而有好利焉，顺是，故争夺生而辞让亡②焉；生而有疾恶③焉，顺是，故残贼④生而忠信亡焉；生而有耳目之欲，有好声色焉，顺是，故淫乱生而礼义文理⑤亡焉。然则从⑥人之性，顺人之情，必出于争夺，合于犯分乱理而归于暴⑦。故必将有师法之化⑧，礼义之道⑨，然后出于辞让，合于文理，而归于治。用此观之，然则人之性恶明矣，其善者伪也。

注释

①今：发语词。　②辞让：谦逊推让。亡：消失。　③疾恶（wù）：嫉妒，憎恨。疾：通“嫉”。　④残贼：凶残暴虐的人。　⑤文理：条理，秩序。　⑥从：通“纵”，放纵。　⑦合：合理，自然。犯：违反。分：名分，等级。乱：破坏。理：指礼义。归：导致。暴：动荡，暴乱。　⑧师法之化：老师和法制的教化。　⑨道：同“导”，引导。

今译

人的天性是恶的，他们的善良只是后天人为的。

人的天性，生来就喜好追求利益，顺着这种天性，就会产生争抢掠夺，谦逊推让就会消失；人生来就会嫉妒憎恨，顺着这种天性，就会产生凶残暴虐的人，忠实诚信的人就会消失；人生来耳朵、眼睛就有享受的贪欲，喜欢音乐、美丽的形象，顺着这个天性，就会产生淫荡混乱，那么礼义秩序就会消亡。既然这样，那么放纵人的天性，顺着人的情欲，就一定会出现争抢掠夺，自然会出现违反等级名分、破坏礼义的事情，最终导致社会的动荡。所以一定要有老师和法制的教化，礼义的引导，然后才能出现谦逊推让的社会风气，才能使社会风气与礼义秩序相符合，最终达到社会安定的结果。从这点上看，人性本来是恶的，这是很明白的，人性中的善良只是后天人为的。

原文

荀子 · 性恶（节选二）

今人之性，饥而欲饱，寒而欲暖，劳而欲休，此人之情性也。

今译

人的天性，饿了就想吃饱，冷了就想穿暖，累了就想休息，这些都是人的情欲和天性啊。

原文

荀子 · 性恶（节选三）

若夫目好色，耳好声，口好味，心好利，骨体肤理好愉佚①，是皆生于人之情性者也，感而自然②，不待事③而后生之者也。夫感而不能然，必且待事而后然者，谓之生于伪④。是性伪之所生⑤，其不同之征也。

故圣人化性而起伪，伪起而生礼义，礼义生而制法度。然则礼义法度者，是圣人之所生也。故圣人之所以同于众其不异于众者，性也；所以异而过⑥众者，伪也。

注释

①骨体：身体。肤理：皮肤的纹理。愉佚：安逸。佚：同“逸”，安逸，安闲。 ②感：有感受。自：自然而然。然：形成。 ③待：依靠。事：人为的努力。 ④伪：人为。这里指能够勉励矫正人天性中恶的行为。 ⑤性伪之所生：“性”所生的就是“目好色”等天性，“伪”所生的就是礼义、法度等后天形成的约束力。 ⑥过：超过。

今译

至于眼睛爱看美丽的形象，耳朵爱听好听的音乐，嘴巴爱吃美味的东西，内心爱好财富利益，身体喜欢舒适安逸，这些都是出自人的情欲和天性，只要有感受就会自然而然地形成，不需要依靠后天人为的努力就会产生。那些有了感受却不能自然形成，需要依靠后天人为努力才能形成的，就叫作产生于人为。这便是先天本性和后天人为努力所产生的东西，其特征是不一样的。

所以圣人改变了邪恶的本性而作出人为的努力，作出人为的努力后就产生了礼义，礼义产生后就制定了法度。那么礼义法度，这些是圣人所创制的了。因此圣人和一般人相同，和一般人没有什么不同的地方，是先天的本性；圣人和一般人不同而又超过一般人的地方，是后天的人为努力。

原文

荀子·性恶（节选四）

故古者圣人以①人之性恶，以为偏险而不正，悖乱②而不治，故为之立君上之势以临之③，明礼义以化之，起法正④以治之，重刑罚以禁之，使天下皆出于治，合于善也。是圣王之治，而礼义之化也。

注释

①以：认为。　②悖乱：惑乱，昏乱。　③为：替。立：树立。势：权威。临：统治。　④起：建立起。法正：法制。

今译

古代的圣人认为人的天性是恶的，认为人的天性是险恶而不端正、昏乱而不守秩序的，所以替人们确立了君主的权势去统治他们，明确了礼义去教化他们，建立起法制去管理他们，加重刑罚去禁止犯罪，使天下都能够得到治理，人们符合善良的标准。这就是圣王的治理，礼义的教化。

二、知识朋友圈

1. 语言积累。

（1）性。形声字。《说文解字》云："性，人之阳气性善者也。从心，生声。"本义指人先天具有的特质。《论语·阳货》有言："子曰：'性相近也，习相远也。'"孔子认为人的天性纯真善良。孟子也说："人性之善也，犹水之就下也。"（《孟子·告子上》）而荀子认为："不可学、不可事而在人者谓之性。"（《荀子·性恶》）"生之所以然者谓之性。"（《荀子·正名》）这种观点对人的天性的认识更客观，也是荀子“化性起伪”思想的认识基础。

（2）伪。形声字。《说文解字》云：“伪，诈也。”“伪”字的解释大多偏贬义。但南唐文字训诂学家徐锴的观点是：“伪者，人为之，非天真也。故人为为伪是也。”（段玉裁《说文解字注》）徐锴的观点与荀子相近，意在强调人的主观能动性。

三、文心点点通

孟子主张人性本善，认为人天生就有恻隐、羞恶、辞让、是非之心，所以人只要发扬自己天性中的善良，就能够成为贤者。但荀子认为，人生来就有对各种欲望的追求，人类这种好欲、逐利的天性与辞让、忠信、礼义等善良的价值观在根本上是对立的。而且，即使顺从人的天性，人的欲望也很难得到彻底满足，而一旦欲望得不到满足，人就会不断追逐利益，这种追逐往往没有止境，这样，人与人之间必然会产生矛盾，产生利益的争夺，国家和社会的混乱也就由此而产生了。

人性本身不能产生美和善，美和善只可能产生于后天的伪，也就是人为的努力和后天的教化。所以，荀子说“其善者伪也”。荀子所说的人性，其本质恰恰是“本始材朴”的自然之性。这种自然之性无所谓善恶，它既有转化为恶的可能，也有发展为善的机会。“性恶”之“恶”就其本义而言，是指人类作为一种生物，本来就具有的生存本能。“饥而欲饱，寒而欲暖，劳而欲休”，无论是圣明的大禹还是荒淫的夏桀，都会有这些感觉和欲望。可见，满足欲望是人性，那么，克制欲望，某种程度上就是违背人性。荀子对人性的这种认识，没有回避人类本能，从这一点来说，荀子的思想直指人的本性。

更重要的是，荀子认为人性本恶，并不意味着荀子准许人随意作恶。《荀子·劝学》开篇第一句就提出“君子曰：学不可以已。”荀子期待的是人通过后天的努力去改变人的本性，达到善的境界。从这个理想来看，荀子和孟子是一致的。

同时需要认识的是，一个人是否能够提高自身修养、达到高尚的道德境界，并不取决于一个人是否能够克制自己的本性欲望，关键在于一个人能否节制那些过分的欲望，避免因为追求无法满足的欲望而引起争夺和混乱。设想一下，如果能够正视人对“饱”“暖”“休”这些正常欲望的追求，人必然更愿意接受礼义的约束，愿意向善。因此，荀子对人的本性的认识，是“人之性恶，其善者伪也”观点成立的前提。

四、思想会客厅

现在有一种普遍的看法：人生活在世上有多方面、多层次的需求，从低到高依次是生理需求、安全需求、情感需求、尊重需求和自我实现需求。荀子所说的“目好色，耳好声，口好味，心好利，骨体肤理好愉佚”，其中包含人的生存欲望、心理需求，也包括审美需求，这些需求都出于人的天性，是人正常的生理和心理反应，不需要人特意去做些什么，就会自然地发生。但是，如果不加以节制，人的这种感受和需求就会无限增长。无论是圣人还是一般人，在天性上并没有差别。但是，普通人很难做到节制欲望，从而使自己被欲望所困扰，使国家陷入无休止的争斗和混乱之中。

在荀子的理论中，人性本身是不完美的，只有圣人超越了普遍人性，依靠礼义法度来约束自己，形成道德的力量。从圣人身上，荀子得到了启示。天地只能提供万物和人类生长的条件，却并不拥有管理好万物和人类的能力，人们需要寻找可以改变这一切的事物，荀子找到的是礼。我们也可以这样理解：荀子所说的“伪”的核心内容就是礼。

以礼乐教化百姓、治理国家，是周公开创的。荀子认为，先王为了避免混乱而建立了“师法之化，礼义之道”，也就是用教育和法制来影响人、规范人的行为，矫正人的天性，使人能够“出于辞让，合于文理”，进而达到社会的和谐安定。这一思想发展到荀子，形成了制定礼义法度，严格依照礼义法度治理国家，用礼义法度约束人性的治政理念。荀子理想中上下有别、尊卑有序的制度，呈现出“贵贱有等，长幼有差，贫富轻重皆有称者”(《荀子·富国》)的状态。人只有克制天性中自然存在的好利之心、嫉妒之情、耳目之欲，万物才能各得其所，各个不同阶层等级的人才能安心处于自己的位置，做自己应该做和能够做的事情，这样的国家才是稳定和谐的。

荀子对人的天性的认识可以归结为一句话“人之性恶”，但这并不意味着荀子对于人类生活的彻底悲观和失望。相反，荀子认为人的天性虽不完美，但人是有智慧的，只不过因为没有受到正确的教育引导，所以失去了约束和改变天性的能力。礼就是荀子找到的能够约束和改变人的天性的事物，只要有坚守礼义法度的君主来统治管理人，按照明确的礼义标准来要求人，那么，人是可以被教化的。圣人与普通人的差别就在于是否拥有道德的力量，是否能够超越天性对人的影响。对于现在的人来说，是以天性为借口，一味地顺应贪婪的欲望，还是以善为追求的目标，约束、克制自己的欲望，是值得深思的问题！

五、练习步步高

（一）知识识记

1. 填空。

（1）人之性恶，__________。（《荀子・性恶》）

（2）今人之性，饥而欲饱，__________，__________，此人之情性也。（《荀子・性恶》）

（3）夫感而不能然，__________，谓之生于伪。（《荀子・性恶》）

（4）故圣人化性而起伪，__________，礼义生而制法度。（《荀子・性恶》）

（5）__________，本始材朴也；伪者，__________。（《荀子・礼论》）

2. 解释下列加点的字词。

（1）生而有疾恶焉（　　　　　　）

（2）故残贼生而忠信亡焉（　　　　　　）（　　　　　　）

（3）故淫乱生而礼义文理亡焉（　　　　　　）

（4）故必将有师法之化，礼义之道（　　　　　　）（　　　　　　）

（5）感而自然，不待事而后生之者也（　　　　　　）（　　　　　　）

（6）所以异而过众者，伪也（　　　　　　）

（7）以为偏险而不正，悖乱而不治，故为之立君上之势以临之（　　　　　　）（　　　　　　）

（8）性伪合，然后圣人之名一，天下之功于是就也（　　　　　　）

3. 将下列句子翻译成现代汉语。

（1）人之性恶，其善者伪也。

____

（2）然则从人之性，顺人之情，必出于争夺，合于犯分乱理而归于暴。

____

____

（二）文心体悟

1. 请你结合本节选文说说“人之性恶，其善者伪也”（《性恶》）中的“伪”有哪些内容。

2.《荀子·正论》提到：“世俗之为说者曰：‘尧、舜不能教化，是何也？曰：朱、象不化’，是不然也。尧、舜，至天下之善教化者也，南面而听天下，生民之属莫不振动从服以化顺之。然而朱、象独不化，是非尧、舜之过，朱、象之罪也。尧、舜者天下之英也，朱、象者天下之嵬、一时之琐也。今世俗之为说者不怪朱、象而非尧、舜，岂不过甚矣哉？夫是之谓嵬说。”请你谈谈如何理解尧、舜不能教化朱、象的现象。

（三）思想碰撞

阅读下列材料，回答问题。

材料：道家的核心观念是自然和无为，老子主张顺应天性，拒绝任何人为的努力，不希望为政者按照自己的意志来规范或者塑造世界。而儒家强调为政者对国家的责任，荀子更是认为只要君主按照礼义法度来管理百姓，百姓是可以被教化的。

问题：在竞争激烈的当今社会，有人消极对待，有人选择不断追求理想，也有人在愈来愈多的欲望驱使下走错了人生道路。面对这样的社会现实，你认为以上哪一种思想更合适？为什么？

隆礼重法

一、原典选读

原文

荀子 · 劝学（节选）

不道礼宪①，以《诗》《书》为之，譬之犹以指测河也，以戈②舂黍也，以锥飡壶③也，不可以得之矣。故隆礼④，虽未明，法士⑤也；不隆礼，虽察辩⑥，散儒⑦也。

注释

①道：由。礼宪：礼法。 ②戈：古代的一种兵器，横刃，用青铜或铁制成，装有长柄。 ③飡：吃。壶：古代储饭的器皿。 ④隆礼：尊崇礼法。 ⑤法士：守礼法的人。 ⑥察辩：明察，善辩。 ⑦散儒：不守礼法的儒士。

今译

如果不按照礼法行事，只凭着《诗经》《尚书》去行事，就如同用手指测量河水的深浅，用戈来舂黍米，用锥子吃饭一样，是不可能达到目的的。所以尊崇礼法，即使不能做到明察善辩，也算是守礼法的人；不尊崇礼法，即使明察善辩，也不过是一个不守礼法的儒士罢了。

原文

荀子 · 王制（节选）

王者①之制，道不过三代②，法不贰后王③。道过三代谓之荡④，法贰后王谓之不雅⑤。衣服有制，宫室有度⑥，人徒⑦有数，丧祭械用皆有等宜⑧。声则凡非雅声者举废，色则凡非旧文⑨者举息，械用则凡非旧器⑩者举毁。夫是之谓复古，是王者之制也。

注释

①王者：这里指奉行王道的君主。 ②道：指奉行的政治原则。过：超过。三代：指夏、商、周三代。 ③贰：背离，违背。后王：指当代的帝王。 ④荡：遥远，引申为渺茫。 ⑤不雅：不正。 ⑥宫室：古代房屋的统称。度：标准。 ⑦人徒：百姓、民众，这里指仆役、随从。 ⑧丧：古代的丧礼。祭：古代安葬之后的祭礼。械用：器械用具。等：等级。宜：通“仪”，法度，标准。 ⑨旧文：指古代礼制所规定的车服器用等物的彩绘文饰。旧：指夏、商、周三代的旧制。文：花纹。 ⑩旧器：指符合旧制的器物。

今译

奉行王道的君主所实行的制度，奉行的政治原则不超出夏、商、周三代，实行的法度不违背当代帝王的原则。所奉行的政治原则如果超过了夏、商、周三代，那么（距离现在的时代）就太遥远、太渺茫了，法度如果违背了当代帝王的原则就叫作不正。不同级别的人所穿的衣服各有不同的规格，所住的房屋各有不同的标准，随从人员各有一定的数目，丧葬祭祀用的器具也各有相应的等级规定。凡是不符合典雅纯正要求的音乐全部废除，凡是不符合古代礼制要求的彩绘文饰全部禁止，凡是不符合旧制的器物全部毁掉。这就叫作复古，这就是奉行王道的君主所实行的制度。

原文

荀子·礼论（节选）

礼有三本，天地者，生之本也；先祖者，类①之本也；君师②者，治之本也。无天地恶生？无先祖恶出？无君师恶治？三者偏亡③焉，无安人。故礼，上事④天，下事地，尊先祖而隆君师，是礼之三本也。

注释

①类：种族，族类。　②君师：天子。古代君、师都是被尊敬的人，所以常常用“君师”来称呼天子。　③偏：某一方面，某一部分。亡：通“无”。　④事：祭祀。

今译

礼有三个基础，天地，是生命的起源；祖先，是族类的起源；天子，是治理国家的基础。没有天地，那么生命从何而来？没有祖先，那么人类从哪里产生？没有天子，国家又怎么能得到治理？这三者缺失了一个方面，百姓就不会有安宁的生活。所以礼，对上是用来祭祀天的，对下是用来祭祀地的，也是用来表示尊重祖先、尊崇天子的，这是礼的三个基础。

二、知识朋友圈

1. 天、地、君、亲、师。

天、地、君、亲、师，是中国儒家祭祀的对象，是中国古代祭天地、祭祖、祭圣贤等民间祭祀的综合，体现了传统敬天法祖、孝亲顺长、忠君爱国、尊师重教的价值观念。祭天地源于自然崇拜，中国古代以天为至高神，主宰一切，以地配天，化育万物，祭天地有顺服天意、感谢造化之意。祭祀君主源于君权神授观念，由于在封建社会君主是国家的象征，所以祭祀君主也有祈求国泰民安之意。祭亲就是祭祖，由原始的祖先崇拜发展而来。天、地、君、亲、师思想发端于《国语》，形成于《荀子》，在西汉思想界和学界颇为流行，明代后期以来在民间广为流行。天、地、君、亲、师是传统社会中伦理道德合法性的依据，对民众的物质生活和精神生活各方面都产生了巨大影响。

2. 三王。

三王是夏、商、周时期三位帝王的合称，大致有三种看法：一是指夏禹、商汤、周武王。《春秋穀梁传·隐公八年》：“盟诅不及三王。”范宁注：“三王，谓夏、殷、周也。夏后有钧台之享，商汤有景亳之命，周武有盟津之会。”二是指夏禹、商汤、周文王。《孟子·告子下》：“五霸者，三王之罪人也。”赵岐注：“三王，夏禹、商汤、周文王是也。”三是指商汤、周文王、周武王。《尸子》卷下：“汤复于汤丘，文王幽于羑里，武王羁于王门，越王栖于会稽，秦穆公败于崤塞，齐桓公遇贼，晋文公出走，故三王资于辱，而五霸得于困也。”

三王常和五帝并称“五帝三王”，加上三皇并称“三皇五帝三王”，也常和尧、舜并称“二帝三王”。《礼记》云：“三皇禅奕奕，谓盛德也。五帝禅亭亭，特立独起于身也。三王禅梁甫，连延不绝，父没子继也。”

3. 语言积累。

（1）礼。《说文解字》云：“礼，履也。所以事神致福也。从示，从豊，豊亦声。”“礼”有五经，最重要的是祭礼，所以“礼”字从示，而“豊”是行礼之器。《管子·幼官》：“将以礼上帝。”“礼”也指礼节、仪式等规范。《礼记·曲礼上》：“夫礼者，所以定亲疏，决嫌疑，别同异，明是非也。”“礼”又可指礼制、法度。《荀子·王霸》：“出若入若，天下莫不平均，莫不治辨，是百王之所同也，而礼法之大分也。”

（2）雅正。“雅”，合乎规范，正确。《荀子·王制》：“法贰后王谓之不雅。”“正”，不偏，不斜。《孟子·公孙丑上》：“其冠不正，望望然去之。”《荀子·君道》：“仪正而景正。”

（3）法后王。“法后王”是先秦以荀子、韩非子为代表的“法今”的政治观，主张效法当时圣明君主的言行、制度，因时制宜，与孟子的“法先王”相对应。事实上，在对待历史的态度上，荀子不仅“法后王”，也“法先王”，是后王、先王并法者。

三、文心点点通

荀子认为，礼是人区别于禽兽、成为人的根本。但是，礼的概念不是凭空而来的，荀子所说的礼有三个基础：天地、祖先和天子。这三者都与人的社会生活密切相关。人从天地之间汲取精华，天地养育了人，所以，尊崇天地是礼的基础。人的生命由父母赐予，没有先祖，就没有人的个体生命的存在，就没有人类这个种族的繁衍，所以，尊重祖先是礼的又一个基础。国家安定与否，靠的是统治国家的天子的德行和才能，所以尊崇圣明的天子，是礼的第三个基础。由此看来，荀子尊崇礼，是为了使社会更加和谐，使人的生活更加安定。

在治政理念上，荀子主张“道不过三代，法不贰后王”，“三代”与“后王”是相对应的。“三代”指的是先王，夏、商、周三代先王在中华民族历史发展的初期曾经起了巨大的作用，但荀子认为仅仅“法先王”是不够的，因为先王的礼义法度不能指导后世人的行为，不能作用于当时的社会。所以，“法先王”是奉行王道的根本原则，但不能完全按照先王之道来治理国家。这才有了“法后王”的概念。后王是荀子心目中理想的君主，后王身上汇聚了荀子所生活的时代发展的一切要求。“法不贰后王”即“法后王”，意思是指君主所制定的法律制度应该根据当时君主的情况，否则就不能算是正的。荀子总是在强调正，道要正，法要正，穿衣、住房、携带的随从、丧葬祭祀所用的器具都要符合正的要求。那什么是正？看看荀子对颜色的要求就知道了。“旧文”指由青、黄、赤、白、黑五种颜色交错画成的花纹，在古代礼制中，古人将这五种颜色看作正色，而将紫、粉红、绿等杂色看作间色，可见，正就是符合古代礼制的要求，在这一点上，荀子仍主张“法先王”。从“三代”与“后王”的关系可见荀子对历史发展规律的认识：社会在历史发展的过程中不断变化，所以，适合当时社会实际情况的古代礼义法度才是合适的，算得上荀子所说的正。

四、思想会客厅

源于墨家的“尚同”概念被法家继承之后逐渐演变为专制集权的治国思想。“尚同”的意思是社会成员的思想意识绝对地统一于上级，儒家尊君，但反对“尚同”，对此，汉代大儒董仲舒运用“一元”的概念和儒家经典中的“通三统”思想做了深刻阐释。

“元”的概念来自孔子。董仲舒相信“《春秋》之文”里有至理。他说：“臣谨案《春秋》之文，求王道之端，得之于正。正次王，王次春。春者，天之所为也；正者，王之所为也。其意曰：上承天之所为，而下以正其所为，正王道之端云尔。”“臣谨案《春秋》谓一元之意，一者万物之所从始也，元者辞之所谓大也。谓一为元者，视大始而欲正本也。”（《举贤良对策》）我们可以把这里的“正”理解为一个正确的目标，像箭靶一样，但又不是一个现成的目标，如果想要在追求中遭遇这个“一”，那么箭的发射和走势也参与构造这个目标，当然也关系到能不能命中它。其关键在“春”，“春者，天之所为也”。从自然界的特征来看，春天是阳气上升的时候，万物复苏，春意盎然，其中有真正的元兴。“元”的意思是源头、本源，“一”是“始”的意思，这两个词都不是具体的对象化的概念。“是以《春秋》变一谓之元。元犹原也，其义以随天地终始也。故人惟有终始也而生，不必应四时之变。故元者为万物之本。”（《春秋繁露·重政》）“元”是“一”的根本，是一切事物的意义，是所有的生命和存在者的发生的本源。

儒家尊君，因为君是受命于天的王者，体现天对人的仁慈，而天之发端正是“元”。只要是从“元”生发的王者，就不会丧失其本来的价值和责任，无论是“变”还是“不变”，政权传递都不容易发生动荡。以三王为例，因为尧是按照天道治天下的，所以继位的舜就不必作出改变，禹继位舜同样如此。三王所守的“道”是原发饱满的天时天势，所以不需要后朝救弊。但是，如果前朝有某种弊端，那么继起的一朝就必须加以补救，革除弊端。这也就是《论语·为政》里所说的：“殷因于夏礼，所损益，可知也；周因于殷礼，所损益，可知也。”“损益”就是调整、改制。因此，董仲舒说：“道之大原出于天，天不变，道亦不变，是以禹继舜，舜继尧，三圣相受而守一道，亡救弊之政也，故不言其所损益也。繇是观之，继治世者其道同，继乱世者其道变。今汉继大乱之后，若宜少损周之文致，用夏之忠者。”（《举贤良对策》）为保汉朝长治久安，董仲舒提出了“继周之文”“用夏之忠”，这体现了儒家传统的“通三统”思想。

《论语·尧曰》里有：“兴灭国，继绝世，举逸民，天下之民归心焉。”“通三统”是迄今人类经验中最富天时、仁道和文化多样性的历史传统和思想传统。简单地说，就是当一个新君主出现，他一定会将前两个朝代的王室后裔各自封到一个方圆百里的小诸侯国，让他们在那个小国里传承原来的统绪。“通三统”在中国有古老的历史实践，古代中国人就是这样做的：周武王推翻了商朝，在体制上第一件事就是封商代的后裔，“封纣子武庚禄父，以续殷祀”(《史记·殷本纪》)，然后是封夏朝的后裔，“汤封夏之后，至周封于杞也”(《史记·夏本纪》)。从后世来看，因为周武王封了前朝后裔，保留了文化传统，所以当秦朝将一切破坏殆尽的时候，汉朝还有机会加以恢复。“通三统”体现了中国古代政治的仁爱，是儒家所独有的。它源于儒家对历史的尊重，对先王所代表的“天”“元”的高度尊崇，这种仁爱使中国文化更加柔和自然、丰富包容、大气有力。

五、练习步步高

(一)知识识记

1. 填空。

(1)礼有三本，天地者，________；先祖者，类之本也；________，________。(《荀子·礼论》)

(2)王者之制，________，________。(《荀子·王制》)

2. 解释下列加点的字词。

(1)礼有三本……先祖者，类之本也(　　)(　　)

(2)三者偏亡焉，无安人(　　)(　　)

(3)故礼，上事天(　　)

(4)不道礼宪(　　)

(5)法不贰后王(　　)

(6)宫室有度，人徒有数，丧祭械用皆有等宜(　　)(　　)(　　)

(7)色则凡非旧文者举息(　　)(　　)

3. 将下列句子翻译成现代汉语。

故隆礼，虽未明，法士也；不隆礼，虽察辩，散儒也。

____

（二）文心体悟

荀子认为有两类人，一类是“隆礼”却“未明”的人，一类是“察辩”却“不隆礼”的人。这两类人的区别是什么？

（三）思想碰撞

阅读下列材料，回答问题。

苏格拉底：你认为真理与有分寸相近呢还是与没分寸相近呢？

格劳孔：和有分寸相近。

苏格拉底：因此，除了别的品质而外，我们还得寻求天然有分寸而温雅的心灵，它本能地就很容易导向每一事物的理念。

……

苏格拉底：综上所述，一个人如果不是天赋具有良好的记性，敏于理解，豁达大度，温文尔雅，爱好和亲近真理、正义、勇敢和节制，他是不能很好地从事哲学学习的。[1]

问题：荀子主张“隆礼重法”，苏格拉底主张“有分寸”。在当今中国，你认为哪一种主张更有现实意义，为什么？

[1] 柏拉图：《理想国》，郭斌和、张竹明译，北京：商务印书馆，2019 年，第 235 页。

天人之分

一、原典选读

荀子·天论（节选一）

原文

天行有常①，不为尧存，不为桀亡。

注释

①天行：天道，自然界的运行规律。常：固定不变的规律。

今译

自然界的运行有自己的规律，不会因为尧的仁德而存在，不会因为桀的残暴而消亡。

荀子·天论（节选二）

原文

天有其时①，地有其财②，人有其治③，夫是之谓能参④。舍其所以参⑤而愿其所参⑥，则惑矣。

注释

①时：时令，指四季、寒暑、昼夜、风雨、水旱等变化。　②财：通“材”，指自然资源。　③治：治理的方法。　④参（cān）：并列。　⑤所以参：用来并列的东西，指人类社会自身拥有的治理方法。　⑥所参：被并列的东西，指与人并列的天和地。

今译

天有时令的变化，地有自然资源，人有自己的治理方法，这就叫与天、地能够相互并列。人如果舍弃了自身可以和天、地相并列的治理方法，却只寄希望于与自己相并列的天、地，这就是糊涂了。

荀子·天论（节选三）

原文

治乱天邪？曰：日月、星辰①、瑞历②，是禹、桀之所同也，禹以治，桀以乱，治乱非天也。时邪？曰：繁启、蕃长于春、夏③，畜④积、收臧于秋、冬，是又禹、桀之所同也，禹以治，桀以乱，治乱非时也。地邪？曰：得地⑤则生，失地则死，是又禹、桀之所同也，禹以治，桀以乱，治乱非地也。

注释

①星辰：星的总称。 ②瑞历：历象，天体运行的现象。 ③繁：繁多。启：萌芽，发。繁启：指农作物纷纷发芽出土。蕃：茂盛。长（zhǎng）：生长。 ④畜（xù）：积聚。这个意义又可以写作“蓄”。 ⑤得地：指农作物得到土地。

今译

社会的安定或混乱是由天决定的吗？答：太阳月亮、行星恒星、天体运行的现象，这在大禹和夏桀的时代都是相同的，大禹使天下安定，夏桀使天下混乱，可见社会的安定或混乱并不是由天决定的。（社会的安定或混乱）是由时令决定的吗？答：庄稼在春季、夏季纷纷发芽、茂盛地生长，在秋季、冬季被积聚、收藏起来，这在大禹和夏桀的时代都是相同的，大禹使天下安定，夏桀使天下混乱，可见社会的安定或混乱并不是由时令决定的。（社会的安定或混乱）是由大地决定的吗？答：农作物得到土地就会生长，失去土地就会死亡，这在大禹和夏桀的时代都是相同的，大禹使天下安定，夏桀使天下混乱，可见社会的安定或混乱并不是由土地决定的。

原文

荀子·天论（节选四）

星队[①]，木鸣[②]，国人皆恐。曰：是何也？曰：无何也，是天地之变，阴阳之化，物之罕至者也。怪之可也，而畏之非也。夫日月之有蚀，风雨之不时[③]，怪星之党见[④]，是无世而不常[⑤]有之。上明而政平，则是[⑥]虽并世[⑦]起，无伤也；上暗而政险，则是虽无一至者，无益也。

注释

①星队：流星坠落。队：同“坠”。 ②木鸣：古代祭神用的树因风吹而发出声音，所以古人认为很怪异。木：指祭祀用的树。 ③不时：不合时节。指风雨突然袭击。 ④怪星：指扫帚星之类。党（tǎng）：同“傥”，或许，偶然。见：通“现”。 ⑤常：通“尝”，曾经。 ⑥是：指前面提到的那些反常的自然现象。 ⑦并世：同时代。

今译

流星坠落，祭神的树发出声响，众人都感到恐慌。说：这是为什么呢？答：这没有什么啊，这些只是自然界的变异，阴阳二气的变化，事物中罕见的现象啊。觉得这些现象奇怪是可以的，但惧怕这些现象就错了。太阳、月亮发生日食、月食，暴风骤雨不合时节地突然袭击，扫帚星或许偶然出现，这些现象没有哪个时代不曾有过。如果君主贤明并且政治稳定清明，那么即使这些现象在一个时代同时出现，也不会有什么妨害；如果君主愚昧昏庸并且政治暴虐，那么这些现象即使一种都没出现，也是毫无帮助的。

原文

荀子·天论（节选五）

雩而雨①，何也？曰：无何也，犹不雩而雨也。日月食而救之，天旱而雩，卜筮②然后决大事，非以为得求也，以文③之也。故君子以为文，而百姓以为神，以为文则吉，以为神则凶也。

注释

①雩（yú）：古代求雨的祭祀。雨：动词，下雨。　②卜：古代用龟甲兽骨占吉凶叫作卜。筮（shì）：古代用蓍（shī）草占吉凶叫作筮。　③文：文饰，掩饰。

今译

祭神求雨就下雨了，这是为什么呢？答：这没有什么，它就像不去祭神求雨却下雨了一样。太阳、月亮发生了日食、月食，人们就会去向天求救，天干旱了人们就会去祭神求雨，通过占卜算卦然后决定国家大事，古人并不真的认为这些做法能得到所祈求的东西，而只是一种政治上的文饰。所以君子把这些活动看作一种文饰，百姓却把这些活动看得神乎其神，如果把这些活动看作一种文饰就是吉利的，把这些活动看得神乎其神就不吉利了。

二、知识朋友圈

1. 天人之分。

天人之分是中国哲学中关于天人关系的一种观点，由荀子提出，主要强调天道与人道或自然与人为的区别。荀子认为天是自然，既不以人的意志为转移，也不能主宰人间的治乱吉凶，认识到自然界和人类社会的发展各有不同的法则。

2. 语言积累。

常。《说文解字》云：“常，下裙也。”清代文字训诂学家朱骏声在《说文通训定声》中认为：“常裳二字，经传截然分开，并不通借。”《诗经·周颂·思文》里有“陈常于时夏”一句，“常”字义为规则、规律。荀子所说的“天行有常”更强调“常”字固定不变的规律之义。

三、文心点点通

荀子对人与天之间的关系有自己独特的思考。他认为，宇宙之间存在着三种力量：天、地、人。这三种力量既相互联系又相对独立，各自有自己的责任和职能。如天、地，没有人为的努力，就能自然而然地产生一切，这就是自然的职能。但“天行有常”，天道不会因为人事的变化而变化，孔子说：“天何言哉？四时行焉，百物生焉，天何言哉？”(《论语·阳货》）所以人的作用就是正确地认识自然规律，在顺应、利用客观规律的基础上，改造自然，利用自然，更不应把人事的灾祸归咎于天、地、自然的职责上。

荀子认为，圣人有所为，有所不为，有所虑，有所不虑。圣人所不为、所不虑的，就是天、地、自然为什么会有这样或那样的规律，如“得地则生，失地则死”。自然界的规律不是人为可以改变的，在大禹的时代和夏桀的时代都是如此，哪怕到了现在，也还是遵循这样的规律，所以，圣人并不在意天、地、自然对人类社会发展的影响。圣人所为、所虑的，是如何做好自己能做的事情，利用好自然规律，施行一系列能够产生安定因素的措施，这样就叫作“不与天争职”(《荀子·天论》)，与天地相“参”。而无能的统治者总是把失败归咎于天意，认为是天没有给他成功的机会。但从大禹和夏桀的比较就可以看出，人类社会安定与否，关键在于统治者是否有高尚的德行，能够让臣民顺服，是否能够顺应天、地规律，制定出合适的政治制度，从而使天下安定。关于治乱的三问三答“治乱天邪？（非天）时邪？（非时）地邪？（非地）”同样揭示了这个真理。

中国古人对自然界的认识能力有限，无法正确理解日食、月食、星坠、木鸣之类的自然现象，所以遇到了就会产生疑惑，甚至是恐慌。荀子认为，有疑惑是正常的，但恐慌就过分了。因为这些情形的出现自有它们的规律，“是无世而不常有之”，和人类社会的问题并没有直接对应的关系。而普通人往往把自己的命运寄托给天，所以，当天出现罕见的自然现象时，人就会认为在自己的身上也会相应地发生意外的情况，于是才会出现“日月食而救之，天旱而雩，卜筮然后决大事”这样的行为。其根本原因还是人将自己的命运寄托在天、地、自然上，而没有承担起自己的职责，所以，荀子希望人们能够认识到天人之分。

在荀子看来，君子和普通人的区别在于：君子能够清醒地认识到祭神、占卜这些事情不过是一种起文饰作用的形式罢了，人的行为无法影响天、地的运行规律。

如果把这些活动当了真，那么就是推卸人自身应该承担的职责。荀子对天与人之间的关系的认识，超越了他所生活的那个时代，有着高度的前瞻性。

在中国古代哲学中，天人合一一直是一个非常重要的命题，但后人往往错误、偏狭地理解天人合一，认为自然界中发生的任何情况都和人类社会直接相关，这就造成了有些人过多地关注天象，试图只用天意来解释人类社会中的问题，从而忽略人的职责，推卸人在社会中所起的重要作用。对此荀子特别指出："上明而政平，则是虽并世起，无伤也；上暗而政险，则是虽无一至者，无益也。"可见，天下安定的关键在于君主是否贤明，政治是否清明。荀子的天人之分对中国古代天人学说作出了重要贡献。

四、思想会客厅

天人感应是中国古代哲学的一个重要理论，在中国古代很早的文献里，有许多关于天人感应的记录。如在《尚书·周书·君奭》中就记载了周公劝谏召公的一段话："君奭，弗吊，天降丧于殷，殷既坠厥命。我有周既受，我不敢知曰厥基永孚于休。若天棐忱，我亦不敢知曰其终出于不祥……亦惟纯佑秉德……惟时受有殷命哉！"周公通过天人感应总结了殷灭亡的教训。

中国古代还有"休征"和"咎征"的说法。"休征"意为天会向有德的君主展示美好的征兆，预示着盛世将至；与之相对应的是，如果君主失德，天也会显示恶的征兆，这就是"咎征"。类似的故事在《诗经》里也有不少。

对于天人感应，《诗经》中还有比较哲理化的表达。如《诗经·大雅·文王》指出："商之孙子，其丽不亿；上帝既命，侯于周服。侯服于周，天命靡常。"后裔众多的殷商最终臣服于周邦，可见天命不恒常，君主做得不好，天命就会转移。所以，"无念尔祖，聿修厥德"，要用德行来维持天命。全诗末尾有"上天之载，无声无臭"一句，意思是天对人类社会发挥作用、产生影响的过程是无声无息的，普通人既听不到它的声音，也闻不到它的气味。《中庸》也引用了这句话，代表儒家对天人感应的基本看法。

《周易》是通过卦象和卜筮，尤其是通过对卦象、卜筮的再解释来沟通天和人。如"天行健，君子以自强不息"(《乾·象》)，天周行不息，永不衰竭，可以说是"健"。但因为天的行为"无声无臭"，所以小人看不到天意、任意胡为，只有君子才能与天感应，随之而行，所以“天行健”，君子就“自强不息”。《乾・文言》说：“夫大人者，与天地合其德，与日月合其明，与四时合其序，与鬼神合其吉凶，先天而天弗违，后天而奉天时。”这正是儒家的君子仁人与天地、日月、四时的关系——“合”。

孔子对天人感应的理解表现在他对鬼神和祭祀的态度上。孔子“敬鬼神而远之”(《论语・雍也》)，对鬼神要“敬”，否则不能入其境，又要“远之”，否则鬼神就会颐指气使地役使人。“敬而远之”才能呈现出鬼神福佑人的美好一面。祭祀是一种天人感应的渠道，但孔子并非真的相信存在“神”的实体，而是在一个充满礼仪、节文、音乐和诗歌的场景中，通过祭祀行为召唤神的当场降临。对于天，孔子将之视为知己：“不怨天，不尤人，下学而上达。知我者其天乎！”(《论语・宪问》)孔子更将天视为一种理想：“大哉尧之为君也！巍巍乎！唯天为大，唯尧则之。荡荡乎！民无能名焉。”(《论语・泰伯》)

和孔子一样，孟子也不多谈天命、鬼神，但相信天命的存在。孟子认为王位的传授是由天命决定的。对于尧、舜、禹相传，而禹传子，孟子认为“天与贤，则与贤；天与子，则与子”(《孟子・万章上》)。天下不属于天子，天也并非将王位直接授予天子，“天不言，以行与事示之而已矣”(《孟子・万章上》)，王位是“天与之，人与之”(《孟子・万章上》)，即天人共同授予的，其实质是借天命的百姓决定了天子的命运。孟子在天、人关系中看到了民心的力量。“得天下有道：得其民，斯得天下矣；得其民有道：得其心，斯得民矣；得其心有道：所欲与之聚之，所恶勿施，尔也。”(《孟子・离娄上》)而孟子所讲的天时或天命，是一种外在的超自然力量，非人力所能左右。人能够控制的只有自己的行为。“天时不如地利，地利不如人和。”(《孟子・公孙丑下》)孟子更重视人事。“若夫成功，则天也。君如彼何哉？强为善而已矣。”(《孟子・梁惠王下》)天命不可控，但君子“为善”必须坚持。

在孟子看来，“诚”是天给人制定的准则。“是故诚者，天之道也；思诚者，人之道也。至诚而不动者，未之有也；不诚，未有能动者也。”(《孟子・离娄上》)人应该以“诚”来反思自我。“万物皆备于我矣。反身而诚，乐莫大焉。”(《孟子・尽心上》)当人通过反思而达到了诚，也就天人合一了。所以孟子说：“尽其心者，知其性也。知其性，则知天矣。存其心，养其性，所以事天也。”(《孟子・尽心上》)这里的“天”已经具有道德含义了。

荀子主张人面对自然时应该“制天命而用之”(《荀子・天论》)，法家继承了这一思想并将之推到极端。汉代大儒董仲舒提出天人感应论，在董仲舒之后，天人感应被谶纬化。谶，在汉代是预言，表现为隐语、图箓等。在中国历史上，尤其是政治发生大变化的时候，谶经常以民谣、儿歌、流行语等方式出现，来动摇天下，蛊惑人心。纬，则是汉代流行的附会儒家经典的书，由一些方士化的儒生所作，想让儒家的文字和实践神异化，后来又爱说星象，说灾异，于是带有了谶的意味。后世对天人感应痛加挞伐，特别是说它招致了谶纬的泛滥，而汉代谶纬学说在哲学界被看作荒诞不经、妖言惑众之类的东西。即使在当时，也有思想家批判它们，例如王充。但是，从汉代的历史来看，天人感应说（包括谶纬）在一定程度上起了淳化人心、稳定社会的作用。

五、练习步步高

（一）知识识记

1. 填空。

（1）天行有常，________，________。（《荀子·天论》）

（2）________，地有其财，________，____________。（《荀子·天论》）

（3）________，则是虽并世起，无伤也。（《荀子·天论》）

2. 解释下列加点的字词。

（1）天行有常，不为尧存（　　　　）（　　　　）

（2）夫是之谓能参（　　　　）

（3）繁启、蕃长于春、夏，畜积、收臧于秋、冬（　　　　）（　　　　）（　　　　）

（4）雩而雨（　　　　）（　　　　）

（5）非以为得求也，以文之也（　　　　）

（6）星队，木鸣，国人皆恐（　　　　）

（7）怪之可也，而畏之非也（　　　　）

（8）则是虽并世起，无伤也（　　　　）

3. 将下列句子翻译成现代汉语。

（1）治乱天邪？曰：日月、星辰、瑞历，是禹、桀之所同也，禹以治，桀以乱，治乱非天也。

（2）夫日月之有蚀，风雨之不时，怪星之党见，是无世而不常有之。

（二）文心体悟

1. 关于天人关系，荀子认为“天有其时，地有其财，人有其治，夫是之谓能参”(《天论》)。请你结合本节选文说说怎样理解“参”字的内涵。

2. 荀子提出“制天命而用之”(《天论》)。你如何理解其内涵？

（三）思想碰撞

阅读下列材料，回答问题。

材料：《尚书 · 周书 · 金縢》中记载了这样一个故事：当周公摄政时，周成王年纪很小，因为周公掌握着国家大权，所以周公的兄弟就散布周公要篡夺王位的流言，并发动了叛乱。周公平定叛乱之后，整顿国家秩序，等周成王长大后还政于他。周公去世后，国内还有流言蜚语，而周成王对此也起了疑心。这时出现了异象：秋天，庄稼马上就要收获了，却突遭雷电和大风，一下子全倒了，大树被连根拔起。周成王受到触动。他身边的人告诉他一段往事：周武王病重时，周公曾祝祷："愿意用自己的生命换周武王的生命，请把灾难降临在自己身上，让自己去死，让周武王活。"周公把他的祝词封在用金縢（金线）绑着的一个匣子里，对谁都没有说，只有当时参与这个活动的官员知道，但周公命令他们谁也不许说出去。当周成王打开那个被金縢绑着的匣子，看到祝词时，他痛哭流涕地说："所有这些异象都是在警告我这个无知小子，彰显周公的德行啊！"于是周成王马上"出郊"迎接周公的灵柩，给予最高的葬礼待遇。这时候，风开始反向刮了，把庄稼又吹了起来，倒地的大树也被人扶起，活了下来。

问题：《尚书·周书·金縢》记载的这个故事，对于今天的我们有怎样的启示？

明分使群

一、原典选读

原文

荀子·王制（节选）

水火有气①而无生，草木有生而无知②，禽兽有知而无义③，人有气、有生、有知亦且有义，故最为天下贵也。力不若牛、走不若马而牛马为用④，何也？曰：人能群⑤，彼不能群也。人何以能群？曰：分⑥。分何以能行？曰：义。故义以分则和⑦，和则一，一则多力，多力则强，强则胜物⑧，故宫室可得而居也。故序⑨四时，裁⑩万物，兼利天下，无它故焉，得之分义⑪也。故人生不能无群，群而无分则争。争则乱，乱则离⑫，离则弱，弱则不能胜物，故宫室不可得而居也，不可少顷舍礼义之谓也。

注释　①气：古代哲学概念，指构成宇宙万物的元素，是一种物质性的东西。②知：知觉。③义：讲礼义，讲道义。④为用：被（人类）役使。⑤群：指结合成社会群体。⑥分：等级名分。⑦义以分则和：按照礼义确定名分，人们就能和睦协调。⑧胜物：战胜外物的侵袭。⑨序：排列顺序。⑩裁：管理。⑪得之分义：从名分和礼义中得来。句子中省略了“于”。⑫离：离心离德。

今译　水、火有气却没有生命，草木有生命却没有知觉，禽兽有知觉却不懂礼义，人有气、有生命、有知觉而且讲究礼义，所以人在天下万物中是最尊贵的。人的力气不如牛大、跑起来不如马快，但牛、马被人类役使，为什么呢？答：人能结合成社会群体，而牛、马不能。人为什么能结合成社会群体？答：因为人类社会有等级名分的区别。人类社会中等级名分为什么能实行？答：因为有礼义。所以，按照礼义确定名分人们就能和睦协调，和睦协调就能团结一致，团结一致力量就强大，力量强大了人类的社会群体就强盛，人类的社会群体强盛了，就能战胜外物的侵袭，所以人才能安居在房屋中。所以人能够依次排列四季的顺序，管理好万事万物，使天下万物都得到利益，并没有别的缘故，就是从名分和礼义中得来。所以人活着不能没有社会群体，在社会群体中如果没有等级名分的区别就会发生争夺。发生争夺就会产生社会动荡，产生社会动荡就会使百姓离心离德，百姓离心离德就会削弱人类社会群体的统治力量，统治力量被削弱就无法战胜外物的侵袭，所以人也就不能安居在房屋中了，这就是所说的人片刻不能舍弃礼义。

二、知识朋友圈

语言积累。

（1）气。象形字，象流动的气体形，本义为云气，引申为空气。“气”的甲骨文写作三，用三横来表示云气，上下两横较长，中间一横较短。

西周金文沿袭甲骨文形体，春秋时“气”字上部一横变得弯曲，战国时又将下部一横弯曲，秦时基本沿袭战国时的写法。

繁体的“气”是形声字，《说文解字》小篆正体写作氣，“气，馈客刍米也。从米，气声”，本义为赠送粮食给别人，读作 xì。

（2）群。形声字，始见于春秋。早期多作上下结构羣，上部是“君”，作声旁，下部是“羊”，羊喜欢集群，所以“群”用“羊”作形符，战国时此种结构为主流结构。

在汉字发展过程中，经过隶变，形成楷书时，同时出现了左右结构的“群”。现代整理汉字时，以“群”为正体，把“羣”作为异体字。汉字的造字意图与实际字义之间往往并不完全相符，纵观出土文献及传世文献中的“群”字，并无专指“羊群”的用法。《诗经·小雅·无羊》“谁谓尔无羊？三百维群”句中的“群”字是用来形容羊多，所以“群”的本义为兽类或畜类聚集在一起，引申为聚在一起的人或物，亦有众多的、成群的等含义。

三、文心点点通

人与其他生物、事物的区别，核心是两个字：“群”和“义”。荀子认为，水火、草木、禽兽、人，这是世间万物的四个阶层，人因为能“群”，所以是世间最尊贵的。

为什么“人能群”就会使人“最为天下贵”呢？荀子展开了层层递进的论述。

首先，人拥有其他事物所有的特征，还具备其他事物所没有的特征。人“有气、有生、有知亦且有义”，这“四有”当中，“义”是最关键的一点。因为有“义”，人就能够按照礼义法度的要求认识自己在整个社会中的地位。人有社会属性，谁都不能离群索居，独自生存；所以，在一个群体中，人就必须找到自己的位置。否则，上下不分，长幼无序，这个群体就是松散的，没有人能够领导统治。而礼义包含等级制度的内容，所以，依靠礼义的力量，人的群体可以明确等级名分，从而避免发生社会动荡。

其次，因为有“义”，所以人会懂得按照礼义法度的规定做事，而不会胡作非为。不学礼、不循礼的人，对自己的天性没有约束，也无法改变天性中的恶；所以，也就算不得真正意义上的人。因此，“义”是“人能群”的基础。

最后，再回过头看这个“群”字。俗话说，团结是力量。这句话用来解释“人能群”，倒也是很贴切。“群”可以是一个松散的组织，也可以是联系紧密的组织。从社会秩序稳定的要求来看，人与人所组成的组织必然应该是联系紧密的组织；所以，在荀子的理论中，只要遵循礼义，就能够形成稳固的等级名分，只要等级名分稳固，人就可以各安其位，和睦相处。因此，团结能够产生力量的前提是：遵循礼义，确定等级名分。

四、思想会客厅

在荀子的思想中，“明分”是形成人与人之间稳定联系的基础。一个社会必然有不同的阶层，这是由事物的特性决定的。各个阶层的人，必须清楚地认识自己的身份，并且做与自己身份相符合的事情，才能保持社会的稳定。这就是荀子所说的“分”。遵循礼义，是形成稳固的等级名分的关键，只要等级名分稳固，人就可以各安其位，和睦相处。荀子所说的“分”，不仅指政治上的等级区分，还包括对物质财富的不同分配。

当社会中的人能够安于自己的地位，做与自己身份相符合的事情时，“群”的概念就出来了。作为统治者，应该使国家中各个阶层的人都从属于某一个“群”，这样才能使社会稳定、和谐。

在《荀子·非相》中有这样一段话：“人之所以为人者何已也？曰：以其有辨也。饥而欲食，寒而欲暖，劳而欲息，好利而恶害，是人之所生而有也，是无待而然者也，是禹、桀之所同也。然则人之所以为人者，非特以二足而无毛也，以其有辨也。”这段话的核心是“辨”。“辨”指的是人能够区分上下、贵贱、长幼、亲疏等各种等级秩序。这是荀子理想中的人类社会的应有秩序。人具有社会性，如果人只是停留在“饥而欲食，寒而欲暖，劳而欲息，好利而恶害”的欲望层面，那么和禽兽有什么区别呢？这样的人，其自然属性大于社会属性，是还没有得到礼义教化的人，无论是大禹的时代还是夏桀的时代，这样的人都是自然存在的。而大禹和夏桀的区别就在于大禹统治下的社会中的人更具有社会属性。

那么，人的社会属性体现在什么方面呢？在荀子看来，一个社会必须有不同的阶层，这是由事物的特性决定的。各个阶层的人，必须认可自己的身份，并且做与自己身份相符合的事情，才能保持社会的稳定。所以，人与禽兽的区别，就在于人能够分辨出等级秩序。这就是荀子所说的“然则人之所以为人者，非特以二足而无毛也，以其有辨也”。

荀子更从统治者的角度阐释了人类社会中等级名分存在的必要性。《荀子·王制》有言："分均则不偏，势齐则不壹，众齐则不使。有天有地而上下有差，明王始立而处国有制。夫两贵之不能相事，两贱之不能相使，是天数也。势位齐而欲恶同，物不能澹则必争，争则必乱，乱则穷矣。先王恶其乱也，故制礼义以分之，使有贫富贵贱之等足以相兼临者，是养天下之本也。"君主统治臣民，给他们安排一定的职位和需承担的事情，使臣民能够赖以生存，这个统治的过程叫作"养"。既然如此，统治者和臣民之间就一定要有地位贵贱的差别。能够认识不同人之间存在地位贵贱的差别，人们就会安于自己的处境，甘心接受统治者的统治，不会妄图改变现实命运，所有的人就能够步调一致，国家也就安定了。否则，谁也无法安于自己的位置，国家就会发生动乱。所以，对于统治者来说，准确地区分各阶层之间的差别，是统治天下的根本原则。

而准确地区分各阶层之间的差别，要以礼义为基础，"制礼义以分之"，所以尊崇礼义是一个国家的治国之本。

五、练习步步高

（一）知识识记

1. 填空。

______________________________，故最为天下贵也。（《荀子·王制》）

2. 解释下列加点的字词。

（1）草木有生而无知，禽兽有知而无义（　　　　　　）（　　　　　　）

（2）人能群（　　　　　　）

（3）分何以能行（　　　　　　）

（4）多力则强，强则胜物（　　　　　　）

（5）争则乱，乱则离（　　　　　　）

（6）不可少顷舍礼义之谓也（　　　　　　）

3. 将下列句子翻译成现代汉语。

（1）力不若牛、走不若马而牛马为用，何也？

____

（2）故序四时，裁万物，兼利天下，无它故焉，得之分义也。

（二）文心体悟

关于人类社会，荀子认为“人生不能无群，群而无分则争”(《王制》)，然而现代社会则追求“人生而平等”。你认同哪一种观念？请简述理由。

（三）思想碰撞

阅读下列材料，回答问题。

材料一：

我们建立这个国家的目标并不是为了某一个阶级的单独突出的幸福，而是为了全体公民的最大幸福。[1]

材料二：

公民们的职司固然各有分别，而保证社会全体的安全恰好是大家一致的目的。现在这个社会已经组成为一个政治体系，那么，公民既各为他所属政治体系中的一员，他的品德就应该符合这个政治体系。……很明显，作为一个好公民，不必人人具备一个善人所应有的品德。……所有的公民都应该有好公民的品德，只有这样，城邦才能成为最优良的城邦……统治者和被统治者的品德虽属相异，但好公民必须修习这两方面的才识，他应该懂得作为统治者，怎样治理自由的人们，而作为自由人之一又须知道怎样接受他人的统治—— 这就是一个好公民的品德。[2]

问题：综合荀子的观点和上述材料，你认为当今中国社会的公民应当被赋予怎

[1] 柏拉图:《理想国》，郭斌和、张竹明译，北京：商务印书馆，2019 年，第 135 页。

[2] 亚里士多德:《政治学》，吴寿彭译，北京：商务印书馆，2017 年，第 123—127 页。

样的权利，同时应当承担怎样的责任？

（胡　凌　编）

第五单元

汉乐府选读

单元概说

乐府是至迟设立于秦代的掌管音乐的官署，汉武帝扩大了乐府的职能，令乐府机构除掌管朝廷郊庙、祭祀、宴会时使用的乐歌外，也负责采集地方歌谣，并协律作歌演唱，因此乐府逐渐成为这两种歌谣的代称。而后世不断有文人根据乐府旧题写作新的诗歌，我们便把此类诗歌统称为乐府诗。特别说明的是，汉乐府一般专指汉代官署采集的这些歌诗，为扩大视野，感受乐府的演变，本单元将汉末三曹父子所作的文人乐府也包含在内。

乐府诗的诞生方式提示我们汉乐府的两个重要特性。第一是乐府诗与音乐的紧密联系。这些诗歌都是用于演唱的，现在我们看到的文辞都是曾一度流行传唱的歌辞，可惜时代变迁，曾经的旋律已不复存在，仅有乐府旧题曲名及歌辞流传下来。北宋郭茂倩编纂的《乐府诗集》是现存收集古代乐府歌辞最完备的一部总集，其中根据音乐的不同类别及用途将乐府分为郊庙歌辞、燕射歌辞、鼓吹曲辞、横吹曲辞、相和歌辞、清商曲辞、舞曲歌辞、琴曲歌辞、杂曲歌辞、近代曲辞、杂歌谣辞、新乐府辞十二类，汉乐府主要集中在郊庙歌辞、鼓吹曲辞、相和歌辞、杂曲歌辞几类音乐中。其中郊庙歌辞为祭祀所用乐歌，风格典雅华丽；鼓吹曲辞多以短箫铙鼓伴奏，初为军乐，后转用于朝会、游行等场合；相和歌辞最初以清唱为主，后渐以丝竹相和伴奏入乐，为汉代街头巷陌传唱的民歌；杂曲歌辞则收录未配乐或旋律难明的歌辞。

汉乐府的第二个重要特性是没有确定的作者。不同于后世的文人创作，这些歌谣多采自民间，是官府继《诗经》之后又一次大规模的采诗活动，创作者来自民间的不同阶层，故而能够真实且广泛地表现汉代民间生活的百态，反映出各阶层的欢乐、痛苦、哀怨或愤怒的情感，具有蓬勃的生命力。汉乐府诗歌往往“皆感于哀乐，缘事而发”（班固《汉书·艺文志》），诗歌内容多集中于四大主题。其一是叙述从贵族到平民的城市生活日常，其二是反映征战徭役之苦，其三是表现纷繁多样、极具青春活力的男女爱情生活，其四是悲慨人生苦短并求索出路的生命乐章。

因为汉乐府多采自民间，以表现民间生活为主，故汉乐府多为叙事诗，且篇幅较长，叙事生动，善用铺陈，感染力强。例如，《陌上桑》叙写美丽妇人外出采桑时遭当地太守调戏并巧妙反击的故事，《孤儿行》则痛陈自小父母双亡的孤儿迫于生计寄兄嫂篱下的生无可恋的悲愤，书写焦仲卿与刘兰芝爱情悲剧的《孔雀东南飞》更是与其后的北朝乐府民歌《木兰诗》一起被称为“乐府双璧”，推动叙事诗的形成，正是汉乐府在文学史上最大的贡献。

另外需要明确的是汉乐府与古诗的关系。简而言之，两者最主要的区别在于是否入乐。有些诗歌失去了当时合乐的标题，或未曾入乐，后世泛称为古诗。因时代久远，音乐问题复杂难辨，后人在辑录汉代诗歌时常有乐府、古诗界限混淆的情况。这种情况在后来被视为汉代古诗中具有重要独立意义的《古诗十九首》中也存在，如《驱车上东门行》与《冉冉孤生竹》两首，就作为汉乐府同时保存在《乐府诗集》中。但如果将汉乐府与《古诗十九首》总体相比较，除合乐与否的区别之外，乐府多为长篇叙事，《古诗十九首》则多为短篇抒情；乐府多为民间口头创作，《古诗十九首》则多为无名文人创作，两者已有较大分野，却共同推动了五言诗的形成与发展。

乐府在后世也有两个重要的发展变化。第一是逐渐与音乐脱离关系。一方面，原有的乐府旧题在重新创作时不再顾及乐曲本身的用途，难免文题不协。例如《燕歌行》原为思妇怀念征人的歌谣，但后来高適的《燕歌行》借边塞战士的生活，揭露主将骄逸轻敌的时事。另一方面，后世在乐府的基础上逐渐发展出了歌行体，不再沿用乐府旧题而是创制新题，以七言、杂言为主，在音节、韵律上更为自由。李白的《梦游天姥吟留别》、杜甫的《兵车行》、白居易的《琵琶行》等皆属此类。值得注意的是，唐代以后，无论是拟写乐府旧题，还是创制乐府新题，都不再入乐演唱了，乐府原有的音乐功能慢慢为宋词元曲所替代。

第二是随着个人意识的不断觉醒，乐府逐渐从民间的口头集体创作转为文人抒发个人情志的案头之作，有了明确的作者与深重的个人印记。这方面的开路者是曹操。曹操今存诗歌都是曾配乐演唱的乐府歌辞，其中充盈着个人的人生遭际与独特的个人气质。紧随其后的曹丕、曹植与建安七子，在继承了曹操乐府诗精神的同时，也使乐府彻底完成了从民间到文人化的历史转变，直接影响了汉魏诗歌艺术水平的提高和建安风骨的形成。唐代诗人李白、杜甫等都曾学习乐府民歌并有高度成就，中唐时期白居易等则大力倡导新乐府运动，欲继续发扬《诗经》及汉乐府采风于民间的传统，提出“文章合为时而著，歌诗合为事而作”（白居易《与元九书》），借诗歌关心民生疾苦，讽喻时政。

汉乐府以其浓厚的生活气息、真实反映社会现实的精神和伟大的艺术成就，对后世诗歌的发展产生了极其深远的影响。

世间百态

一、原典选读

原文

艳歌行

佚　名

翩翩堂前燕，冬藏夏来见。
兄弟两三人，流宕① 在他县。
故衣谁当补，新衣谁当绽②？
赖得贤主人，览取为吾组③。
夫婿从门来，斜柯④ 西北眄⑤。
语卿且勿眄，水清石自见。
石见何累累⑥，远行不如归！

注释

①流宕：漂泊流落。　②绽：缝补。　③览：同“揽”，拿着。组：同“绽”，缝补。　④斜柯：斜靠着身子。　⑤眄：观看。　⑥累累：形容石头在水中累积的样子。

今译

翩翩飞舞堂前燕，冬天藏身夏天出现。
一家两三个兄弟，漂泊流落在异乡。
破败旧衣谁来补，欲添新衣谁来缝？
幸亏有贤德女主人，拿来衣料帮我补旧衣缝新衣。
她的丈夫从门外进来，斜靠门上怀疑地看着。
劝君切勿冷眼看，水澄清时石头自然显现。
事情真相已经清清楚楚，出门在外不如回家！

原文

东门行

佚 名

出东门，不顾归；来入门，怅欲悲。盎①中无斗米储，还视架上无悬衣。拔剑东门去，舍中儿母牵衣啼："他家但愿富贵，贱妾与君共哺糜②。上用③仓浪天④故，下当用此黄口儿⑤。今非！""咄⑥！行！吾去为迟，白发时下难久居。"

注释

①盎：一种口小腹大的容器。 ②哺：吃。糜：粥。 ③用：因为。④仓浪天：青天。 ⑤黄口儿：幼儿。 ⑥咄：叹词，表示呵斥。

今译

从东城门走出去的时候，已经下定决心不再回来了；可还是重入家门，心中惆怅悲伤。米罐里已经没有一丁点存粮，回头看衣架上也没有悬挂的衣服。拔剑想要从东城门出去，屋里孩子的母亲拽着衣服哭泣说："别人家只希望富贵，我愿意和你一起吃粥。在上因为有青天的缘故，在下因为有幼儿，你不要走上绝路！""我出发了！我已经走得太迟了，我的白头发不时掉落，这样的苦日子很难长久地活下去。"

原文

五噫歌

梁 鸿

陟①彼北邙②兮，噫！
顾③瞻④帝京兮，噫！
宫阙崔嵬⑦兮，噫！
民之劬劳⑥兮，噫！
辽辽未央⑦兮，噫！

注释

①陟：登高。 ②北邙：即邙山，在洛阳北侧。 ③顾：回头。 ④瞻：往前看。 ⑤崔嵬：高耸的样子。 ⑥劬劳：辛苦，劳累。 ⑦辽辽未央：人民的苦难无休止。辽辽：形容遥远的样子。未央：不停止，没完没了。

今译

登上那高高的北邙山啊！
回头遥望繁华的皇都啊！
高耸的宫殿多么雄伟啊！
百姓的劳动多么辛苦啊！
这苦难漫长没有尽头啊！

原文

鸡鸣

佚 名

鸡鸣高树巅，狗吠深宫中。荡子[1]何所之？天下方太平。
刑法非有贷[2]，柔协正乱名[3]。黄金为君门，璧玉为轩堂[4]。
上有双樽酒，作使[5]邯郸倡[6]。刘王碧青甓[7]，后出郭门王[8]。
舍后有方池，池中双鸳鸯。鸳鸯七十二，罗列自成行。
鸣声何啾啾，闻我殿东厢[9]。兄弟四五人，皆为侍中郎[10]。
五日一时来，观者满路傍。黄金络[11]马头，颎颎[12]何煌煌[13]！
桃生露井[14]上，李树生桃傍；虫来啮[15]桃根，李树代桃僵[16]。
树木身相代，兄弟还相忘！

注释

①荡子：游荡在外的男子。 ②贷：宽恕。 ③柔协正乱名：用宽松的政策安抚动乱的民众。柔协：用宽柔安抚人。正乱名：纠正败乱名教之人。 ④轩堂：高大的殿堂。 ⑤作使：役使。 ⑥邯郸倡：歌舞杂戏艺人。古代赵国国都邯郸，以出能歌善舞的女子闻名。 ⑦刘王：汉代刘姓诸王。碧青甓（pì）：碧青色的砖。 ⑧郭门：诸侯宫室的外门。 ⑨厢：厢房。东厢为贵客居所。 ⑩侍中郎：侍奉皇帝左右，有出入宫廷特权的贵重荣耀之职。 ⑪络：套住。 ⑫颎颎（jiǒng）：明亮的样子。 ⑬煌煌：光辉的样子。 ⑭露井：没有覆盖的井。古人多在井旁植桃李以遮挡阳光。 ⑮啮：咬。 ⑯僵：枯死。

今译

鸡在高耸的树冠上叫，狗在深幽的宫巷中叫。游荡在外的男子要去往何处？天下方才太平安定。

对犯上作乱的人严惩不宽恕，用宽松的政策安抚动乱的民众。富贵人家用黄金筑造大门，用碧玉搭建高大的殿堂。

堂上陈列着美酒，役使邯郸歌伎起舞作乐。原来只有刘姓诸侯王用碧青色的砖建造宫殿，现在异姓诸侯王包括一时得势的荡子也纷纷效仿了。

房屋后有宽阔的水池，池中有成双的鸳鸯。鸳鸯成群结队，在池中罗列成行。

啾啾的叫声响亮悦耳，在我东边的厢房都能听见。家中的四五个兄弟，都是皇家尊贵的侍中郎。

每五天轮逢休沐日，兄弟几人一起回家之时，围观的群众挤满了道路旁。他们的马头上都套着黄金笼头，是何等贵气逼人光辉明亮！

露天的井旁种植着桃树，李树生长在桃树的旁边；有小虫来咬桃树的树根，李树代替桃树枯死。

树木尚且能够以身相代，替同伴受害，兄弟之间却相互倾轧，把情义忘光！

二、知识朋友圈

1. 相和歌辞。

本节所选的《艳歌行》《东门行》《鸡鸣》都属于汉乐府中的相和歌辞。“相和”指的是歌辞的演唱形式。《宋书·乐志》云：“相和，汉旧曲也，丝竹更相和，执节者歌。”丝竹相和，即管弦乐合奏，加之歌唱者自己从旁打节拍。《古今乐录》记载了相和歌辞常用的演奏乐器：“凡相和，其器有笙、笛、节歌、琴、瑟、琵琶、筝七种。”相和歌辞多为“汉世街陌讴谣”(《晋书·乐志》)，是汉人所采的各地俗乐，歌辞多出于民间，是汉乐府的精华部分。我们现在耳熟能详的很多汉乐府都是相和歌辞，如《江南》《白头吟》《陌上桑》《长歌行》《饮马长城窟行》等。相和歌辞的内容题材广泛，抒情、说理、叙事兼而有之，其中以叙事为主，语言往往朴素自然，风格清新刚健，充分体现了民间诗歌的特色。

2. “乐府双璧”。

“乐府双璧”指的是《孔雀东南飞》和《木兰诗》两首乐府民歌。《孔雀东南飞》又名《古诗为焦仲卿妻作》，属杂曲歌辞，取材于汉献帝年间发生在庐江郡的一桩婚姻悲剧，是保存下来的最早的一首长篇叙事诗。《木兰诗》又名《木兰辞》，是南北朝时期的一首长篇叙事民歌，讲述了木兰女扮男装代父从军的故事。这首诗具有浓郁的北方民歌特色，现代学者一般把它作为北朝民歌，其风貌和当时南朝流行的以吴声西曲为主的乐府民歌大不相同，多用烘托、铺陈的手法使读者为木兰的艰苦经历而感动。两首诗歌以其震撼人心的故事、强烈的反抗精神以及高超的艺术手法成为我国诗歌宝库中的明珠。

3. 语言积累。

（1）未央。古代经常见到“未央”的说法。“辽辽未央兮”指百姓的苦难无穷尽。汉代有未央宫，取“长乐未央”的含义，这里的“央”都是“尽”的含义。“央”字甲骨文写作，看上去像一个正面站立的人，脖子上戴着木枷。一方面，人处在木枷中间，故有“中心”的含义；另一方面，当人被木枷束缚时，就代表他蒙受灾祸（后作“殃”），很快就要被夺去生命，故引申出“结束”的含义。此外，因为人被套上木枷，往往要哀求他人帮忙，所以引申出“恳求”的含义。

（2）李代桃僵。《鸡鸣》中有“桃生露井上，李树生桃傍；虫来啮桃根，李树代桃僵。树木身相代，兄弟还相忘”的句子，原意是比喻兄弟当分忧共难，后来转为以此代彼或代人受过。“桃”字小篆写作，“李”字小篆写作，《说文解字》指出，两者都是从木旁的形声字，并且桃和李都是在中国有悠久栽种历史的蔷薇科的果树。由于桃和李种属同源，花期接近，因此桃、李经常并称。如《史记・李将军列传》“桃李不言，下自成蹊”喻实至名归，《诗经・召南・何彼秾矣》以“华如桃李”喻美丽女子，《诗经・大雅・抑》以“投我以桃，报之以李”喻礼尚往来。桃、李虽经常并称，但又有微妙差别。桃往往更珍贵难得，故有“二桃杀三士”（《晏子春秋・谏下》）的故事，在神话传说中还有蟠桃园的美好想象。而李的字形为上木下子，《尔雅翼・释木》中认为：“李，木之多子者，故从子。”从诗歌中来看，李的形象相对更朴实。《诗经・王风・丘中有麻》和《诗经・小雅・南山有台》中都有将李和麻、麦、莱等植物对举，使得李代桃僵成为可能。后来李代桃僵也成为三十六计中的一计。

三、诗心点点通

汉乐府采自民间，因而诗歌内容往往表现出丰富、生动的生活样态。从平民到贵族，一饮一啄，喜怒哀乐，无不真实可感。

《艳歌行》叙写了流荡他乡的游子的遭遇。燕子尚且归家有期，游子却只能漂泊异乡，难免发出人不如燕的慨叹。身在异乡，有幸遇上好心的女主人帮忙张罗新衣，缝补旧衣，增添一些温暖的关怀。奈何好心关切却引来女主人丈夫的猜忌，那斜靠门上的睥睨姿态傲慢而鄙夷，无声胜有声。虽然及时澄清了误会，但这样一件小事尚能招致误解，离家在外的尴尬和痛苦不言而喻，难免使人愈发想还乡。

然而相比于漂泊异乡，更可悲的是饥寒交迫，无以为继。《东门行》中，一家人生活困窘，米罐中无粮，衣不蔽体，逼得丈夫不得不提剑出门，意欲铤而走险。他们何尝不知这等于走上绝路。妻子试图用天道人伦向丈夫哭求，期待他回心转意。奈何在民不聊生的时世，走似乎是死，留又怎能活？丈夫终究义无反顾地出东门去了，然而出东门后又如何呢？千年来，这个丈夫的命运依然悬置在这首动人诗歌的余韵中。

不幸的家庭各有各的不幸。在《五噫歌》中，梁鸿回头遥望洛阳，皇城巍峨浩荡，富丽堂皇，令人目眩。可透过朱墙黛瓦、雕梁画栋，梁鸿看到的是背后辛勤垒砖、日夜操劳的百姓，是以血汗筑为砖瓦的民脂民膏，是巨大的不公与讽刺，是无穷无尽的深重苦难。梁鸿有这样如炬的目光和敢言的胆量，五声哀叹，字字真实，字字惊心，无怪乎汉章帝“闻而非之”，即刻下令追捕，致使梁鸿后半生不得不隐姓埋名。

朱墙之下，皇都的富贵人家又过着怎样的生活呢？汉乐府中，不乏对长安豪门奢华生活的悦慕之作，《鸡鸣》即是一例。鸡犬桑麻，法治德政，看上去一派太平景象。这样的背景之下，荡子往往能乘机攀附，登上高位。长安有多少这样获得飞黄腾达机遇的新贵啊。这些出身于金门玉堂的荡子将“何所之”？美酒锦衣，碧玉轩堂，极尽奢华铺张之能事，似乎无事不敢为，无处不可去。家中势焰正盛，兄弟皆为侍中郎，仪表堂堂，富贵煊赫逼人。然而光鲜亮丽的背后也潜藏着危机，登高易跌重，遭祸之时，树木尚且能李代桃僵，兄弟之间却相互倾轧，兄弟阋墙，相煎太急，可悲可叹。

四、思想会客厅

“长安折叠”：贵族与平民的生活差距有多大？

本节选录的汉乐府诗歌为我们展示了一个折叠的长安空间。在这里，象征着最高权力的皇家宫殿崔嵬，长乐未央。再将视线向长安城中繁华富丽的贵族居住区稍移，可以望见富丽堂皇的宅第，无论是势力深厚的传统高门，还是炙手可热的显耀新贵，都过着金门玉堂、酒色声乐的享乐生活。可当我们望向更广阔的街市巷陌，看到最底层百姓忙忙碌碌的日常时，却会为他们的贫苦穷困悲伤。

在汉乐府诗歌中，充满着对贵族与平民割裂的生活与激烈的矛盾的揭示。《鸡鸣》中的一家兄弟，地位显耀，居处华贵，吃穿用度皆为上品，且引领风潮。在汉乐府《相逢行》和《长安有狭斜行》中也讲述了长安一户富贵人家儿孙有权有势，媳妇贤淑温柔的美满生活。可是，我们读到的更多的是如《东门行》中在绝望痛苦中挣扎的平民百姓艰难度日。《东门行》中的丈夫因为家中衣食断绝被迫铤而走险，不顾家中妻子与幼儿，颇有些被逼上梁山的酸楚。在《平陵东》中，强盗和官府勾结绑架善良的义公并敲诈勒索，致使义公不得不出售赖以为生的黄牛来支付赎金。在《妇病行》中，病妇临终托孤，妻死儿幼，贫困饥寒，丈夫不得不到市场上乞食，归家面对哭喊着要母亲抱的孤儿，悲从中来。又如《孤儿行》中的孤儿受尽兄嫂虐待，《艳歌行》中的兄弟流荡他乡，终日劳作却受尽屈辱，衣不蔽体。富贵与贫穷，奢靡与困苦，权势滔天与备受欺凌，其中的巨大割裂与强比对照令人心惊。

梁鸿的《五噫歌》准确地揭示了这种割裂背后的逻辑，贵族的豪华奢侈的生活是建立在百姓的艰辛劳动之上的。百姓用自己勤劳的双手终日耕耘，劳动果实却被权贵轻易摘取，形成了“朱门酒肉臭，路有冻死骨”（杜甫《自京赴奉先县咏怀五百字》）的荒谬与不公。无怪乎元代张养浩会发出“兴，百姓苦；亡，百姓苦”的呐喊。诚然，这种阶级之间的激烈矛盾何止汉代。纵观中国古代史，鲁迅在《狂人日记》中写下“吃人”二字，背后凝聚了对劳苦百姓的温情和怜爱。在这个问题上，西方又何尝不如是。古希腊城邦时代，贵族与奴隶的划分泾渭分明。黑暗蒙昧的中世纪，教会大肆敛财，王室奢靡享乐，而底层百姓承受着疫病的折磨、战争的苦痛、上层的盘剥。工业革命之后，阶级分化与贫富差距进一步加大，一面是资本家的醉生梦死，一面是食不果腹的百姓。

因而在漫长而沉重的历史中，我们应当看到，无论是东方还是西方，贵族以其阶层特权在艺术文化及审美趣味等方面的贡献不可否认，然而真正用劳动创造历史的是最底层的平民百姓，是他们以艰辛的劳动搭建了支撑世界的柱石。理解这一点后，就能明白马克思注意到无产阶级的力量并为工人阶级奔走发声是何其伟大，也就明白了恩格斯《在马克思墓前的讲话》中谈及马克思将那“历来为纷繁芜杂的意识形态所掩盖着的一个简单事实”向世间勇敢揭露的价值意义所在。

五、练习步步高

（一）知识识记

1. 填空。

（1）__________，__________。兄弟两三人，流宕在他县。（《艳歌行》）

（2）语卿且勿眄，__________。__________，远行不如归！（《艳歌行》）

（3）出东门，__________；来入门，__________。（《东门行》）

（4）盎中无斗米储，__________。拔剑东门去，__________。（《东门行》）

（5）吾去为迟，__________。（《东门行》）

（6）__________，噫！顾瞻帝京兮，噫！宫阙崔嵬兮，噫！__________，噫！__________，噫！（梁鸿《五噫歌》）

（7）鸡鸣高树巅，狗吠深宫中。__________？__________。刑法非有贷，__________。（《鸡鸣》）

（8）舍后有方池，__________。鸳鸯七十二，__________。__________，闻我殿东厢。（《鸡鸣》）

（9）__________，李树生桃傍；__________，__________。__________，兄弟还相忘！（《鸡鸣》）

2. 解释下列加点的字词。

（1）流宕在他县（　　　　　　）

（2）览取为吾组（　　　　　　）

（3）斜柯西北眄（　　　　　　）

（4）下当用此黄口儿（　　　　　　）

（5）宫阙崔嵬兮（　　　　　　）

（6）辽辽未央兮（　　　　　　）

（7）刑法非有贷（　　　　　　）

（8）颎颎何煌煌（　　　　　　）

3. 将下列句子翻译成现代汉语。

（1）上用仓浪天故，下当用此黄口儿。

____

（2）虫来啮桃根，李树代桃僵。

____

（二）诗心体悟

清代陈祚明在《采菽堂古诗选》中评价《艳歌行》：“客子情事曲笔写出，甚新异。”请你结合诗句说说《艳歌行》用短短数语道尽了哪些人情。

（三）思想碰撞

阅读下列材料，利用工具书疏通文意，再查阅相关资料，回答问题。

材料一：

平陵东（汉乐府）

佚　名

平陵东，松柏桐，不知何人劫义公。
劫义公，在高堂下，交钱百万两走马。
两走马，亦诚难，顾见追吏心中恻。
心中恻，血出漉，归告我家卖黄犊。

材料二：

卖炭翁

白居易

卖炭翁，伐薪烧炭南山中。
满面尘灰烟火色，两鬓苍苍十指黑。
卖炭得钱何所营？身上衣裳口中食。
可怜身上衣正单，心忧炭贱愿天寒。
夜来城外一尺雪，晓驾炭车辗冰辙。
牛困人饥日已高，市南门外泥中歇。
翩翩两骑来是谁？黄衣使者白衫儿。
手把文书口称敕，回车叱牛牵向北。
一车炭，千余斤，宫使驱将惜不得。
半匹红纱一丈绫，系向牛头充炭直。

材料三：白居易《新乐府序》：“总而言之，为君为臣为民为物为事而作，不为文而作也。”

问题：请你结合上述几则材料具体说说新乐府与汉乐府之间的关系。

征战之苦

一、原典选读

原文

十五从军征①

佚　名

十五从军征，八十始②得归。
道逢乡里人：“家中有阿谁？”
“遥看是君家，松柏冢③累累。”
兔从狗窦④入，雉⑤从梁上飞。
中庭⑥生旅谷⑦，井上生旅葵⑧。
舂谷⑨持⑩作饭，采葵持作羹。
羹饭一时熟，不知贻⑪阿谁？
出门东向看，泪落沾我衣。

注释

①十五从军征：郭茂倩《乐府诗集》中原题为《紫骝马歌辞》。②始：才。③冢：高坟。④狗窦：给狗出入的洞。窦：洞。⑤雉：野鸡。⑥中庭：屋前的院子。⑦旅谷：野生的谷物。旅：植物未经播种而自生自

长。 ⑧旅葵：野生的葵。 ⑨舂谷：用杵臼捣去谷物的壳。 ⑩持：用。 ⑪饴：送给。

今译

少年十五岁时应征从军，到八十岁才还乡。

路上遇见同乡人，询问家中还有什么人。

乡里人回答：“远远看过去就是你家，松柏林边高坟连成片。”

兔子从狗洞中钻进钻出，野鸡在屋梁上飞来飞去。

屋前的院子长满了野生的谷物，荒废的井上长满了野生的葵。

舂些野谷来做饭，采些野葵来做稠汤。

稠汤和米饭一会儿都熟了，却不知道送给谁吃？

走出大门向东边张望，泪水落下来浸湿了衣襟。

原文

苦寒行

曹 操

北上太行山①，艰哉何巍巍②！
羊肠坂诘屈③，车轮为之摧。
树木何萧瑟，北风声正悲！
熊罴④对我蹲，虎豹夹路啼。
溪谷少人民，雪落何霏霏⑤！
延⑥颈长叹息，远行多所怀。
我心何怫郁⑦，思欲一东归，
水深桥梁绝，中路正徘徊。
迷惑失故路，薄暮无宿栖。
行行日已远，人马同时饥，
担囊行取薪⑧，斧冰持作糜⑨。
悲彼《东山诗》⑩，悠悠使我哀。

注释

①太行山：起自河南，北入山西，再经河南入河北。曹操自邺城（今河北临漳）入太行山，攻高干所在壶关（今山西长治），故云北上。 ②巍巍：高耸的样子。 ③羊肠坂：地名，在今山西长治东南。诘屈：盘旋曲折。 ④罴（pí）：大熊。 ⑤霏霏：雪下得很大的样子。 ⑥延：伸长。 ⑦怫郁：心情不舒畅的样子。 ⑧薪：柴火。 ⑨斧冰持作糜：凿冰取水煮粥。斧：凿。糜：粥。 ⑩《东山诗》：即《诗经·豳风·东山》，周公东征时，战士离家三年，在归乡路上思念家乡作此诗。

今译

率军北征登上了太行山，道路艰险山势何其高峻！
羊肠坂的道路盘旋曲折，车轮都在颠簸中损坏。
树木在寒风中萧瑟摇曳，北风吹过发出悲声！
大熊面向我蹲坐挡住去路，老虎和豹子在道路两侧吼叫。
溪谷荒凉少有人烟，大雪纷纷扬扬飘落，下得很大！
伸长脖子长叹息，长途跋涉心生惆怅。
我的心中多么愁闷不快，多想从东边返回故乡，
河水深深桥梁断绝，进退不得只得在中途来回徘徊。
迷惑中迷失了来时的路，临近傍晚没有可以过夜休息的地方。
走啊走啊太阳早已落下，人困马乏，饥寒交迫，
挑着行囊边走边砍柴，凿冰取水用来煮粥充饥。
悲叹那首《东山诗》，忧思绵长使我心中哀伤。

原文

蒿里行

曹　操

关东①有义士，兴兵讨群凶②。
初期会盟津③，乃心④在咸阳⑤。
军合力不齐，踌躇而雁行⑥。
势利使人争，嗣还自相戕⑦。
淮南弟称号⑧，刻玺于北方⑨。
铠甲生虮虱⑩，万姓⑪以死亡。
白骨露于野，千里无鸡鸣。
生民百遗一，念之断人肠。

注释

①关东：函谷关以东。　②群凶：指董卓及其党羽。　③初期会盟津：本来期望效仿周武王伐纣在孟津会合，齐心协力讨伐董卓。初期：最初期望。盟津：即孟津（今河南孟州）。　④乃心：其心。指上文“义士”之心。⑤咸阳：秦时都城，此借指汉献帝所在的长安。　⑥雁行（háng）：飞雁的行列，指军队列阵后观望不前的样子。　⑦嗣还自相戕：后来不久便自相残杀。嗣：后来。还：同“旋”，不久。戕：残杀。　⑧淮南弟称号：指袁绍异母弟袁术于建安二年（197年）在淮南寿春自立为帝。　⑨刻玺于北方：指初平二年（191年）袁绍欲废汉献帝改立幽州牧刘虞，并刻制皇帝印玺。　⑩虮虱：虱卵与虱子。　⑪万姓：百姓。

今译

函谷关以东有正义之军，共同起兵讨伐董卓一党。
最初期望效仿周武王在孟津会合，齐心协力攻入长安。
军队虽会合却心思各异，列阵后观望不前。
权势和利益使人争斗不休，后来很快就自相残杀起来。
袁术在淮南寿春自立为帝，袁绍为立刘虞刻制皇帝印玺。
长年征战不休铠甲上已经爬满虱子，百姓也因征战不断死亡。
白骨曝露在荒野上，千里之内都听不到鸡叫声。
一百人中仅能一人幸存，想到这不禁令人肠断心伤。

原文

白马篇

曹　植

白马饰金羁①，连翩②西北驰。
借问谁家子？幽、并游侠儿③。
少小去乡邑④，扬声⑤沙漠垂⑥。
宿昔秉⑦良弓，楛矢⑧何参差。
控弦破左的⑨，右发摧月支⑩。
仰手接飞猱⑪，俯身散马蹄⑫。
狡捷过猿猴⑬，勇剽若豹螭⑭。
边城多警急，胡虏数迁移⑮。
羽檄⑯从北来，厉马⑰登高堤。
长驱蹈⑱匈奴，左顾陵⑲鲜卑。
弃身锋刃端，性命安可怀？
父母且不顾，何言子与妻！
名编壮士籍，不得中顾私⑳。
捐㉑躯赴国难，视死忽如归。

注释

①金羁：黄金做的马笼头。②连翩：迅疾的样子。③幽、并：幽州（今河北及辽宁一带）和并州（今河北中部与山西北部）。游侠儿：重义气轻生死的青年男子。④邑：城邑，城镇。⑤扬声：播扬名声。⑥垂：同“陲”，边疆，边陲。⑦秉：持。⑧楛（hù）矢：用楛木做的箭。⑨控弦破左的：张弓射中了左边的箭靶。控：引。的：箭靶。⑩月支：箭靶名。⑪飞猱（náo）：动作敏捷的猿猴，这里指箭靶。⑫散：分散，击碎。马蹄：箭靶名。⑬狡捷过猿猴：灵巧敏捷超过猿猴。狡捷：灵巧敏捷。⑭勇剽若豹螭：勇猛敏捷好像豹与龙。螭：龙。⑮胡虏数迁移：匈奴、

鲜卑等胡人骑兵多次入侵。数：多次。⑯羽檄：军事文书，插鸟羽以示紧急。⑰厉马：扬鞭策马，让马快跑。⑱蹈：踩，踏。⑲陵：压制，进攻。⑳中顾私：内心想着个人私事。㉑捐：抛弃。

今译

白马上笼着黄金笼头，迅疾地向着西北奔驰。

有人问是谁家的少年？原来是幽州、并州的好男儿。

从小离开了乡里，在沙漠边疆播扬名声。

从早到晚拿着精良的弓箭，利箭在箭囊里长短不一。

张弓射中了左边的箭靶，向右发射中了月支靶。

扬起手迎面射中了飞猱靶，俯下身子击碎了马蹄靶。

灵巧敏捷的身姿超过猿猴，勇猛敏捷堪比豹与龙。

边塞的小城多次出现了紧急警报，匈奴、鲜卑等胡人骑兵多次入侵。

紧急军事文书从北边传来，扬鞭策马登上高地。

长驱直入踏破匈奴，向左睥睨压制鲜卑。

舍身忘我于刀锋之前，性命哪里能够顾及？

父母尚且无暇顾及，更何谈孩子与妻子！

姓名登记在军籍册，不能心中想着个人私事。

抛弃己身奔赴国家的危难，将死亡等闲视之如同回归故里。

二、知识朋友圈

1. 建安风骨。

凭借本节所选的曹操与曹植的诗歌，加之高中《语文》必修上册选录的曹操的《短歌行》，我们对建安风骨有了大概的体认。“建安”是汉献帝的年号，这一时期文学的代表人物主要是“三曹”（曹操、曹丕、曹植）和“七子”（王粲、孔融、陈琳、徐幹、应玚、阮瑀、刘桢）。建安风骨是对建安文学特征的高度概括和对其诗歌精神的高度颂扬。“风”指的是作品关切现实的内容和真切的感情。经历了汉末的动乱，他们的诗歌往往因时因事而发，表现出强烈的责任感与深切的忧患意识。而“骨”指的是刚健遒劲的诗歌精神和语言风格。刘勰在《文心雕龙·明诗》中曾评价建安诗歌“慷慨以任气，磊落以使才”。一方面他们急切希望实现人生价值，勇于奋进，渴望建功立业，另一方面他们又因逆境或个体局限性而在追逐理想的道路上感受到挫败，两者的冲突在内心郁积成扼腕激昂的情感。他们尤爱以“慷慨”表达这种沉郁的情感，故后世多以“慷慨悲凉”描述建安诗歌的风格。

2.《薤露》《蒿里》

《薤露》《蒿里》都是相和歌辞。薤是一种草。薤露是指草上的露水，言人的生命如薤露般短暂易逝。又传说人死后魂魄归于蒿里，因此两者皆用作送葬挽歌。两者原本是一支曲子，相传汉武帝时乐师李延年将之一分为二，以《薤露》为王公贵族送葬，以《蒿里》为士大夫庶人送葬，两首曲子都很短，共同慨叹人的死不复生，在死亡面前贵贱贤愚一视同仁。不过到了三国时期，在曹操父子的笔下，这两首乐府旧题在题材和篇幅上都有了新的突破，可谓是借旧题写时事。除本节所选的曹操的《蒿里行》之外，曹操和曹植也写过《薤露行》。曹操的《薤露行》恰好能衔接在《蒿里行》之前，书写了汉末十常侍乱政及董卓篡逆的历史，哀叹汉世的倾覆。而曹植的《薤露行》则抒写了“立功”“立言”的强烈渴望。

3. 语言积累。

（1）中庭生旅谷，井上生旅葵。

在《十五从军征》中，“旅谷”“旅葵”的说法非常有趣。“旅”在这里指“野生的”，用“旅”来形容院子中的野生植物，使植物自身具有了一种活泼的动感。实际上，“旅”的本义是军队，引申为军队的编制单位。它的甲骨文写作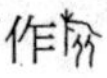，是众人集合在军旗下，后来军旗在篆书中弯曲成为左边的“方”。在古代军队中，五百人为一旅。《论语 · 先进》中有“加之以师旅”之言。而我们今天常说的“旅行”的含义，是从军队行军迁徙中引申而来。羁旅指的是客居异乡漂泊在外的状态，也是中国诗歌反复吟唱的传统母题之一。

（2）弃身锋刃端。

曹植在《白马篇》中“弃身锋刃端，性命安可怀”的慷慨陈词引起了历朝历代献身家国的仁人志士的共鸣。不过，“弃”这个字的确和“弃身”有关。“弃”甲骨文写作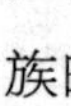，从字形上看，就是双手捧着装了孩子的簸箕并丢掉的动作。这听上去很残忍，但反过来也说明远古时代的弃婴行为似乎不稀见。最有名的弃婴应该就是古代周族的始祖后稷了，《诗经》《史记》对此都有记载。后稷，名弃，因为他的母亲姜嫄游玩时出于好奇踩巨人脚印而怀孕生子，认为不吉利所以要把孩子丢掉，第一次丢在狭窄的街巷，第二次丢在山林，第三次丢在结冰的河面，但后稷都大难不死而且成为周始祖。

三、诗心点点通

穷兵黩武的统治野心，不合理的兵役制度，乱世中的连天烽火，都要由普通的士兵来承受，因而汉乐府中有大量书写征战之苦的诗作，到了汉末建安时期，乱世烽烟，文人笔下对相关题材的呈现就更多了。

《十五从军征》便叙述了一位退伍老兵的生活，读来悲凉。十五岁年少从军，八十岁才能复员还乡，整整六十五年，漫长的一生都在为朝廷卖命，何其残酷又何其荒诞！日夜枕戈，命悬刀尖，能九死一生还乡终老实属有幸了。回家时他该多么渴望与亲人团圆啊，未曾料物换星移，只留下一片凄凉坟地，阴阳两隔。旧时的院落荒草丛生，饭菜熟后只余茫然萧索，孤苦无依。那样悲惨凄凉、家破人亡的家还能称作“家”吗？而像这位老兵一样“无家”的人天下又该有多少呢！

军旅生活究竟有多艰苦？曹操的《苦寒行》告诉了我们答案。首先是征途的艰险。太行山高峻陡峭，道路崎岖，加之寒冬时节，风如刀割，霜凛如剑，又有猛兽当道，危险重重。环境之艰险自然而然催生出怀乡之思。第二重艰难在于和自己的乡愁做精神上的对抗。无论是普通人还是枭雄，思乡都是人之常情，可身为统帅，就算一时惆怅软弱，又如何能轻易表露呢？终究要打起精神，率军奋进。然而失路徘徊、风餐露宿、饥寒交迫、人困马乏，各种状况又在本已够苦的现实上雪上加霜。这尚且只是行军途中的重重苦难，征途漫漫，又有多少人能真正挨过呢？

为何会有这么多的烽火狼烟？曹操在《蒿里行》中叙述了汉末乱世纷争四起的始末。从袁绍等兴兵联合讨伐董卓开始，原以为是义勇之师，所向披靡，未料各怀私心，分崩离析，为一己私利，四方割据，甚至称帝僭号，沉迷权欲无法自拔。上层的争权夺利带来的是下层的苦难。士兵连年征战，横死沙场，“一将功成万骨枯”[曹松《己亥岁二首》（其一）]，百姓百余一，白骨满地无人收，千里之地寂无人烟，惨绝人寰。兵连祸结，哀鸿遍野，满目疮痍，无辜受戮，如何不悲怆，如何不愤怒？

征战虽苦，但仍有少年心怀斗志，精神昂扬，意欲保家卫国，为天下而战。曹植的《白马篇》即是个中经典。开篇便是一个镜头特写，一个骑金羁白马的俊朗少年向西北奔驰。细观之下，发现少年勤奋刻苦，弓不离手，一身绝好武艺，箭术高妙，身姿矫捷。仰手俯身之间，仿佛看得见那成竹在胸、傲视敌手的凌厉眉眼。边城军事紧急，正是用人之际，而他前线拼杀时那种奋不顾身、舍生忘死的光彩如此夺目。“弃身锋刃端，性命安可怀？”“捐躯赴国难，视死忽如归。”这是慷慨激昂的英雄陈词，是汹涌澎湃的豪情流露，是曹植的心声，更是建安以来无数渴望建功立业的少年的豪迈表白。

四、思想会客厅

“一将功成万骨枯”[曹松《己亥岁二首》(其一)]。

在中国的诗歌传统中，谈及战争往往聚焦于一个字，就是“苦”。这种苦是多层次的，环境之恶劣，流血之残酷，离家之思念，等等，都使个中苦楚更加浓重。对征战之苦的吟唱从《诗经》时代就开始了，一直延续贯穿了整个中国诗史，汉乐府则构成了其中的重要一环。

战争带给百姓的痛苦极其深重。首先是历时长久。《十五从军征》中，老兵十五岁离家从军，八十岁才回家，寥寥几字背后是出生入死、惊心动魄的一生。《木兰诗》中代父从军的木兰也经历了“将军百战死，壮士十年归”的戎马岁月，可木兰还家后尚有爷娘姊弟亲切欢迎，这位老兵与亲人分隔数十年，只余荒冢累累。其次是环境险恶。《苦寒行》北上太行山的漫漫征途霜风凛冽，人困马乏，《蒿里行》写战士已是“铠甲生虮虱”，唐代王昌龄的《从军行》(其四)“黄沙百战穿金甲”，都真实地呈现了沙场战士的处境。而战争最残酷的是对生命的伤害。汉乐府《战城南》用乞乌招魂的方式表现了战争的惨烈和战士的悲壮，经历了战事的土地都逃不过“白骨露于野，千里无鸡鸣”的命运。王粲在《七哀诗》(其一) 中感叹“出门无所见，白骨蔽平原”。陈陶有“可怜无定河边骨，犹是春闺梦里人”[《陇西行》(其二)]。这些战士在疆场抛洒热血，居上位者却在享乐，正如高適在《燕歌行》中指出的荒谬景象：“战士军前半死生，美人帐下犹歌舞。”而杜甫的《兵车行》、“三吏”和“三别”等诗歌更是反映战乱频仍、民不聊生的诗作的高峰。正因为战争给百姓带来的痛苦如此巨大，中国诗人往往以表现征战之苦的形式来表达自己对战争的反思。

不过在另一种情况下，中国征战题材的诗歌会出现昂扬的基调。那就是当面对外族入侵时，诗歌中会表现男儿建功立业的热切渴望和为国奋战的昂扬斗志，曹植的《白马篇》就是一例。这一诗歌基调被盛唐边塞诗承继下来，我们在其中往往能读到对名将风采的歌颂。他们赞许汉代飞将军李广“平明寻白羽，没在石棱中”[卢纶《和张仆射塞下曲》(其二)]，歌颂与吐蕃作战的名将哥舒翰“北斗七星高，哥舒夜带刀”(《哥舒歌》)。细究起来，只有在抵御外侮的语境中，在保家卫国的前提下，才能读到锐意进取的一面，除此之外，中国传统文学罕有纯粹歌颂战争的。

反观西方，其作品中充满了对战争和英雄的肯定与歌颂。古希腊有热衷于培养军人的斯巴达城邦，《荷马史诗》的主题是歌颂战争、勇敢与牺牲精神，讴歌双方的英雄。中世纪的《贝奥武夫》《罗兰之歌》《尼伯龙根之歌》等都是歌颂英雄的史诗作品。后来的尼采更是强调“权力意志”，声称战争就是道德。虽然在西方文学中也有不少反战之作，但与中国文学相比较，其支持或赞颂战争的作品数量要多得多。究其原因，东西方文学在战争观上的差异与两种文明的不同属性密切相关。中国是农耕文明，百姓与土地关系密切，战争会造成农业荒废，经济倒退，百姓流离失所。西方则是带有强烈扩张性的游牧文明或海洋文明，鼓励军功，并且通过发动战争获利。“一将功成万骨枯”[曹松《己亥岁二首》(其一)]，可以说，中国诗歌悲叹的是不义之战下“万骨枯”的牺牲，而西方自由主义和个人主义的盛行使他们追求的是前者的“一将功成”。

五、练习步步高

（一）知识识记

1. 填空。

（1）遥看是君家，____________。(《十五从军征》)

（2）____________，____________。舂谷持作饭，采葵持作羹。____________，____________。(《十五从军征》)

（3）____________，思欲一东归，水深桥梁绝，____________。(曹操《苦寒行》)

（4）____________，____________。悲彼《东山诗》，悠悠使我哀。(曹操《苦寒行》)

（5）势利使人争，____________。(曹操《蒿里行》)

（6）____________，____________。狡捷过猿猴，____________。(曹植《白马篇》)

（7）长驱蹈匈奴，左顾陵鲜卑。____________，____________？(曹植《白

马篇》）

（8）捐躯赴国难，__________。（曹植《白马篇》）

2. 解释下列加点的字词。

（1）不知饴阿谁（　　　　　　　　）

（2）羊肠坂诘屈（　　　　　　　　）

（3）雪落何霏霏（　　　　　　　　）

（4）延颈长叹息（　　　　　　　　）

（5）斧冰持作糜（　　　　　　　　）

（6）嗣还自相戕（　　　　　　　　）

（7）连翩西北驰（　　　　　　　　）

（8）捐躯赴国难（　　　　　　　　）

3. 将下列句子翻译成现代汉语。

（1）铠甲生虮虱，万姓以死亡。白骨露于野，千里无鸡鸣。

____

（2）羽檄从北来，厉马登高堤。

____

（二）诗心体悟

材料一：

薤露（汉乐府）

佚　名

薤上露，何易晞。露晞明朝更复落，人死一去何时归。

蒿里（汉乐府）

佚　名

蒿里谁家地，聚敛魂魄无贤愚。鬼伯一何相催促，人命不得少踟蹰！

材料二：

薤露行

曹　操

惟汉二十世，所任诚不良。
沐猴而冠带，知小而谋强。
犹豫不敢断，因狩执君王。
白虹为贯日，己亦先受殃。
贼臣持国柄，杀主灭宇京。
荡覆帝基业，宗庙以燔丧。
播越西迁移，号泣而且行。
瞻彼洛城郭，微子为哀伤。

蒿里行

曹　操

关东有义士，兴兵讨群凶。
初期会盟津，乃心在咸阳。
军合力不齐，踌躇而雁行。
势利使人争，嗣还自相戕。
淮南弟称号，刻玺于北方。
铠甲生虮虱，万姓以死亡。
白骨露于野，千里无鸡鸣。
生民百遗一，念之断人肠。

请你结合材料说说曹操的《薤露行》《蒿里行》是怎样继承《薤露》《蒿里》这一乐府旧题传统的。

（三）思想碰撞

阅读下列材料，利用工具书疏通文意，再查阅相关资料，回答问题。

材料一：

十五从军征

佚　名

十五从军征，八十始得归。
道逢乡里人：“家中有阿谁？”
“遥看是君家，松柏冢累累。”
兔从狗窦入，雉从梁上飞。
中庭生旅谷，井上生旅葵。
舂谷持作饭，采葵持作羹。
羹饭一时熟，不知饴阿谁？
出门东向看，泪落沾我衣。

材料二：

无家别

杜　甫

寂寞天宝后，园庐但蒿藜。
我里百馀家，世乱各东西。
存者无消息，死者为尘泥。
贱子因阵败，归来寻旧蹊。
久行见空巷，日瘦气惨凄。
但对狐与狸，竖毛怒我啼。
四邻何所有，一二老寡妻。
宿鸟恋本枝，安辞且穷栖。
方春独荷锄，日暮还灌畦。
县吏知我至，召令习鼓鞞。
虽从本州役，内顾无所携。
近行止一身，远去终转迷。
家乡既荡尽，远近理亦齐。
永痛长病母，五年委沟溪。

生我不得力，终身两酸嘶。
人生无家别，何以为蒸黎！

材料三：

兵车行

杜　甫

车辚辚，马萧萧，行人弓箭各在腰。
耶娘妻子走相送，尘埃不见咸阳桥。
牵衣顿足拦道哭，哭声直上干云霄。
道旁过者问行人，行人但云点行频。
或从十五北防河，便至四十西营田；
去时里正与裹头，归来头白还戍边。
边庭流血成海水，武皇开边意未已。
君不闻汉家山东二百州，千村万落生荆杞。
纵有健妇把锄犁，禾生陇亩无东西。
况复秦兵耐苦战，被驱不异犬与鸡。
长者虽有问，役夫敢申恨？
且如今年冬，未休关西卒。
县官急索租，租税从何出？
信知生男恶，反是生女好；
生女犹得嫁比邻，生男埋没随百草！
君不见青海头，古来白骨无人收。
新鬼烦冤旧鬼哭，天阴雨湿声啾啾。

问题：请你联系材料说说杜甫的《无家别》《兵车行》对汉乐府《十五从军征》的继承与发扬。

爱恨情愁

一、原典选读

原文

有所思

佚　名

有所思，乃在大海南。
何用问遗①君？双珠玳瑁簪②，用玉绍缭③之。
闻君有他心，拉杂④摧烧之。
摧烧之，当风扬其灰。
从今以往，勿复相思！相思与君绝！
鸡鸣狗吠，兄嫂当知之。
妃呼狶⑤！秋风肃肃晨风飔⑥，东方须臾高⑦知之。

注释

①遗：赠。　②玳瑁簪：玳瑁甲壳所做的首饰。　③绍缭：缠绕。　④拉杂：堆集在一起。　⑤妃呼狶：都是拟声词。　⑥飔：迅疾。　⑦高：通“皓”，明亮。

今译

我所思念的心上人，住在大海的南边。

用什么赠给他呢？装饰了两颗珍珠的玳瑁簪，还用美玉缠绕它。

听说他有二心，堆集在一起烧毁。

烧毁它，在风中将灰尘扬弃。

从现在开始，不再思念！对你的思念已经断绝！

从前与你相会时总有鸡鸣狗吠之声惹人注目，如今情断义绝兄嫂必然要知晓。

唉唉！秋日清晨的风寒凉迅疾，不久后东方日出天空明亮，也许就知道如何解决了。

原文

羽林郎

辛延年

昔有霍家奴①，姓冯名子都。
依倚将军势，调笑酒家胡②。
胡姬年十五，春日独当垆③。
长裾连理带④，广袖合欢襦⑤。
头上蓝田玉⑥，耳后大秦珠⑦。
两鬟何窈窕，一世良⑧所无。
一鬟五百万，两鬟千万馀。
不意金吾子⑨，娉婷⑩过我庐。
银鞍何煜爚⑪，翠盖空踟蹰⑫。
就我求清酒，丝绳提玉壶。
就我求珍肴，金盘脍⑬鲤鱼。
贻⑭我青铜镜，结我红罗裾⑮。
不惜红罗裂，何论轻贱躯。
男儿爱后妇，女子重前夫。
人生有新故，贵贱不相逾。
多谢金吾子，私爱徒区区⑯。

注释

①霍家奴：霍光的家奴。霍光为汉昭帝时大司马、大将军。　②酒家胡：卖酒的胡人女子。　③当垆：卖酒。当：值。垆：用土垒的卖酒柜台。　④裾：长衣的前襟。连理带：系在腰间连接两片衣襟的两条对称的衣带。　⑤广袖：宽大的袖子。合欢襦：绣着合欢花纹的短袄。　⑥蓝田玉：蓝田山（今陕西蓝田）出产的美玉。　⑦大秦珠：大秦（古罗马帝国）出产的明珠。《后汉书·西域传》记载："有类中国，故谓之大秦。土多金银奇宝，有夜光璧、明月珠……"　⑧良：确实。　⑨金吾子：胡姬对官家豪奴的敬称。金吾：两头镀金的铜棍，汉代禁军军官手执金吾巡夜。　⑩娉婷：姿态美好的样子。⑪煜爚（yuè）：光辉照耀的样子。　⑫翠盖：用翠鸟羽毛装饰的华丽车盖。踟蹰：停留在原地欲行不行的样子。　⑬脍：细切。　⑭贻：赠。　⑮结我红罗裾：把青铜镜系在我穿的红罗袄前襟上。结：系。　⑯区区：真诚、恳切的样子。

今译

从前有一个霍光的家奴，他姓冯名叫子都。

依仗霍光将军的威势，调笑卖酒的胡人女子。

胡人女子今年十五岁，春天里一个人在柜台前卖酒。

长长的衣襟用连理衣带联结，绣着合欢花纹的短袄衣袖宽大。

头上簪着蓝田美玉，耳后佩戴着大秦宝珠。

环形的发髻多么美妙，世上确实没有这样的美人。

一个环形发髻上的首饰价值五百万，两个环形发髻上的首饰价值超过千万。

没有想到这个执金吾的家奴，装出姿态美好的样子来到我门口。

银色的马鞍多么耀眼，华丽的车子停留在门前不走。

靠近我请我倒一壶好酒，我用丝绳提着玉壶送上了酒。

靠近我请我再端上美味的荤菜，我用金盘盛上细切的鲤鱼肉送了去。

他赠我一面青铜镜，伸手就要系在我红罗衣的前襟上。

我不惜撕裂自己的红罗衣，更不要说侮辱我的身体。

男子喜爱后娶的年轻女子，女子却珍视初婚的丈夫。

人不能喜新厌旧，更何况我与你隔着贵贱难逾的鸿沟。

让我郑重告诉这个执金吾的家奴，你的爱是白献殷勤了。

原文

饮马长城窟行

佚　名

青青河畔草，绵绵①思远道。
远道不可思，宿昔②梦见之。
梦见在我傍，忽觉在他乡。
他乡各异县，展转不相见。
枯桑知天风，海水知天寒。
入门各自媚③，谁肯相为言！
客从远方来，遗我双鲤鱼④。
呼儿烹鲤鱼，中有尺素书。
长跪读素书，书中竟何如？
上言加餐饭，下言长相忆。

注释

①绵绵：连绵不断的样子。　②宿昔：昨夜。　③媚：喜爱。　④双鲤鱼：指信函。古人寄信藏于木函之中，函用两块刻为鱼形的木板制成，一盖一底，故称为双鲤鱼。

今译

青青葱葱的河边野草，连绵不绝让人想到远方的丈夫。

他与我天各一方难以企及，昨夜在梦中相会。

梦中他就在我身旁，醒来却发现他仍在异乡。

异乡异地，漂泊不定，难以会面。

枯朽的桑叶都能感受到冷风，深远的海水都能感受到天气寒凉。

别人回到家里只顾与亲人爱抚团聚，又有谁会和我讲征人的消息！

有客人远道而来，给我带来了丈夫的信函。

呼唤孩子赶快打开信函，当中有丈夫用白绢写的家书。

长跪在地庄重地读着家书，书信中究竟写了什么？

上面写着“多吃点，保重身体”，下面写着“我会一直思念你”。

原文

冉冉孤生竹

佚　名

冉冉①孤生竹，结根泰山阿②。
与君为新婚，菟丝附女萝③。
菟丝生有时，夫妇会有宜。
千里远结婚，悠悠隔山陂④。
思君令人老，轩车来何迟！
伤彼蕙兰花，含英扬光辉。
过时而不采，将随秋草萎。
君亮⑤执高节，贱妾亦何为？

注释

①冉冉：缓慢渐进的样子。　②阿（ē）：山的弯曲之处。　③菟丝：蔓生植物，缠结生长在其他植物上，结子，可入药。女萝：植物名，多附生在松树上，常自树梢悬垂，丝状。　④山陂（bēi）：山坡，斜坡。　⑤亮：同“谅”，料想。

今译

渐渐生长的孤单修竹，将竹根盘结在泰山的弯曲之处。

刚刚和你结婚的我，仿佛攀附在女萝上的菟丝缠绵难舍。

菟丝及时生长，夫妇也应适时相会。

我跨越千里来与你结成连理，可婚后我们又水远山长。

思念你令人容颜憔悴，你的车驾来得为何这样迟！

为那蕙兰香草而感到伤悲，它们含苞待放光彩照人。

花开时却不采摘，很快将与秋草一同枯萎。

料想你有高尚的节操忠贞不渝，我又何必自怨自艾？

二、知识朋友圈

1. 善事铺陈。

在《羽林郎》中，写胡姬的美丽极尽夸张之能事：“长裾连理带，广袖合欢襦。头上蓝田玉，耳后大秦珠。两鬟何窈窕，一世良所无。一鬟五百万，两鬟千万馀。”对胡姬装束的铺排渲染，让我们感受到她无与伦比的美丽，这种手法就是铺陈。铺陈在汉乐府民歌中被大量使用。所谓铺陈，其实就是赋句，与汉大赋中的铺陈十分相近，或许可以说汉乐府受到了汉大赋的一定影响。铺陈的例子比比皆是，例如《陌上桑》中对罗敷美貌的铺陈渲染，《鸡鸣》中对豪门奢侈气象的夸张描绘，被誉为“乐府双璧”之一的《孔雀东南飞》中对太守迎亲豪华气派的极力铺陈。这种带有夸张和歆羡意味的铺陈，实则是对上层社会华丽气象的想象和套用，极富感染力，营造了极佳的戏剧效果，也一定程度上反映了汉乐府民歌世俗化、娱乐化的需要。

2. 鱼传尺素。

《饮马长城窟行》中有“客从远方来，遗我双鲤鱼。呼儿烹鲤鱼，中有尺素书”的句子，这里涉及我国古代的书信文化。书信起始于战国，秦朝后逐渐盛行。古代用于写信的工具一般是素，也就是白绢，因书信长约一尺，故用白绢写成的书信称为尺素。闻一多在《乐府诗笺》中说：“双鲤鱼，藏书之函也。其物以两木板为之……此或刻为鱼形，一孔以当鱼目，一底一盖，分之则为二鱼，故曰双鲤鱼也。”古人寄信是藏于木函中，函用刻为鱼形的两块木板制成，一盖一底，人们便称之为“双鲤鱼”“鱼书”等。秦观在《踏莎行》中就有“驿寄梅花，鱼传尺素。砌成此恨无重数”的句子。

3. 语言积累。

（1）私爱徒区区。

在《羽林郎》中，胡姬表达自己对丈夫的爱时用了“私爱徒区区”。“区区”即形容人心真诚、恳切的样子。在汉至魏晋时期的诗歌中，这个含义十分普遍。例如

《孔雀东南飞》中刘兰芝将回娘家并等待焦仲卿来接她时，就有“感君区区怀”的表达。繁钦在《定情诗》中也有“何以致区区？耳中双明珠”的句子。为什么“区区”能被解释为人心的真诚、恳切呢？实际上“区”在甲骨文中写作，这是个会意字，形状像是把很多东西放在一个器具内，所以“区”最早是指藏匿物品，也指储物的容量单位。因藏匿物品需要地方，故“区”引申出区域（一定的空间范围）的含义。贾谊《过秦论》“然秦以区区之地，致万乘之权”，说的就是秦国从一块小小的地方开始逐渐统一天下。而人的心其实也是一块方寸之地，所以后来谈到人心之“区区”时，就特指人心里细致的、真诚的情意。

（2）冉冉孤生竹。

“冉冉”在古诗文中一般有两种常用的含义。其一，诗句“冉冉孤生竹”中的“冉冉”是形容缓慢渐进的样子。在《陌上桑》中，罗敷夸耀自己威仪赫赫的夫婿：“盈盈公府步，冉冉府中趋”，“冉冉”也是同样的含义。其二，“冉冉”是指柔弱下垂的样子。例如曹植《美女篇》中描绘美女采桑的情形，就是“柔条纷冉冉，落叶何翩翩”。究其原因，与“冉”字的字形有关。“冉”的金文写作，像不像毛发下垂的样子？所以“冉”最初的含义就是指毛发柔软下垂的样子，前面提到的两种常用的含义，都是从毛发生长的特点引申而来。后来人们为了专门表示“两腮的胡子”，就再造了“髯”字。

三、诗心点点通

本节选文集中于汉乐府男女婚恋相关的诗歌，爱情之甜蜜与苦涩、欢乐与忧愁总是相伴相生，五味杂陈。

《有所思》呈现了一个女子由热恋到失恋的转变过程。当热恋时，她愿意将珍贵的发簪精心雕饰相赠，用以定情，然而听闻对方变心后，立时激愤果决，不惜将爱情的礼物“拉杂摧烧”，“当风扬其灰”，不留一丝转圜余地，并且大声喊出“相思与君绝”。你既无心我便休，那种不复痴缠、干脆利落的风骨令人激赏。虽然，由激愤渐趋冷静之后，思及现实，难免又要为关系的改变、身边人好奇或关切的眼光而烦恼，曾经克服万难相会的甜蜜也不能说忘就忘，每每想起总要引人长叹，可这正是人之常情。无论如何，千头万绪，辗转难眠，待到天明总能想出解决办法来。这可真是一个奇女子！相爱时真挚热烈，失恋时果断决绝，面对烦恼仍能收拾心情，勇敢面对，设法解决，其风采千百年后犹引人神往。

《羽林郎》中同样记录了一个智慧与美貌并存，勇敢而忠贞的奇女子。爱美之心人皆有之，但仗势欺人令人愤怒。这个豪门恶奴，既是汉昭帝时霍光的家奴冯子都，也暗讽了东汉和帝时倚兄势欺人的窦景。年方十五的卖酒胡姬美貌动人，这个豪门恶奴先是以“银鞍”“翠盖”炫耀富贵，再是专点“清酒”“珍肴”存心摆阔，最后还借酒装疯动手动脚。反观胡姬，她始终有礼有节，行为举止不逾矩，以礼待客，一旦他逾越底线则严词拒绝，勇敢抗争，痛斥男子喜新厌旧、见色起意，令人击节称快。

汉乐府的男女恋歌中不仅有傲骨，而且有柔肠。《饮马长城窟行》即描写了一个妇人对服役在外的丈夫的拳拳相思之情。刻骨的相思引心上人昨夜入梦，然而惊醒后发现不过是一场梦，身边人团聚的甜蜜更是时时刺心，苦涩难言。所幸有远方来的客人带来丈夫的消息，一封家书抵万金，拆信、读信是一家人最激动的时刻。丈夫的叮嘱朴实而温暖，对妻子与孩子的惦念都化入“加餐饭”“长相忆”这几个字里，是最日常的嘱咐、最朴素的表白，字字温和，却又重若千钧。

《冉冉孤生竹》则写了一对新婚不久又转瞬分离的夫妻。对传统女子来说，一生如盘结在泰山的孤竹，如攀附在女萝上的菟丝，身心都紧紧依附于男子，幸福由人，难以自主。新婚固然甜蜜，可谁能料到马上又要分离。人生如朝露，韶华如蕙兰般开落有时，红颜易老，为何丈夫在外迟迟不归？“君亮执高节”似是信任，却更像是自我宽慰、自我说服。个中多少忧愁和无奈，意味深长。然而她的命运从来难自主，她所能做的，也不过是空寄希望于丈夫罢了。

四、思想会客厅

那些热烈奔放的女性声音为何消失了？

读汉乐府，感受最深的是情感之热烈奔放，浓郁真率，极少有遮遮掩掩，一颗真心捧出来示人，不掺半点杂质。《有所思》中，直言“有所思，乃在大海南”，绞尽脑汁恨不得将天下最好的礼物都赠送给情郎，只有华美的碧玉双珠玳瑁簪才能配得上对方。《上邪》更是响彻千古的少女吁天录：“上邪！我欲与君相知，长命无绝衰。山无陵，江水为竭，冬雷震震，夏雨雪，天地合，乃敢与君绝！”这地动山摇的爱情誓言如此刚烈，如此惊心动魄。新婚的妻子思念丈夫，也可以直率地感叹

“思君令人老，轩车来何迟”。在这里，倘若有恨，斥骂责怪也是兜头盖脸，丝毫不留情面，言辞如利刃，行动如刀锋。《有所思》中女子发现对方变心，立刻“拉杂摧烧之”，发出“相思与君绝”的恨声。卓文君《白头吟》中对待负心汉也是“闻君有两意，故来相决绝”。《羽林郎》中女子拒绝仗势调戏的豪门恶奴，亦据理力争，大胆反抗，“不惜红罗裂，何论轻贱躯”。在汉乐府中，我们总能体会到鲜活灿烂、大胆热烈的情绪，且多来自女性，无论爱恨，都强烈而直露，彰显着蓬勃的生命力。但这些热烈奔放的女性声音在后世渐渐湮没，诗歌中呈现的爱恨情愁仿佛改换成一种朦胧的面目，到底是为什么呢？

究其原因，第一是诗歌表达情感的自由受到了限制。汉乐府多为民歌，爱情婚恋作为生活的主要部分，自然是民歌青睐的重要主题。女性在婚恋前后的诸多遭遇不仅可歌咏之，而且有广为传唱的空间。故而自汉至南北朝流传的民歌中，有《上邪》《客从远方来》那样的相爱热烈，有《有所思》《白头吟》那样的由爱生恨，有《饮马长城窟行》《西洲曲》那样的婉转相思，有《孔雀东南飞》《上山采蘼芜》那样的爱情悲剧，它们真实地生发于民间的日常。但随着诗歌写作逐渐文人化，文学的话语权更多地掌握在封建制度下占据优势地位的男性手中，女性的声音则被压制、被淹没、被忽视。而在男性笔下，一方面在爱情之外，有更广阔的世界亟待书写；另一方面，哪怕是写爱情，也出现了有趣的“男子而作闺音”（田同之《西圃词说》）的现象，男性代女性立言，那已是源于男性视角的塑造，兼之托儿女之情喻君臣之事的强大传统，更已脱离爱情本身。鲁迅在《记念刘和珍君》中曾写道：“至于这一回在弹雨中互相救助，虽殒身不恤的事实，则更足为中国女子的勇毅，虽遭阴谋秘计，压抑至数千年，而终于没有消亡的明证了。”我们从汉乐府中读到中国古代女子的勇毅，也无奈地感受到女性声音是如何渐渐地被压抑了数千年。

第二是表达情感方式的审美转向。儒家推崇“乐而不淫，哀而不伤”（《论语·八佾》），以含蓄蕴藉、温柔敦厚为美，追求韵味，追求厚度，追求远境，认为“诗贵有含蓄不尽之意”（吴乔《围炉诗话》），崇尚意在言外。不同于西方文学对爱情热烈奔放的歌颂，中国古典诗歌的抒情方式从审美主流上来说是由直抒胸臆转向间接抒情，不指切事情，多用曲笔，往往借物咏怀，借景抒情。写相爱是“金风玉露一相逢，便胜却人间无数”（秦观《鹊桥仙》），写相思是“玲珑骰子安红豆，入骨相思知不知”［温庭筠《新添声杨柳枝词二首》（其二）］，写悼亡是“梧桐半死清霜后，头白鸳鸯失伴飞”（贺铸《半死桐》）。后世诗人写爱情，最受推崇的是李商隐，其诗歌之委婉含蓄，意象之扑朔迷离，给读者留下了充分的想象空间，通过想象获得审美愉悦。因此，汉乐府民歌中的质朴、直露与热情有意为文人所回避，逐渐退出了历史舞台。

五、练习步步高

（一）知识识记

1. 填空。

（1）________，东方须臾高知之。（《有所思》）

（2）男儿爱后妇，女子重前夫。________，________。（辛延年《羽林郎》）

（3）________，________。远道不可思，宿昔梦见之。（《饮马长城窟行》）

（4）________，________。入门各自媚，谁肯相为言。（《饮马长城窟行》）

（5）长跪读素书，书中竟何如？________，________。（《饮马长城窟行》）

（6）千里远结婚，悠悠隔山陂。________，________！（《冉冉孤生竹》）

（7）伤彼蕙兰花，含英扬光辉。________，________。（《冉冉孤生竹》）

2. 解释下列加点的字词。

（1）东方须臾高知之（　　　　）

（2）一世良所无（　　　　）

（3）娉婷过我庐（　　　　）

（4）翠盖空踟蹰（　　　　）

（5）金盘脍鲤鱼（　　　　）

（6）私爱徒区区（　　　　）

（7）绵绵思远道（　　　　）

（8）冉冉孤生竹（　　　　）

（9）君亮执高节（　　　　　　　　）

3. 将下列句子翻译成现代汉语。

（1）贻我青铜镜，结我红罗裾。不惜红罗裂，何论轻贱躯。

（2）菟丝生有时，夫妇会有宜。

（二）诗心体悟

子夜歌

佚　名

始欲识郎时，两心望如一。
理丝入残机，何悟不成匹。

西洲曲

佚　名

忆梅下西洲，折梅寄江北。
单衫杏子红，双鬓鸦雏色。
西洲在何处？两桨桥头渡。
日暮伯劳飞，风吹乌臼树。
树下即门前，门中露翠钿。
开门郎不至，出门采红莲。
采莲南塘秋，莲花过人头。
低头弄莲子，莲子青如水。
置莲怀袖中，莲心彻底红。
忆郎郎不至，仰首望飞鸿。
鸿飞满西洲，望郎上青楼。
楼高望不见，尽日栏干头。
栏干十二曲，垂手明如玉。
卷帘天自高，海水摇空绿。
海水梦悠悠，君愁我亦愁。
南风知我意，吹梦到西洲。

《子夜歌》《西洲曲》等都是歌唱爱情的南朝乐府民歌，与本节所学的汉乐府爱情诗歌相比，南朝乐府民歌在表达方式上有什么不同？请你结合诗句具体分析。

（三）思想碰撞

陌上桑

佚　名

日出东南隅，照我秦氏楼。秦氏有好女，自名为罗敷。罗敷喜蚕桑，采桑城南隅。青丝为笼系，桂枝为笼钩。头上倭堕髻，耳中明月珠。缃绮为下裙，紫绮为上襦。行者见罗敷，下担捋髭须。少年见罗敷，脱帽著帩头。耕者忘其犁，锄者忘其锄。来归相怨怒，但坐观罗敷。

使君从南来，五马立踟蹰。使君遣吏往，问是谁家姝。“秦氏有好女，自名为罗敷。”“罗敷年几何?”“二十尚不足，十五颇有余。”“使君谢罗敷：宁可共载不?”罗敷前置辞：“使君一何愚！使君自有妇，罗敷自有夫。”

“东方千余骑，夫婿居上头。何用识夫婿，白马从骊驹。青丝系马尾，黄金络马头。腰中鹿卢剑，可值千万余。十五府小史，二十朝大夫。三十侍中郎，四十专城居。为人洁白皙，鬑鬑颇有须。盈盈公府步，冉冉府中趋。坐中数千人，皆言夫婿殊。”

羽林郎

辛延年

昔有霍家奴，姓冯名子都。
依倚将军势，调笑酒家胡。
胡姬年十五，春日独当垆。
长裾连理带，广袖合欢襦。
头上蓝田玉，耳后大秦珠。
两鬟何窈窕，一世良所无。

一鬟五百万，两鬟千万馀。
不意金吾子，娉婷过我庐。
银鞍何煜爚，翠盖空踟蹰。
就我求清酒，丝绳提玉壶。
就我求珍肴，金盘脍鲤鱼。
贻我青铜镜，结我红罗裾。
不惜红罗裂，何论轻贱躯。
男儿爱后妇，女子重前夫。
人生有新故，贵贱不相逾。
多谢金吾子，私爱徒区区。

《陌上桑》和辛延年的《羽林郎》都是汉乐府中反抗权贵欺凌的名篇。请你试比较两首诗在思想主题与艺术形式上的异同。

生命觉醒

一、原典选读

原文

日出入

佚　名

日出入安穷？时世不与人同。
故春非我春，夏非我夏，秋非我秋，冬非我冬。
泊如[①]四海之池，遍观是邪谓何？

吾知所乐，独乐六龙②。六龙之调，使我心若③。
訾④，黄⑤其何不徕下？

注释

①泊如：泊然，水波浩渺的样子。 ②六龙：古代传说日神以六龙为驾，巡行天下，日出日入，因而成昼夜。 ③若：顺。 ④訾：通“咨”，嗟叹之词。 ⑤黄：指乘黄，传说中龙翼马身，即前所谓六龙。

今译

太阳每天升起落下哪里有尽头？世间万物循环往复恒久存在，人却不一样。

因此春、夏、秋、冬都并非我想象中的春、夏、秋、冬。

浩浩汤汤的四海之水正如浩瀚无穷之宇宙，到处观览世间万物皆如此（只有人不同），这是为什么？

我知晓怎样能够快乐，只有驾驭六龙使我快乐。六龙步伐配合协调，使我心意和顺。

啊！为什么驾车的六龙还不下来接我？

原文

董娇饶

宋子侯

洛阳城东路，桃李生路傍。
花花自相对，叶叶自相当①。
春风东北起，花叶正低昂。
不知谁家子，提笼行采桑。
纤手折其枝，花落何飘扬②。
请谢③彼姝子，何为见损伤。
高秋八九月，白露变为霜。
终年会飘堕，安得久馨香。
秋时自零落，春月复芬芳。
何时盛年去，欢爱永相忘。
吾欲竟④此曲，此曲愁人肠。
归来酌美酒，挟瑟上高堂。

注释

①相当：相对。 ②扬：飞扬。 ③谢：告，问。 ④竟：完毕。

今译

洛阳城东边的大路上，桃树、李树生长在道路旁。

花与花相对怒放，叶与叶相对摇曳。

春风从东北吹来，花与叶随风高低起伏。

不知谁家的姑娘，提着桑笼正采摘桑叶。

纤纤素手攀折枝条，花瓣落下一片纷纷扬扬。

请问那个美丽的姑娘，为什么要让花受到损伤。

仲秋的时候，白露因天寒结为冷霜。

美丽的花终究会飘零凋谢，哪里能保持恒久的芬芳。

虽然花会在秋天掉落，但来年春天又会再次绽放。

可人的盛年一去不复返，即使喜欢你的人也将永久地把你忘掉。

我想将这支曲唱完，可它太令人伤感断肠。

不如回家斟上一杯美酒，携琴瑟登高堂聊以忘忧。

原文

驱车上东门行

佚　名

驱车上东门①，遥望郭北墓②。
白杨何萧萧③，松柏夹广路。
下有陈④死人，杳杳⑤即长暮。
潜寐⑥黄泉下，千载永不寤。
浩浩阴阳移⑦，年命如朝露。
人生忽如寄，寿无金石固。
万岁更相送，贤圣莫能度。
服食求神仙，多为药所误。
不如饮美酒，被服纨与素⑧。

注释

①上东门：洛阳城东面三城门中最靠北的城门。　②郭北墓：城北的陵墓。洛阳城北北邙山上自古多陵墓。　③萧萧：凄清冷落的样子。④陈：久。　⑤杳杳：幽暗的样子。　⑥潜寐：深眠。　⑦浩浩阴阳移：时光如流水不断推移。浩浩：水势盛大的样子。阴阳：古人以春夏为阳，秋冬为阴。　⑧被：同“披”，穿着。纨与素：洁白精致的细绢。

今译

驾车从洛阳城东北门出去，遥望洛阳城北北邙山上的陵墓。

坟前白杨树凄清萧瑟，松柏肃立在大道两旁。

黄土下是埋葬已久的死人，地下幽暗如永居长夜。

深眠在黄泉之下，千年万年永不醒来。

时光如流水不断推移，人的生命却像早晨的露水一样短暂。

人生像旅居一般仓促，寿命不像金石那般长久坚固。

自古至今生死更替，哪怕圣贤也无法超越生死界限。

想通过服食丹药得道升仙，却往往被虚幻的仙药耽误。

还不如喝美酒，穿绸缎，及时行乐。

原文

箜篌引①

曹　植

置酒高殿上，亲交从我游。
中厨办丰膳，烹羊宰肥牛。
秦筝何慷慨，齐瑟和且柔。
阳阿②奏奇舞，京洛出名讴③。
乐饮过三爵，缓带倾庶羞④。
主称千金寿⑤，宾奉万年酬⑥。
久要⑦不可忘，薄终义所尤⑧。
谦谦君子德，磬折⑨欲何求。
惊风飘白日，光景驰西流。
盛时不可再，百年忽我遒⑩。
生存华屋处，零落归山丘。
先民谁不死，知命亦何忧。

注释

①《乐府诗集》将之列于“野田黄雀行”下，所以亦题为《野田黄雀行》。　②阳阿：地名，在今山西晋城西北。汉成帝皇后赵飞燕早年曾于阳阿学歌舞，后用以代指善舞者。　③讴：歌曲。　④庶羞：众多美味的佳肴。⑤主称千金寿：主人敬赠千金财帛给客人。称：举。寿：以金帛赠人表示敬意。　⑥宾奉万年酬：宾客奉上长长久久的美好祝愿。奉：献。酬：祝愿，酬答。　⑦久要：旧约。　⑧薄终义所尤：待人始厚终薄会被道义指责。尤：指责。　⑨磬折：弯腰鞠躬的样子，以示恭敬。　⑩遒：迫近。

今译

在高高的殿堂上安置酒席，亲朋好友和我共同宴饮游乐。

厨房内置办着丰盛的美食，烹羊宰牛一派忙碌。

秦筝弦音清亮，齐瑟音色和柔。

阳阿舞者跳着曼妙的舞蹈，洛阳一地盛产有名的歌曲。

快乐地饮过了三巡酒，松开腰带尽享美味的佳肴。

主人敬赠千金财帛给客人，宾客奉上长长久久的美好祝愿。

旧日的誓约不可轻易忘记，待人始厚终薄会被道义指责。

主家待客谦逊温雅有君子之德，恭敬弯腰没有什么祈求。

白天突然疾风吹过，光阴迅疾奔驰向西流逝。

壮年一去不再来，转眼就是百年。

生时住在富丽堂皇的屋宇里，死后归葬山丘黄土中。

过去的人有谁能长生不死，知晓天命又有什么可担忧。

二、知识朋友圈

1. 郊庙歌辞。

本节选录的《日出入》这首乐府和其他篇目性质有所不同，这篇是汉武帝时创制的十九首《郊祀歌》中的第九章，属郊庙歌辞。现在留存下来的汉乐府大多是采自民间的诗歌，属相和歌辞、鼓吹曲辞和杂曲歌辞等音乐大类，俗乐范畴。只有郊庙歌辞这一类音乐例外，这类音乐是用于皇家祭祀的雅乐，且有专门的作者为之作歌。据《汉书・礼乐志》记载："至武帝定郊祀之礼……乃立乐府，采诗夜诵……以李延年为协律都尉，多举司马相如等数十人造为诗赋，略论律吕，以合八音之调，作十九章之歌。"可知汉武帝集中了当时优秀的作家和杰出的音乐家来创作《郊祀歌》。《日出入》便是其中祭祀日神的一章。《郊祀歌》的制作及其性质承继《诗经》中《雅》《颂》及《楚辞》中《九歌》的传统，但增添了浓郁的享乐成仙的色彩。

2. 服食求神仙。

肉体生命的有限使人萌生了追求长生不老的念头，这种念头在秦汉魏晋时期曾风靡一时，不仅皇帝好神仙方术，寻求长生不老之药，反复表达羽化登仙的渴望，而且民间百姓也深为虚幻缥缈的神仙传说所吸引。于是，出现了许多赞美神仙和渴望长生的诗歌。作为郊庙歌辞的《日出入》渴求"訾，黄其何不徕下"，《长歌行》中有"仙人骑白鹿，发短耳何长"的奇幻想象。一方面，这种对神仙生活的赞美、憧憬催生了一个专门的诗歌类别，即以遨游仙境为主题的游仙诗。曹植、郭璞等都有以《游仙》为题的作品，后来唐代大诗人李白的《梦游天姥吟留别》更是受到了游仙传统的影响。另一方面，民间也出现了对长生之事的怀疑。《驱车上东门行》

中指出“服食求神仙，多为药所误”，曹操在《善哉行》中感慨“痛哉世人，见欺神仙”，曹植在《赠白马王彪》中也说“虚无求列仙，松子久吾欺”，尽管他们同时在其他诗作中表示过对神仙的倾慕。从中我们可以感受到当时世人普遍的信其有又不抱希望的矛盾心态。

3. 语言积累。

（1）吾欲竟此曲。“竟”，本义为纷争。甲骨文写作，从字形上看，下面是一个跪坐的人，上面是乐器，古人用乐师演奏音乐表示乐曲终止的含义。《说文解字》云：“乐曲尽为竟。”在《董娇饶》中，“吾欲竟此曲，此曲愁人肠”就是这一用法。后来人们用“竟”泛指事物的终结、完成。在林觉民的《与妻书》中，他因想到妻子读到此信时两人已阴阳两隔，便悲伤到“不能竟书而欲搁笔”了。还引申出全部、完全的含义，例如张九龄《望月怀远》中有“情人怨遥夜，竟夕起相思”的句子，就是说有情人怨恨长夜漫漫，整个夜晚都相思难眠。

（2）杳杳即长暮。《驱车上东门行》中描绘了逝者埋葬在北邙山上的场景：“下有陈死人，杳杳即长暮。”黄泉下幽暗，如同漫漫长夜。从字形上看，“杳”的甲骨文写作，上木下日，太阳落到了树木下方，那自然是天黑后幽暗的样子。《楚辞 · 九歌 · 山鬼》写幽暗的山林便是“杳冥冥兮羌昼晦”。有趣的是，“杲”和“杳”恰恰相反，“杲”的小篆写作，上日下木，表示太阳升起至树冠之上，所以“杲”表示天已明亮。《诗经 · 卫风 · 伯兮》中就有“其雨其雨，杲杲出日”的句子。

三、诗心点点通

问天何寿？问地何极？宇宙无穷而人生有限，当人意识到时光匆匆而人寿难永时，他的生命意识就开始觉醒了。这种觉醒在汉乐府中体现得尤为集中而普遍。

最能直接引人思考生死的是日复一日的日升月恒。《日出入》是汉代用于迎日神的郊庙歌辞，对日神的礼敬崇拜使人反观自身，想到循环升落的太阳，往复轮转的四季，落而复涨的海水，一切的一切，都与自己仅此一回的生命不同。渺小的人何尝不想像日神一样？只能寄希望于仙神之说，以期求得生命的永恒，彻底超越生死界限。

除宇宙规律之外，阳春烟景也能勾起人的伤春心绪。《董娇饶》便记述了洛阳烂漫花树下的一段人与花的深刻对话。花开绚烂，春在枝头，偏有纤纤素手攀折花枝，引起花的不满。女子的对答十分理直气壮，再芬芳的花早晚都会凋谢，当然是花开堪折直须折。未曾想花的反击如此凌厉，花来年春天终会再开，人的青春盛年却仅有一回，再深的情、再亲的人也终究会淡忘。这是生命残酷的真相，残酷到诗人亦不忍卒听，面对无从超越的生死界限和浓重的悲伤，只能选择以声色美酒麻醉自己。

宇宙与自然使人在对照中自哀，而生死的对照更加直接地令人面对生命的短促和无常。洛阳城北北邙山上荒冢累累，阴与阳、外与内、死与生的对照毫不留情地揭示了命如朝露、人生如寄的现实，哪怕是圣贤也早晚成为黄泉之下的“陈死人”。在死亡的恐惧与威胁面前，人究竟有何出路？诗人自己否定了求仙，毕竟神仙之道不可通，余下的选项似乎只有把握当下，及时行乐。

但越是纵情享受，越容易感受到死亡的恐惧。因此我们往往会在聚会最欢乐时、宴饮最酣畅时兴尽悲来，透视生命的归途。《箜篌引》正是如此。华丽的屋宇、美味的佳肴、流丽的乐声、曼妙的舞姿、慷慨的主人、热情的宾客，一切都如此完美，引人沉醉流连，然而越美好的时光越短暂，诗人仿佛突然透过红颜看到枯骨，透过华屋看到黄土，透过热闹看到沉寂。这或许就是“知命”吧，知天命有时，盈虚有数，当我们对终点有了充分的准备时，走向终点方可从容。

四、思想会客厅

当生命意识觉醒后，我们该走向何方？

当人意识到时间在流逝时，生命意识就已经觉醒了。

日出日入，四季更替，花开花落，草木枯荣，世间万物无不遵循着这亘古不变的自然规律，人类亦是如此。然而人类与世间万物不同的是，世间万物只是无意识地遵循自然规律，不悲哀亦不恐惧，而人类对这规律不仅有所觉察，而且早早地便对必然的结局感到恐惧与悲哀。

中国诗人在日升月落的往复中追问“日出入安穷？时世不与人同”，看见春荣秋谢的花枝便会联想到“何时盛年去”的自己，悲慨“年年岁岁花相似，岁岁年年人不同”（刘希夷《代悲白头翁》）。纵然明年春天花依然开，那花却已不是去年那一朵。人的一生虽短促有限，可从整体来说，未尝不是“人生代代无穷已，江月年年只相似”（张若虚《春江花月夜》）。想到人类的生命在某个层面上也是绵绵无尽期的，会给人带来安慰吗？

实际上并不会。因为人的生命意识与个体意识密不可分。每个人都不得不面对生命的虚妄与死亡的必然，对时间的思考成为贯穿中国文学始终的重要主题。《诗经》和《离骚》已有先声，在汉代以后则更为普遍。“浩浩阴阳移，年命如朝露。人生忽如寄，寿无金石固。”“对酒当歌，人生几何！譬如朝露，去日苦多。”“盛时不可再，百年忽我遒。生存华屋处，零落归山丘。”

如何面对时间流逝带来的恐惧与悲哀？中国诗人为我们指出了哪些解脱之路？

第一条路是对当下的强调与珍视。诗人认识到青春只有一次。“伤彼蕙兰花，含英扬光辉。过时而不采，将随秋草萎。”花开堪折直须折，我们要珍惜自己的青春。同样，《长歌行》言“少壮不努力，老大徒伤悲”，勉励自己珍惜年轻的时光。总而言之，都要“及时”。再推进一步，其实人生的每一刻都一去不复返，因此抓住每一刻，也是一种选择。《董娇饶》以“归来酌美酒，挟瑟上高堂”结尾，《驱车上东门行》选择“不如饮美酒，被服纨与素”。《生年不满百》说：“昼短苦夜长，何不秉烛游？为乐当及时，何能待来兹。”不过，这真的是解脱之路吗？李白在《春夜宴从弟桃花园序》中不无痛苦地指出：“而浮生若梦，为欢几何？”《梦游天姥吟留别》中更是直陈：“世间行乐亦如此，古来万事东流水。”行乐如梦，终究会醒，梦醒后一片空茫，又该如何？

第二条路是企图从肉体上完成对时间与生死的超越。神仙之说闪耀着诱人的光芒，诗人在游仙诗中编织着美丽的幻境，渴求有朝一日幻境成真。但幻想归幻想，中国文化自古重现实，轻鬼神，很难说人们在多大程度上相信这些长生之谈。“服食求神仙，多为药所误”即是典型的怀疑论调。

第三条路是试图寻求精神上的不朽。中国很早就有关于“立德”“立功”“立言”的“三不朽”的说法。“立德”指树立美德，“立功”指建立功业，“立言”指创立泽被后世的学说。无论在哪一个方面有所建树，都会使自己获得名声并实现不朽。

孔子曾感叹“君子疾没世而名不称焉”(《论语·卫灵公》)，对中国诗人来说，这种想法的影响和诱惑十分巨大。《回车驾言迈》中说“奄忽随物化，荣名以为宝”，就是将短暂的生命和良好名声的营建联系在一起。而“立言”的诱惑可能更大，曹植在《薤露行》中期待“骋我径寸翰，流藻垂华芬”，李白的《江上吟》直陈“屈平词赋悬日月，楚王台榭空山丘”。这一条看起来无论穷达皆大有可为的路的确给深觉人生之有限的诗人带来过许多慰藉。

当然，面对时间与死亡带来的压力，并非只有以上三种解脱之路。庄子试图以齐物消除生死寿夭的差别，认为“莫寿于殇子，而彭祖为夭”(《庄子·齐物论》)。可并非所有人都能接受这样的通达，王羲之在《兰亭集序》中便批判“固知一死生为虚诞，齐彭殇为妄作”。还有另一种顺应自然地对待死亡的态度，曹植的《箜篌引》就说“先民谁不死，知命亦何忧”。所谓“知命”，便是委之大化，不喜不惧，坦然以对。但无论是及时行乐，还是祈求长生，还是追求“三不朽”，或是在思想上试图超越，并没有一种方法能够真正地、彻底地将人从生死困境中解脱出来。在每一种选择面前，无论看上去多么洒脱豁达，背后都有矛盾、犹疑、苍白与无奈隐隐流露，毕竟“死生亦大矣”(王羲之《兰亭集序》)。也正是这种对生命与死亡的痛觉为中国诗歌的沉思与表达增添了一种历久弥新的悲剧性魅力。

五、练习步步高

(一)知识识记

1. 填空。

(1)日出入安穷？__________。(《日出入》)

(2)驱车上东门，遥望郭北墓。__________，__________。(《驱车上东门行》)

(3)秦筝何慷慨，齐瑟和且柔。__________，__________。(曹植《箜篌引》)

(4)惊风飘白日，光景驰西流。__________，__________。(曹植《箜篌引》)

(5)__________，__________。先民谁不死，知命亦何忧？(曹植《箜篌引》)

2. 解释下列加点的字词。

（1）泊如四海之池（　　　　　　　　）

（2）请谢彼姝子（　　　　　　　　）

（3）吾欲竟此曲（　　　　　　　　）

（4）杳杳即长暮（　　　　　　　　）

（5）潜寐黄泉下（　　　　　　　　）

（6）磬折欲何求（　　　　　　　　）

（7）百年忽我遒（　　　　　　　　）

3. 将下列句子翻译成现代汉语。

（1）浩浩阴阳移，年命如朝露。人生忽如寄，寿无金石固。

（2）久要不可忘，薄终义所尤。

（二）诗心体悟

董娇饶

宋子侯

洛阳城东路，桃李生路傍。
花花自相对，叶叶自相当。
春风东北起，花叶正低昂。
不知谁家子，提笼行采桑。
纤手折其枝，花落何飘扬。
请谢彼姝子，何为见损伤。
高秋八九月，白露变为霜。
终年会飘堕，安得久馨香。
秋时自零落，春月复芬芳。
何时盛年去，欢爱永相忘。
吾欲竟此曲，此曲愁人肠。
归来酌美酒，挟瑟上高堂。

代悲白头翁

刘希夷

洛阳城东桃李花，飞来飞去落谁家？
洛阳女儿惜颜色，行逢落花长叹息。
今年落花颜色改，明年花开复谁在？
已见松柏摧为薪，更闻桑田变成海。
古人无复洛城东，今人还对落花风。
年年岁岁花相似，岁岁年年人不同。
寄言全盛红颜子，应怜半死白头翁。
此翁白头真可怜，伊昔红颜美少年。
公子王孙芳树下，清歌妙舞落花前。
光禄池台文锦绣，将军楼阁画神仙。
一朝卧病无相识，三春行乐在谁边？
宛转蛾眉能几时？须臾鹤发乱如丝。
但看古来歌舞地，惟有黄昏鸟雀悲。

唐代诗人刘希夷的《代悲白头翁》实则化用了宋子侯的《董娇饶》，成就了另一千古名篇。请你试比较两首诗歌的异同。

（三）思想碰撞

短歌行

李　白

白日何短短，百年苦易满。
苍穹浩茫茫，万劫太极长。
麻姑垂两鬓，一半已成霜。
天公见玉女，大笑亿千场。
吾欲揽六龙，回车挂扶桑。

北斗酌美酒，劝龙各一觞。
富贵非所愿，与人驻颜光。

李白的《短歌行》表现了诗人怎样的生命意识？

（孙梦依　编）

第六单元

唐诗选读

单元概说

唐诗是中国文学的瑰宝。它是大唐文化气质和精神风貌的凝结，是无数诗人一生的吟咏与雕琢。阅读和品鉴唐诗，了解和感悟诗人，能够激活我们的艺术生命与审美生命，纵横历史，挥斥意气，在美的享受与赞叹中实现自我人格的培育与提升。

大唐是诗歌的国度。它疆域的统一与开阔、心态的开放与包容、文化的交流与融合、经济的繁荣与富足都是空前的，唐代人的自信与浪漫达到了历史高峰。诗歌技巧、内容、声律等方面在前代的累积，也为唐诗的迸发提供深厚养料。唐代三百年间，孕育出超五万首唐诗，名家辈出，佳作不可胜数，粲然夺目。

人们一般将唐诗的发展分为四个时段——初唐、盛唐、中唐、晚唐，每个阶段都风格鲜明，且有各自的诗坛领袖。唐诗分期和唐史分期不同。初唐诗歌主要指唐朝开国至唐玄宗前的时段的诗歌，此时的诗歌仍有六朝诗歌的影子，未摆脱浮靡旧习，“初唐四杰”和陈子昂等诗人，高举诗歌写作重“骨气”“壮思”“风骨”的主张，开创了骨气刚健的诗风，端正了唐诗发展的方向。盛唐诗歌主要是指开元天宝年间至安史之乱前产生的诗歌，这是唐诗发展的黄金时段，迎来了诗歌的大爆发与大繁荣，整体上风格爽朗、浪漫奔放，不仅诞生了以一“仙”一“圣”并称的李白、杜甫，而且出现了大量代表性的诗人，例如王昌龄、岑参、高適、孟浩然和王维等，他们的风格和擅长的领域各不相同，形成了瞩目的盛唐边塞诗派与山水田园诗派。安史之乱后，唐朝国运与诗风都为之一变，述说灾难、慨叹离乱的诗歌开始出现，唐诗的风格也从自信绚烂逐渐走向淡漠衰败。中唐诗歌的发展变革分为以下几派：以元稹、白居易为首，发起新乐府运动，致力于讽喻现实；韩愈则探索险怪诗风，孟郊、贾岛步其后；李贺的诗歌意象奇诡瑰丽，冷艳幽僻，独成一格；柳宗元、刘禹锡作为永贞年间政治革新失败被贬的“八司马”之二，在贬谪地创作出大量清新洗练的写景诗歌。晚唐诗歌在中唐诗歌的基础上，进一步走向秾丽和感伤，代表诗人有杜牧、李商隐、韦庄和温庭筠等。他们洞察了所处时代的深刻危机，普遍对现实感到失望，诗歌的风格更加含蓄深婉，题材上偏爱写爱情的难测、历史的兴亡，或沉浸于细腻深沉的内心感受，在大唐日薄西山的余晖中，弥漫着一种悲凉和绝望的情绪。

相较于唐诗整体来说，本单元所选诗歌不过是沧海一粟：以“骨气端翔”引领初唐诗歌的开篇；以“盛世山河”管窥盛唐边塞、山水田园两大诗派的繁荣；由于李白、杜甫的典型性和重要性，我们单独分出一节“李杜巅峰”来梳理和比较；最后一节“兴亡之叹”则统摄安史之乱后的中、晚唐两个时期的诗歌变革。本单元挑选的诗歌和诗人都极具代表性，是对统编版高中《语文》教科书的呼应和补充。

骨气端翔

一、原典选读

原文

从军行

杨　炯

烽火照西京①，心中自不平。
牙璋辞凤阙②，铁骑绕龙城③。
雪暗凋旗画，风多杂鼓声。
宁为百夫长，胜作一书生。

注释

①西京：指长安。　②牙璋：古代兵符。凤阙：指京城。　③龙城：汉代匈奴祭祀天地鬼神和祖先的地方，这里借指敌方要塞。

今译

边塞烽火传到长安，心中涌起不平之气。
携带兵符辞别京城，精锐骑兵围攻敌城。
大雪遮蔽下军旗黯淡失色，风声夹裹着紧促的军鼓声。
宁可做百夫长这样的下级军官，也胜过做一介书生。

原文

独不见

沈佺期

卢家少妇郁金堂①，海燕双栖玳瑁梁②。
九月寒砧催木叶，十年征戍忆辽阳。

白狼河③北音书断，丹凤城④南秋夜长。
谁谓含愁独不见，更教明月照流黄⑤！

注释

①郁金堂：以郁金香料和泥涂壁的房子。另一种解释是燃烧着郁金香料的房子。②玳瑁梁：以玳瑁装饰的屋梁。玳瑁：海龟类，甲壳光滑，黑黄相间，可做装饰品。③白狼河：今辽宁大凌河。④丹凤城：指长安。⑤流黄：黄紫相间的绢，这里指房间内的帷帐。

今译

少妇屋中以郁金香料涂壁，一对海燕栖息在玳瑁装饰的屋梁上。

九月的捣衣声催迫树叶凋零，我思念征戍在辽阳十年的丈夫。

丈夫在白狼河北现在音书断绝，我在长安城中独守漫长的秋夜。

有谁知道我思念而不得相见的无限愁怨，只有明月照在我房间的帷帐上！

原文

感遇三十八首（其二）

陈子昂

兰若①生春夏，芊蔚②何青青！
幽独空林色③，朱蕤冒紫茎④。
迟迟白日晚，袅袅⑤秋风生。
岁华尽摇落，芳意竟何成！

注释

①兰若：香兰、杜若的合称。②芊蔚：草木茂盛的样子。③空林色：意谓使林中百花的色彩黯然。④朱：红花。蕤：草木花下垂的样子。冒：覆盖。⑤袅袅：形容风轻轻吹拂。

今译

香兰、杜若在春夏里生长，多么茂盛！多么青翠！

香兰、杜若静静地开放，衬得林中百花的色彩黯淡，红色的花朵下垂覆盖着紫色的株茎。

季候转换，白天慢慢变短，香兰、杜若在渐起的秋风中柔弱摇动。

所有的繁花草木都飘摇零落，香兰、杜若的芳香又如何能长久保持！

原文

感遇三十八首（其三十四）

陈子昂

朔风吹海树，萧条边已秋。
亭上谁家子，哀哀明月楼。

自言幽燕客，结发事远游。
赤丸杀公吏①，白刃报私仇。
避仇至海上，被役此边州。
故乡三千里，辽水复悠悠。
每愤胡兵入，常为汉国羞。
何知七十战，白首未封侯②！

注释

①据《汉书·尹赏传》记载："长安中奸猾浸多，闾里少年群辈杀吏，受赇报仇，相与探丸为弹，得赤丸者斫武吏，得黑丸者斫文吏，白者主治丧。"这里指诗歌主人公行侠仗义敢杀贪官污吏。②此句用汉代李广的典故。据《史记·李将军列传》记载，李广"与匈奴大小七十余战"，却终其一生未能封侯，最终因不堪刀笔吏而引刀自刭。

今译

狂劲的北风吹动海边的树，边塞早已是一片树木凋零的秋景。

亭楼哨所上的戍卒是谁家的游子，在明月高楼上满心哀戚。

他自述是幽燕一带的侠客，刚成年就离家远游。

行侠仗义手刃贪官污吏，快意恩仇杀掉私人仇敌。

为了躲避仇人逃到海上，投身军中来到边塞。

故乡远在三千里之外，相隔辽河遥远看不到归途。

常常愤恨胡人军队入侵，为汉朝军队的兵败感到羞耻。

怎么知道像李广这样曾与匈奴大战七十余回的英雄，也白首一生未能封侯！

二、知识朋友圈

1. 古体诗与今体诗。

诗至唐代而众体备至。唐代人已经有了诗体分类的意识，并开始根据需要采用不同的诗体进行不同的艺术创作。明代胡震亨在《唐音癸签·体凡》中提出唐代将诗体分为往体、近体、歌行三类，也有人认为应当分为五类，在古体诗、近体诗（律诗）、歌行之外，还有乐府与齐梁诗两类。

简而言之，唐代最大的诗体分野，是古体与近体的划分。古体诗主要延续汉魏及以前的诗歌，风格古朴，往往不讲究声律对仗。近体诗，又称今体诗，即我们所熟知的律诗、绝句，这里的近体、今体都是指唐代新发展出的诗体，有严格的声律和对仗要求。

值得注意的是，当时的诗人已经自觉地有古体和新体写作的分派。在初唐诗坛，陈子昂可以说是五言古体诗的奠基者和开拓者，借古体诗寄托个人感悟，高举风骨刚健的诗风革新大旗；而沈佺期、宋之问等人的诗歌使近体诗定型，将圆熟的形式确定下来，确立律诗“回忌声病，约句准篇”的特点，为唐代律诗的繁荣奠定基础。

2. 何为感遇诗？

元代杨士弘在《唐音》中注解“感遇”：“感遇云者，谓有感而寓于言，以摅其意也。”简而言之，感遇诗是诗人对自身的际遇、命运有感而作，诗中多有寄托的寓意。陈子昂是最早以“感遇”为题进行组诗创作的诗人，其《感遇》源自魏晋之际阮籍的《咏怀》。刘勰曾评价阮籍诗歌的风格为“阮旨遥深”(《文心雕龙 · 明诗》)。陈子昂继承了阮籍诗歌中多兴寄的手法，将对时代政治的评论与对个人命运的感慨寄寓在感遇诗丰富的意象中。

陈子昂出身于富贵之家，年少自负才名，摔琴散诗，文明元年（684 年）举进士，受武则天赏识而授官。然而，武则天欣赏的只是他的文学才能而非治国之道，这使得他满腔热血的政治主张饱受冷落。不仅如此，他批评武则天对于人才的态度，“外有信贤之名，而内实有疑贤之心”(《答制问事八条》)，加之官场污浊，陈子昂在仕途上遭受排挤，无奈辞官，最终落得遭人陷害、身死狱中的结局。

明代王夫之曾感叹陈子昂的命运：“陈子昂以诗名于唐，非但文士之选也，使得明君以尽其才，驾马周而颉颃姚崇，以为大臣可矣。”(《读通鉴论》) 生不逢时、壮志未酬、报国无门，陈子昂在“进不能以义补国，退不能以道隐身”[《喜马参军相遇醉歌》(并序)] 的苦闷心境下，将写诗当作宣泄的主要途径。他借感遇诗寄托身世之感与理想破灭之痛，在不同的人生境遇下，时而含蓄蕴藉，情思哀婉，语调悠缓，如“迟迟白日晚，袅袅秋风生”；时而激昂愤慨，如“谁言未忘祸，磨灭成尘埃”[《感遇三十八首》(其三十五)]。综合来看，三十八首感遇诗蕴藉深广，具有很高的艺术成就和思想价值，对后世此类诗歌创作产生了重要影响。

三、诗心点点通

诗至唐代不仅形式圆熟，而且题材、思想和风格都有极大的发展。其背后的重要原因，在于诗人以真实的阅历和开阔的境界，跳出了宫体诗囿于宫苑花鸟的狭隘范畴。《从军行》是杨炯的代表作，以边塞生活为题材，写读书人投笔从戎、驰骋沙场的过程，反映出当时许多士人对边塞生活的向往。首联一个“照”字，将边塞烽火的热烈急迫、书生内心的爱国激情迅速点燃。接下来两句则以精练的笔墨，迅速而准确地捕捉了精锐的铁骑辞京出师和到达前线包围敌方的画面，极具张力，展现出战争的态势和取胜的信心。颈联从视觉与听觉角度烘托战争场面，大雪遮天蔽日，寒风凛冽摧折，自然环境的压抑与战争环境的惨烈，突出军旗的颜色与军鼓的鸣响，将战斗的艰难与悲壮全然刻画出来。尾联则直接抒发书生投身军旅保家卫国的壮志豪情。

杨炯的《从军行》与沈佺期的《独不见》都是承袭乐府旧题。沈佺期的这首七律相较于杨炯的这首五律，少了几分刚健之气，尚存六朝诗歌绮丽的余味。郭茂倩《乐府诗集》解题云：“独不见，伤思而不得见也。”这首诗歌的主题是闺怨，好在并无浮艳脂粉气。诗歌的主人公是一个因丈夫征戍辽阳而与之分离十年的长安少妇，其闺房美丽的布置，双栖海燕的暗示，透露出这是一个对爱充满了热情与渴望的女子，而十年的思妇生活，漫长的光阴中充满了无数个落空的盼望。颔联、颈联意象开阔，没有止步于女子闺房的生活细节，而是把真切的思念置于季候的变化、年轮的伸展、地域的间隔、音书的断绝中，将边塞景象与闺中景象对照并举，气势飞动，既是思人，亦是怀远，令人读之既对可怜又可爱的卢家少妇抱有同情，又隐隐感受到背后征夫戍守北地的辽远而宏大的景象。沈佺期的这首七律，不仅在形式上更加成熟，而且在思致的工巧与意境的凝练上也为唐诗的发展作出了重要贡献。

陈子昂的感遇诗共三十八首，是一组五言古诗，并非完成于一时，组诗的主题辐辏于对身世的感慨和对时政的讽喻。这里以组诗第二首与第三十四首为例稍作疏通。第二首托物感怀，运用比兴手法，承袭《楚辞》草木零落、美人迟暮的意境，赞美兰若的秀色超群、孤芳自赏以及在秋风下寒而不冽的美好品质，又叹惋其最终在岁暮凋零的结局。第三十四首则直指统治者对人才的埋没，委婉抒发其内心的幽愤，被朱熹评价为“词旨幽邃”（《斋居感兴诗序》）。诗歌开篇营造朔风呼啸的边境之秋，借环境的浩瀚与萧瑟烘托出悲凉的基调。在这样的画面中“幽燕客”登场并自述身世：他本为游侠出身，性格疾恶如仇、敢作敢为，为施展抱负而离乡远游投身战场，却未想到迎接他的不是建功立业的英雄出路，而是明珠暗投、埋没边地的悲惨命运。理想的黯淡、异乡的陌生，最易让人对命运的荒诞产生怀疑，而这一切都无解，只能化作无尽的乡关之思。最让人感到羞愤和屈辱的还并非个人的荣辱浮沉，而是面对敌人频频侵犯时，朝廷的昏聩与主帅的无能。“幽燕客”其实是陈子昂自身命运的投射。陈子昂作为幕僚跟随武攸宜征讨契丹，武攸宜为武则天亲贵，虽为主将却毫无雄略，刚愎自用，面对陈子昂的献策，以其“素是书生”为由拒绝采纳，并将陈子昂由参谋贬为军曹。诗歌结尾化用李广难封的典故，借李广的遭遇为自己鸣不平。这种以汉喻唐的写法在唐诗中颇为常见，即用汉代典故来暗指唐代时事，以汉代人物影射唐代人物，大家比较熟悉的，例如杜甫在《兵车行》中的“边庭流血成海水，武皇开边意未已”，就是采用这种手法。

杜甫对陈子昂持有极大的同情与推崇。他曾于诗中描绘对陈子昂的感受：“悲风为我起，激烈伤雄才”(《冬到金华山观因得故拾遗陈公学堂遗迹》)、“终古立忠义，感遇有遗篇”(《陈拾遗故宅》)。两位诗人因为相似的际遇而进行跨越时空的对话。对今天的读者来说，读懂陈子昂感遇诗的悲慨与雄壮，理解其宏放与执着的人生追求、沉郁与激越的不平之气，便可抓住其人其诗的内核。

四、思想会客厅

初唐诗歌的骨气如何形成？

初唐诗歌是六朝诗歌过渡至盛唐诗歌的重要阶段，此时诗人面临的重要任务是对前代诗歌风格与艺术成就进行整合。李延寿在《北史・文苑传》中总结了南朝文学与北朝文学的不同特质与局限：“江左宫商发越，贵于清绮；河朔词义贞刚，重乎气质。气质则理胜其词，清绮则文过其意。”南朝诗歌讲求声律、辞藻等形式美，风格以绮丽为尚；而北朝诗歌浑朴简古，气象刚健恢宏。唐初的诗歌是在南北朝文学合流的基础上形成的，如何在达到文质彬彬、情采兼备的同时又有诗境的开拓和创新，是唐初诗歌革兴的核心命题。

就诗歌创作的具体实践而言，在初唐诗坛，齐梁绮丽浮艳诗风的延续一度成为主流，贞观时期步六朝后尘，宫体诗大行其道，多为吟咏风月、奉和应制之作，除了张若虚的《春江花月夜》孤篇之外，其他诗歌基本上没有什么价值与怀抱可言。贞观后期流行以上官仪为代表的上官体，皆是“瑶笙燕始归，金堂露初晞。风随少女至，虹共美人归”(《八咏应制二首》)这样的雕琢诗句，只讲求在辞藻对偶上拾掇六朝余习，丝毫不见硬朗气质与深刻情思。

针对此类诗坛流弊，“初唐四杰”王勃、杨炯、骆宾王、卢照邻以及稍晚的陈子昂，高举“骨气”“壮思”“风骨”等诗文变革的旗帜。王勃曾在《游冀州韩家园序》中写下：“高情壮思，有抑扬天地之心；雄笔奇才，有鼓怒风云之气”，提倡诗文创作需要雄情壮志。杨炯的《从军行》等边塞诗歌，则是将诗歌题材内容从宫苑台阁转向江山朔漠，他们有意识地提倡怀抱的阔大与意象的刚健，通过自己的创作开拓唐代新的诗歌气象。

其中最具代表性也最为彻底的当属陈子昂。他在《与东方左史虬修竹篇序》中说：“文章道弊五百年矣。汉魏风骨，晋宋莫传，然而文献有可征者。仆尝暇时观齐梁间诗，彩丽竞繁，而兴寄都绝，每以永叹。思古人常恐逶迤颓靡，风雅不作，以耿耿也。一昨于解三处见明公《咏孤桐篇》，骨气端翔，音情顿挫，光英朗练，有金石声。遂用洗心饰视，发挥幽郁。不图正始之音，复睹于兹，可使建安作者相视而笑。”

这篇序不啻一篇诗文革新的宣言。一般文坛革新运动是以复古为旗号，陈子昂洞察了自汉魏之际至初唐两百年间衰变渐疲的诗文风气，认为其毫无“风骨”“兴寄”可言。那么如何理解他所主张的“风骨”“兴寄”呢？汉魏之际，在建安、正始时期，文人诗歌大多是当时沉重的社会现实与压抑的个人命运的写照，主旨深邃厚重，有着深刻的人文意蕴。随后的六朝，虽然也注重情志，但偏向一种直觉的性情感发，在“彩丽竞繁”中走向自我陶醉，大多失去理想、责任与担当。在陈子昂看来，诗歌更重要的是心声的写照，是理想主义的寄托，是不屈的人格的反映。他继承汉魏风骨，发挥建安精神，并整合前代诗歌的成就，主张诗歌应做到形式美和情志美的结合，实现“骨气端翔”“光英朗练”的审美理想。后来韩愈在《荐士》一诗中讨论唐代诗歌发展史时说“国朝盛文章，子昂始高蹈”，将陈子昂作为唐诗高蹈骨气的开篇。明代高棅则称颂陈子昂的诗“继往开来，中流砥柱，上遏贞观之微波，下决开元之正派”(《唐诗品汇》)，可见陈子昂诗歌思想与实践对唐代诗歌的影响。

五、练习步步高

（一）知识识记

1. 填空。

（1）雪暗凋旗画，____________。宁为百夫长，____________。（杨炯《从

军行》）

（2）__________，十年征戍忆辽阳。（沈佺期《独不见》）

2. 解释下列加点的字词。

（1）袅袅秋风生（　　　　　　　　）

（2）朱蕤冒紫茎（　　　　　　　　）

（二）诗心体悟

陈子昂的《感遇三十八首》（其二）以兰若为题材。请你结合这首诗及其他和兰若有关的意象，分析这一类意象的内涵。

（三）思想碰撞

登幽州台歌

陈子昂

前不见古人，后不见来者。
念天地之悠悠，独怆然而涕下。

杜甫曾经评价陈子昂的诗歌：“悲风为我起，激烈伤雄才。”（《冬到金华山观因得故拾遗陈公学堂遗迹》）请阅读陈子昂的《登幽州台歌》，谈谈你对“念天地之悠悠，独怆然而涕下”一句中“悲慨”内核的理解。

盛世山河

一、原典选读

原文

夜归鹿门[1]歌

孟浩然

山寺鸣钟昼已昏，渔梁[2]渡头争渡喧。
人随沙岸向江村，余亦乘舟归鹿门。
鹿门月照开烟树，忽到庞公栖隐处。
岩扉松径长寂寥，惟有幽人独来去。

注释

①鹿门：在今湖北襄阳东南。　②渔梁：指渔梁洲，相传庞德公在这里归隐。《水经注·沔水》：“沔水中有鱼梁洲，庞德公所居。”

今译

山寺钟声响起，天色已至黄昏，渔梁渡口一片喧闹。

人们沿着沙岸走回江村，我也乘着小舟向鹿门山归去。

鹿门山中明月相照，烟雾迷蒙中显现出林中树木，忽然就来到了庞德公曾经隐居之处。

岩石的山门与松林间的山路寂静清冷，只有清幽的隐士独自来去。

原文

过[1]香积寺

王　维

不知香积寺，数里入云峰。
古木无人径，深山何处钟。
泉声咽危石，日色冷青松。
薄暮空潭曲，安禅制毒龙[2]。

注释

①过：探访、拜访。②安禅制毒龙：据《法苑珠林》，西方有不可依山，山中有池潭，毒龙居之，杀五百商人。高僧以无边佛法制服毒龙，使之变化为人，永不伤人。毒龙：比喻人的邪念妄想。

今译

不知道香积寺在哪里，走了好几里误入云雾缭绕的山峰之中。

古木掩映的山林中没有行人的踪迹，深山里不知从什么地方传来钟声。

泉水撞击危石发出幽咽的声响，傍晚的阳光照射在青松林间更显幽冷。

黄昏降临，我伫立在空寂的水潭边，用佛法制服内心毒龙般的欲念。

原文

塞下曲

高　适

结束浮云①骏，翩翩出从戎②。
且凭天子怒，复倚③将军雄。
万鼓雷殷④地，千旗火生风。
日轮驻霜戈⑤，月魄⑥悬雕弓。
青海阵云匝，黑山兵气冲。
战酣太白⑦高，战罢旄头⑧空。
万里不惜死，一朝得成功。
画图麒麟阁⑨，入朝明光宫。
大笑向文士，一经何足穷。
古人昧此道，往往成老翁。

注释

①浮云：良马名。　②此句化用曹植的《白马篇》：“白马饰金羁，连翩西北驰。”　③倚：倚仗。　④殷（yǐn）：震动，震动声。　⑤日轮：指如轮的太阳。霜戈：指闪闪发光的戈、矛等兵器。　⑥月魄：指初生之月，泛指月亮。　⑦太白：太白星，即金星。古人认为太白星主战伐。　⑧旄头：星宿名，即昴星。旄头星落象征敌军兵败。　⑨麒麟阁：汉代宫殿名。汉宣帝时，功臣画像入麒麟阁以表功勋。

今译

装束好后骑上骏马，翩翩奔驰慷慨从军。

凭借着天子的威严一怒，也倚仗着将军的豪雄之气。

万面军鼓的声音如雷声一般震天动地，千张军旗像火一般热烈，猎猎生风。

如轮的太阳照射在霜雪一样闪闪发光的兵器上，残月当空如同悬挂的雕弓。

青海的战云围绕，黑山上兵气冲天。

太白星高悬空中正是酣战之时，大战结束后敌军溃败旄头星落。

万里从戎不惜赴死，一朝战胜大获成功。

我作为功臣，画像得以入驻麒麟阁，我被天子在明光宫召见。

我面对文士朗声大笑，你们皓首穷经一生有何尽头？

古人不明白其中的道理，往往蹉跎一生直至老翁。

原文

轮台歌奉送封大夫出师西征[①]

岑　参

轮台城头夜吹角，轮台城北旄头落。
羽书[②]昨夜过渠黎，单于已在金山西。
戍楼西望烟尘黑，汉军屯在轮台北。
上将拥旄西出征，平明吹笛大军行。
四边伐鼓[③]雪海涌，三军大呼阴山动。
虏塞兵气连云屯，战场白骨缠草根。
剑河风急雪片阔，沙口石冻马蹄脱。
亚相勤王甘苦辛[④]，誓将报主静边尘。
古来青史谁不见，今见功名胜古人。

注释

①本篇作于天宝十三年（754年）或十四年（755年）。轮台：唐代属庭州，治所在今新疆。②羽书：军中的紧急文书。③伐鼓：击鼓。④亚相：秦汉时，御史大夫位仅次于丞相，称为亚相。封常清当时摄御史大夫，所以有此别称。勤王：尽力王事。

今译

轮台城头在夜里吹响号角，轮台城北夜空里旄头星降落。

军中紧急文书昨夜从渠黎传送过来，报告单于已经侵占到金山以西。

从边防城楼向西望去，胡军来犯气势汹汹，汉军驻扎在轮台以北。

封将军手持节旄向西出征，破晓时就吹响笛声号令大军出师。

四面八方军鼓雷动，雪海也为之翻涌，全军高声呼喊，阴山被呼声震动。

胡兵塞上的杀气凝聚成乌云，战场上的白骨缠绕着草根。

剑河上寒风急啸大雪纷飞，沙口处石头结冰马蹄脱落。

封御史大夫尽力王事甘愿辛苦，发誓要报答君主平定边患。

自古以来名垂青史的人屡见不鲜，如今将军的功名胜过古人。

原文

古从军行

李 颀

白日登山望烽火，黄昏饮马傍交河①。
行人刁斗风沙暗②，公主琵琶幽怨多。
野云万里无城郭，雨雪纷纷连大漠。
胡雁哀鸣夜夜飞，胡儿眼泪双双落。
闻道玉门犹被遮③，应将性命逐轻车④。
年年战骨埋荒外，空见蒲桃入汉家。

注释

①交河：唐代安西都护府治所，在今新疆吐鲁番西北。 ②行人：行军作战的军士。刁斗：军中所用的铜器，白天用来烧饭，晚上用来打更。③闻道玉门犹被遮：根据《汉书·李广利传》记载，汉武帝遣李广利率师攻取大宛，以取大宛良马。汉军死伤惨重而无所获。李广利请求罢兵，汉武帝大怒。“使使遮玉门关，曰：‘军有敢入，斩之！’” ④轻车：汉代有轻车将军、轻车都尉，这里泛指率兵的将领。

今译

白天登上山峰眺望烽火台，黄昏到交河旁饮马。

在昏天黑地的风沙中传来战士的刁斗声，出塞公主的琵琶曲里充满幽怨。

荒野中万里阴云看不见城郭，大雪纷纷弥漫在大漠。

胡地的大雁哀鸣夜夜从空中飞过，胡地的百姓泪流不止。

听说玉门关仍然被阻隔，只得不惜性命追随将领在战场上拼杀。

连年来无数战死的尸骨埋葬塞外荒野，只见到西域的葡萄送入汉家。

二、知识朋友圈

1. 为什么盛唐时期诗歌繁荣？

诗歌史上的盛唐主要指唐玄宗开元天宝年间至安史之乱前的这段时间。殷璠《河岳英灵集序》云：“开元十五年，声律风骨始备矣。”盛唐时期诗歌创作达到了前所未有的巅峰水平，甚至后世再难企及。

为何诗歌在盛唐时期最为繁荣？除了前代诗歌发展的积淀，盛世的经济、社会环境之外，还有一个重要的因素，就是科举取士制度。南宋严羽在《沧浪诗话·诗评》中写道：“或问：‘唐诗何以胜我朝？’唐以诗取士，故多专门之学，我朝之诗所以不及也。”唐玄宗开元年间，诗赋成为科举考试的重要内容，诗歌才学成为学优则仕的重要标准。到了唐玄宗天宝年间，“纳卷”开始流行，即考生在科举考试之前，将自己的诗文优秀作品编辑成册，提前交给考官参阅，以求得主考官的赏识。唐朝的科举考试卷子并不“糊名”，考官见到自己赏识的名字，可以内定等第名次等。不久后又出现“行卷”，考生将自己的诗文集交给当朝有地位的权臣名贵等。“纳卷”“行卷”成为当时普遍的现象，个人诗歌创作大量涌现，并且这类诗歌不受考场命题的限制，更加自由，方便展示个性与才情，这无疑对诗歌在盛唐的高速发展起了推动作用。

2. 山水田园诗派和边塞诗派。

统治者对人才的态度相对开明，除科举之外，唐代还有很多进入仕途的方法，例如征召辟举，其中征召辟举的对象就包括隐士、逸人等。这与当时的社会背景、社会风气和统治者的爱好有关。唐代尊崇佛老，信奉道教，寻访栖隐之士、岩穴幽人成为一时之热潮。有趋附之意的文人，可以通过方外之游来获取高名盛誉，借此随驾为官，因此在唐代出现了“终南捷径”的说法。唐代的仕与隐之间没有绝对的矛盾，很多官员甚至拥有半官半隐的别墅居所，这都影响了诗歌写作的题材、内容，诗人的心态、风格，等等。唐代做官的另一个重要途径是建功边塞。正如胡震亨所说：“唐词人自禁林外，节镇幕府为盛。……中叶后尤多，盖唐制，新及第人，例就辟外幕。而布衣流落才士，更多因缘幕府，蹑级进身。”（《唐音癸签》）唐朝皇室起自陇西军事集团，加之唐代与北边突厥、西边各民族的边战频繁，尚武之风盛行；国力的强盛和疆域的扩张，反映在诗歌领域，一方面众多诗人有着真实的军旅生活，像高適、岑参等人都有边塞入幕的经历，另一方面当时的文人普遍表现出一种对战争、军事的关心，对军旅边塞题材的偏爱，这是盛唐民族意识的一种折射。

山水田园诗派在盛唐的代表诗人主要是王维、孟浩然，边塞诗派则以高適、岑参、王昌龄、李颀等人为代表。值得注意的是，这种流派并不是泾渭分明的，当时几乎所有诗人都有边塞诗歌流传，如孟浩然的《送告八从军》、王维的《使至塞上》等。再如高適在《封丘作》中说：“我本渔樵孟诸野，一生自是悠悠者。乍可狂歌草泽中，宁堪作吏风尘下？”表达了诗人仕途受挫、愤懑不平、意图归隐的心迹，亦可纳入山水田园诗歌的范畴。

三、诗心点点通

关于盛唐诗歌的成就，除了李白、杜甫之外，鸟瞰盛唐诗人群像，成就大抵为两类：一类是以山水田园为题材，风格冲淡闲适，清新自然；另一类是以战争征戍为题材，深沉浑厚，雄迈苍凉。这两类展现了盛唐诗人的两种精神向度，一是对天地自然的体察与交流，在人与外物的参照中安顿生命；二是对功业荣耀的追求，兼具狂热与理性、崇高与悲悯，在战争问题上有批判与反思。

孟浩然是盛唐时期待仕而隐的典型文人，四十岁前隐居襄阳岘山，与历史上著名的隐逸之所鹿门山仅隔一条汉水。他在此处读书习文，交游高士，为入仕做准备。四十岁后奔赴长安，科举失败，求仕屡不如意，转而南下吴越，寄情山水。其诗歌大致可分为两个阶段，前期纯粹表达对山水田园的审美，后期则夹杂着人生失意的不平之气。《夜归鹿门歌》是孟浩然晚期的诗歌，写于从长安南下吴越后返还家乡之时，诗歌巧妙动人之处，在于将世俗人间的繁华喧腾与深山隐寺的清幽寂寥进行对比。诗人在历经世事的喧嚣之后，选择告别这一切，踏上一条与众人迥然不同的道路，坚定地归入隐士居所。寥寥几笔勾勒出一个清高而孤独的背影，一个洒脱的心境，此时早已不见曾经“欲济无舟楫，端居耻圣明”（《望洞庭湖赠张丞相》）的郁愤不甘，而只有与命运和解、与山水同隐的洒脱与高趣。

盛唐山水田园诗派另一位大诗人是王维。相较于孟浩然，王维仕途通达很多，曾官至右丞，且精通音、书、画。早期王维的诗歌更多是边塞与游侠题材，如“孰知不向边庭苦，纵死犹闻侠骨香”（《少年行》）、“慷慨倚长剑，高歌一送君”（《送张判官赴河西》）等，显现出一种对功名的热望和进取精神，后期才逐渐转向恬淡幽静的隐逸情怀。他曾在《终南别业》中自述心境的转变：“中岁颇好道，晚家南山陲。兴来每独往，胜事空自知。”王维在经历贬谪后于终南山筑辋川别业隐居，过一种亦官亦隐的生活。安史之乱中，王维受过伪职，也因罪下狱，虽然很快官复原职，但晚年历经浩劫的王维早已无意官场进退与荣辱，寄心于诵禅静定。因此王维的山水田园诗歌，以表达优游的隐居情怀和澄明的无人之境为主，尤其是后期诗歌受禅学影响，更加冲淡闲适，既不见孟浩然的幽愤，也不见陶渊明对浊世的抨击。王维山水田园诗的第一层风格是清新、洗练，如《山居秋暝》《归嵩山作》《积雨辋川庄作》等，名句像“竹喧归浣女，莲动下渔舟”“漠漠水田飞白鹭，阴阴夏木啭黄鹂”，句中有画面美、音乐美，诗画一体。第二层风格为澄静、冲淡，如《竹里馆》《辛夷坞》《鸟鸣涧》《终南别业》等，名句像“涧户寂无人，纷纷开且落”“行到水穷处，坐看云起时”，以禅意入诗，空明无滞。第三层风格是幽阒、冷寂，如本节所选的诗歌《过香积寺》，从不同的角度渲染和烘托山寺的幽寂。首先，环境是遥深荒僻的，云封雾罩，远离人境；其次，访客是随性淡漠的，“不知”“何处”说明并非刻意寻访；甚至，色调是幽冷的，泉水在嶙峋的岩石间发出的不是欢快激越之声，而是幽咽声，日照带来的不是热度和暖阳，而是冷，射入青松林中，薄暮将至，冷日也在下沉、离去，潭水中似乎没有照见日晖和倒影，只有空寂澄静。诗人如此扫荡人世的痕迹与欲望，最终陡然归于佛禅的空澈，以佛法典故收束全篇，再回看前面的诗句，一切景物原来皆由心境化成。

谈及盛唐的边塞诗，我们常将高適与岑参并提。两人的共同点是，都有在边塞做幕僚的亲身经历，擅长用歌行体来表现边塞生活，造语苍劲，气势雄浑，内容涵盖对战争场面的铺叙、对战士艰辛的同情、对军政腐败的揭露、对不义残酷的反思等，既有英雄主义的理想，又有人道主义的反省。

高適诗歌是尚武献身精神和豪侠英雄主义的代表。《旧唐书·高適传》说：“而有唐已来，诗人之达者，唯适而已。”其边塞诗诞生于两个时期，一是早年求取功业，北上蓟门，漫游燕赵，此时诗中充满对通过从军来立功的渴望。求取无果后落拓多年，后经举荐入仕做了封丘县令，这与他的功业理想相差甚远，怨愤“小邑无所为”(《封丘作》)。遂弃官进入哥舒翰幕府，后期边塞诗多在此时写就，多是对战场英雄主义的歌颂。高適对功业的渴望，在《塞下曲》一诗中显露无遗，诗中展现了一个丈夫一战成名的过程，他从军边塞、矢志报国、奋勇搏斗，最终凯旋、获封受赏，全诗洋溢着一种豪放不羁的澎湃激情，仿佛能撼动天地日月、对抗山海风云的神勇，诗末则表达对传统文士一生皓首穷经的傲视、不屑与否定，再次强调从军立业的伟愿。

岑参诗风与高適接近，饱含英雄气概。严羽在《沧浪诗话·诗评》中说：“高、岑之诗悲壮，读之使人感慨。”从经历上讲，岑参也曾两次深入西北边陲，在安西节度使和北庭都护府做过军中幕僚。其边塞诗尤以歌行体见长，如《白雪歌送武判官归京》《走马川行奉送出师西征》《轮台歌奉送封大夫出师西征》等。其中《走马川行奉送出师西征》《轮台歌奉送封大夫出师西征》皆为同时同事送同一人之作，但两首诗侧重的场景与画面有所不同。《轮台歌奉送封大夫出师西征》全诗可分为两段四层，上段写战斗之艰苦，下段写胜利之荣耀。第一层为备战，以轮台城为视野核心，烘托战事紧张的气氛，暗示激战即将发生，驻军的角声与下层行军的笛声重叠，旄头星下落预示我军必胜，为下层战事张势；羽檄飞至，两军对垒，连烟尘仿佛也在对峙中凝固，军士严阵以待，大战一触即发。第二层为出师，军队之声威、士气之高扬，有吞天并地、扫荡乾坤之势，三军大呼，战鼓雷鸣，军队势如破竹。然而第三层却陡然转向战争的艰苦与焦灼，“虏塞兵气连云屯，战场白骨缠草根”，敌军不可轻视，牺牲伤亡之惨烈，“剑河风急雪片阔，沙口石冻马蹄脱”，行军环境之严酷恶劣，风雪寒冷将人马包围，极端的困境反衬出将士的英勇。战争显然还未结束，第四层是对凯旋的预祝，因为前方是报国安边的荣耀，是青史留名的理想，这是何等的自信与自豪！

在高適、岑参的诗歌中，纵使战场搏斗有牺牲、边塞生活有艰苦，却无任何消沉之气和怨战情绪，这些东西被进取的意气豪情和勃发的主体意志吞没，愈艰辛愈痛快淋漓、痛饮狂歌。相比之下，李颀的《古从军行》则表达了边塞诗歌中另一种情感倾向，对边关军民百姓的同情，对穷兵黩武的反思和批判。“胡雁哀鸣夜夜飞，胡儿眼泪双双落”，异族百姓饱受其苦，征敛下的百姓民生亦可想而知。这是一种超越民族立场的人道主义关怀。老子认为战争是国之凶器，“师之所处，荆棘生焉。大军之后，必有凶年。善有果而已，不敢以取强”（《道德经》三十章）。唐代的战争也有正义与不义之争，对不义边战的批评之声并不是孤独的，杜甫《兵车行》中“边庭流血成海水，武皇开边意未已”也是对统治者穷兵黩武的指责，这种思想与爱国情怀并不矛盾，而是对盛世危机的深刻洞察。

四、思想会客厅

盛唐气象与诗人的精神向度。

宋代严羽在《答出继叔临安吴景仙书》中评价盛唐诗歌：“既笔力雄壮，又气象浑厚。”后人多用盛唐气象一词来概括盛唐诗歌的艺术特色和思想价值。林庚在《唐诗综论》中阐释盛唐气象“是一种蓬勃的思想感情所形成的时代性格”；“它也是中国古典诗歌造诣的理想，因为它鲜明、开朗、深入浅出；那形象的飞动，想象的丰富，情绪的饱满，使得思想性与艺术性在这里统一为丰富无尽的言说”。

从时代风貌上看，积极进取、乐观浪漫是盛世士人普遍的心态，盛唐诗歌少见因贬谪或打击而沉溺的自我安慰，更多是对功业与人生的积极态度和强烈追求。从盛唐诗歌创作风格看，盛唐诗人自觉地将初唐所提倡的建安风骨和时代精神进一步结合，高唱“盛得江左风，弥工建安体”（王维《别綦毋潜》）、“隐轸经济具，纵横建安作”（高適《淇上酬薛三据兼寄郭少府微》）。建安风骨代表着某种对现实的热切关怀，包孕着慷慨仗义的壮志内核，在经盛唐诗人发扬之后，形成一种雄浑、豪放、健举的艺术风格。

唐人在诗歌中并不避讳对个人功名的强烈追求，他们希望建立一番惊天动地的英雄伟业，不愿恪守默默无闻的文人命运，因此若遭不遇则嗟叹，若逢进取则高歌。“耻作明时失路人”（常建《落第长安》）是盛世之下广泛的士人心理，这种心理体现在孟浩然笔下“欲济无舟楫，端居耻圣明”（《望洞庭湖赠张丞相》）的幽愤中，体现在王维“孰知不向边庭苦，纵死犹闻侠骨香”（《少年行》）的意气里。山水田园派诗人尚有这等感叹，更何况边塞派诗人，他们往往将理想化的人生寄托于笔下豪侠将士等英雄形象，而对传统儒生式的人生路径表现出不屑一顾，渴望乘时而起，身前扬名。高適在《塞下曲》中直接表达对文士的嘲弄：“大笑向文士，一经何足穷。古人昧此道，往往成老翁”。岑参也直言“不能守文章”（《武威送刘单判官赴安西行营便呈高开府》）、“功名须及早，岁月莫虚掷”（《送郭乂杂言》）、“功名只向马上取”（《送李副使赴碛西官军》）。值得肯定的是，盛唐诗歌实现个人功业理想的追求，是与报效国家的宏伟愿望紧密结合的，正如高適在《燕歌行》中发出的呐喊“死节从来岂顾勋”。这种声音能超越现实的苦难与个人的挫折，熔铸成壮志报国、自豪献身的民族精神，亦熔炼成豁达狂放、健举勃发的诗歌气质。

盛唐诗歌之“气象浑厚”还表现在兴象的阔大、境界的拓展。山河壮阔、气撼风云是边塞诗歌常见的内容，不再赘述。可以探讨的是，盛唐时期山水田园诗较之异代的明显不同。魏晋南北朝时期的山水田园诗，取材往往比较细小，如谢灵运的“池塘生春草，园柳变鸣禽”（《登池上楼》），多囿于花鸟庭苑。盛唐随着诗人活动的积极，壮游、赠别、羁旅活动的增多，诗人的视野、心境与山水田园诗的意象愈加开阔，更是形成了潇洒自由的个性、辽远壮美的审美倾向。并且，这一时期诗歌中的风物，并不像中、晚唐和宋代诗人那样，多写于贬官的经历之中，沾染哀怨情绪，而更多是一种自发的欣赏和喜好，因此整体风格上要洒脱开朗许多。

唐代司空图著名诗论《二十四诗品》中的“雄浑”与“自然”两条，可以作为理解盛唐诗歌兴象风格的注解：

“大用外腓，真体内充。返虚入浑，积健为雄。具备万物，横绝太空。荒

荒油云，寥寥长风。超以象外，得其环中。持之匪强，来之无穷。”（《二十四诗品·雄浑》）

“俯拾即是，不取诸邻。俱道适往，着手成春。如逢花开，如瞻岁新。真与不夺，强得易贫。幽人空山，过雨采蘋。薄言情悟，悠悠天钧。”（《二十四诗品·自然》）

五、练习步步高

（一）知识识记

填空。

（1）__________，惟有幽人独来去。（孟浩然《夜归鹿门歌》）

（2）__________，日色冷青松。__________，安禅制毒龙。（王维《过香积寺》）

（3）亚相勤王甘苦辛，誓将报主静边尘。__________，__________。（岑参《轮台歌奉送封大夫出师西征》）

（4）__________，空见蒲桃入汉家。（李颀《古从军行》）

（二）诗心体悟

请阅读诗歌并回答问题。

塞上听吹笛

高　适

雪净胡天牧马还，月明羌笛戍楼间。
借问梅花何处落，风吹一夜满关山。

请从虚实的角度赏析这首诗的写景艺术。

____

____

____

____

（三）思想碰撞

林庚在《唐诗综论》中描述盛唐气象的特征："它玲珑透彻而仍然浑厚，千愁万绪而仍然开朗。"请结合具体诗句，谈谈你对《塞上听吹笛》中盛唐气象的理解。

李杜巅峰

一、原典选读

原文

江上吟

李 白

木兰之枻沙棠舟①，玉箫金管坐两头。
美酒尊中置千斛，载妓随波任去留。
仙人有待乘黄鹤，海客无心随白鸥。
屈平词赋悬日月，楚王台榭空山丘。
兴酣落笔摇五岳，诗成笑傲凌沧洲。
功名富贵若长在，汉水亦应西北流。

注释

①枻：同"楫"，舟旁划水的工具。沙棠：木名。据《山海经·西山经》说，沙棠产自昆仑山，人吃了它的果实"入水不溺"。

今译

木兰作桨沙棠作船，乐手坐在船两头演奏着金箫玉管。

船中载着千斛美酒和美丽的歌女，任凭它在江水中随波逐流。

仙人还要等着乘黄鹤才能飞去，我这个海客坦荡无忧随鸥鸟同游。

屈原的辞赋可以和日月并悬不朽，楚王的宫殿早就变成荒芜的空山。

我的诗兴正浓烈，落笔可以摇动五岳，诗歌写成，我就能笑傲江湖凌越沧海。

功名富贵如果能长久存在，那么汉水也应该能向西北倒流。

原文

答王十二寒夜独酌有怀

李　白

昨夜吴中雪，子猷佳兴发。
万里浮云卷碧山，青天中道流孤月。
孤月沧浪河汉清，北斗错落长庚明。
怀余对酒夜霜白，玉床金井冰峥嵘。
人生飘忽百年内，且须酣畅万古情。
君不能狸膏金距学斗鸡①，坐令鼻息吹虹霓。
君不能学哥舒，横行青海夜带刀，西屠石堡取紫袍。
吟诗作赋北窗里，万言不值一杯水。
世人闻此皆掉头，有如东风射马耳。
鱼目亦笑我，谓与明月同。
骅骝拳跼不能食，蹇驴得志鸣春风。
《折杨》《黄华》合流俗，晋君听琴枉《清角》②。
《巴人》谁肯和《阳春》，楚地犹来贱奇璞。
黄金散尽交不成，白首为儒身被轻。
一谈一笑失颜色，苍蝇贝锦喧谤声。
曾参岂是杀人者？谗言三及慈母惊。
与君论心握君手，荣辱于余亦何有？
孔圣犹闻伤凤麟③，董龙④更是何鸡狗！
一生傲岸苦不谐，恩疏媒劳志多乖。
严陵⑤高揖汉天子，何必长剑拄颐事玉阶。
达亦不足贵，穷亦不足悲。
韩信羞将绛灌比，祢衡耻逐屠沽儿。
君不见李北海⑥，英风豪气今何在！
君不见裴尚书，土坟三尺蒿棘居！
少年早欲五湖去，见此弥将钟鼎疏。

注释

①狸膏：狐狸油。狸善捕食鸡，斗鸡时以狐狸油涂在鸡头上，使对方的鸡闻到气味而胆怯。金距：套在鸡爪上的金属品，能使鸡爪更锋利。　②清角：

相传为黄帝所制曲调，其声悲壮，只能演奏给有才德的人听。《韩非子·十过》记载，春秋时晋平公德薄，却强迫师旷为他演奏，结果风雨大作，裂帷破幕，晋平公受惊得病，晋国大旱三年。 ③孔圣犹闻伤凤麟：孔子曾经哀叹当世“凤鸟不至”，听闻鲁地狩得麒麟感叹“吾道穷矣”。 ④董龙：前秦主苻生的宠臣，奸诈凶狠。 ⑤严陵：东汉严子陵，年少时曾与光武帝刘秀同学，刘秀即位后，严子陵只长揖不叩拜，为平交之礼。 ⑥李北海：北海太守李邕，为李林甫所害。下句裴尚书也被李林甫杀害。

今译

昨夜吴地下雪，你像王子猷乘着佳兴雪夜访戴安道一样兴致勃发。

万里的浮云环绕碧绿的山峰，青天澄静，孤寂的月光似在夜色中流淌。

孤月寒凉，银河清澈，北斗星错落相间，长庚星亮起。

我举杯对酒而饮，满地夜霜洁白，华丽的玉石井栏上的冰凹凸不平。

人生百年飘忽如寄，应当及时畅饮，挥洒我的万古情怀。

我不能学那些将狐狸油涂在鸡头上的斗鸡小人，坐着凭鼻子出气就可以上干虹霓。

我不能学哥舒翰那样的人，在边塞穷兵黩武肆意屠杀只为了邀取功名。

在寒窗里吟诗作赋的穷苦文人，一万言还值不上一杯清水。

世人听到这些全都不屑一顾扭头而去，就像东风吹过马的耳朵一样，充耳不闻。

鱼目混珠的世俗人也笑话我，说他们的才能和明月宝珠相同。

骏马蜷缩屈身不能进食，跛足的驴却春风得意。

《折杨》《黄华》这些俗乐能够迎合世俗的需要，没有德行的晋王白白浪费了《清角》的雅乐。

《巴人》这俗乐哪里能和《阳春》雅乐合奏，楚国人从来都轻视珍奇的美玉。

金钱用尽也不能达成交游，儒生一生白首被人轻视。

言谈笑语间脸色就变了，小人喧哗的谗言诽谤像苍蝇一样驱赶不尽，像织成花纹的锦缎一样罗织成罪。

岑参难道是杀人者吗？却多次被谗言诬陷连母亲也为之惊惧。

握着你的手和你谈心，我已将荣辱置之度外。

孔子尚且慨叹凤凰麒麟乱世不能实现理想抱负，更何况我呢？像董龙这样鸡犬不如的小人又算什么东西！

我一生傲岸不屈，为不与世俗偕同所苦，因此皇帝疏远我，引荐我的人也徒劳无功，违背志愿。

严子陵见光武帝长揖不拜，我何必要拄着剑在朝堂做官。

闻达也不值得珍贵，穷困也不值得悲哀。

韩信羞于和绛侯周勃、颍阴侯灌婴同列，祢衡耻于追随杀猪卖酒的市井贱民。

君不见北海太守李邕，曾经一身的英雄豪气，如今在哪里！

君不见刑部尚书裴敦复，三尺坟墓上长满了荆棘蒿草！

少年早就想要浪迹江湖不被官爵拘束，见到这样的事例，更加想要远离功名富贵。

原文

古风（其十九）

李　白

西上莲花山，迢迢见明星。
素手把芙蓉，虚步蹑太清。
霓裳曳广带，飘拂升天行。
邀我至云台，高揖卫叔卿①。
恍恍与之去，驾鸿凌紫冥。
俯视洛阳川，茫茫走胡兵。
流血涂野草，豺狼尽冠缨。

注释

①卫叔卿：相传汉武帝时的仙人，曾驾白鹿去见汉武帝，然而没有受到汉武帝的礼遇，遂飘然离去。《神仙传》记载：“卫叔卿者，中山人也，服云母得仙。汉元封二年八月壬辰，孝武皇帝闲居殿上，忽有一人乘云车，驾白鹿，从天而下，来集殿前。”

今译

登上西岳华山的莲花峰，遥遥望见华山仙女。

洁白素手握着芙蓉，脚踏云雾凌空漫步。

华美的服饰拖着宽大的衣带，飘飘然向天上升去。

她邀请我登上云台峰，拜谒仙人卫叔卿。

我恍惚中与他一同离开，驾着鸿雁凌越紫色的天空。

从云中俯首回望洛阳的原野，无边无际尽是快速奔跑的胡兵。

百姓的鲜血染遍地上的野草，豺狼一般的安史乱军尽数被封官。

原文

秋兴八首[1]（其一）

杜　甫

玉露凋伤枫树林，巫山巫峡气萧森。
江间波浪兼天涌，塞上[2]风云接地阴。
丛菊两开[3]他日泪，孤舟一系故园心。
寒衣处处催刀尺，白帝城高急暮砧[4]。

注释

①此诗作于唐代宗大历元年（766年），此时杜甫在夔州。　②塞上：指夔州。　③丛菊两开：见到了菊花的又一次开放。指杜甫自去岁秋来到云安，现又留居夔州，已经是第二年。　④砧：捣衣石。

今译

枫树林在白露的侵蚀下逐渐凋零，巫山巫峡一片萧瑟阴森的气象。

江上的波浪接天翻涌，夔州的风云连着大地，一片阴沉。

再次见到菊花开放，忆起曾经伤怀落泪，一叶小舟系住我思念故园的心。

处处传来催制寒衣的捣衣声，捣衣声在白帝城高处的黄昏里更加急促。

原文

秋兴八首（其四）

杜　甫

闻道长安似弈棋，百年世事不胜悲。
王侯第宅皆新主，文武衣冠异昔时。
直北[1]关山[2]金鼓振，征西车马羽书迟。
鱼龙寂寞秋江冷，故国平居有所思。

注释

①直北：长安以北。　②关山：关塞和山岭。

今译

听人说长安局势就像下棋一样变化不定，唐王朝由盛转衰使人禁不住悲凉。

王侯的高门宅邸都换了新主人，朝廷文臣武将的衣服和礼帽与过去不同。

长安以北的关山军鼓振响，向西征战的军队和军事文书还未到来。

江水中的鱼和龙潜藏起来，秋江凄冷，长安的往事历历在目，心中的思虑不停。

二、知识朋友圈

1. 李白为何梦想“平交王侯”?

“平交王侯”堪称李白的政治心态标签，他曾多次在诗文中表达这种态度：“出则以平交王侯，遁则以俯视巢许”(《冬夜于随州紫阳先生餐霞楼送烟子元演隐仙城山序》)、“不屈己，不干人”(《代寿山答孟少府移文书》)，布衣出身的李白，仅有三载长安供奉翰林的仕途经历，为何有如此的心态和口气？原因可从以下几个方面来解读。

首先是狂放自信的诗人个性与时代气息的契合。李白诗中常出现“我”字，展现出其强烈的自我意识和高度的自信力，他对自身才华自视甚高，认为自己有宰辅之才，常以管仲、诸葛亮、谢安等人自况。他的政治理想是“奋其智能，愿为辅弼，使寰区大定，海县清一”(《代寿山答孟少府移文书》)；但他实现政治抱负的方式是“风云感会起屠钓”(《梁甫吟》)、“一朝君王垂拂拭”(《驾去温泉宫后赠杨山人》)，渴望得到人主的直接赏识。天宝年间，蓬勃的自信力是时代普遍的精神气质。李白的这种进退自如、积极报国的愿望，与盛唐士人整体上济苍生、安社稷的理想是一致的。从现实来看，取士途径的多样化、相对包容开放的时代环境，让李白确实得到了玉真公主的引荐和献赋入翰林的机会，这在前期无疑强化了李白的理想化倾向。

再者，与李白身份与思想的多重性相关。相对于政客这个身份标签，李白首先是诗人，是策士，是侠客，是道士，是酒徒。他融通儒道，精通剑术，任侠放诞、洒脱不羁，在《与韩荆州书》中自述“十五好剑术，遍干诸侯。三十成文章，历抵卿相。虽长不满七尺，而心雄万夫”。可见他自幼的经历、教育、喜好对他思想的影响之深。李白的浪漫气质源自老庄思想，他多次在诗中以大鹏自比，将俗士贬斥为学鸠等小鸟。李白很早就有功成弗居、功成身退的心态，不贪图和留恋功名，如诗中多次表达“愿一佐明主，功成还旧林”(《留别王司马嵩》)的愿望。从李白的侠客身份来看，侠客精神以义为核心，豪士君臣皆以义相交，本就淡化身份和等级的藩篱，他早年咏侠客的诗歌中亦显露出这种倾向：“府县尽为门下客，王侯皆是平交人。”(《少年行》)

长安翰林三年，既是李白在仕途上的高光时刻，也是他命运转折的时刻。在理想破灭、大鹏折翅之后，李白的“平交王侯”思想更多转向了“安能摧眉折腰事权贵，使我不得开心颜”（《梦游天姥吟留别》），对权贵的不屑、对奸邪小人的批判与傲视。

这种态度加剧了小人对李白的谗毁。他在《答王十二寒夜独酌有怀》中自言：“一生傲岸苦不谐，恩疏媒劳志多乖。”对于其因傲骨而得罪小人，导致志不得申的事实，李白无疑是自知的，但这并没有使他妥协。宋代戴埴《鼠璞》卷上云“唐人言李白不能屈身，以腰间有傲骨”，可谓切矣！

2.《秋兴八首》在杜诗中的地位。

清代黄生《杜诗说》曰：“杜公七律，当以《秋兴》为裘领，乃公一生心神结聚之所作也。”《秋兴八首》组诗作于杜甫晚年滞留夔州时期，是杜甫律诗的代表作。夔州在今重庆奉节，大历元年（766年）春，杜甫从云安移居夔州，到大历三年（768年）正月离开，杜甫在此寓居时间不满两年，却创作了四百多首诗歌，被看作其一生的总结陈词。此时的杜甫已是人生暮年，贫病交迫，而大唐王朝频遭外敌侵扰，战乱不休。在夔州荒凉环境的触发下，杜甫于诗歌中倾尽一生的积郁、家国的悲吟。葛晓音在《杜甫诗选评》中指出：“夔州诗的基调就是悲秋。诗人从悲凉肃杀的三峡秋景中看到凄凉残破的江山，看到自己穷途末路的残年。”正是年暮与岁晚的相互感召，再加上盛唐在动荡中步入晚景的悲凉，夔州的秋季是杜甫感慨最深的季节。《秋兴八首》组诗作为代表，“以己为纬，以秋为主，以哀伤为骨”（方东树《昭昧詹言》），八首律诗以秋气贯穿，结构精整，主题相互呼应，共同呈现出杜甫晚年沉郁顿挫风格的巅峰水平。

3.“捣衣”“砧声”为何是悲秋意象？

杜甫早前客居秦州时，有《捣衣》一诗写戍妇别情：“亦知戍不返，秋至拭清砧。已近苦寒月，况经长别心。宁辞捣衣倦，一寄塞垣深。用尽闺中力，君听空外音。”白居易的《江楼闻砧》中，也由捣衣的砧声勾连起怀远之意：“江人授衣晚，十月始闻砧。一夕高楼月，万里故园心。”在这几首诗中，捣衣声的出现，都与悲秋相连。艺术源于生活，捣衣是制作寒衣的一道工序，古人要将衣料放在砧上，用杵捣软后方能制衣。秋天气候转凉，思妇要赶制寒衣，在苦寒来临之前寄给远方的游子征夫。由此，捣衣的砧声变成了秋天的听觉意象。《文选》五臣注将其解作“妇人捣帛裁衣，将以寄远也”。这声音背后是别离的凄凉，是遥远的牵挂，是距离、空间阻隔之下深刻难解的生命情思。因此“捣衣”意象不止用于思妇闺怨诗，也广泛用在悲秋的诗歌中。杜甫在夔州时与家眷同住，“暮砧”并非闺怨主题，捣衣声传递的人间的秋声秋情，又因暮色的逼近而愈加急促悲戚，击溃羁旅之客本就脆弱的情感防线。

三、诗心点点通

李白诗歌中有三种思想贯穿始终，其一是对功名的渴望留恋与对自由的执着追求的交织反复，其二是人生如梦的幻灭、颓唐与豁达、超越，其三是报国的赤诚和对家国百姓的深情，这里选取《江上吟》、《答王十二寒夜独酌有怀》、《古风》（其十九）来对照赏析。

《江上吟》写于李白漫游江夏时期，正值壮年，尚未入长安求仕，以安陆为中心展开干谒与漫游的生活。此时的李白，一方面渴望能通过干谒来得到进仕之途以实现功业抱负，一方面又偏好自由无拘束的归隐生活。这首诗歌整体风格超逸、浪漫且带有理想化气息。前两联以泛舟起兴，华丽而夸张，尽诗酒之兴，极视听之娱，豪兴恣肆，酣畅淋漓。中间两联引入历史典故，举出不同人生路径与价值观的鲜明对立：登仙忘俗的极乐之途仍是有待的，自由并不如预想那般容易达成；不如学习《列子》中忘却机心与白鸥共舞的海客，物我合一，超脱世俗欲望的藩篱。紧接着进一步探寻人世间究竟何为不朽，是帝王宫殿政治冠冕，还是屈原笔下与日月同光的词赋文章？楚王荒淫无道，最终身死国灭；屈原自沉汨罗江，饱受诽谤怀疑、蝉蜕于人世的泥淖污浊却人格永存。到这里，李白已经摆脱了功名的第一重困境，走向了属己的自我价值的确认，而李白诗仙特质的显露，正在下一句中自信力的爆发：“兴酣落笔摇五岳，诗成笑傲凌沧洲。”两句勾勒，其傲岸不羁、高旷不群的形象跃然纸上。尾联以反面假设来否定功名富贵的易朽与虚妄，若功名长在则江水倒流，带有拒斥的力度和讽刺的力量。这首诗歌，应当是李白自画像般的留影，“兴酣”的意气和其“笑傲”的姿态，足以撼动山川超越历史，这种强大的自信与飞扬的精神是绝无仅有的，纯粹“李白式”的。

《答王十二寒夜独酌有怀》以李白最为见长的歌行体写成，是李白后期思想成熟的代表作之一。此时他已经历过长安梦碎赐金放还，饱尝冷暖炎凉，诗歌风格因遭遏阻而更加激越。相较于《梦游天姥吟留别》中游仙的浪漫与跌宕，李白在《答王十二寒夜独酌有怀》中表现出明显的批判现实的倾向，对天宝年间黑白颠倒的政治，奸邪当道、贤士遭欺的官场，加以深刻的总结和辛辣的讽刺。天宝年间，奸相李林甫执政，为巩固权势和排除异己，李林甫堵塞言路，排斥贤能，干涉科举，大兴冤狱，流贬朝臣，李白及其朋友都深受其害。这首诗以答友为题，实则借题发挥，写出我等清雅贤才与当朝傲慢权奸的激烈对立。诗中多用比喻，用鱼目与明珠、蹇驴与良骥、俗乐与雅乐、孔子与董龙等多重对比，来比喻当下贤愚颠倒的混乱现实。对于毁谤贤臣的小人的讽刺，李白丝毫不留情面，称其为“蹇驴得志”“苍蝇”；对以斗鸡走狗投统治者所好从而受宠得权的人，李白更是毫无保留地表现出鄙夷，写他们“坐令鼻息吹虹霓”，以漫画式的夸张笔法再现其蛮横丑态。另外，李白对于像哥舒翰那样以武力屠杀来邀功获封的人，也持批评态度，在他看来，以追求富贵为目的抛弃德行与人格是令人不齿的。巨大落差是在当时的环境之下，坚守道德甘于寂寞的文人却饱受轻视，深陷“万言不值一杯水”的处境，何等讽刺！李白认为，种种混乱现象归根到底其实是统治者的昏聩，他们低俗的喜好、无辨别力、贪婪自私导致是非混淆。从“晋君听琴枉《清角》”来看，李白对上位者的批评，不仅指李林甫和当朝权贵，很可能包含着对唐玄宗的挑战，这份放言无忌的胆识，在历代文人中十分罕见。他在痛骂之后，更加标举自我不同流合污的清高与孤傲。诗歌前段与友人赠答的良景佳兴，对比之下显得更加清雅磊落、清响绝尘；诗尾则高唱“少年早欲五湖去，见此弥将钟鼎疏”，是决心远离腐臭的宣言。李白面对权威的嶙峋傲骨，于此诗中展现得淋漓尽致。

皮日休曾在《七爱诗·李翰林》中写李白：“口吐天上文，迹作人间客。”李白能被称作谪仙，与其善写游仙题材有关。游仙源头一般有二，一是道教求仙的修炼，以超越肉体羁绊追求长生不朽；二是屈原精神的继承，是政治受挫后个人意志的补偿与张扬。李白游仙诗想象瑰奇、超逸缥缈，早期游仙诗多为自由出世思想，后期则源于对政治的弃绝、对俗世的超离。《古风》（其十九）是其游仙诗中颇为特殊的一首，上半篇中，李白描绘了一个美丽璀璨的神话世界，李白在仙子的指引下飘拂而上，见到卫叔卿并与之同游，诗中用卫叔卿影射自己同样不受帝王重视的命运，与其等待帝王垂拂拭，不如弃绝而去，从仙远游。然而就在离开人间之时，俯首回头，看见洛阳在胡兵践踏之下的流血惨象，哀鸿遍野、屠戮满城，安禄山等人面兽心的乱臣贼子占据政权。战乱中冰冷、血腥、残酷的现实人间打碎了之前那个美好的仙境，诗人陷入对家国百姓的深深悲悯和重重忧患之中。李白的出世是为了解决现实的烦恼，但他在个人矛盾尚且浓厚的时刻，从未放弃胸怀家国的赤诚与热忱。

李白的《古风》（其十九）写于安史之乱中，此时洛阳已被叛军攻破。作为大唐国运转折点的安史之乱，不仅让李白思想转入对现实的关怀，而且造就了杜甫书写离乱的“诗史”地位，唐诗的整体创作风格，也从昂扬转入低沉。李白、杜甫的诗歌为盛唐诗歌的两座巅峰，从诗歌体裁来看，李白善写歌行、古体，杜甫七律的成就登峰造极。这里选取杜甫晚年在夔州时期七律巅峰之作《秋兴八首》稍作品读。

《秋兴八首》(其一）被看作组诗的序曲：岁晚、日暮、穷途，当这三种要素遇合，无可挽回的消逝与衰败，催生出无限的愁思与悲凉。首句以秋江之景开篇，霜染枫林，原本是色彩明丽，但诗人无心欣赏，只能感受到凋零的黯淡与悲怆；在诗人内心的积郁之下，笼罩山河的萧森之气更为浓重。举目远眺，江间的风浪汹涌，席卷一切；塞上风云四起，本是延伸的意象，在此却将万物都吞没在阴云之下，映射着时代环境的压抑与晦暗。颈联过渡，由景入情，承接诗心，再次开放的秋菊，让人不禁想起他时他地赏菊的情境，过往已经干涸的泪水重新成为当下悲泣的理由，寻求安慰不得，反激起又一次悲上心来；孤舟系在岸边，本是止泊，结束这场羁旅，可是不仅不见生命的安顿，还将诗人牵挂长安的忧心羁绊在此，然而此时已经穷老荒江、还京无日，归途难觅，这片故国之思如何可解？本就在秋情秋景中无以自遣，又听得白帝城上在黄昏时刻渐起的捣衣砧声，声声急促催着还家，“处处”暗示着声音的包围，捣衣的杵仿佛就击打在诗人的心上，快要将人的心击碎。

明代王嗣奭在《杜臆》中指出：“《秋兴八首》以第一首起兴，而后七首俱发中怀；或承上，或起下，或互相发，或遥相应，总是一篇文字。”《秋兴八首》实则为不可拆卸的整体，反复感慨，婉转致意。《秋兴八首》组诗结构的典型特征，是夔州与长安两地的交织和重叠，以此承载无法停止的忧国之思。第一首中“他日泪”“故园心”六个字，将后面七首包孕于中，也开启了从夔州相望长安的几次往复。第二首“夔府孤城落日斜，每依北斗望京华”，以夔府起笔，身倚孤城，北望长安，“孤城”意象在诗歌中往往暗示着离愁，杜甫身虽滞留夔州，心却独属于长安，长安是唐朝的京都，是杜甫“致君尧舜上”理想实现的唯一可能，于是笔下处处是对长安各处细节和地点的再现和怀念。第三首由长安又回到夔州，写夔州清晨景色。到第四首再次思及长安，“闻道长安似弈棋，百年世事不胜悲”，朝政的动荡，安史之乱的洗劫，回纥、吐蕃的侵扰，使得长安局势如棋局一般无常变化充满争夺，尾句“鱼龙寂寞秋江冷，故国平居有所思”，将第一首的“故园”改为“故国”，从个人的离愁转为国家兴衰的哀痛。第五首极尽长安宫阙繁华巍峨，如同仙界一般华丽，也如同仙界一般不真实，曾在此处“识圣颜”的经历，到如今想来更加怀念，处处透出杜甫忠君恋阙之心。第六首“瞿塘峡口曲江头，万里风烟接素秋”，将夔州的瞿塘峡与长安的曲江相连，诗人站在瞿塘峡口，看到的不是夔州的风景，而是万里之外曲江头曾经的歌舞升平。第七首写长安的昆明池水亦是如此。杜甫追忆都城长安昔日的繁华，但也揭露出繁华之下掩藏的危机。帝王州已经满目疮痍，而诗人此刻是否有扭转历史、分担国忧的力量？第八首尾联以对比作结，“彩笔昔曾干气象，白头吟望苦低垂”，曾经在长安挥洒过笔下的才情，而今作为一白首老翁，除了遥遥一望之外，再无回到长安为国效力的可能。夔州到长安，是杜甫余生无法跨越的距离，最终连仰望的头颅也垂下了，陷入深深的无奈与悲凉。

《秋兴八首》不仅寄托了杜甫对长安的无限怀念与追忆，而且隐藏着他对长安、对唐朝动乱缘由的推究，“如：人主之荒淫、盛衰之倚伏、景物之繁华、人情之逸豫”（王嗣奭《杜臆》），可谓婉转含蓄、深沉广博、蕴藉无穷。

四、思想会客厅

青春之兴与肃秋之兴。

李白与杜甫的诗歌同为唐诗的巅峰，其风格大有不同。李白豪迈奔放、俊逸缥缈；杜甫沉郁顿挫、忠厚缠绵。领略唐诗双峰的雄奇风景后，若找寻一个字眼来贯通本节所选的诗歌，你会用什么？

这里尝试用“兴”字来概括。“兴”是主体情感与万物的互联、交感与生发，是艺术生命的升华和外放。李白与杜甫给我们展示了两种风格迥然的诗歌情兴之美，一为青春之兴，一为肃秋之兴。

李白是属于青春的。李泽厚在《美的历程》中单列一节题为“青春、李白”，用“青春”二字来概括盛唐文艺的风格：“一种丰满的、具有青春活力的热情和想象，渗透在盛唐文艺之中。即使是享乐、颓丧、忧郁、悲伤，也仍然闪烁着青春、自由和欢乐。”盛唐文艺的代表是盛唐诗，而盛唐诗人中最能代表盛唐青春气质的，当属李白。

正如“兴酣落笔摇五岳，诗成笑傲凌沧洲”的狂歌，李白的青春之兴主要表现为一种豪兴，即情感的奔放、精神的张扬、心态的豁达。这种豪兴从何而来？其一是酒兴。李白往往借助酒来达到情绪的巅峰体验，并于诗中挥洒而出。杨义在《李白的醉态诗学思维方式》一文中将其解释为“生命危机中的醉态强力”，酒醉带来的兴感是高畅的，是充满迷幻色彩和想象力的，是生命力的加强和爆发，可以借此打破现实种种不如意的窠臼。其二是逸兴，如“俱怀逸兴壮思飞”（《宣州谢朓楼饯别校书叔云》)、“子猷佳兴发”等句。李白继承魏晋名士的风流，超脱世俗，有意识地进行清浊的区分，选择清而屏弃浊，这是他人格高蹈纵逸的一面的显露。当逸兴表现在审美创造上，外放到诗歌的情景中，则呈现出一种爽朗清隽的意境，如《答王十二寒夜独酌有怀》中的句子：“万里浮云卷碧山，青天中道流孤月。孤月沧浪河汉清，北斗错落长庚明。”其三是狂气。唐代司空图在《二十四诗品》中将“豪放”一类总结为：“由道反气，处得以狂。”李白诗中的狂气何来？龚自珍的总结最为恰当：“庄、屈实二，不可以并；并之以为心，自白始。儒、仙、侠实三，不可以合；合之以为气，又自白始也。”(《最录李白集》)李白的狂是一种逍遥浪漫的精神的外放，是个性自由的彰显和张扬，是屈原的神话世界与庄子的逍遥境界融合的产物，是包孕着多重思想蕴藉的诗人气质。

如果说李白是青春的代表，杜甫则是肃秋的写照。这种肃秋之气与杜甫所处的动乱时局、忧国忧民的忠厚气质以及个人的艰难命运相关。杨义在《李杜诗学》中写道：“杜甫诗学，从总体而言，是一种充满着历史忧虑感的诗学。忧时伤世，哀国悲己，读之有一种不可抗拒的审美崇高感、严肃感和悲剧情调，荡漾于诗行的脉络肌理之间。”

从秋兴的抒情传统来看，敏感缠绵的诗人历来显露出对秋的偏爱。梁简文帝萧纲曾于笔下发问：“秋何兴而不尽，兴何秋而不伤？”(《秋兴赋》)揭露出秋日的兴感与悲伤的情思之间，似乎存在着某种生命的联系。自宋玉在《九辩》中感叹“悲哉秋之为气也！萧瑟兮草木摇落而变衰。憭栗兮若在远行，登山临水兮送将归”，以秋写悲情几乎成为文人的本能，成为流淌在诗赋中的一脉母题。然而直到魏晋，潘岳写《秋兴赋》：“夫送归怀慕徒之恋兮，远行有羁旅之愤。临川感流以叹逝兮，登山怀远而悼近”，依然是写草木的衰败、时节的流逝、别离的悲凉，并没有写出更高的境界，也没有超越屈、宋的蕴藉。诗歌的大成大抵需要人生的种种苦难作为注脚，杜甫曾在诗中袒露：“故人何寂寞，今我独凄凉。老去才难尽，秋来兴甚长。”(《寄彭州高三十五使君适虢州岑二十七长史参三十韵》)深沉的苦痛、忧愁、希冀、绝望，“此中情事，不忍明言，不能尽言”(王嗣奭《杜臆》)，只能寄托于秋景、秋情，其中风物几乎是他晚年老病孤愁形象在诗中的附着和投影，形成“以己为纬，以秋为主，以哀伤为骨”(方东树《昭昧詹言》)的艺术特色。

明代王世贞评价李白、杜甫诗歌给人的不同阅读感受：“咏之使人飘飘欲仙者，太白也；使人慷慨激烈、欷歔欲绝者，子美也。”(《艺苑卮言》)这正点明了青春李白与肃秋杜甫不同兴感的美学价值。

五、练习步步高

（一）知识识记

1. 填空。

（1）兴酣落笔摇五岳，________________。（李白《江上吟》）

（2）流血涂野草，________________。[李白《古风》（其十九）]

（3）丛菊两开他日泪，________________。[杜甫《秋兴八首》（其一）]

（4）________________，故国平居有所思。[杜甫《秋兴八首》（其四）]

2. 解释下列加点的字。

（1）秋兴（　　　　　　　　）

（2）白帝城高急暮砧（　　　　　　　　）

（二）诗心体悟

杜甫《秋兴八首》（其一）寄托了诗人的秋日悲愁与无限感慨，但诗中几乎没有凄、清、愁、苦等字眼，请赏析这样写的艺术效果。

（三）思想碰撞

请阅读诗歌并回答问题。

秋兴八首（其七）

杜　甫

昆明池水汉时功①，武帝旌旗在眼中。
织女机丝虚夜月，石鲸鳞甲动秋风。
波漂菰米②沉云黑，露冷莲房坠粉红。
关塞极天惟鸟道，江湖满地一渔翁。

注释

①昆明池：汉武帝为拓疆，训练水师而凿。池中有石刻的织女和鲸。
②菰米：一种植物，生浅水中，秋天结实，状如米，故称菰米，又称雕胡米。

有人评价这首诗的颔联、颈联四句“曲折生动”。请谈谈你的看法。

兴亡之叹

一、原典选读

原文

上阳白发人①

白居易

上阳人，红颜暗老白发新。
绿衣监使②守宫门，一闭上阳多少春。
玄宗末岁初选入，入时十六今六十。
同时采择百馀人，零落年深残此身③。
忆昔吞悲别亲族，扶入车中不教哭；
皆云入内便承恩，脸似芙蓉胸似玉。
未容君王得见面，已被杨妃遥侧目。
妒令潜配上阳宫，一生遂向空房宿。
宿空房，秋夜长，夜长无寐天不明；
耿耿残灯背壁影，萧萧暗雨打窗声。
春日迟，日迟独坐天难暮；
宫莺百啭愁厌闻，梁燕双栖老休妒。

莺归燕去长悄然，春往秋来不记年。
惟向深宫望明月，东西四五百回圆。
今日宫中年最老，大家④遥赐尚书号。
小头鞋履窄衣裳，青黛点眉眉细长；
外人不见见应笑，天宝末年时世妆。
上阳人，苦最多。
少亦苦，老亦苦，少苦老苦两如何？
君不见昔时吕向《美人赋》⑤；
又不见今日上阳白发歌！

注释

①天宝年间，杨贵妃专宠，后宫其他女子无人进幸，六宫女子辄置别所，上阳就是别所之一，一直留存到贞元年间。　②绿衣监使：唐代时主管宫苑的宦官，一般穿绿色官服。　③零落：指陆续死去。残：残余。　④大家：宫廷中口语，对皇帝的称呼。　⑤此句作者自注："天宝末，有密采艳色者，当时号花鸟使。吕向献《美人赋》以讽之。"吕向在开元十年（722年）召入翰林，兼集贤院校理。

今译

上阳宫的宫女，红颜悄然老去白发新添。

穿绿色宫服的监使守住宫门，封闭了上阳宫的宫女多少青春。

唐玄宗末年的时候她初次被选入宫，入宫时刚满十六岁，如今已年过六十。

和她一同被采选来的宫女有一百多人，多年来都陆续死去，只留她孤身残影一人。

回忆当年忍住悲痛离别亲人，被人扶进车中不许哭泣；

都说一进宫就能获得君王的宠爱，脸像芙蓉一般娇艳，胸像美玉一样莹润。

谁知还没等到君王见上一面，就被杨贵妃怒目而视。

嫉妒使得杨贵妃私下设令将她发配到上阳宫，从此一生都在空房中独宿。

在空房中独宿，秋夜漫长，长夜无眠迟迟熬不到天明；

昏暗的残灯照亮墙壁上的背影，只听得潇潇的夜雨敲打窗户的声响。

春日白昼迟缓，迟缓的白昼中无聊地独坐着，天色难以向晚；

宫中黄莺的啼叫声千回百转，愁怨中听着更添厌烦；房梁上燕子双栖，人已老去不再嫉妒。

黄莺、燕子归去，情思悄然无人知晓，春去秋来已经不记得年岁。

只有向深宫中望着明月，东升西落几百次圆缺。

现如今，她是宫中年岁最老的宫人，皇帝远远地赐给她尚书封号。

穿着尖头的鞋子、窄瘦的衣裙，用青黛画着细长的眉毛；

宫外人看不到她，看到她会发笑，她还画着天宝末年流行的妆容。

上阳宫的宫女，受苦最多。

年少的时候也苦，年老的时候也苦，一生孤苦究竟是什么滋味？

你可曾读过从前吕向作的《美人赋》；

你又可曾读过现在的《上阳白发歌》！

原文

登柳州城楼寄漳汀封连四州刺史①

柳宗元

城上高楼接大荒，海天愁思正茫茫。
惊风乱飐②芙蓉水，密雨斜侵薜荔墙。
岭树重遮千里目，江流曲似九回肠。
共来百越③文身地，犹自音书滞一乡。

注释

①王叔文集团发起的永贞革新失败，参与者柳宗元被贬永州司马，十年后再次改贬柳州（今广西柳州）刺史，最终卒于柳州。写作此诗时柳宗元应刚到柳州，他的四位同属王叔文集团的友人韩泰、韩晔、陈谏、刘禹锡分别被贬为漳州刺史、汀州刺史、封州刺史、连州刺史。 ②飐：吹动。 ③百越：古代五岭以南的少数民族，这里泛指南方的少数民族。《庄子·逍遥游》：“宋人资章甫而适诸越，越人断发文身，无所用之。”

今译

城上高楼连着城外大片的荒野，愁思如海似天深广，茫茫无限。

狂风吹乱江水，荷花剧烈摇动，骤雨斜密击打着墙上的薜荔。

重重叠叠的山岭和树木，遮住了遥望千里的视线；江流曲曲折折像我的愁怨九转回肠。

我们都来到岭南断发文身的荒蛮之地，更不堪的是，各自音信不通，各阻一方。

原文

金谷园①

杜　牧

繁华事散逐香尘②，流水无情草自春。
日暮东风怨啼鸟，落花犹似坠楼人③。

注释

①金谷园：西晋富豪石崇的庭园别馆。②香尘：沉香之碎屑。据王嘉《拾遗记》记载，石崇"又屑沉水之香如尘末，布象床上，使所爱者践之，无迹者赐以真珠百琲"。③坠楼人：指石崇的宠妾绿珠。孙秀意图霸占绿珠遭石崇拒绝，便在赵王前陷害石崇，石崇被捕，绿珠为此跳楼自尽。

今译

繁华的往事早已随着烟尘散尽，流水无情逝去，年年春草自绿迎接春色。

傍晚东风吹来，啼鸟声声哀怨，飘零的落花还像那曾经坠落的绿珠美人。

原文

隋　宫①

李商隐

紫泉②宫殿锁烟霞，欲取芜城作帝家。
玉玺不缘归日角③，锦帆④应是到天涯。
于今腐草无萤火⑤，终古垂杨⑥有暮鸦。
地下若逢陈后主，岂宜重问后庭花？⑦

注释

①隋宫：隋炀帝南游江都时所建的行宫。②紫泉：流经长安的水名，在这里代指长安。③日角：形容人的额骨中间隆起如日之状，指帝王之相。这句话是说隋代政权最终归于唐高祖李渊之手。④锦帆：指隋炀帝所乘的龙舟。⑤于今腐草无萤火："上于景华宫征求萤火，得数斛，夜出游山，放之，光遍岩谷。"(《隋书·炀帝纪》)这句讽刺隋炀帝的骄奢淫逸，连萤火虫都赶尽杀绝。⑥垂杨：隋炀帝开凿运河，河道两旁植杨柳。⑦陈后主：南朝陈末代皇帝陈叔宝，沉于酒色，荒淫无道。《隋遗录》记载隋炀帝在扬州时梦见陈后主与其宠妃张丽华，并要求张丽华舞《玉树后庭花》。

今译

长安的宫殿烟雾缭绕，隋炀帝还想要把扬州作为帝王之家。

如果隋朝的玉玺没有归到李渊之手，那么隋炀帝的龙舟应该早就远游到了天涯。

隋炀帝当年搜尽流萤，如今的宫殿中都见不到萤火虫，留下的只有运河两岸的垂杨柳和黄昏归巢的乌鸦。

隋炀帝在九泉之下如果遇到陈后主，难道还会再次要求欣赏《玉树后庭花》吗？

二、知识朋友圈

1. 什么是新乐府运动？

新乐府一词是由白居易提出，指用新题来写时事的乐府诗歌。它有两个重要因素：采用新题而非乐府旧题，内容题材上必须与时事相关。白居易为新乐府确立的标准是“刺美见事”（元稹《乐府古题序》），认为诗歌必须承担起“补察时政”“泄导人情”“救济人病，裨补时阙”的政治使命。白居易发扬了儒家诗教注重美刺的功能，重新提倡士人经世致用的责任意识，继承汉乐府“皆感于哀乐，缘事而发”（班固《汉书 · 艺文志》）的现实主义传统，提出了“文章合为时而著，歌诗合为事而作”（《与元九书》）的主张。在现实和政治指向性的基础上，白居易进一步强调“为民”的目的：“惟歌生民病”（《寄唐生》）、“但伤民病痛”[《伤唐衢二首》（其二）]。为了更好地了解民心民情，白居易建议恢复汉代的采诗制度，“立采诗之官，开讽刺之道”（《策林》）。为了实现上闻下达、上下交和的传播效果，白居易在新乐府的语言风格上力求通俗平易，“首句标其目，卒章显其志”“其体顺而肆，可以播于乐章歌曲也”（《新乐府序》）。

新乐府运动的主要领导者是元稹和白居易。以白居易为例，创作新乐府诗共五十首，皆为讽喻诗，加上《秦中吟》十首，其对现实的关注与揭露非常深广。或揭示各级官吏对底层百姓的冷酷剥削，如《卖炭翁》《红线毯》《重赋》等；或批判统治者骄奢淫逸的生活，如《轻肥》《歌舞》等；或表达对百姓在黩武征战中经历痛苦的同情，如《新丰折臂翁》等；或反映百姓广泛陷于困苦，如《采地黄者》等。新乐府运动对唐代经历安史之乱后在大历年间出现的逃避现实、消极避世的诗歌创作倾向有力挽狂澜之功，使得唐诗创作重新焕发出生命力。

2. 晚唐咏史诗。

咏史诗最早起于东汉班固的《咏史诗》，魏晋时期随着文学自觉和文人诗的发展，开始有较为普遍的创作，比较著名的是左思的《咏史》，借史抒怀，咏史与咏怀兼而有之。唐代随着修经史的完善和唐太宗“以古为镜，可以知兴替”的有意倡导，咏史诗得到快速发展，像杜甫、柳宗元等都有咏史名篇。整体上看，咏史诗歌的类型体式主要有两种，一种是借咏史而咏怀，直抒胸臆，书写自己的怀抱与感慨，以左思的《咏史》为典型；另一种是以议论见长，发表对历史事实的褒贬评论，关怀得失，这类咏史诗在中、晚唐逐渐成熟。

晚唐咏史诗大量涌现，以我们较为熟知的“小李杜”为例，杜牧有《金谷园》《赤壁》《题桃花夫人庙》《题乌江亭》《题木兰庙》《过华清宫绝句》等，李商隐有《咏史》《隋宫》《贾生》《北齐二首》等。那么为什么在晚唐咏史会成为诗歌的主要题材之一呢？这与特殊的社会、政治环境相关。晚唐藩镇割据、宦官专政、党争激烈，士人进取之途受阻，陷入不平、悲凉与无奈、绝望的情绪之中。他们对现实的关怀无处寄托，只能通过历史兴废之叹，曲折地表达对时代衰败迹象的感知与内心的愤懑痛苦。

三、文心点点通

白居易《上阳白发人》讲述一个无名宫女可怜悲戚的一生。开篇一个暮年宫女从这座牢狱般的宫殿中发出悲鸣——“上阳人，红颜易老白发新”，瞬息红颜与白发产生强烈对比。她悲剧的一生徐徐展开：十六岁入宫，至今六十岁，锁于冷宫已过四十余载！昔年一同进宫的女子，已经被深宫里非人的生活摧折得零落殆尽，独留她一人在无尽的等待中一次次绝望，是幸还是不幸？从前如花似玉的妙龄少女与眼前白发苍颜的茕茕老妇形象交叠，在韶华与暮年之间，诗人渲染冷宫的萧瑟环境与孤独处境，来对四十多年苦守的光阴进行剪辑与转场。秋日的冷雨残灯、漫漫长夜，春日的度日如年，杂乱鸟啼；连梁燕都双栖，而衰老之人似乎连嫉妒鸟儿的权利也没有，无穷无尽的苦守，丧失了鲜活的向往与知觉，只能在混沌的时间坐标里望向圆缺恒在的月亮，没有目标没有期盼，只有煎熬无望。与世隔绝的生活，让她仍保留着天宝末年初入宫时的妆容，可笑又可怜，自嘲是辛酸血泪的悲泣。四十多年幽禁只换来帝王随口“遥赐尚书号”，看似褒奖实则是又一重枷锁的讽刺。诗歌到结尾直抒胸臆，达到哀怨的高潮：“上阳人，苦最多。少亦苦，老亦苦，少苦老苦两如何？”朝堂历史车轮在粉饰太平中无情前去的背面，又有多少女子被抛弃在宫苑的阴影里？谁是她们悲惨命运的罪魁祸首？是贪恋美色的君王，还是争宠嫉妒的杨贵妃？君王虚伪的恩宠变成了最大的祸端，诗歌的讽刺意味在流畅展开的叙事中，随着对宫女命运同情的加强而越来越浓。这正是白居易诗歌以讽喻和感染力见长的代表作。

柳宗元的《登柳州城楼寄漳汀封连四州刺史》为感慨贬谪之作。其实从登楼感叹的传统和贬谪文学的先例来看，柳宗元这首诗不算出新，但之所以能成为脍炙人口的名作，在于他笔下纯熟的景物描绘和兴寄无尽的情感蕴藉。诗歌首联登高起兴，极目无穷，所见是漫无边际的浩瀚荒凉景象，人生已经被远逐到天涯海角，眼下茫茫之中既不见归途之希望，也与四散相隔一方的友人音信不通，唯有内心愁思正欲喷薄而出。清代纪昀评价本诗首联为：“一起意境阔远，倒摄四州，有神无迹。通篇情景俱包得起。”(《瀛奎律髓刊误》）颔联采用比兴手法，用“惊”“乱”“密”“斜”写柳州格外无情的疾风骤雨，而风雨对芙蓉、薜荔的摧残，也仿佛侵袭到了诗人身上，既是描写近处实景，也是诗人缭乱郁愤的心事感受的投射，令人联想到现实中的风雨动荡、政敌的迫害不已、“罪谤交织”的精神压抑。后两联写千山万水的遥遥阻隔，音书留滞，消息断绝，被贬谪到远州的友人与柳宗元同病相怜，写此诗时，“八司马”中已有两人去世他乡，剩下几人今生又是否得见？命运是否还有转机？牵挂却无处获得消息安慰的痛苦、遭受政治迫害的悲愤、去国怀乡的忧愁，几乎是满腹牢骚却只能独自在偏僻他乡的凄风冷雨中消化。

杜牧的咏史诗好为“翻案法”，发表前人未有之议论：如“东风不与周郎便，铜雀春深锁二乔”(《赤壁》)，将赤壁之战的成败归结于客观的“东风”；再如“胜败兵家事不期，包羞忍耻是男儿”(《题乌江亭》)，批评项羽的失败在于刚愎自用的性格缺陷等。杜牧作惊人之论，以突出“时无英雄，使竖子成名”(《晋书·阮籍传》）的幽愤感慨。本节所选诗歌《金谷园》并非直接评价历史人物，而是伤春吊古、写景抒情之作。面对已然衰败荒废的古园，思及历史上曾经荣极一时的繁华，感慨系之。“繁华事散逐香尘”，首句便道出无可挽回的凋零和物是人非的悲凉，金谷园的繁荣、石崇的豪奢、绿珠的香消玉殒，财富、地位、红颜皆难以久持，一切都磨灭在历史的烟尘之中，寻不到痕迹。不改的唯有无情的流水，任人间沧桑巨变，依旧流淌如前，芳草萋萋自随着季节枯荣，覆盖人事的繁盛。诗人正沉浸在眼前的春色与往事的遐想之中，不知不觉天色渐晚，黄昏时鸟鸣嘈杂，裹挟着东风传进诗人耳中，更是凄切哀怨，而零落的落花又让人联想到坠楼的绿珠，勾连起心底的惋惜与追忆。我们不由得追问：为何几百年的废园对诗人产生如此大的影响乃至沉溺其中？春色、往事在短短几句中密密交织在一起，内蕴着杜牧没有明言的无限情思。绿珠不过是权贵的玩物，她的命运何其可怜，她的坠楼又有何意义？杜牧对“坠楼人”的伤悼，也许暗含着对自己受人排挤的无奈命运的嗟叹。

李商隐的《隋宫》以隋炀帝的骄奢亡国为主题，既是咏史，也是对晚唐现实政治的讽刺。诗中李商隐对隋炀帝的批评是非常尖刻的，“玉玺不缘归日角，锦帆应是到天涯”，是说如果不是隋亡国被李唐取代，那么隋炀帝游乐的龙舟绝不只是到江都而已，怕是已经游遍天涯了吧？身为帝王却游乐无度，以百姓的赋税徭役为代价，毫无节制和底线。“于今腐草无萤火，终古垂杨有暮鸦”，颈联李商隐用一组巧妙意象排列，营造出废墟之感，萤火的黯淡，无声控诉着隋炀帝当年捕捉萤火以照明的无度骄奢；河渠两岸垂杨柳上的暮鸦，更是萦绕衰败之气，从今日的荒凉来反观昔日繁华里的深刻危机。尾联的讽刺最为辛辣，杨广既然在梦中目睹陈后主荒淫亡国的先例，不仅不吸取教训，反而沉迷于重奏亡国乐舞，重蹈历史覆辙，相比陈后主有过之而无不及，“岂宜重问后庭花”！最后的发问既是问隋炀帝，也是问晚唐的统治者，一针见血，余味无穷。

四、思想会客厅

中、晚唐士人心态与诗风的变革。

安史之乱的时代阴云，将士人笼罩于战乱和在灾难带来的巨大惶恐之中，诗人的心态亦发生转变：由积极仕进、高歌进取转向哀痛孤独、幽冷淡漠。在经历过诗文风气中衰的低谷之后，部分文学家重新扛起时代的大旗，贞元、元和年间，涌现出一股新的创作热情，以元、白的新乐府运动和韩、柳的古文运动为代表。白居易将乐府诗寓理于事、针砭时弊的功能发挥到极致。而柳宗元则在漫长的贬谪生涯中，“投迹山水地，放情咏《离骚》”(《游南亭夜还叙志七十韵》)，借山水完成自我心灵的救赎，创作了许多山水诗绝篇佳作。他们代表着中唐诗人的两种人生路径：前者是重燃政治热情，以文学补益时风世俗，将个人荣辱与家国百姓的命运沉浮联系起来；后者是当这种理想受挫的时候，政治革新失败，被贬谪排斥，则寄托于山水述志达情，走向精神人格的雕刻与熔铸。

这两种路径，在晚唐王朝末路的衰败之中，进一步受到挤压，界限模糊并走向萎靡。对比杜牧和李商隐，他们面临的是无可挽回的藩镇割据、宦官专权的混乱局面，皆被卷入激烈的牛李党争的夹缝之中。相较于杜牧“平生五色线，愿补舜衣裳”(《郡斋独酌》)、补救政治漏洞的幻想，李商隐对晚唐日薄西山的衰亡趋势更加清醒。他意识到现实政治的黯淡与沉珂：“九重黯已隔”“疮疽几十载，不敢抉其根”(《行次西郊作一百韵》)。统治者根本无力拔除祸根，因此他在诗歌中流露出的态度和情绪也就更加悲观。除了咏史诗外，李商隐写了许多“无题”名作，写爱情的消逝和迷离，以晦涩的意象寄托内心难言的迷惘。

仕途的失意感、人生的幻灭感、时代的没落感、现实的危机感，种种消极情绪糅合在一起，让晚唐诗歌没有了初唐的刚健风骨，没有了盛唐的自由奔放，没有了中唐的现实关切，只剩下低叹悲吟、颓丧哀伤。诗歌是他们现实无路之下的情感宣泄的出口，走上偏爱历史论咏、爱情悲剧的题材挖掘之路。但晚唐的诗人又是忧虑而敏感的，他们并没有一味地追求自我麻醉、沉迷靡靡之音，他们善感，他们更加善于描绘细腻微小的物象，创造出一种深婉幽美的诗歌风格。这种风格在更晚一些的温庭筠、韦庄等人的诗歌中更为成熟。

唐诗以刚健奋进为起始，如日出之喷薄；以纤秾感伤为终，随着大唐王朝的没落，留下一道残破而凄美的余晖。

五、练习步步高

（一）知识识记

填空。

（1）上阳人，苦最多。__________，__________，_______________？（白居易《上阳白发人》）

（2）___________________，密雨斜侵薜荔墙。（柳宗元《登柳州城楼寄漳汀封连四州刺史》）

（3）日暮东风怨啼鸟，___________________。（杜牧《金谷园》）

（4）玉玺不缘归日角，___________________。（李商隐《隋宫》）

（二）诗心体悟

《上阳白发人》中诗人写道：“上阳人，苦最多。”请结合全诗，总结其“苦”

的内涵和情感内核。

（三）思想碰撞

《礼记·乐记》中说：“亡国之音哀以思。”请结合本节所选诗歌，查阅更多晚唐时期的诗歌，分析其中的“哀”与“思”体现在何处。

（迟文颖 编）

参考答案

上编：课内古诗文（必修上册）

第一单元　诗史

芣苢

（一）（1）《周南》　地方民歌　160　《大雅》《鲁颂》（2）六义　敷陈其事而直言之者也　以彼物比此物也　先言他物以引起所咏之辞也

（二）《芣苢》的诗味来自重章叠句的章法。全诗三章12句，采用重章叠句的章法，通过6个动词的运用，突出了采摘芣苢这一劳动从开始到满载的完整过程，达到了回环复沓、一唱三叹的艺术效果。《芣苢》的诗味也来自对采摘芣苢这一自然而然的生活过程的歌咏，反映了古人与自然的亲密关系，是一幅美丽的田间风俗画卷。

（三）（1）C　（2）C　（3）《芣苢》通过描绘妇女乐于生子，出门采摘芣苢，边采边吟唱的劳动过程，歌咏太平盛世的安乐生活。《插秧歌》描绘江南农户一家四口趁着农时冒雨插秧的紧张生活，表现了农家生活的辛苦与农事的繁忙，赞扬了农民吃苦耐劳、勤奋乐观的精神，也含蓄表达了对农村生活的关切。《芣苢》和《插秧歌》都含蓄表达了自己的情感，体现了温婉平和、含蓄敦厚的诗学风格。《插秧歌》更是表达了对农村艰苦生活的关切，含有对官府关爱民生疾苦的期待。

短歌行

（一）1.（1）孟德　慷慨悲凉　建安风骨　（2）何以解忧？唯有杜康　（3）青青子衿，悠悠我心　（4）明明如月，何时可掇　（5）绕树三匝，何枝可依　（6）周公吐哺，天下归心　2. A

（二）1.“青青子衿，悠悠我心”两句原意是写一个姑娘思念她的爱人。曹操借用这两句诗意，表达对贤才的思念与渴慕。“呦呦鹿鸣，食野之苹。我有嘉宾，鼓瑟吹笙”四句，本意是写宴会上主人殷勤待客的盛况。曹操借用其诗意表达自己对贤才的竭诚欢迎。这两处借用在诗句本意的基础上注入诗人自己的情感，自然而深沉，富有文化内涵，增强了感染力。 2. 同意。《短歌行》通过对人生苦短、贤才难得的再三咏叹，抒发了自己求贤若渴的内心情感，表达了自己渴望求取贤才以安定天下的苦心。

（三）1. C 2.《短歌行》中曹操抒发了求贤若渴，安定天下的苦心。这和《蒿里行》“白骨露于野，千里无鸡鸣。生民百遗一，念之断人肠”等诗句相呼应。《蒿里行》通过写关东诸将借匡扶汉室之名，行争霸天下之实，内部矛盾重重，自相残杀，力量涣散，抒发对军阀混战使百姓陷于水深火热之中的悲愤。

归园田居

（一）（1）靖节 彭泽 （2）羁鸟恋旧林，池鱼思故渊 （3）户庭无尘杂，虚室有余闲 （4）少无适俗韵，性本爱丘山 （5）久在樊笼里，复得返自然 （6）暧暧远人村，依依墟里烟

（二）特点：恬静幽美，清淡朴素，闲适自由。表达了诗人对田园生活的热爱，以及回归田园生活后的轻松、喜悦之情。

（三）1. 清晨下地铲除杂草，月光下扛着锄头归去，写出了诗人的辛劳和孤独，突出了诗人对田园生活的坚持与热爱，为尾联抒情蓄势。 2.《归园田居》（其一）中的“久在樊笼里，复得返自然”体现了陶渊明远离官场尘世，回归自然田园的愿景。诗人希望隐居躬耕，不在污秽的现实世界中失去自我的本性。

梦游天姥吟留别

（一）（1）青莲居士 游仙诗 （2）天姥连天向天横，势拔五岳掩赤城。天台四万八千丈，对此欲倒东南倾 （3）半壁见海日，空中闻天鸡 （4）云青青兮欲雨，水澹澹兮生烟 （5）忽魂悸以魄动，恍惊起而长嗟。惟觉时之枕席，失向来之烟霞 （6）安能摧眉折腰事权贵，使我不得开心颜

（二）1. 言之成理即可。 2. 诗歌的前半部分写梦中仙境，是对世间美好的极度想象，表达了欢乐无常的真实人生境况，突出了诗人对随心所欲率性遨游的向往。

（三）1. C 2.《梦游天姥吟留别》表现了诗人不事权贵渴望自由的傲岸。这首诗则表现了诗人身处山林却牵挂家国的矛盾思想，体现了李白心忧天下的仁爱思想。

登高

（一）（1）唐初 律诗 八 颔联 出句 对仗 平 截句 （2）风急天高猿啸哀，渚清沙白鸟飞回 （3）万里悲秋常作客，百年多病独登台 （4）万里悲秋常作客，百年多

病独登台 （5）无边落木萧萧下，不尽长江滚滚来

（二）诗眼为“悲”字。整首诗歌“悲”字是核心，是贯穿全诗的线索。诗人写登高所见暗含悲情，又极度抒发内心种种的悲，再借酒遣悲不得又生发新悲。全诗由景色之悲引起，写无尽之悲、密集之悲、无法排遣之悲，可谓起于“悲”而终于“悲”，悲景着笔，悲情结束。

（三）1. A 2.《九日齐山登高》写节日登临的愉悦，暗含人世的忧愁苦闷、生命易逝的悲伤，并试图以旷达超越苦闷。而杜甫《登高》的悲伤更为深重。

琵琶行（并序）

（一）香山居士 文章合为时而著，歌诗合为事而作 新乐府运动 元稹 刘禹锡 卖炭翁 诗王

（二）都来自京城：“本是京城女”和“去年辞帝京”。都有出色的才华：名满京城的艺人和才华横溢的诗人。如今都落魄：因年老色衰而嫁商人和因直言进谏而遭贬谪。

（三）1. C 2. 尾联诗人大笑屈原不知天命，只在江畔草丛间苦苦悲吟，表达了对屈原被贬后行吟泽畔、抱恨沉江做法的否定，突出了诗人在仕途失意后消除忧喜、是非之心，对乐天知命的旷达精神的追求。这样的选择是时局动荡之中士大夫被迫独善其身的体现，让人感到悲哀与无奈。

第二单元 词史

念奴娇·赤壁怀古

（一）1.（1）长短句 曲子词 句有定数 长调 双调 双调 一阕 （2）子瞻 东坡居士 三苏 豪放词派（或豪放派） 前赤壁赋 后赤壁赋 （3）浪淘尽 （4）故垒西边 三国周郎赤壁 （5）樯橹灰飞烟灭 （6）一尊还酹江月 2.（1）旧时军队营垒的遗迹 （2）（像雪一样）卷起的浪花 （3）英气勃发 （4）同“花”，花白

（二）这首词的上阕实写站在江边所看到的赤壁壮丽雄伟的景象。“乱石穿空，惊涛拍岸，卷起千堆雪”，描绘山石冲破云天、巨浪翻滚而来的气势，令人震撼。继而由实入虚，从眼前惊心动魄的自然之景联想到当年赤壁之战恢宏壮阔的场面，引出下阕对周瑜运筹帷幄、大破曹操的才华和功绩的追慕和畅想。再从虚到实，将当年周瑜的流风遗迹与自己被贬黄州政治失意的处境做对比，寄托对历史和自我的感慨。

（三）陆游的“关河梦断何处”表达了抗金复国理想的破灭之痛；辛弃疾的“梦回吹角连营”是理想无从实现而只得在梦中重温；晏幾道的“今古梦茫茫”表达了人生空漠而

价值无所寄托的茫然之感；苏轼的“人生如梦”既有理想不得实现的无奈，也有对人生普遍性悲剧的揭示。宋词中出现大量的“梦”，这是与宋代政治、文化背景的变化密切相关的一种文学“突变”现象。由于宋代文人对社会现实的极度失望，他们担负着沉重的人生缺憾感和人生空漠感。宋词中的“梦”，正是文人心态的集中体现。

永遇乐 · 京口北固亭怀古

（一）1.（1）幼安　稼轩　南宋　稼轩长短句　（2）舞榭歌台　雨打风吹去　（3）想当年　气吞万里如虎　（4）封狼居胥　赢得仓皇北顾　（5）佛狸祠下　2.（1）建筑在高台上的房屋　（2）一寻为八尺，一常为两寻，即十六尺，指狭窄的　（3）向北看　（4）不能承受、不能忍受

（二）借古讽今是借评论古代的某人某物的是非来讽喻现实。《永遇乐 · 京口北固亭怀古》中，辛弃疾讽喻了南朝宋刘裕之子刘义隆元嘉年间因好大喜功，草草北伐，妄图像霍去病那样封狼居胥，反而落得“仓皇北顾”的结局，借此警诫当时大权独揽的韩侂胄不要轻敌冒进，以免北伐失败，重蹈覆辙。通过借古讽今的手法，辛弃疾表达了对抗金北伐的坚定决心和审慎态度。

（三）1. 词牌　南京　2. A　3.“江南游子”指辛弃疾自己。一方面辛弃疾出生在山东，因为当时山东被金人占领，所以他客居江南，有家难回，引出下阕张翰思乡的典故。另一方面，辛弃疾在南宋朝廷被猜忌排挤，无法得到身份认同，没有真正的归属感，感觉自己在江南也是游子，照应“断鸿声里”，表现了他漂泊的遭际和孤独的心境。

声声慢

（一）1.（1）易安居士　宋代或南宋　婉约　漱玉词　（2）寻寻觅觅　凄凄惨惨戚戚　（3）雁过也　却是旧时相识　（4）独自怎生得黑　（5）怎一个愁字了得　2.（1）忽然变暖，又转寒冷　（2）休养，调理　（3）可以　（4）光景，情形

（二）第一层：不断“寻寻觅觅”却一无所获，周围环境冷寂凄清，内心凄凉惨淡悲戚。第二层：“乍暖还寒时候”，内在的愁苦与外在的冷暖交相逼迫，“最难将息”。第三层：想要以酒御寒，但面对傍晚的寒风，再浓的酒也是淡的，“怎敌他、晚来风急”。第四层：那旧时相识的雁群又飞过头顶，加重此时的“正伤心”。第五层：菊花已经凋残，如今再没有人去欣赏、采摘它了，抚今思昔，怎不悲伤欲绝。第六层：“守着窗儿”，不得不独自承受这黑暗的摧残。第七层：“梧桐更兼细雨，到黄昏”，叠加了各种悲秋的意象，“点点滴滴”，又表现了这种愁苦的绵长无尽。第八层：此种情境，哪里是一个“愁”字说得了的啊！直抒胸臆，无限愁苦溢于言外。

（三）1. 缘愁似个长　恰似一江春水向东流　飞红万点愁如海　2. D　3.《武陵春》结尾写小船无法承载词人内心的愁苦，运用夸张和比喻，将无形的“愁”有形化，将“愁”的沉重和压抑表现得形象可感，更突出作者因无法摆脱愁绪而不能自由。《声声慢》结尾“怎一个愁字了得”直抒胸臆，用反问强调在这种情形下，一个“愁”字无法涵盖自己全部的心绪，情感表达溢于言外。

沁园春·长沙

（一）1.（1）独立寒秋　橘子洲头　（2）怅寥廓　谁主沉浮　（3）忆往昔峥嵘岁月稠　（4）曾记否　浪遏飞舟　2.（1）遍布　（2）失意，不畅快。这里用来表达由深思而引发的激昂慷慨的心绪　（3）不平凡，不寻常　（4）纵放、奔放

（二）《沁园春·长沙》上阕描绘了一幅色彩绚烂、动静谐和、境域壮阔的秋景图，体现了“雄奇瑰丽”的特征。色彩：万山树红、漫江水碧，且红者“红遍”，碧者“碧透”。“红”“碧”两色的广度与深度相照相映，使秋色浓烈鲜亮。此其一。“鹰”飞“鱼”翔，似乎没有色彩呈现，实际却隐含了色彩描绘。鹰之色多为“苍”，即“青”；鱼之色多为“白”。红山之上，长空之中，有“苍”鹰搏击；碧水之间，有“白”鱼遨游。四色相生，无比绚烂。此其二。动静：红山静立，碧水北去；长空静穆，苍鹰搏击；碧水之间，白鱼遨游；碧水之上，船只往来。山、水、鹰、鱼、舸，动静相生相谐，万物自由自在。境域：“湘江北去”，“北去”使境域向无限的远方延伸；“万山红遍”，“万”极写山之多，将境域向阔大的广度延展；“鹰击长空”，“长空”把视线引向旷远无垠的高空。这是无限延伸的壮阔境域。

（三）1. 咏怀（离别）　2. D　3.“我自欲为江海客，更不为昵昵儿女语”表达自己浪迹四方，不留恋儿女之情的自由洒脱，而“要似昆仑崩绝壁，又恰像台风扫寰宇”更体现了追求天翻地覆、大有作为的伟力与豪情。“山欲坠，云横翥”描绘沉重压抑的自然景象，而“重比翼，和云翥”是对革命成功后未来重聚的憧憬和想象，表达了夫妻两人以国家事业为重，恩爱又相互体谅。相比传统的婉约词，毛泽东的《贺新郎·别友》将儿女之情熔铸到家国之情中，既有爱人的私情和深情，也有伟人的大情和豪情。

第三单元　古文精神

劝学

（一）1.（1）况　战国　兰陵令　韩非子　性恶　化性起伪　劝学　（2）君子曰：学不可以已　（3）君子博学而日参省乎己　（4）锲而不舍，金石可镂　（5）人不学　不知

道（6）乐其友而信其道（7）则孤陋而寡闻（8）不扶而直 与之俱黑 2.（1）同“煣”，用火烘烤木材使之弯曲（2）晒（3）接近、靠近 磨刀石（4）游泳 横渡（5）兼词，于此（6）检验（7）踮起脚后跟（8）圣人的心怀 3.（1）积累善行，形成良好的品德，就会得到非凡的智慧，具备圣人的心怀。（2）蚯蚓没有锋利的爪牙，强健的筋骨，却能吃地上的泥土，饮地下的泉水，是因为它用心专一。

（二）仁人君子与一般人在天性上并无不同，他们最终能超越一般人是因为后天善于学习，善于借助各种客观条件提升自己，就如同借助车马行路千里与借助船只横渡江河的人并没有比一般人更加善于行走、善于游泳一样。所以学习是“善假于物”的具体表现，而能成为学识渊博、品行高尚的君子是“善假于物”的最终结果。

（三）1.《师说》《反对党八股》《读书：目的和前提》都能体现“善假于物”的学习态度。例如，在《师说》中，只有“从师”才能靠近儒家之道，韩愈希望弟子通过老师来体道、悟道，让儒家的思想流传不衰。《反对党八股》中提倡“靠马克思列宁主义的真理吃饭，靠实事求是吃饭，靠科学吃饭”，是要以真实为基础，通过科学的理论指导，坚持真理不动摇，来纠正实际工作中的问题，这也是“善假于物”的表现。 2. 古代提倡的学习在内容上包含“六艺”，有“小学”“大学”的区别，包含道德实践和道德认知，涉及知识、能力、思想、精神诸多方面；现在提倡的学习更多倾向于各类科学知识和前人的智慧；古代提倡的学习是为了修身，进而治国安民，体现了“内圣外王”的政治理想；现在提倡的学习的目的更加多样化，既有“治国平天下”，也鼓励追求个人的幸福和志趣。

师说

（一）1.（1）退之 昌黎 韩吏部 韩文公 古文《原道》《进学解》《送李愿归盘谷序》《昌黎先生集》 文起八代之衰，而道济天下之溺（2）所以传道受业解惑也（3）无长无少 师之所存也（4）荒于嬉 毁于随（5）雪拥蓝关马不前 2.（1）以……为羞耻（2）并列（3）学习、研究（4）古代解释经书的著作（5）赠送 3.（1）士大夫这一类人，一听说有人称“老师”“弟子”等，就成群地聚在一起笑话人家。（2）不通晓句读，不能解决疑惑，有的向老师学习，有的不向老师学习，小的方面要学习，大的方面却放弃了，我没看出那种人的明智之处。

（二）《原道》阐释的道德，其特征在于由内心向实践转化，是一个自然而然、水到渠成的过程。而《师说》所批评的士大夫，将师看作追求功名的工具，“爱其子，择师而教之；于其身也，则耻师焉”，自己完全不尊重师，却还利用师。这本身就是士风卑下、道统沦丧的表现。另外，韩愈提倡人们不要只从外在的形式去定义师，而要重视师的内涵。巫医、乐师、百工，年仅十七岁的李蟠能够理解，这是因为他们心中有道的存在。“好古文，六艺经传皆通习之”，自然不会屈从于外界压力（“不拘于时”），这正体现了“无待于外”的道德境界，也是韩愈能够与世俗抗争，勇敢突破陈规的精神支柱。

（三）这两种观点并不矛盾。“师严然后道尊”，强调尊师和重道两者不能割裂，敬意需要具体的对象来表达；而韩愈的观点强调择师的根本标准是道，而不是地位、年龄。如果师本身是道的继承者和传授者，那么尊师和重道就是一体的。

赤壁赋

（一）1.（1）诵明月之诗　歌窈窕之章　（2）纵一苇之所如　凌万顷之茫然　（3）浩浩乎如冯虚御风　飘飘乎如遗世独立　（4）舳舻千里　酾酒临江　横槊赋诗　（5）侣鱼虾而友麋鹿　举匏樽以相属　寄蜉蝣与天地　哀吾生之须臾　（6）盖将自其变者而观之　自其不变者而观之　则物与我皆无尽也　2.（1）农历每月十六日　（2）劝酒　（3）端坐　（4）副词，加强语气，可译为“连……都……”　3.（1）多么辽阔啊，像是凌空驾风而行，不知将停留在何处；多么飘逸啊，好像脱离人世，升入仙境。（2）箫声呜呜，像是怨恨又像是思慕，像是哭泣又像是倾诉，尾声细弱而婉转悠长，如同不断的细丝。使深谷中的蛟龙听了起舞，使独坐孤舟的寡妇听了落泪。

（二）本文议论始终不离江上风光和赤壁故事，形成了情、景、理的融合。通篇以景来贯串，“风”和“月”是主景，“山”和“水”辅之。作者抓住“风”和“月”展开议论。第3自然段作为社会人生的抽象认识，却被苏轼结合着景物、地点的特征，从历史到现实，从具体到一般，用诗一样的语言表现出来，使读者一点也不感到有任何枯燥的说教意味。更为重要的是，第4自然段苏轼同样结合着景物、地点的特征，同样用诗一样的语言，批评了客的回答，表现了苏轼当时思想感情的另一个主导的方面。语言上作者既保留了传统赋体的那种诗的特质与情韵，又吸取了散文的笔调和手法，打破了赋在句式、声律的对偶等方面的束缚，更多的是散文的成分，使文章既具诗歌的深致情韵，又有散文的透辟理念，句式参差疏落之中又有整饬之致，宜于诵读，并且极富音韵之美。

（三）写景：“清风徐来，水波不兴”；“少焉，月出于东山之上，徘徊于斗牛之间。白露横江，水光接天”；“西望夏口，东望武昌，山川相缪，郁乎苍苍”。抒情：“浩浩乎如冯虚御风，而不知其所止；飘飘乎如遗世独立，羽化而登仙”；“哀吾生之须臾，羡长江之无穷。挟飞仙以遨游，抱明月而长终。知不可乎骤得，托遗响于悲风”。议论：“逝者如斯，而未尝往也；盈虚者如彼，而卒莫消长也。盖将自其变者而观之，则天地曾不能以一瞬；自其不变者而观之，则物与我皆无尽也，而又何羡乎！且夫天地之间，物各有主，苟非吾之所有，虽一毫而莫取。惟江上之清风，与山间之明月，耳得之而为声，目遇之而成色，取之无禁，用之不竭，是造物者之无尽藏也，而吾与子之所共适”。核心意象：“水”“月”。因为全文无论写景、抒情还是议论，都是围绕着“水”与“月”这两个核心意象展开的。

登泰山记

（一）1.（1）明烛天南　望晚日照城郭　而半山居雾若带然　（2）下有红光动摇承之　（3）须臾成五采　（4）《惜抱轩诗文集》　姬传　桐城　2.（1）山南水北　（2）顺者　（3）停留　（4）模糊或缺失　3.（1）登上山顶之后，（看见）青黑色的山上覆盖着白雪，雪反射的光照亮了南面的天空。　（2）杂树很少，多是松树，松树都生长在石头的缝隙里，树顶是平的。

（二）姚鼐认为，文章应当体现天地之道，因为天地有阴阳二气，所以文章应当有刚柔的分界。圣人的文章，刚柔恰如其分。而诸子之后，文人作品刚柔常常偏失。刚柔各有其美。《登泰山记》中写作者跋涉有力，走到泰山的过程，体现了如雷霆般的阳刚气势。如“乘”“历”“穿”“越”四个动词，表现了作者辞官、游历自然的坚决；描写日出的场景，宏阔博大，色彩感强，用风雪的渲染来铺垫。这些都体现了阳刚的风格。而将群山比喻为恭顺的侍从和对山顶寂静景象的描写，都展现了柔美的风格。

（三）不同意。姚鼐所谓的考证不是专门的、系统的学术考证，而是在文章写法中融入实证精神。其考证的内容应当为文章服务，为观点做支撑，不能割裂地看待。虽然这些景物有些人也谈到过，但是不像姚鼐这样有意求证其真实性，用其依据为观点服务。同意。即便是文章中的考证，而非学术考证，也应该有适当引用典籍出处的文字，或适当做观点的梳理，至少在实证性上做一些细节功夫。本文有据而欠“考”，探究性不强，不及苏轼《石钟山记》等文章。

第四单元　诗声词韵

静女

（一）《邶风》　邶地　朝歌　《柏舟》《绿衣》《燕燕》《日月》《终风》《击鼓》《凯风》《雄雉》《匏有苦叶》《谷风》《式微》《旄丘》《简兮》《泉水》《北门》《北风》《新台》《二子乘舟》

（二）四言诗句的组合方式相对单一，以两字两字互相组合的“二二”句式为主，如“搔首踟蹰”“说怿女美”“自牧归荑”“洵美且异”这些句子，一般都是将前后两字作为一个语义单元，诵读也大致遵循这样的结构；五言诗句则往往有更复杂多样的组合方式，如“俟我于城隅”为“二一二”结构，“匪女之为美”为“一二二”结构，后世五言诗句的常见结构还有“二二一”，如“复照青苔上”“迟日江山丽”等。《诗经》四言诗句“二二”句式使得诗歌朗读起来音节和缓稳定，具有庄重典雅的艺术效果。

（三）该学者认同毛传和郑笺的观点，认为《静女》是通过写静女的美德来提示国君和夫人行为的法度，彤管是女史记事的工具，象征女子之德；而欧阳修和朱熹的观点忽视了孔子删定《诗经》作为经典文本的特殊性，将其与普通民谣等同起来，也不符合《左传》对《静女》的理解，因此是偏颇的。言之成理即可，如赞同其观点者，可以论述《左传》其书和汉代学者去古未远，可能掌握一些今人不具备的文献，因此其观点应该得到尊重。反对其观点者，可立足于《静女》文本，对其文意加以分析，并指出其观点无法从《静女》文本得出。

鹊桥仙

（一）C

（二）本词开头两句对偶精工，“抹”字的使用颇妙，写云如粉黛涂抹在山腰，表现云的轻盈单薄，与“纤云弄巧”有异曲同工之妙；又与下一句写远处的枯草蔓延到天际的内容相互补充，共同描绘了一幅冬季时分悠远而略带惨淡的景象，读来令人感到细腻而哀伤。上阕最后三句以景结情，通过描写斜阳下群起而飞的寒鸦，和流水萦绕的孤零零的村庄，寄托了作者面对年华已逝与往事不堪回首的无奈和感伤之情，含蓄隽永、意味悠长。另外，这三句运用了典故，化用了隋炀帝“寒鸦千万点，流水绕孤村”一句，并增添了“斜阳”一景，使得景物描写更有画面的整体感，同时一改诗的五言对句为词的长短句，句式错落，富有自由跳宕之感。下阕以景结情，写作者登楼远望，但见灯火黄昏，更衬托出作者谪居异乡，前途未卜的孤苦，愁思细腻幽深。这首词景物描写的特点不在于宽博雄厚，即便是远景也写得细腻精巧，且与作者悠长的愁思相互交融，用笔细腻，情感悲凄。

（三）本题相对开放，言之成理即可。同意的观点，可以从真情对人与人之间的生活和交往的意义来谈；也可以探讨平庸而琐碎的日常生活对人心灵的消磨，从而导致人走向麻木，这样的生活其实是痛苦的；也可以谈爱的缺失造成人的孤独；也可以结合《百年孤独》《霍乱时期的爱情》等其他作品谈谈看法。不同意的观点，可以从爱的表达角度来探讨，即如果真情只是封存在彼此的心底，而脱离了现实的表达形式，情感也会逐渐失去意义，人们说的“陪伴是最长情的告白”有类似的意思。

涉江采芙蓉

（一）C

（二）王维的《山中送别》化用了淮南小山《招隐士》中“王孙游兮不归，春草生兮萋萋”的诗句，以王孙代指离别的友人，想象明年春草繁茂的景象，与眼前送别友人之后独掩柴扉的景象呼应，虚实相生，表达了对友人的思念和对重逢的期待。其中既有离别的伤感、独处的寂寞，又有相聚的欢欣和对重逢的期待。借着对期待中春草萋萋的美景的想象，在离别的孤寂伤感中让读者体认到相聚的欢欣和友情的美好，于是为离愁的表达赋予了审美的意味。

（三）可任选角度，选取符合题意的诗句来讨论。要点在于，对现实的超越是作品的诗意所在，如李白的“我寄愁心与明月，随君直到夜郎西”，将愁绪寄给照遍一切的明月，表达了作者对友人的殷切关心，同时明月的宽广也象征愁绪的悠长。而钱起的“停船搜好句，题叶赠江枫”描绘了江行寻诗这样一个悠闲的场景，诗人且行且止，以叶为笺，信笔题诗，这个画面颇有诗情画意，体现了诗人高雅的趣味和格调，题诗赠予江水与枫树，将江、枫人格化，展现了诗人天真烂漫的想象。

虞美人

（一）（1）指聪明懂事　（2）副词，完全　（3）了结　（4）清楚，明白

（二）这几句诗词都是以比喻的方式写愁。“请量东海水，看取浅深愁”将愁比作东海水，极言其深重。而李煜的“问君能有几多愁，恰似一江春水向东流”、秦观的“落红万点愁如海”分别将愁比作春江和花海，看似手法相同而妙处有别，“一江春水向东流”言愁之长，同时春江的一去不返也是“愁”的来由，“落红万点愁如海”言愁之广，同时落花的消逝感也是“愁”的原因，其写“愁”用意较之李颀又多了一层。贺铸“试问闲愁都几许，一川烟草，满城风絮，梅子黄时雨”同时用三个比喻，将愁比作每年春天都会不断生长的烟草、满城的柳絮和绵绵无绝的梅雨，皆言愁绪之悠长，而妙处在于，烟草是冬春之际长成的，风絮指向阳春四月天，梅雨在春夏之交，就在“试问闲愁几许”的刹那间，一个春天过去了，这岂不愁？可见贺铸写愁又有李煜、秦观所未到的妙处。

（三）王国维这段评价背后，是说宋徽宗赵佶的词的主旨仍不出个人身世之慨，而李煜的词能从个人身世出发对人类所普遍面对的悲哀有所呈现。具体而言，这两首词都借春

天的花来表现词人亡国之伤怀，李煜写“春花秋月何时了”所表现的是人生的一去不返和宇宙的无穷无尽，由个人的遭际带出了一种深广的终极命题的追问，最后指出这种愁苦如春水绵绵不尽，这种哀愁超出了个人的不幸，是一种人类所共同面对的悲哀。而赵佶此词作于被俘北行途中，以杏花的凋零托物言志，以双燕的乐景衬托自己亡国之后漂泊他乡、梦中不见故国，主要侧重于自己身世遭遇本身的悲哀。

下编：课外古诗文

第一单元 《诗经》选读

婚恋之歌

（一）1.（1）窈窕淑女　君子好逑 （2）窈窕淑女　寤寐求之 （3）寤寐思服　悠哉悠哉 （4）之子于归　宜其室家 （5）有蕡其实　之子于归 （6）桃之夭夭　其叶蓁蓁 （7）维子之故　使我不能餐兮 （8）之死矢靡它　母也天只 （9）就其浅矣　泳之游之　2.（1）使……喜乐 （2）同“花” （3）因为 （4）配偶 （5）勉力，尽力　3.（1）追来追去求不得，醒来睡去都思念。 （2）其实我自身都不被容纳，哪里还顾得上我以后。

（二）“狡童”的称呼，带着嗔怪。“子”，直接以第二人称呼告。“不与我言”“不与我食”，越来越别扭。前面只是不说话，大概还是一起吃饭，后面连饭都不一起吃了。女子也为之吃不下饭，睡不着觉。看上去女子生气了，所以是“若忿”；再进一步就要恨了，但还没有到恨的程度，所以是“若憾”；嗔怪的口吻好像是真的，又好像是撒娇开玩笑，所以是“若谑”“若真”；背后是对小伙子的一腔爱意，所以是“情之至”。

（三）借助对时代、作者的了解，通过一定的文本解读技巧，部分诗歌应该能够把握，至少能够接近作者的原意。但这并不意味着不合原意的解读没有价值。现在的研究者大多认为《野有蔓草》是一首情诗，但《毛诗序》的思遇时说在古代社会长期被认可。《毛诗序》的年代距离《诗经》较近，无法排除是此诗原意的可能性，有多种解读的可能，这种模糊性实际上增加了作品的魅力。“赋诗言志”实际上属于用诗的方法，不管是否贴合原意，只要诵和听的双方能够接受，听者能领会诵者的意思，那么以此为媒介的社交就可以正常开展，这种行为就是有价值的。

征役之作

（一）1.（1）言树之背　愿言思伯 （2）不可畏也　伊可怀也 （3）之子于归　皇驳其马　2.（1）勇武　通“杰”，英杰 （2）久 （3）很　3.（1）自从夫君去了东方出征后，我头发散乱如同飞蓬。难道我没有洗头的油膏？我打扮了去给谁看！ （2）我到东山去打仗，久久不能回家乡。现在我从东边来，细雨蒙蒙从天降。

（二）同：都借助景物描写；都既写出征又写归来；都写出了出征时间之久；都抒发了回家乡路上且喜且忧的复杂心情，情景交融，富有感染力。异：《小雅 · 采薇》这几句是以乐景写哀情，以哀景写乐情。“杨柳依依”是美景，但偏偏此时要离家出征。“雨雪霏霏”是恶劣的天气，却是在回家乡途中。通过反衬，更加突出了主人公的情感。《豳风 · 东山》这几句，只写了回家乡途中的雨，属于正面烘托。

（三）还可以理解为，回家乡途中看到别的女子新婚，于是想到自己久别回家，妻子的喜悦程度应该不比新婚程度弱。这种解释与钱锺书说法的区别在于，把“之子于归，皇驳其马。亲结其缡，九十其仪”看作实际发生的，还是回忆的；是别人结婚，还是自己结婚。

劳者之歌

（一）1.（1）无衣无褐　何以卒岁 （2）女心伤悲　殆及公子同归　2.（1）则 （2）非常鲜明 （3）同“扑”，打 （4）登上　3.（1）姑娘拿着深筐，沿着小路走，去采摘新长出的柔嫩的桑叶。 （2）登上公共集会场所，举起犀牛角做成的酒杯，一起共祝万寿无疆！

（二）这几句诗用了“赋”的手法按月铺陈，写蟋蟀从七月到十月的迁移，实际上是写天气由秋到冬。有画面，有声音；有蟋蟀，有农夫自己。人与自然和谐相处，蟋蟀成为人们的好朋友，这无疑为艰难的生活增添了缕缕温情。

（三）这首诗比较客观地描写了当时劳动者的生活。一方面，确实是终年劳作。“我稼既同，上入执宫功。昼尔于茅，宵尔索绹。亟其乘屋，其始播百谷。”就连庄稼收好后，都无法休息。即使这样劳作，还是要发愁“无衣无褐，何以卒岁”。但诗中也有一些乐趣，如写“春日载阳，有鸣仓庚”；写蟋蟀的陪伴；特别是最后的“跻彼公堂，称彼兕觥，万寿无疆”，洋溢着欢欣之情，祝福声中充满了对未来的乐观情绪。所以这首诗是苦乐兼具，题目中所说的两种意见都过于极端。

怨刺之作

（一）1.（1）鸿则离之　燕婉之求 （2）相鼠有皮　不死何为 （3）彼君子兮　不素餐兮 （4）逝将去女　2.（1）安乐美好的样子 （2）快，速 （3）同“悬”，悬挂 （4）乃，于是　3.（1）生而为人没节制，还等什么不去死？ （2）多年以来侍奉你，你却从不顾念我。

（二）从内容上看，《魏风·硕鼠》只是埋怨统治者不肯顾念、感激、慰劳自己，而《鄘风·相鼠》就直接说他们“无仪”“无止”“无礼”，甚至咒骂他们去死。比起《魏风·硕鼠》，《鄘风·相鼠》更加大胆、更加直接。《魏风·硕鼠》虚构了一个安居乐业的理想之所，《鄘风·相鼠》则没有这样的幻想。从艺术上看，两首诗都以丑陋的老鼠来与统治者相比。《魏风·硕鼠》把统治者比作贪得无厌的老鼠，《鄘风·相鼠》甚至说统治者连老鼠都不如。两首诗都是四言体，都用重章叠句来表达感情，节奏感强。但《鄘风·相鼠》的节奏急促，《魏风·硕鼠》的节奏相对舒缓。

（三）《豳风·七月》主要突出的是劳动者的艰辛，体现统治者占有劳动成果的地方不过是“我朱孔阳，为公子裳”“取彼狐狸，为公子裘”等几处；而《魏风·伐檀》全诗都在写统治者不劳而获。在对统治者的态度上，《豳风·七月》中的劳动者基本上是一种服从的态度，仅仅是叙述事实，并没有明显的不满和反抗情绪；《魏风·伐檀》中的劳动者对统治者“不稼不穑”“不狩不猎”却占有大量粮食、猎物表现出明显的不满，并且进行了辛辣的讽刺。

第二单元 《楚辞》选读

香草美人

（一）1.（1）橘徕服兮 （2）生南国兮 （3）参天地兮 （4）可师长兮 （5）有以异兮 2.（1）榜样 （2）改变 （3）花 （4）共死 3.（1）你保持清醒立于世上，横渡江河而不随波逐流。 （2）青的黄的相间，花纹斑斓有光泽。

（二）《橘颂》有可能是屈原早期的作品，这可以从《橘颂》所表达的思想感情中看出。《橘颂》全篇表达了屈原崇高的志趣和坚强的性格，以及热爱楚国的强烈感情，充满着一种乐观愉快、积极向上的精神。《橘颂》有可能是屈原担任三闾大夫时的作品。三闾大夫的责任之一是管理屈、景、昭三大氏子弟的教育，屈原写《橘颂》，是要对三大氏子弟进行思想品格的教育。

（三）贵族精神的道德、担当和自主性，骑士精神的慷慨、勇敢、理想主义、悲悯弱者，在屈原身上都有所体现。不同的是，屈原还集成了爱国主义、浪漫主义和悲剧精神。

众女嫉余

（一）1.（1）夫唯灵修之故也 （2）固众芳之所在 （3）夕餐秋菊之落英 （4）恐修名之不立 （5）愿依彭咸之遗则 2.（1）合 （2）狂乱放荡 （3）直言的样子 （4）追随 3.（1）我哪里害怕自己遭受祸殃啊，实在是担心国家的盛衰兴亡。 （2）他们宽恕自己却猜疑别人啊，一个个钩心斗角满心嫉妒。

（二）贵族的世袭制和任人唯亲，其封闭性无疑会影响一个国家的长远发展，但人事权又是统治者的根本利益，所以屈原的两项主张——修明法度和举贤授能——都是政治变革中最重要且最尖锐的内容，其阻力可想而知。在深恶痛绝贵族“党人”的同时，诗人还多次满怀热情地提到“民”。他深刻同情受贵族之害的广大楚国人，这也使屈原的爱国思想拥有更大的意义。同时，也会招致这些小人的嫉妒。

（三）屈原直谏，“我哪里害怕自己遭受祸殃啊，实在是担心国家的盛衰兴亡。我不停地在你前后左右奔走啊，希望你追随先王的脚步。君王啊你不体察我的一片忠心，反相信谗言对我发怒”。《李尔王》中弄人讽谏，用苹果作比，提醒李尔王。两者都是忠心耿耿，希望君主正道直行，免于走弯路，中外贤臣之心，皆诚挚至此。

上下求索

（一）1.（1）又何怀乎故都 （2）吾将从彭咸之所居 2.（1）适中 （2）其 （3）鞭 （4）缰绳 3.（1）前面的道路还很漫长啊，我将上天下地寻求知音。（2）早晨我从苍梧山出发啊，晚上我已到达昆仑山的悬圃。

（二）《离骚》结尾处，诗人面对光明恢宏的未来，心情激昂、血脉偾张。念及故土，突然低回婉转，情怯忧伤，难以前行。即便“为余驾飞龙兮，杂瑶象以为车”“扬云霓之晻蔼兮，鸣玉鸾之啾啾”“凤皇翼其承旂兮，高翱翔之翼翼”，但一想到你呀，就“仆夫悲余马怀兮，蜷局顾而不行”。前路如此坦荡美好，但再美，如何比得上故乡美？情绪急转直下，所体现的深深的归属感让人感动，不由想起王粲的《登楼赋》“虽信美而非吾土兮，曾何足以少留”。这就是屈原的爱国精神，不是概念，不是口号，而是一种深情，热烈又低回缠绵。

（三）屈原在《离骚》中的写作手法和浪漫主义有很多相似之处，如材料中的理想主义、瑰丽的自然、恢宏的历史和关注民间文学。但屈原的独特性在于他对故乡深切的眷恋，其坚贞的爱国精神使其在中国文学和历史中始终熠熠生辉。

神歌招魂

（一）1.（1）目眇眇兮愁予 （2）洞庭波兮木叶下 （3）聊逍遥兮容与 （4）被薜荔兮带女萝 2.（1）通“罹”，遭受 （2）突出 （3）通“披” （4）诚然，确实 3. 含情微视啊嫣然一笑，温柔可爱啊形貌姣好。

（二）闻一多曾将《九歌》“悬解”为一部歌舞剧，对研究《九歌》的戏剧因素颇有启发。《九歌》中虽然有娱乐与扮演的因素，而且某些篇章可构成一定情节，但并非祭祀的每位神灵之间都有必然联系，整个《九歌》并没有构成完整的情节。巫师时而扮神，时而媚神，其目的还是迎请神灵莅临祭坛，获得神灵的福佑，而非单纯的表演，故还不能将《九歌》看作一部完整的歌舞剧。另外，《九歌》虽然在祭祀歌乐基础上加工改编，但屈原的文学化创作也不能忽视。现存的《九歌》主要以文学作品形式出现，是骚体诗歌。研究《九歌》的戏剧因素，不能停留于《九歌》本身，应当透过《九歌》，看此类形式在民间祭祀过程中的娱乐和扮演行为。

（三）在早期人类社会中，人们常常通过歌、舞、乐一体的方式娱神或娱人，巫文化盛行的楚地也不例外。南方楚地的神灵与北方不同，常常具有人格化的特点，流露出人的情感。楚地人常常通过人神恋爱、神神恋爱的想象悦神、媚神，祈求得到福佑，也表现出对美好爱情的向往。楚地的巫文化传统影响深远，有其地理的因素。秦汉、隋唐之时仍十分盛行，如今在民间也有一些地方能窥见楚地巫文化的余响。言之成理即可。

第三单元 《论语》选读

仁

（一）1.（1）己所不欲 （2）无求生以害仁 （3）仁在其中矣 （4）仁者不忧 （5）讷 2.（1）通“措”，放置 （2）使……精良 （3）与……为邻里 （4）面对着 （5）美好 3.（1）没有管仲，恐怕我们也要披散着头发，衣襟向左开，沦为野蛮人了。他哪能像普通人那样拘泥小节，自杀在小沟渠里却没有人知道他呢？ （2）明智的人喜爱水，仁德的人喜爱山。明智的人灵动，仁德的人沉静。明智的人快乐，仁德的人长寿。

（二）鼓励学生思考，可以对宋仁宗宽仁恭俭的行为表示肯定，也可以结合本节所学的内容指出宋仁宗有优柔寡断的缺点，强调仁者要敏捷聪慧，勇于担当。

（三）强调思辨性，但要理解本节所学的内容，指出仁在当下社会的积极意义。

礼

（一）1.（1）立于礼 （2）动之不以礼 （3）无所苟而已矣 （4）玉帛云乎哉 （5）君使臣以礼 2.（1）深厚 （2）哪个 （3）心中悲哀 （4）傲慢 （5）通“鉴”，借鉴 3.（1）祭祀祖先就像祖先真的在面前，祭祀神就像神真的在面前。孔子说：“我如果不能亲自参加祭祀，那就和没有举行祭祀一样。” （2）你心安，你就那样去做吧！君子守丧，吃美味不觉得香甜，听到音乐不觉得快乐，住在家里不觉得心安，所以不那样做。如今你既觉得心安，你就那样去做吧！

（二）从表面上看，阮籍是不守礼的，即便司马昭为他开脱；但在内心上，阮籍是守礼的，孝不在于外在的礼节，而在于内心的情感。阮籍的不守礼是呼唤真正的礼的回归，是对当时虚伪矫饰风气的反抗。

（三）可以结合本节所学的内容进行发挥，例如：礼本乎情，人赖以活。

学

（一）1.（1）不如丘之好学也 （2）敏而好学 （3）思而不学则殆 （4）可以观 迩之事父 多识于鸟兽草木之名 （5）择其善者而从之 2.（1）作坊 （2）通“弊”，弊病 （3）划定界限 （4）重复 （5）有余力 3.（1）君子饮食不要求饱足，居住不要求舒适，处事敏捷，说话谨慎，到有道德的人那里去请教，匡正自己的错误，这样可以说是好学了。（2）看重贤德看轻色相；侍奉父母，能够竭尽全力；侍奉君主，能够奉献自身；同朋友交往，说话恪守诚信。这样的人，尽管他自己说没有学习过，我一定说他已经学习过了。

（二）肯定梁元帝（萧绎）学习的恒心和其在文学创作上取得的成就，也要指出他学习的重点有所偏颇，没有致力于提升自己的道德素养和治理天下的能力，某种程度上导致了国家的灭亡。

（三）理解同学的升学压力，也被同学积极进取的态度感动，但读书不仅仅是为了提高学习成绩，提高学习成绩也应该是为了能更好地成就自己。希望同学能够多读书，多行路，体会世界的美好，探索世界的奥秘，成就自己的人生。

君子

（一）1.（1）文质彬彬 （2）临大节而不可夺也 （3）四海之内，皆兄弟也 （4）知者不惑 （5）不以人废言 2.（1）仓促，匆忙 （2）使……安乐 （3）固守 （4）攻击别人短处，揭发别人隐私 （5）阻滞，妨碍 3.（1）公西赤到齐国去，乘坐着壮马驾的车子，穿着又轻便又暖和的皮袍。我听说：君子周济急需救济的人，而不增益富人的财富。（2）君子有三种变化：远看他是庄重威严的样子，接近他又温和可亲，听他说话严厉不苟。

（二）鼓励学生阅读王安石的相关传记资料进行深入了解，发表自己的看法，可以肯定王安石经世济民的抱负，百折不挠的毅力，也要认识到党同伐异的问题。

（三）有利于。孔子明确说“君子不器”，凡器皿都有用处，且多为某一个方面专用。“君子不器”讲的是君子不应当成为某一个方面的专用之才，君子也不应当是某几个方面的通用之才。另一方面，君子的目标是修身治国平天下，追求“和而不同”，这也是对每一个人个性的尊重。

第四单元 《荀子》选读

美身求道

（一）1.（1）以美其身 以为禽犊 （2）故不问而告 问一而告二 （3）将有所止之 亦或迟或速、或先或后 （4）而君子辩言仁也 （5）不能使人必贵己 不能使人必信己 不能使人必用己 （6）不恐于诽 率道而行 2.（1）方法，途径，引申为科目 （2）通“殁”，死 （3）使（自己的身心）完美，完善 （4）通“响”，回响，回声 （5）终点，目的，止境 （6）邪恶 （7）符合 （8）通“讷”，不善于讲话，言语迟钝 （9）被人尊重 （10）遵循正道 倾斜，动摇 3.（1）所以从学习的科目来说，学习是有尽头的，如果从学习的意义来说，学习是片刻都不能懈怠的啊。（2）所以君子把自己的品德不好看作耻辱，但不把被人污蔑看作耻辱；把自己不诚实不讲信用看作耻辱，但不把不被人信任看作耻辱；把自己无能看作耻辱，但不把不被人任用看作耻辱。

（二）要点：君子的身“美”主要表现为君子的道德修养。如“君子如向”，不炫耀；“真积力久则入，学至乎没而后止也”，为了自己的道德更加完善而终身学习，坚定地追求礼义、道德；“故君子之行仁也无厌”，从不厌倦践行仁义、道德；“士君子之所能不能为……夫是之谓诚君子”，责己严，待人宽，同时能够坦然面对失意，坚守对道义的追求。

（三）提示：“三不朽”作为中国人传统的人生信仰，“言”是人表达自我的天性和权利，“立言”可以理解为以救世之心著书立说，是众多思想家在现实受挫后的必然选择。一个人如果能在道德、事功、言论任何一个方面有所建树，传之久远，那就是虽死犹生，达到不朽。这是中华传统文化对人的永恒精神的一种典型阐释，体现了中国人的一种理想的人生观和价值观。能够达到“三不朽”境界的人，都成就了各自的人生理想，能够将个人价值与社会价值相统一。

化性起伪

（一）1.（1）其善者伪也 （2）寒而欲暖 劳而欲休 （3）必且待事而后然者 （4）伪起而生礼义 （5）性者 文理隆盛也 2.（1）嫉妒，憎恨 （2）凶残暴虐的人 消失 （3）条理，秩序 （4）教化 同“导”，引导 （5）形成 人为的努力 （6）超过 （7）惑乱，昏乱 统治 （8）成就 3.（1）人的天性是恶的，他们的善良只是后天人为的。（2）既然这样，那么放纵人的天性，顺着人的情欲，就一定会出现争抢掠夺，自然会出现违反等级名分、破坏礼义的事情，最终导致社会的动荡。

（二）1. 要点：“伪”是后天人为的改变，可以归结为“师法之化，礼义之道”。从个人角度来说，“伪”表现为不断学习，矫正自己过分的欲望，坚持对道德的追求。从社会角度来说，“伪”表现为制定等级名分、礼义法度，保持社会的稳定。而且，荀子认识到社会在历史发展的过程中是不断变化的，所以，要选择适合当时社会实际情况的礼义法度才有意义。 2. 要点：荀子以尧、舜和朱、象为典型事例，说明了人类群体中必然同时存在圣人和恶人这一现象的本质特征。世俗之人以朱、象的存在来批评尧、舜不能教化，荀子认为是不客观的。每个人的天性中都存在缺点，在一定条件下，这些缺点被放大，影响其为人处世的态度，这就是荀子所说的人性的“恶”。但是，荀子认为这种天性中的恶是可以被改变的，改变恶的力量来自后天的教育。人类社会发展的过程，是一个不断学习、不断改变的过程，所以，整个人类的主流价值观还是积极向善的。但是，如果人在后天不愿意接受教化并努力改变自己，那么，那些天性中的缺点就会潜伏在那里，最终暴露出来。这样的人，平日里看上去道貌岸然，到关键时刻就会露出马脚，所谓的美好德行也就无从谈起了。而朱、象这样的人则属于偶然出现的怪民、小人。如果将他们的过错归罪到尧、舜身上，就此认为“尧、舜不能教化”，否定尧、舜的作用，那就是将尧、舜本身美好的德行，以及他们对人的教化都一笔抹杀了。

（三）提示：老子强调尊重每一个个体的自然天性，在真实的社会生活中，人不可能完全无为，但应该重视老子思想中对欲望的剖析，人不应被自己的欲望驱动而为所欲为。儒家对个体责任的强调，有助于发挥人的主观能动性。

隆礼重法

（一）1.（1）生之本也　君师者　治之本也　（2）道不过三代　法不贰后王　2.（1）基础　种族，族类　（2）某一方面缺失　使百姓过上安宁的生活　（3）祭祀　（4）由　（5）背离，违背　（6）标准　等级　通“仪”，法度，标准　（7）古代礼制所规定的车服器用等物的彩绘文饰　全部　3. 所以尊崇礼法，即使不能做到明察善辩，也算是守礼法的人；不尊崇礼法，即使明察善辩，也不过是一个不守礼法的儒士罢了。

（二）要点：荀子认为，《礼》和《诗经》《尚书》这样的书不同，《诗经》《尚书》可以教会人们一些具体的处事方法，却无法指引人找到正确的处事原则，只有《礼》才能给人持续修养自身、不断前进的动力。所以，荀子说，“隆礼”却“未明”的人，也许看上去木讷愚钝，但他始终在追求礼，内心有正确的目标指引，因此他不会犯错误；而“察辩”却“不隆礼”的人，因为内心没有正确的目标指引，所以比起前一类人来说，可能更容易犯错误。

（三）提示：荀子主张“隆礼重法”，是因为礼可以使人获得一种内心的力量，来支撑、约束和指引自己。因为礼是一个人学习的最终目的，一个人心中有礼，就能保障他朝着正确的方向前进。在此基础上的重法是符合人的内心需求的，这在当今社会仍然有积极的教化人心的作用。而苏格拉底推崇“有分寸而温雅的心灵”，倡导自我克制，以礼待人，在当今社会人与人的关系逐渐变得陌生化的过程中，能够启示人们既尊重彼此的生活，保持距离，又保有对他人的关心和热情。

天人之分

（一）1.（1）不为尧存　不为桀亡　（2）天有其时　人有其治　夫是之谓能参　（3）上明而政平　2.（1）固定不变的规律　因为　（2）并列　（3）萌芽，发　茂盛　积聚　（4）古代求雨的祭祀　下雨　（5）文饰，掩饰　（6）同“坠”（7）感到奇怪　（8）同时代　3.（1）社会的安定或混乱是由天决定的吗？答：太阳月亮、行星恒星、天体运行的现象，这在大禹和夏桀的时代都是相同的，大禹使天下安定，夏桀使天下混乱，可见社会的安定或混乱并不是由天决定的。（2）太阳、月亮发生日食、月食，暴风骤雨不合时节地突然袭击，扫帚星或许偶然出现，这些现象没有哪个时代不曾有过。

（二）1. 要点：“参”是并列的含义。荀子认为，宇宙间存在三种力量——天、地、人。这三种力量既相互联系又相对独立，它们有自己的责任和职能。作为天地之灵长的人不应该随意地猜测天道，而应做好自己能做的事情。　2. 要点：“制”在此处义为控制，但“制天命”并非强调人的无所不能，而是强调人在天、地中的主观能动性，人能够控制自然的变化规律并利用它。天、地、人，是宇宙中相互制约、相互影响的三种力量，各有其职责。荀子非常重视人的力量，人需要认识自身与天、地的关系，不能因为有“天命”就放弃自己的职责。

（三）提示：天人感应的历史记录有夸大之处，如“风就开始反向刮了，把庄稼又吹了起来”，对此我们要以科学的态度理性认识。自然现象是可以用科学原理来解释的，与人的行为不一定有直接的关系。人的行为不能违背本心，要遵从自己的信念。对于某些扑朔迷离的现象，要遵守实事求是的原则，不能背离事实真相。这一记录的目的是警示人们杜绝不当的猜疑，对今天的我们仍有启发意义。

明分使群

（一）1. 人有气、有生、有知亦且有义　2.（1）知觉　讲礼义，讲道义　（2）结合成社会群体　（3）等级名分　（4）外物　（5）离心离德　（6）片刻　3.（1）人的力气不如牛大、跑起来不如马快，但牛、马被人类役使，为什么呢？　（2）所以人能够依次排列四季的顺序，管理好万事万物，使天下万物都得到利益，并没有别的缘故，就是从名分和礼义中得来。

（二）提示：荀子认为“人生不能无群，群而无分则争”(《王制》)，是从圣人治世的角度来看待问题。荀子认为普通人是无法自然而然地达到圣人的境界的，所以需要圣人制定礼义法度来约束、矫正普通人天性中的不足。同时，为了求得社会的稳定，需要大部分人能够安于自身的处境和命运。而现代社会则使每一个人都发现自我，从而引出了“人生而平等”的观念。礼义法度可能会束缚人的创造力，而人的平等也并不意味着没有分工差别。但从历史来看，“人生而平等”观念有利于社会发展。所以我比较认同现代社会的“人生而平等”观念。

（三）提示：公民应当被赋予的权利，指的是全体公民都享有幸福生活的权利，幸福的内涵非常丰富。公民应当遵守社会秩序，在各自不同的岗位上尽心尽力，使社会和谐、统一。

第五单元　汉乐府选读

世间百态

（一）1.（1）翩翩堂前燕　冬藏夏来见　（2）水清石自见　石见何累累　（3）不顾归　怅欲悲　（4）还视架上无悬衣　舍中儿母牵衣啼　（5）白发时下难久居　（6）陟彼北邙兮　民之劬劳兮　辽辽未央兮　（7）荡子何所之　天下方太平　柔协正乱名　（8）池中双鸳鸯　罗列自成行　鸣声何啾啾　（9）桃生露井上　虫来啮桃根　李树代桃僵　树木身相代　2.（1）漂泊流落　（2）缝补　（3）观看　（4）因为　（5）高耸的样子　（6）不停止，没完没了　（7）宽恕　（8）光辉的样子　3.（1）在上因为有青天的缘故，在下因为有幼儿。　（2）有小虫来咬桃树的树根，李树代替桃树枯死。

（二）《艳歌行》全诗虽不长，但游子客居他乡之复杂情感尽在其中。首先是客居他乡人不如燕的漂泊之感；其次是遇到好心女主人照顾的温情，以及游子要依赖邻人关怀才得以补旧衣缝新衣的凄凉之情；再次是无端遭到猜忌的委屈愤懑；最后是哪怕清白得证也不如回家让人安心的无奈和感伤。

（三）汉乐府《平陵东》通过叙述义公被绑架、遭勒索这一事件，揭发了汉代官吏无法无天的残民暴行。而白居易的《卖炭翁》则讲述了中唐时期官宦专权横行无忌，以低价强购穷苦老翁用艰苦劳动获得的煤炭，这无异于将以卖炭为生的老翁逼上绝路，反映出“宫市”掠夺的残酷。汉乐府是“皆感于哀乐，缘事而发”（班固《汉书·艺文志》），采集自民间，能够真实地反映民生疾苦，而白居易的新乐府也是倡导“文章合为时而著，歌诗合为事而作”（《与元九书》），继承了汉乐府以叙事为主，缘事而发，为事而作，以诗歌讽喻时事，关切底层百姓的乐府精神。

征战之苦

（一）1.（1）松柏冢累累 （2）中庭生旅谷 井上生旅葵 羹饭一时熟 不知饴阿谁 （3）我心何怫郁 中路正徘徊 （4）担囊行取薪 斧冰持作糜 （5）嗣还自相戕 （6）仰手接飞猱 俯身散马蹄 勇剽若豹螭 （7）弃身锋刃端 性命安可怀 （8）视死忽如归 2.（1）送给 （2）盘旋曲折 （3）雪下得很大的样子 （4）伸长 （5）凿 （6）同“旋”，不久 （7）迅疾的样子 （8）抛弃 3.（1）长年征战不休铠甲上已经爬满虱子，百姓也因征战不断死亡。白骨曝露在荒野上，千里之内都听不到鸡叫声。 （2）紧急军事文书从北边传来，扬鞭策马登上高地。

（二）在汉乐府中，《薤露》《蒿里》都是送葬时唱的挽歌。《薤露》用于为王公贵族送葬，主要感叹人命如草叶上的露水容易干；《蒿里》则用于为士大夫庶人送葬，有“聚敛魂魄无贤愚”的诗句，即人不分贵贱贤愚都归葬一处。曹操的《薤露行》《蒿里行》虽然内容涉及时事，但也继承了汉乐府的传统。在《薤露行》中，曹操主要追述了汉末十常侍之乱以及董卓篡逆的历史，诗歌末尾“荡覆帝基业，宗庙以燔丧。播越西迁移，号泣而且行”的诗句，主要是从汉室上层贵族的视角出发，写国家动荡、宗庙燔丧的感受，全诗以“微子为哀伤”作结，自比为殷纣王的兄长微子，表达自己对洛阳残破的感慨。而《蒿里行》继续叙述汉末群雄割据混战的乱象，重点放在了上层争斗给下层百姓带来的深重苦难，视野更加宏大，“生民百遗一”，对饱受战争之苦的人们表达了极大的悲愤和同情，和汉乐府中《蒿里》为底层百姓而歌的传统是一致的。

（三）杜甫的《无家别》《兵车行》在诗歌内容和思想主题上都可以说是对汉乐府《十五从军征》的继承与发扬。在内容上，杜甫的《无家别》叙写了一位邺城战败后还乡无家可归、重又被征的士兵。这位士兵经历了艰苦卓绝的战役之后侥幸还家，但是家中已经“存者无消息，死者为尘泥”，在《十五从军征》中，八十岁才回家的老兵问起家人也只得到“遥看是君家，松柏冢累累”的回答。回家之后一身畸零，家园荒芜，院子中是

“旅谷”、“旅葵”、野兔和野鸡。《无家别》中残破的家园也已“但对狐与狸，竖毛怒我啼”。在《兵车行》中，士兵普遍“或从十五北防河，便至四十西营田；去时里正与裹头，归来头白还戍边”，一生都在帝王的穷兵黩武中冲锋陷阵，出生入死，这和“十五从军征，八十始得归”的残酷何其相似。但《十五从军征》中呈现的只是一位老兵的遭遇，在杜甫的笔下，我们读到的是“四邻何所有，一二老寡妻”，是“君不闻汉家山东二百州，千村万落生荆杞。纵有健妇把锄犁，禾生陇亩无东西”，是受战乱之苦残破不堪的千家万户。况且与连年征战相伴随的是抓兵和逼租。可以说，杜甫对社会现实的揭露更深了一层。三首诗皆寓情于叙事，在思想主题上都是对战争破败和不合理兵役制度的控诉，是中国诗歌史上批判、反思战争的代表作品。

爱恨情愁

（一）1.（1）秋风肃肃晨风飔 （2）人生有新故 贵贱不相逾 （3）青青河畔草 绵绵思远道 （4）枯桑知天风 海水知天寒 （5）上言加餐饭 下言长相忆 （6）思君令人老 轩车来何迟 （7）过时而不采 将随秋草萎 2.（1）通“皓”，明亮 （2）确实 （3）姿态美好的样子 （4）停留在原地欲行不行的样子 （5）细切 （6）真诚、恳切的样子 （7）连绵不断的样子 （8）缓慢渐进的样子 （9）同“谅”，料想 3.（1）他赠我一面青铜镜，伸手就要系在我红罗衣的前襟上。我不惜撕裂自己的红罗衣，更不要说侮辱我的身体。 （2）菟丝及时生长，夫妇也应适时相会。

（二）汉乐府在表达情感时往往直抒胸臆，简单明快。例如《有所思》中直接道出“有所思，乃在大海南”，《上邪》中“我欲与君相知，长命无绝衰”，《饮马长城窟行》中“远道不可思，宿昔梦见之”。而南朝乐府民歌则善用谐音、双关、隐语来表达情意。例如《子夜歌》中“理丝入残机，何悟不成匹”，用丝线的“丝”谐音“思”，又用“不成匹”，丝织品匹段之“匹”双关男女匹配之“匹”；《西洲曲》中“低头弄莲子，莲子青如水”也是用“莲子”谐音“怜子”，而“莲子青如水”“莲心彻底红”则是对自己爱情之纯洁、热烈的双关和隐语，使诗歌显得更加含蓄多情。

（三）相同点：在主题上，两首诗都描述了一个美丽女子反抗权贵欺凌的故事，赞美了女主人公的美丽、聪慧和反抗精神；在形象上，罗敷和胡姬都有举世无双的美貌，有华美的衣饰，有勤劳的品性；在性格上，罗敷和胡姬都是落落大方、纯真善良，有着下层民众豪爽的秉性，遭遇权贵欺凌时不卑不亢，不忸怩，从容应对，并且都展现出了对爱情的忠贞不渝；在艺术形式上，两首诗都以叙事为主，使用铺排、夸张的方式大肆渲染女主人公的美丽。不同点：在思想内容上，《陌上桑》中罗敷主要通过夸耀自己的夫婿更加优秀的方式来拒绝太守，而《羽林郎》中胡姬更为刚烈，“何论轻贱躯”一句传递出一种不惜以死抗暴的勇气，“男儿爱后妇，女子重前夫”的指斥也更加直白不留情面，揭露了男女在感情中不同的心态和不对等的地位；在艺术形式上，《陌上桑》除了直接夸张铺叙罗敷美丽的衣饰之外，还通过行人的视角侧面凸显罗敷之美，有浓厚的感染力和趣味性。

生命觉醒

（一）1.（1）时世不与人同 （2）白杨何萧萧 松柏夹广路 （3）阳阿奏奇舞 京洛出名讴 （4）盛时不可再 百年忽我遒 （5）生存华屋处 零落归山丘 2.（1）泊然，水波浩渺的样子 （2）告，问 （3）完毕 （4）幽暗的样子 （5）深眠 （6）弯腰鞠躬的样子，以示恭敬 （7）迫近 3.（1）时光如流水不断推移，人的生命像早晨的露水一样短暂。人生像旅居一般仓促，寿命不像金石那般长久坚固。（2）旧日的誓约不可轻易忘记，待人始厚终薄会被道义指责。

（二）两首诗都通过自然界花开花落的景象联想到人生短暂一去不复返，将落花与女子相对照，感慨自然的无限与生命的有限。刘希夷诗中多处可见对《董娇饶》的化用，如一开头“洛阳城东桃李花，飞来飞去落谁家”显然是对“洛阳城东路，桃李生路傍”的化用和改写。虽然都是写“秋时自零落，春月复芬芳”的自然轮转，与人生的盛年不再来形成强烈对比，但经过刘希夷的再创作，这层意思更为凝练，警句频出，如“今年落花颜色改，明年花开复谁在”“年年岁岁花相似，岁岁年年人不同”等。两首诗虽然有承继关系，但是传递出来的人生态度略有差别。在《董娇饶》中，诗歌以“归来酌美酒，挟瑟上高堂”收束，表达了典型的及时行乐思想。而刘希夷的《代悲白头翁》由花写到人，又写到白头老翁的遭遇，感叹世事变迁，富贵无常，以“但看古来歌舞地，惟有黄昏鸟雀悲”收束全诗，他看到的不仅是春花与红颜，而且有红颜与老翁的对照和统一，是更普遍意义上的自然与人，表现出人的共同命运，说出了自古及今无解的困境，基调更加感伤、软弱和无力。

（三）李白的《短歌行》开篇即点出了人生苦短，年华有限，苍穹浩浩无限的现实。但李白在这种有限与无穷的对比中并未陷入消极沉郁的情绪，反而以浪漫瑰奇的想象描绘了麻姑仙女在沧海桑田变幻中慢慢老去，天公与玉女嬉戏作乐，诡谲陆离，在神仙世界中真正诠释了“万劫太极长”。接下来更是笔锋一转，直言“吾欲揽六龙，回车挂扶桑”，不同于汉代以来人们求仙时渴盼六龙接引自己的跪拜心态，而是欲以一己之力阻拦时间的流逝，以美酒使六龙沉睡，气象磅礴，充满了个人的伟力，具有宏阔的宇宙意识。这首诗的主题虽然也是喟叹生命短促，但展现出乐观浪漫、昂扬奋发的精神基调，表现出李白强烈饱满的生命意识，彰显出一个具有强大自信和生命力的自我。其超凡的生命力与盛唐时期积极进取的时代精神及多元并存的文化形态的浸润密切相关。

第六单元 唐诗选读

骨气端翔

（一）1.（1）风多杂鼓声 胜作一书生 （2）九月寒砧催木叶 2.（1）形容风轻轻吹拂 （2）覆盖

（二）“兰若”“兰草”意象。《楚辞》中“香草美人”以香草比兴，“香兰”“杜若”意象成为君子人格的自喻。后人多延续《楚辞》传统，以兰草喻人或自比，寄情咏志，表达对高洁品性与人格的赞扬，这类意象（“兰草”居多）在后代诗歌中，往往有清高孤傲、超凡脱俗的意蕴内涵。例如宋代刘克庄的《兰》：“深林不语抱幽贞，赖有微风递远馨。开处何妨依藓砌，折来未肯恋金瓶。孤高可挹供诗卷，素淡堪移入卧屏。莫笑门无佳子弟，数枝濯濯映阶庭。”若为失意之士，则借兰的遗世独立、孤芳自赏，抒发自己身处逆境、怀才不遇、壮志未酬的感慨。例如陈子昂的《感遇三十八首》(其二)；李白的《古风》(其三十八)：“孤兰生幽园，众草共芜没。虽照阳春晖，复悲高秋月。飞霜早淅沥，绿艳恐休歇。若无清风吹，香气为谁发？”或借兰花香草来渲染、营造逍遥自然之境，例如阮籍的《咏怀》：“登彼列仙岨，采此秋兰芳。”

（三）在广阔无边的天地中，诗人俯仰古今，深感人生短暂，宇宙无限，联想自身胸怀大志却报国无门，不觉流下热泪。意境旷远深邃，苍凉悲壮，以苍茫的背景衬托出诗人的孤傲与悲怆。诗歌的情感是丰富的，既有渴望建功立业的壮伟情怀，又有人生有限、唯恐壮志难酬空留遗恨的悲哀，以及英雄无用武之地的茫然，且透出愿承续古今、领风气之先的独立人格与豪侠气概。

盛世山河

（一）（1）岩扉松径长寂寥 （2）泉声咽危石 薄暮空潭曲 （3）古来青史谁不见 今见功名胜古人 （4）年年战骨埋荒外

（二）前两句写实景：胡天北地，冰雪消融，傍晚战士牧马而归，渲染出雪夜牧马人归的宁静景象；夜空明月之下，戍楼间响起悠悠羌笛，营造出一种和平宁静的气氛。后两句以虚写为主，以设问引出，运用通感，写声成象，将笛声的音乐内涵转化为鲜明的视觉形象。战士由听曲而想到故乡的梅花（胡地没有梅花），想到梅花之落，一夜之间洒满关山。既是写戍楼间吹彻一夜的笛声，又绘出了无边关山雪月交映的壮美景色，虚实结合，共同构成明净阔远的境界。

（三）诗歌首句奠定平和开朗的基调，牧马北还，边锋暂息，“雪净”既有明净开阔之感，又有几分象征危机解除的意味。后面几句借羌笛声写乡关之思，风吹一夜声满关山，唯美阔远，表达了思乡的情绪却并不低沉。整首诗感而不伤，情感表达细腻，景物描绘壮美，兼具边塞的雄迈与乡思的柔婉，毫无艰难衰败之气，体现了盛唐蓬勃的兴象和开朗的时代精神。

李杜巅峰

（一）1.（1）诗成笑傲凌沧洲 （2）豺狼尽冠缨 （3）孤舟一系故园心 （4）鱼龙寂寞秋江冷 2.（1）兴怀，寄托情感 （2）捣衣石

（二）本诗处处融情于景，情景交融，首联、颈联展开一幅阴暗萧森的江上秋景图。波浪滔天，风云匝地，秋天萧森之气充塞于巫山巫峡之中。诗人不是简单地描摹江流湍急、塞上风云、三峡秋深的外貌特征，而是捕捉到它们内在的精神，赋予江水、风云某种性格，形象地表现了诗人的极度不安，翻腾起伏的忧思和胸中的郁闷不平，也象征了国家局势的变化无常和黯尬的前途。尾联从听觉角度，补充捣衣的声音意象，烘托出心底悲凉的漂泊感与对国家的哀思。本诗形象有力，内容丰富，意境开阔，情因景而显，景因情而深，语简而意繁，心情苦闷而意境开阔。

（三）颔联、颈联两联都是写长安昆明池的景物。颔联“织女机丝虚夜月，石鲸鳞甲动秋风”是写盛景，织女与石鲸都是恒久的，“麟甲”与“动秋风”隐喻长安在繁盛之中埋伏的危机。颈联“波漂菰米沉云黑，露冷莲房坠粉红”则是衰败之景，“菰米”“云”“露”“莲”都是变动、短暂、漂泊的，“漂”字不仅写出菰米随波逐流，而且暗示自身漂泊不定的命运，“黑”与“粉红”色彩对比强烈，蕴含着下沉、衰败的趋势。两联一盛一衰，既形成对比，也完成诗意的承转，表达了诗人对国运兴衰的哀思和自己命运的凄寒之感。

兴亡之叹

（一）（1）少亦苦 老亦苦 少苦老苦两如何 （2）惊风乱飐芙蓉水 （3）落花犹似坠楼人 （4）锦帆应是到天涯

（二）苦的内涵：少女入宫之苦，遭人妒忌之苦，备受冷落被人遗忘之苦，漫长幽闭生活之苦，受人嘲弄被人消遣之苦。失去正常的感知与欲求，失去尊严与权利，深宫中的绝望，等等。本诗以“苦”字为中心，展现宫女哀怨的心理、悲惨的命运和深宫中非人

生活的摧残，讽喻时事，控诉统治者的荒淫与傲慢给百姓带来的苦难。

（三）可结合本节所选诗歌，也可结合其他诗歌来谈。如杜牧的《金谷园》对“坠楼人”的哀悼、对旧代废园的感慨哀思，寄托了现实的苦闷；李商隐的《无题》借含蓄意象与凄婉情调写爱情的悲伤迷离，实际上是末世的凄苦情绪。这些诗歌表现了仕途的失意感、人生的幻灭感、时代的没落感、现实的危机感等。结合具体诗歌，言之成理即可。

以中华传统文化的存在方式学习中华传统文化

——代后记

作为一名长期坚持在语文教育中引入《论语》《古文观止》《诗经》《楚辞》等大量古代诗文的中学语文教师，经常有学生、家长、同行质疑：为什么一定要学习这些？坦率地说，我很少对此作出完整的回答，只是根据不同的提问者作出不同的回答，比如——

有问："对考试有用吗？"我答："非常有用。当你从高一就认真学习这些后，不仅高考能得高分，而且还为你高三复习其他学科让出一些时间来。"

有问："背诵那么多古人的东西干什么？"我答："这些'东西'是最诗意、最优雅的表达。背多了，你自己的表达也可能会满贮诗意，也可能有一种优雅流溢其间。你不是很喜欢'诗意地栖居于大地之上'这样的诗句吗？假如换掉'栖居于'和'之'四个字，将这句诗译成'诗意地居住在大地的上面'，你觉得还有诗意吗？"

有问："我们可不可以少学一点，少背一点？"我答："可以。但你将同少学、少背的人一样少了文化。"

……

今天在本书的代后记中，我想对质疑的人们做一次较为完整的回答。

当下，中华传统文化的价值与优长被越来越多的包括中国人自己在内的人们所认识、赏识以至推介、推崇。所以，新世纪以来，国学在国内持续升温，孔子学院在国外如雨后春笋。

但是，如何更好地学习、传承、弘扬中华优秀传统文化？这似乎又成了人们今天必须面对、必须回答的一个问题。我们编写这套"中华古诗文阅读"，就是我们面对并回答这个问题的方式。这种方式用一句话来说就是："以中华传统文化的存在方式学习中华传统文化。"

什么是中华传统文化的存在方式？概而言之，就是以"经"（儒家经典）为中心，以“史”“子”“集”为拱卫，形成天人合一（或曰天人同构）的宇宙生命体的文化体系（或曰宇宙秩序）。在这个文化体系中，“经”居中心，宣示“仁义礼智信”，具有天经地义（或曰天地良心）的地位；“史”以人类故事诠释“仁义礼智信”；“子”以思辨姿态诠释“仁义礼智信”；“集”以文学方式诠释“仁义礼智信”。所以，《易・系辞》说：“天尊地卑，乾坤定矣。卑高以陈，贵贱位矣。”《汉书・艺文志》说：“《乐》以和神，仁之表也；《诗》以正言，义之用也；《礼》以明体，明者著见，故无训也；《书》以广听，知之述也；《春秋》以断事，信之符也。五者，盖五常之道，相须而备。”《隋书・经籍志》讲得更明白：“夫经籍也者，机神之妙旨，圣哲之能事，所以经天地，纬阴阳，正纪纲，弘道德，显仁足以利物，藏用足以独善。学之者将殖焉，不学者将落焉。”所以，柳诒徵在《中国文化史》中说“孔子者，中国文化之中心也”，“自孔子以前数千年之文化，赖孔子而传；自孔子以后数千年之文化，赖孔子而开”，是符合几千年中国文化的存在实际的。

中国文化几千年就是生存在这一文化体系中。理所当然，我们几千年文化的全部知识也就产生于这一体系；或者说，我们几千年文化的全部知识都围绕天人同构的宇宙秩序展开；或者说，我们几千年的全部知识都围绕“仁义礼智信”这“五常之道”展开。明乎此，我们才能明乎中国几千年文化的基本形态；明乎“六经”为何在中国几千年文化中居于核心地位；明乎“道德理性”为何深深根植于中国几千年文化的一切文化形态之中；明乎古代教育为何以“明明德”“新民”“止于至善”为三纲，以“格物”“致知”“诚意”“正心”“修身”“齐家”“治国”“平天下”为八目，以“学以成人”“约以成人”为理路，以召唤人们成为“君子”为目标；明乎古代科举取士时为何必考“经义”；明乎古代士人为何以坚守天地良心为己任；明乎韩愈说“尧以是传之舜，舜以是传之禹，禹以是传之汤，汤以是传之文、武、周公，文、武、周公传之孔子，孔子传之孟轲”（《原道》）的要义；明乎张载说“为天地立心，为生民立命，为往圣继绝学，为万世开太平”（《横渠语录》）的真谛。

也许有人会说，以“经”为中心，是汉武帝之后的事，汉之前中国文化是百家争鸣，百家共治，百家共生。这大概是不错的。但是，我们不能以此否定另一个事实，即“尧—舜—禹—汤—文王、武王、周公—孔子—孟子”一脉相承的“道统”始终处于中国文化的中心，战国时期的百家争鸣也是围绕这一中心展开的：道家是站在儒家的对立面成长起来的，即通常所谓“仁义之说兴而道家出”；墨子“学儒者之业，受孔子之术，以为其礼烦扰而不说，厚葬靡财而贫民，久服伤生而害事，故背周道而用夏政”（《淮南子·要略》），所以一般都认为墨家是从儒家突破而来的；法家“不别亲疏，不殊贵贱，一断于法”（《史记·太史公自序》）的主张则是由孔子“为政以德”（《论语·为政》）到荀子“礼法并重，刑德并举”的进一步突破。因此可以说，《诗》《书》《礼》《乐》《易》《春秋》等儒家经典所承载的“仁义礼智信”是中华传统文化的中心，其他知识均缘此而生发，是一个基本事实。

但是，中国文化几千年存在的这一知识体系，在近一百多年间遭到了西方知识体系的拆解而被否定。

西方知识体系是在古希腊文化传统的基础上构建的知识体系，主要以自然现象和社会现象为研究对象而构建。因此，形式逻辑变成了世界秩序。在这一知识体系中，世界成了可计算、可预测、可推演的秩序；是否科学成了衡量宇宙间万事万物的唯一标准，以线性推演为本质特征的认知方式成了人生学习的基本模式。因此，“分类”在知识中具有了“天经地义”的地位，哲学、文学、艺术、美学、数学、物理、化学、生物学、社会学……构成了世界。

伴随着中华民族近代一百余年的屈辱史，经历了百余年对中华传统文化的沉痛反思后，至五四时期，中国知识人开始了全面接受西方知识体系的革命性步伐，其标志就是胡适于1919年出版的《中国哲学史大纲》。该书由蔡元培作序，出版后迅即震撼了整个中国学界，获得了广泛好评。

确实，《中国哲学史大纲》是石破天惊之作。它将原来以“经”为中心、以“史”“子”“集”为拱卫的浑圆的几千年中华传统文化知识体系切碎，再从西方哲学本体论、价值论、认识论的角度来观察，然后从这三个角度将中国古代几千年的思想纳入宇宙论、人生论、致知论的哲学框架中。这是中国古代思想第一次被西方知识体系完美印证，也是西方知识体系第一次完美归纳中国古代几千年的思想。在这两个“完美”之中，胡适成就了自己在中国哲学研究、中国史学研究及中国现代学术史上的崇高地位——中国现代学术西化之路的大门的开启者。从此，西方知识体系全面征服了中国知识分子，举凡学术的方方面面都唯西方学术马首是瞻，以致今天如果离开这套知识体系，我们将无法表达自己；与此同时，中华传统文化知识体系被无情地抛弃，至今已极少有人识得。

但是，人类文明能传之久远并不断被发扬光大，是因为永远有一批先知先觉者，他们构成了人类文明的另一种景观。在 19 世纪整个西方将中国历史视为“野蛮的、闭关自守的、与文明世界隔绝”(马克思《中国革命和欧洲革命》) 的、落后的“一种非历史的历史”(黑格尔《历史哲学》) 时，雨果在 1865 年写作《莎士比亚论》时却将西方与东方联系起来思考：“由此产生了两首巨大的诗篇。此地是‘太阳神’，那儿是‘龙’……这两个世界属于最高的趣味，标志出这最高趣味的两极。这最高趣味的一端有希腊，另一端有中国。”列夫·托尔斯泰 1905 年在给留俄中国学生张庆桐的回信中说：“中国常常被人责备为顽固保守，如果把它同基督教世界得到的一些结果相比较，它比基督教世界所处的充满仇恨、刺激和永不停止的斗争的情形要好上千百倍。”在 20 世纪整个中华大地无情地抛弃自己的传统时，辜鸿铭、陈寅恪等学贯中西的大家依然顽强地坚守中华传统文化精神。英国历史学家阿诺德·汤因比在他的巨著《历史研究》中也说：“西方观察者不应低估这样一种可能性：中国有可能自觉地把西方更灵活也更激烈的火力，与自身保守的、稳定的传统文化熔为一炉。如果这种有意识、有节制地进行的恰当融合取得成功，其结果可能为人类的文明提供一个全新的文化起点。”

然而，如果我们不能真正认识到“这最高趣味的两极”“另一端有中国”，我们就不可能真正认识到中国文化对西方文化“有意识、有节制地进行的恰当融合”“可能为人类的文明提供一个全新的文化起点”，更遑论做到这些。因此，我们确实需要对近代以来对中华传统文化知识体系的否定进行彻底反省，重新认识中华传统文化知识体系的价值与优长，并以其独特的生存方式学习它、传承它、弘扬它，以在全球化时代真正重构中国文化的现代知识体系与话语体系，实现中华民族的伟大复兴。

正是鉴于上述思考，我们在语文教育中落实中华传统文化教育时，坚持以中华传统文化知识体系的存在方式展开，基本维护以“经”为中心，以“史”“子”“集”为拱卫的浑圆的中华传统文化知识体系，即以《论语》《古文观止》为核心，将儒家其他经典，如《诗经》、“三礼”、《左传》、《孟子》、《荀子》等作为重点，参以先秦诸子和先秦历史著作的其他几家，旁涉秦以后的历代诗歌及《文心雕龙》《诗品》等著作。

同时，在具体学法指导上，我们坚持“小”“大”并举、以“大”为重的原则。这里所谓“小”即古诗文之“言”，所谓“大”即古诗文所宣示、所拱卫之“道”——由“仁义礼智信”支撑的天人同构的宇宙秩序。韩愈在《师说》中抨击当世之人“小学而大遗”，在今天，“小学而大遗”之弊尤其突出。我们认为，坚持“小”“大”并举、以“大”为重的原则，是破解当今学习之弊的重要策略。

我知道，这一回答肯定不能得到人们的全部认可，因此期待大家的批评。

黄荣华

2015 年 10 月 28 日